中國学術思想 研究輯刊

三五編
林慶彰 主編

第10冊

陽明心學與復古派關係研究

吳瓊 著

花木蘭文化事業有限公司

國家圖書館出版品預行編目資料

陽明心學與復古派關係研究／吳瓊 著 -- 初版 -- 新北市：花
木蘭文化事業有限公司，2022〔民111〕
目 2+280 面；19×26 公分
（中國學術思想研究輯刊 三五編；第 10 冊）
ISBN 978-986-518-812-2（精裝）
1.CST：陽明學 2.CST：明代哲學
030.8   110022427

ISBN-978-986-518-812-2

中國學術思想研究輯刊
三五編 第 十 冊   ISBN：978-986-518-812-2

陽明心學與復古派關係研究

作　　者　吳瓊
主　　編　林慶彰
總 編 輯　杜潔祥
副總編輯　楊嘉樂
編輯主任　許郁翎
編　　輯　張雅淋、潘玟靜、劉子瑄　美術編輯　陳逸婷
出　　版　花木蘭文化事業有限公司
發 行 人　高小娟
聯絡地址　235 新北市中和區中安街七二號十三樓
　　　　　電話：02-2923-1455 ／傳真：02-2923-1452
網　　址　http://www.huamulan.tw 信箱 service@huamulans.com
印　　刷　普羅文化出版廣告事業
封面設計　劉開工作室
初　　版　2022 年 3 月
定　　價　三五編 23 冊（精裝）新台幣 62,000 元

陽明心學與復古派關係研究

吳瓊 著

作者簡介

吳瓊，副編審，文學博士，研究方向為中國文學思想史，發表多篇學術論文及評論性文章。現為中國地圖出版社編輯，主要從事圖書出版、課程研發等工作。

提　要

　　陽明心學與復古運動於同一時期登上歷史舞臺，它們並非截然相反的矛盾存在，而是存在著互通、互融的內在關聯。陽明心學對個體主觀情感的重視是心學與復古派相互交融的前提，而對「真」的追求是復古派與陽明心學共同的價值取向。陽明心學產生的最大意義在於轉變了明代士人固有的傳統價值觀，豐富了士人的人生選擇與生命內涵。然而，復古派對陽明心學的認可與接受，主要偏向於對自我生命安頓與個體性情愉悅的層面，其積極用世的進取精神則有所失落，從而導致激昂奔放之風骨的逐漸缺失。陽明心學不僅改變了復古派士人的人格心態，對其文學思想的演變也起到重要的作用。陽明心學是明代性靈文學思想的哲學基礎。由復古向性靈文學的過渡勢必是一個充滿曲折與矛盾的發展過程，而明中期接受陽明心學影響的復古派士人，則是這一過程尚處在朦朧狀態中的先行者。儘管性靈文學觀念尚未形成如後來李贄、湯顯祖、袁宏道等人那樣完整的理論形態與創作實踐，但他們文學思想所呈現出的過渡色彩不僅為後來者提供了理論資源與文學範式，更體現出正、嘉之際文學思想多元發展的實際風貌。

緒　論

一、選題之緣起與價值

　　鄭振鐸在《插圖本中國文學史》中說:「王陽明的學說,不僅在哲學上,即在明代文學上,也發生了極大的影響。從李卓吾到公安派諸作家,間接直接殆皆和陽明的學說有密切的關係……明中葉以後的文壇風尚,真想不到會導源於這位大思想家的!」〔註1〕即已看到陽明心學在實際發展過程中對明代文學所起的重要作用。近些年來,對於明代心學與文學關係的研究已經取得了一些頗為有益的研究成果(具體可參考左東嶺《二十世紀以來心學與明代文學思想關係研究述評》,茲不贅述),但具體到陽明心學與復古派之關係,則尚存有較大的研究空間。

　　明代正德一朝由於武宗之荒唐淫逸而成為明代朝政由盛至衰的轉折點。然而,正是在這朝政腐敗、社會混亂、風俗敗壞、理法失序的現實土壤中,又萌生出兩朵璀璨、絢麗的革新之花,即以興復古學為手段、以恢復漢唐盛世為政治追求的復古運動與王守仁於正德年間開創的陽明心學。

　　復古運動醞釀於弘治年間,並於正德初年形成高潮。從文學角度來說,文學復古運動為明中期萎靡不振的文壇提供了有別於臺閣文學的審美範式。儘管復古派內部成員之間的文學主張並不全然相同,但在對審美典範的選擇以及格調與情感的強調上,仍有較為一致之處。儘管復古派文人通過自己的

〔註1〕鄭振鐸:《鄭振鐸全集》第九冊,石家莊:花山文藝出版社,1998年版,第453頁。

理論主張和創作實踐有效刷新了文壇風氣，但是，復古運動的終極目標卻並非單純恢復古典文學的審美情趣，而是通過復古文以復古道的方式來實踐致君堯舜的政治理想。若從此一角度而言，則復古運動又是失敗的。當然，復古派政治理想之失落原因眾多，但若從正德朝文學與政治關係來看，政治權力的下移當然能夠降解臺閣文學勢力從而催生出新鮮的文學風格與審美樣式；但從另一角度來說，權力下移又使復古派文學陣地缺乏強有力的後援與支撐，從而輕易被劉瑾等奸宦清除出朝政體系。儘管劉瑾被誅後，復古派文人又相繼恢復官職，但其人生追求與政治理想卻再難通過文學復古方式得以實現。昔日黼黻盛世的人生理想不過是曇花一現，興復古典審美理想的文學追求亦不過成為一種充滿感性色彩的文人激情。在這種情況下，伴隨著明中期士人個體生命意識的覺醒與對感性生活、個體自我之關注，復古派文人有相當一部分轉向了其時方興未艾的陽明心學。

　　從文學史角度來說，文學復古運動獲得了巨大的聲勢與反響，其以不可阻擋之勢迅速席捲全國，並使文壇風貌為之一新。如果沒有李夢陽、何景明等人的積極倡導與努力實踐，那麼明代文學將不會如此多姿多彩、充滿活力。而從文學思想史角度來看，則復古運動與陽明心學於同一時期登上歷史舞臺，它們之間通過相互交往與思想碰撞又存在相互交融、溝通的關係與過程。而這一點，恰恰是以往研究中所忽視的。

　　王陽明早期曾有一段溺志辭章的人生經歷。但是這段與李、何等復古派諸人相與唱和、研討詩藝的階段卻並未持續太久。弘治十五年，陽明即有「吾焉能以有限之精神為無用之虛文」〔註2〕的感歎，遂築室陽明洞中，修煉道家長生導引之術，則其時陽明已有追求聖學的精神企向。正德二年，陽明因抗疏相救戴銑觸逆劉瑾，廷杖後謫貴州龍場驛。正是在這種艱難險惡的人生境遇中，陽明始悟格物致知的聖學本旨，由此開創了一種異於程朱理學的哲學體系。王陽明由早期復古派成員轉向聖人之學，這一行為本身就值得深入思考。聖人之學的性質與復古派之差異在於何處？陽明心學與復古派有何異同？程朱理學從本質上來說是排斥文學審美功能與獨立價值的，那麼心學同文學之間又是否存在共生並存、交融會通之關係？這些就是本文意在探討的重要論題。

〔註2〕王守仁：《王陽明全集》，卷六，《年譜》，五冊第 7 頁。

　　此外，復古派後期出現部分文人轉向陽明心學的現象，如復古派核心成員徐禎卿、鄭善夫，外圍成員顧璘、黃省曾、吾謹等人，都發生了不同程度的轉變。尋求自我生命的價值支撐是復古派諸人轉向陽明心學的根本原因。但具體到個人身上，又呈現出紛繁各異的複雜面貌。如最早發生思想轉向的徐禎卿，其逝世時間距離他轉向陽明心學不過一個月。因此，在他身上更多體現出從陽明心學中獲取超越生死困惑、尋求價值支撐的意圖，而陽明心學對其文學思想則尚未構成明顯影響；顧璘正德年間因貶官後心情苦悶，即有以心學靜息之旨安頓自我生命的實踐，其文學思想也由早年對格高調逸之審美理想的追求轉而為倡導文質得中、信心信口的創作思想。但其晚年卻並未孜孜於對陽明心學之探究，反而傾向並復歸於傳統儒家思想資源（這種保守主義的思想進路並不意味著文學觀念上的倒退，而是一種思想多元化、文人主觀精神凸顯的體現），從而對文學與心學持有一種雙重揚棄的態度；而黃省曾之獨特在於其並未實現一般文人晚年棄文從道的轉變，而是由心學而復古、出入於二者之間，企圖以心學智慧實踐復古理想與價值，這種異於常人的選擇於其時文壇與社會雖然並無多少助益，亦無法挽回復古派風流雲散之結局，然其由心學而復古的獨特實踐卻正體現了正德、嘉靖之際文人思想之活躍、人生選擇的多重，而這又顯然導源於陽明心學對士人精神生存空間的拓展。

　　就陽明心學與復古派之關係這一論題而言，實在具有突出的學術價值與實際意義。明中期文壇與學術在以李、何等人為首的復古運動與陽明心學合力作用下，呈現出一派嶄新氣象。從表面上來看，二者分屬不同的學術領域，似乎無法相提並論。然而，若從深層的學理關聯而言，二者在政治理想、人格心態乃至文學思想層面又存在相互溝通與詮釋的可能。如果對二者關係避而不談，就會漏失明代文學思想發展過程中一個極為重要的有機環節。

　　當復古運動漸趨沈寂、復古派文人因人生理想失落與青春激情退潮而開始更加關注自我人生的真實需要時，他們中便有相當一部分士人轉向了其時方興未艾的陽明心學。他們從陽明心學良知理論和超越境界中尋求自我生命的價值支撐，在這一過程中，其往日激昂高亢的復古情懷逐漸被平和淡泊的理性精神所代替，反映到文學思想中，自然有對文質彬彬審美理想的復歸；另一方面，陽明心學對主觀精神的倡揚與對自我人格的挺立，又使文學在突破傳統審美規範的限制下，日益向著清新平易、真實自然之方向發展。當然，

陽明心學作用於復古派文學思想的實際發展並未形成如李贄、湯顯祖乃至袁宏道等人那樣富於創新、突破陳規之思想，甚至亦無法與相隔不遠而倡導本色獨造的唐順之相比，然而，歷史的車輪畢竟在一波三折的發展過程中緩慢前進了。復古派後期文學思想在陽明心學影響下顯示出一種獨立思考的特徵。辯證看待這種特徵與變化，有助於深入理解明中期文化思想界這兩大潮流之間的互動態勢。

　　文學復古與陽明心學作為明中期文壇主流文化思潮，通過探究二者之間的交叉與融合、會通與變異，不僅可以窺見當時文壇發展演變的實際狀況及文學審美風尚的變遷，更為重要的是，由此可以更好地透視與觀照整個明代文學思想的全貌。同時，對哲學與文學關係的實際考察又有助於更好實現、應用學科交叉研究的學術方法與思維方式。

　　這裡有必要對本文的研究對象作一說明。關於陽明心學與復古派之關係，無論從其時間跨度、地域範圍、影響層面而言，都是一個極為龐雜困難的題目。因此，本文重點在梳理並探討明正德至嘉靖初期陽明心學與復古派之關係，主要以王陽明本人與以前七子為代表的復古派之交往為線索，探究陽明心學產生、發展至成熟時期對復古派眾人生命價值與文學思想的影響。從時間斷限上而言，即以王陽明弘治十二年登進士第從而與李夢陽、何景明等復古派諸人探討詩藝開始（陽明心學雖形成、興起於正德初年，但王陽明與復古派之關係，卻可上溯至弘治年間），直至嘉靖初陽明逝世、復古運動漸趨消歇而唐宋派崛起為止，探討這二十幾年之間的歷史真實與思想史走向。至於陽明後學與後七子復古派乃至晚明時期以陳子龍為代表的復古派之關係與影響，則屬於另一個層面的論題，不在本文探討範圍之內。

二、研究現狀綜述

　　關於明代正德至嘉靖初陽明心學與復古派之關係，明中期崔銑即對二者相繼而起的現象作了說明：「弘治中，士厭文習之痿而倡古作，嗣起者乃厭訓經之卑而談心學。」〔註3〕明末董其昌則明確將二者聯繫起來：「成、弘間師無異道、士無異學。程朱之學立於掌故，稱大一統；而修詞家墨守歐、曾，平平耳。時文之變而師古也，自北地始；理學之變而師心也，自東越始。」〔註4〕

〔註3〕崔銑：《洹詞》，卷十，《太宰羅公七十壽序》，文淵閣四庫全書本。
〔註4〕董其昌：《合刻羅文莊公集序》，《客臺集》，卷一，北京出版社，1998年版。

指出李夢陽以師古之方式革新時文，王陽明則以師心之方式突破傳統，將二者聯繫起來論述，已明確看到二者對明中期文壇與學術所作的巨大貢獻，但尚未對陽明心學與七子派之關係作出進一步說明。第一個對二者關係作出深入思考的，是現代學者錢鍾書先生：「有明弘正之世，於文學則有李何之復古模擬，於理學則有陽明之師心直覺，二事根本牴牾，竟能齊驅不悖。」〔註5〕即認為文學復古與陽明心學是根本砥敵、相互矛盾的，但錢先生對二者於弘正時期並行不悖的事實又感到異常困惑。其實，幾乎同時興起於弘治、正德之際的復古運動與陽明心學，二者之間儘管在思維方式上存在著根本差異，然其在政治理想、人格心態、文學情感、審美境界等方面又存在諸多關聯。這就為二者齊驅不悖之事實尋找到學理上的依據。

20 世紀 80 年代以來，由於學術理念的更新與研究視野的拓展，學界已經逐漸開始關注到正、嘉之際陽明心學與復古運動之間的關聯與差異，並取得了一些突破性的研究成果。

現有的研究情況從總體上而言可分為綜合研究與個案研究兩個層面：

（一）關於理學、心學與文學關係的綜合研究

對於陽明心學與復古派之關係，目前學界尚未形成關於此一論題的專題研究或學術論著。除了一些散見的單篇論文外，部分學術論著中或直接或間接地提到二者之間的學理關聯，現分述如下：

簡錦松《明代文學批評研究》認為，復古派後期成員大規模向理學轉換之原因實為復古派自身性格中以經學為本、兼重氣節與文章的一面，實具有理學思想之成分。因此使文學復古運動從一開始就帶有濃厚的理學色彩。關於復古派成員後期大規模轉向心學後文學思想的變化，簡錦松進一步認為，「此期復古派文人參用理學之後，每以道在文先，而講立言之學，所謂至文、真文，乃指名理之論文，或本於理學而論政事之著述。詩則取淺近語而已。此種做法，不僅偏離文學發展之常軌，亦離開文學復古運動之本旨。其後唐宋派古文運動興起及後七子重振復古之說，皆與此期之變化有關。」〔註6〕

張少康、劉三富《中國文學理論批評發展史》認為，「陽明心學對文藝思想的影響，主要是在文藝的本源和創作上強調了心的重要作用，認為文藝的

〔註 5〕錢鍾書：《談藝錄》，中華書局，1984 年版，第 33 頁。
〔註 6〕簡錦松：《明代文學批評研究》，學生書局，1989 年版。

源泉在人之心，文藝創作應當真實地再現人的心靈世界。」「他的心學思想對文學的影響，首先在比他稍晚的唐宋派的王慎中和唐順之身上有所體現。」〔註7〕即已開始關注陽明心學與文學思想之間的內在關聯，但並未言及陽明心學與復古派之關係。

袁震宇、劉明今《中國文學批評通史・明代卷》認為，「心學給予文學批評的影響往往並不以具體的批評見解，而以其抽象的思維方式影響於各文學流派。內省傾向正是這樣一種思維方式，它漠視客觀的現實世界，而以內心的返照方式為求得真知的主要途徑；它重一己而輕外物，重冥會而輕實證。因此表現在文學批評上，它與傳統儒家重視社會效果、明道致用、輔君化民的觀念顯然不同。它所追求的可以是一種抽象的倫理道德，也可以是一種個人的生活情趣，或者是某種主觀的精神境界。」〔註8〕論述較為透闢深入，已經指出心學作用於文學思想的主要途徑及其表現形式。

韓經太《理學文化與文學思潮》認為，陽明心學作用於文學思想者「自然宜有對純然主觀之情性的張揚和情性初動處便求『良知』發見的雙重指向的情感論意識了。」〔註9〕將陽明心學良知學說與文學情感論聯結在一起，將哲學領域的良知觀念與文學領域之情感相互打通，實際上已經突出二者之間最為根本的核心命題。

許總《宋明理學與中國文學》認為，「值得注意的是，王學中的重要人物王廷相就同時是『前七子』之一，這就把王學與七子直接聯結起來，而七子中其他人以及與七子同時的唐順之、王慎中等人也多為王學之信徒。」〔註10〕儘管提到了七子中人傾向理學的實際狀況，但並未就此展開具體論述，亦未論及陽明心學對其人格心態與文學思想之影響。「就理學與文學的關係而言，從程、朱到陸、王，理學與文學總是表現為一種間接的關係，而自左派王學開始，直到蔚為大觀的反理學思潮，卻與文學構成了一種直接的關係。」〔註11〕認為理學與文學直接發生關係是自左派王學後開始的。其側重

〔註7〕張少康、劉三富：《中國文學理論批評發展史》下卷，北京大學出版社，1995年版，第191頁。
〔註8〕袁震宇、劉明今：《中國文學批評通史・明代卷》，上海古籍出版社，1996年版，第3頁。
〔註9〕韓經太：《理學文化與文學思潮》，中華書局，1997年版，第222頁。
〔註10〕許總：《宋明理學與中國文學》，百花洲文藝出版社，1999年版，第351頁。
〔註11〕許總：《宋明理學與中國文學》，百花洲文藝出版社，1999年版，第366頁。

點仍在左派王學尤其是李贄出現後對理學的衝擊與解構在文學領域所造成的巨大影響。

左東嶺《王學與中晚明士人心態》在論述復古運動與陽明心學的內在關聯時，認為「李夢陽要通過復古而振作士氣，從而實現其革新政治的理想。但也有人慾從改造學術入手，令士人能樹立求聖的志向，從而實現其政治理想，這便是王陽明的設想。他們儘管途徑不同，但同屬弘治新生代，同樣是在弘治士風中所激發的人生追求，那麼他們之間在人格心態上也就有相互詮釋的可能。」〔註 12〕明確指出二者在人格心態上存在相互詮釋、相互溝通的關聯。此外，文章對王陽明的求樂自適意識及其審美情趣的論述為研究陽明心學與明代性靈文學思想的發展演變提供了重要的研究視角與思考維度。

黃卓越《明永樂至嘉靖初詩文觀研究》一書考察了前七子成員後期向理學轉換之事實，並進一步認為「向理學回歸所表現出的最鮮明特徵，便是較為全面的反審美主義……但正德中後期出現的反審美主義卻不一樣，是以實用主義的理由，以道德主義的理由，以心性主義的理由（理學內容）——進而是以義理主義（即理學形式）的理由來反對文學的審美功能。而這多種理由均有其堅定的邏輯起點（有時是重合的），由此又多層次地表現出文學與理學的衝突關係，並進一步與外部的諸種變故相接應。」〔註 13〕以「反審美主義」來概括正德中後期士人（尤其是復古派）轉向心學後所表現出的文學思想。

宋克夫、韓曉《心學與文學論稿——明代嘉靖萬曆時期文學概觀》從價值體系這一角度出發，探討了哲學與文學之關聯。作者在本書中認為，心學思潮對文學的影響應上溯至嘉靖年間而始於唐宋派，因此該著即以嘉靖初期陽明心學對唐順之學術思想的影響為始，探討了心學思潮對徐渭、李贄、袁宏道、湯顯祖、馮夢龍等人的文學創作與文學觀念以及對《西遊記》《金瓶梅》等小說價值取向的影響與滲透。宋克夫認為，復古派「這種『食古不化』，一味模擬古人傾向，把明代的詩文創作引入歧途，造成了『物不古不靈，人不古不名，文不古不行，詩不古不成』的惡劣文風……而心學之於文學的影響，

〔註12〕左東嶺：《王學與中晚明士人心態》，人民文學出版社，2000 年版，第 139 頁。
〔註13〕黃卓越：《明永樂至嘉靖初詩文觀研究》，北京師範大學出版社，2001 年版，第 270 頁。

就是在扭轉這種惡劣文風中拉開序幕的。」〔註14〕價值體系的確是聯結心學與文學之媒介，宋克夫的研究為打通心學與文學之關係作出了一定貢獻。

宋克夫的另一著作《宋明理學與明代文學》〔註15〕分上中下三篇，論述了程朱理學與初明、中明、晚明文學的一般關係，有點有面，將理論總結與個案研究相結合。其中篇「主體的弘揚——陽明心學與中明文學」在論述陽明心學基本理論內涵及其與中明文學的關係後，詳細探討了陽明心學對唐宋派、吳承恩《西遊記》及奇人徐渭的影響，並以此概述了在陽明心學影響下中明文學所呈現之特點。宋克夫認為，「作為陽明心學對文學影響的結果，注重主體人格，強調主體意識，要求在文學創作中表現創作主體的真情實感和真知灼見，構成了中明文學的一個突出的特點……與強調文學創作表現主體的真情實感和真知灼見相適應，要求衝破傳統形式的束縛，倡導樸素自然的表現手法，是中明文學的另一突出特點……在文學創作中主體意識的強調和真情實感的注重，必然導致對當時復古主義創作的批判，而這正好是中明文學的又一重要特點。」〔註16〕明確強調了陽明心學張揚主體個性精神對其時文學思想的影響，並將在這種影響下所形成的文學特點概括為「表現主體的真情實感和真知灼見」、「衝破傳統形式的束縛，倡導樸素自然的表現手法」以及「對當時復古主義創作的批判」等，論述較為深入、透徹，為其後陽明心學與文學思想之關係的相關研究作了較好的理論鋪墊。

鄧新躍《明代前中期詩學辯體理論研究》認為：「李、何文學復古運動實際上充當了以陽明心學為核心的明代思想解放運動的羽翼，這正是明代前七子詩學思想在復古掩飾之下的批評史意義之所在。」〔註17〕從批評史的角度出發，肯定了復古運動對明代思想解放浪潮的啟發與推動，並從這一意義上將陽明心學與復古運動聯結起來，具有一定的啟示意義。

廖可斌《明代文學復古運動研究》認為，「復古運動與陽明心學，一屬文學，一屬哲學，它們的產生，在各自的領域裏都有著深遠的歷史原因，但因

〔註14〕 宋克夫、韓曉：《心學與文學論稿——明代嘉靖萬曆時期文學概觀》，中國社會科學出版社，2002 年版，第 52 頁。

〔註15〕 宋克夫：《宋明理學與明代文學》，中國社會科學出版社，2013 年版。

〔註16〕 宋克夫：《宋明理學與明代文學》，第 148 頁。

〔註17〕 鄧新躍：《明代前中期詩學辨體理論研究》，上海古籍出版社，2007 年版，第 191 頁。

同時又都是明朝弘治、正德間特定社會現實的產物，是同一時代母親生產的一對孿生姊妹。它們的同時興起，不是偶然的，而是必然的；不是互不相關的，而是有著密切的內在聯繫。在思維內容和思維形式上，它們之間存在著差異和矛盾。但在突破程朱理學、倡導主體精神、反映當時個性解放的時代要求這種根本性質上，二者是一致的。它們可以說是當時進步思潮的兩條支流。」〔註18〕認為二者儘管在思維方式上存在根本差異與矛盾，但它們在共同突破程朱理學精神桎梏、倡揚主體個性精神這一層面上又是異質同趨的，準確地指出二者之間同時興起的必然性與差異性。廖可斌《理學的二重性及其對文學影響的複雜性》一文從辯證的視角探討了理學思維的二重性及對文學影響的複雜性，認為「理學和文學在思維方式上是相互排斥的」。但「理學通過進一步塑造中華民族特別是知識階層的自我人格而作用於文學，其中包含有積極的內容」；「理學推動了中華民族理論思維的發展」。〔註19〕明確指出理學對文學積極與消極的二重影響，並以具體問題具體分析的切實態度論述了理學自身發展演變及其與文學之關係。

楊遇青《明嘉靖時期詩文思想研究》認為「以前七子為代表的文學復古運動和以陽明學為代表的新儒學思潮，極大改變了明代思想的形態和走向，在文學思想的發展中起到舉足輕重的作用。前者拒斥宋學，後者要提升宋學的精神內涵，兩水分流，既相輔相成又相互對抗，構成了嘉靖時期文學思想的主要文化資源。」〔註20〕明確看到二者在思想文化領域所起到的重要作用，對二者關係「相輔相成又相互對抗」的描述，從辯證的角度一針見血地指出文學復古與陽明心學之間存在的種種複雜關聯。

王忠閣《明代理學的演變與文學復古》將陽明心學對文學復古的影響歸納為「這種重個體、重自我的傾向，表現在文學上就是對文學自身規律和作家個人才情的強調與重視。」〔註21〕

董國炎《明代理學與文學思想》指出，「程朱陸王兩派理學的鬥爭轉化，直接影響到文學思想的風貌，使明代文學思想鬥爭，最具有流派鬥爭史的特點。鬥爭的結果，是矛盾雙方的轉化，矛盾相依相激相成，繼承中有修正，新

〔註18〕廖可斌：《明代文學復古運動研究》，上海古籍出版社，1994 年版，第 65 頁。

〔註19〕廖可斌：《理學的二重性及其對文學影響的複雜性》，《文藝理論研究》，1993年第 4 期。

〔註20〕楊遇青：《明嘉靖時期詩文思想研究》，三秦出版社，2011 年版，第 33 頁。

〔註21〕王忠閣：《明代理學的演變與文學復古》，信陽師範學院學報，1990 年第 1 期。

變成為弘揚。」〔註22〕並從歷史與邏輯相統一的角度細緻梳理了明代文學思想與理學發展演變之間的內在關聯。

左東嶺《從良知到性靈——明代性靈文學思想的演變》認為,「王學的此種良知性靈觀念促成了中國文學思想在文學發生論上的一次明顯轉折,即從早期以物為主的感物說向著晚期以心為主的性靈說的轉變,從而構成了晚明性靈說的哲學基礎。」〔註23〕明確指出心學良知觀念與晚明性靈文學思想之間的內在關聯,將哲學觀念與文學思想聯結打通,為研究陽明心學與明代文學關係作了鋪墊與示範。

熊禮匯《略論王陽明對明代散文流派演變之影響——從王陽明的狂狷意識、散文理論和創作特色談起》認為,「識見超卓,語詞明白、簡約、淺近,風格平和,乃是陽明所確定的散文的審美特點。陽明這種散文觀,實與當時復古派的主張及其扇揚的擬古文風大相徑庭。」〔註24〕從陽明自身散文創作入手,結合其散文主張與創作實踐,指出陽明倡導一種簡易直截、平實明白的文學風貌,這與復古派孜孜模擬、粗豪亢硬的詩文體貌有著根本區別。

孫學堂《論明代文學復古的思想意義——兼與心學思潮比較》認為,「就主體精神的凸現和個性自由的拘禁這一點來說,復古派和陽明心學是別無二致的。」「在弘治、正德時期,心學對文學和文學思想的影響並無太多積極的意義,而且隨著人們接受心學影響的日漸深入,這一影響的消極性表現愈加明顯,晚年的唐順之、王慎中就是典型的例子。」〔註25〕從辯證角度看待心學思潮與文學復古既有凸顯個體精神同時又遏制個性自由的兩面性,並進一步認為心學作用於文學和文學思想之處更多體現為一種消極性影響。

陳文新《明代詩學的邏輯進程與主要理論問題》從二者趨同的一面認為,前後七子的道德理想主義情懷與陽明心學之宗旨相互吻合,「陽明心學和七子

〔註22〕董國炎:《明代理學與文學思想》,山西大學學報,1995 年第 4 期。

〔註23〕左東嶺:《從良知到性靈——明代性靈文學思想的演變》,南開學報,1999 年第 6 期。

〔註24〕熊禮匯:《略論王陽明對明代散文流派演變之影響——從王陽明的狂狷意識、散文理論和創作特色談起》,武漢大學學報,2001 年第 2 期。

〔註25〕孫學堂:《論明代文學復古的思想意義——兼與心學思潮比較》,中國詩歌研究第一輯,2002 年。

古學，標誌著一個在精神上追求卓越的時代。」〔註26〕

　　錢明《王陽明與明代文人的交誼》〔註27〕梳理了王陽明與明中葉文人的相關交往，通過對文獻的爬梳和整理總結出其與復古派文人李夢陽、徐禎卿、顧璘及鄭善夫的交往。此外，作者通過輯錄陽明佚文考察出陽明與吳中文人唐寅的書信往來與交誼，打開了研究陽明心學與明中期文學思潮的又一窗口。

　　周瀟《明中葉「前七子」文學復古運動與陽明心學之關係》認為，「在精神內質上，它們既相輔相成，又存在齟齬，卻無疑同時代表了當時要求擺脫理學桎梏，張揚主體精神的進步思潮。在各自發展的不同階段上，它們之間的關係也表現出不同特點，呈現為一種錯綜複雜的格局。在共同走過的百年歷程中，大致可分為和衷共濟、并駕齊驅、改弦易轍幾個階段。」「其實兩者並非是根本砥敵的，在他們各自的主張中，我們可以發現同植於時代之壤中的兩個契合點：一是張揚主體、反理倡情。二是關注國運、積極救世。」〔註28〕明確指出二者發展過程中存在的幾個階段，並認為二者並非相互矛盾，它們在張揚主體個性精神及積極用世這兩個層面相互溝通。

　　謝旭《七子派文學理論與陽明心學關係研究》〔註29〕認為，無論是陽明心學早期的「心即理」階段與後期的「致良知」階段，都體現了其重情的哲學觀，並認為正是陽明心學這種重視內在心理情感的特徵，影響了七子派重情、求真的文學理論。此外，陽明心學對七子派重視通俗文學與民間文學也有一定影響。另一方面，陽明心學又「導致了七子派文學理論走向分化、瓦解與解體」。作者已經看到陽明心學與復古派之間存在的相互聯繫，並試圖深入挖掘這種內在關聯。

　　王承丹《陽明心學興起與復古文學遷變》〔註30〕指出了陽明心學興起、發展後對復古派內部的衝擊，徐禎卿、鄭善夫等人相繼轉向心學的實際狀況；至嘉靖、萬曆時期，後七子復古派成員之一的屠隆亦投身於心學潮流當中，引發了復古派內部的分解、裂變。從發展的視角審視了陽明心學與復古運動

〔註26〕陳文新：《明代詩學的邏輯進程與主要理論問題》，文學評論，2002 年第 3 期。

〔註27〕錢明：《王陽明與明代文人的交誼》，中華文化論壇，2004 年第 1 期。

〔註28〕周瀟：《明中葉「前七子」文學復古運動與陽明心學之關係》，上海師範大學學報，2004 年第 4 期。

〔註29〕謝旭：《七子派文學理論與陽明心學關係研究》，2004 年陝西師範大學碩士學位論文。

〔註30〕王承丹：《陽明心學興起與復古文學遷變》，廈門大學學報，2007 年第 1 期。

變遷過程中的種種變化。

馬曉虹《陽明心學與明中後期文學審美觀念的變革》認為,「心學站在與程朱理學相對的立場,從解放『理』對人的主體性和個體壓抑的角度,重建了理論體系,在文學領域引發了追求個性解放的潮流,文學審美觀念亦隨之表現為由雅入俗、由古入今、由理入情的特徵,呈現出鮮明的浪漫氣息。」〔註31〕其關注焦點與重心仍在陽明心學對中晚明李贄、徐渭以及公安派等人文學觀念的影響上,並未提及陽明心學與以前七子為代表的復古派之關聯。馬曉虹的博士論文《陽明心學與明中後期文學批評》將心學對文學的影響概括為「強調主體意識」「突出自然人性」以及「肯定合理人慾」三個方面。論文探討了陽明心學與明中後期文人的文學觀以及心學對諸體文學批評的不同影響,其結論為「從明中期開始,文學批評領域出現了許多新特點,師心特徵更加突出,在與師古的較量中逐漸佔有上風;俗文學異軍突起,在與雅文學的博弈中漸入佳境,整個文壇呈現出思想解放的氣象。」〔註32〕而這正是陽明心學影響的結果。該論文將陽明心學與明中後期文學批評進行雙向觀照研究,對心學與文學之關係作了獨特的思考與闡發;尤其對陽明心學對明中後期諸體文學批評的不同影響作了一定分析,頗有創見。

謝旭的博士論文《王學與中晚明文學理論的關係研究——以七子派和公安派為個案》〔註33〕在其碩士論文基礎上,探討了王學與七子派文學理論之關係以及公安派「性靈」理論與陽明心學之關係。用其自己的話說「系統的闡述了從七子派到公安派文學理論的發展流變過程」。該論文梳理了陽明心學與明中後期文學理論的演變過程,得出了一些新鮮有益的結論。

(二)陽明心學與前七子復古派關係的個案研究

王承丹在《前七子衰微的內部原因探析》〔註34〕一文中提到了何景明晚年思想轉向之事實,並認為其晚年思想正是受到了陽明心學的浸潤與影響,從而其文學理論才呈現出通脫靈活的特點。實際上,據黃卓越考察,何景明

〔註31〕馬曉虹:《陽明心學與明中後期文學審美觀念的變革》,蘭州學刊,2013 年第 6 期。

〔註32〕馬曉虹:《陽明心學與明中後期文學批評》,2013 年東北師範大學博士學位論文。

〔註33〕謝旭:《王學與中晚明文學理論的關係研究——以七子派和公安派為個案》,2013 年陝西師範大學博士學位論文。

〔註34〕王承丹:《前七子衰微的內部原因探析》,南都學壇,1996 年第 2 期。

於正德十三年後發生思想轉向，其轉向的是帶有實學特徵的關中學派，而非陽明心學。筆者贊同此點。

　　盛敏《李夢陽與陽明心學》指出，二者在反叛程朱理學之精神桎梏上，有著內在的一致性。「在國運日非的境況下，沖決程朱網羅，積極向孔孟尋求正道之源，以期匡救時弊，正是二者所以能並行不悖的共同思想基礎。」〔註35〕並認為二人學說最大的分歧點便在於對佛老與文學的不同態度，認為心學在本質上排斥文學，而李夢陽則更為強調詩歌的情感特徵。此外，該文還提出「與其說李夢陽的復古運動受了陽明心學的影響，毋寧說陽明心學是得了李夢陽復興古學的啟發。」〔註36〕雖未將該觀點繼續深化，但卻為二者關係的研究提供了一個新的視角，具有一定的啟發意義。

　　劉坡《李夢陽與明代詩壇研究》認為，二者（陽明心學與文學復古）在對程朱理學之反叛、對主體精神之弘揚的層面上相互溝通，「李夢陽領導的復古運動與陽明心學一於文學，一於哲學，同時革流弊、變風氣，開啟了晚明的進步思潮。」〔註37〕梳理了王陽明、李夢陽二人的交往過程，指出二者關係的同質異構性。

　　莊丹《試論陽明心學對鄭善夫文學觀的內在影響》〔註38〕認為「鄭善夫的文學觀是和陽明心學思想相互融合為一體的」，並從哲學、文學、歷史等三個層面探討了鄭善夫文學觀受到陽明心學影響的內在因由。「陽明心學作用於鄭善夫文學思想則間接表現為追求一種重情重真的文學觀。」並認為鄭善夫詩中「以氣格為主，以悲壯為宗」的文學風格亦是在陽明心學崇尚氣節之精神影響與指導下形成的。莊丹的另一篇學術論文《試論鄭善夫的詩壇地位》〔註39〕指出鄭善夫對陽明心學與文學相互融合作出了一定貢獻。這兩篇文章涉及到陽明心學與鄭善夫文學思想之間的內在關聯，見解頗有學術價值。

　　琚英傑《鄭善夫與陽明心學》〔註40〕是一篇專論鄭善夫與陽明心學關係

〔註35〕盛敏：《李夢陽與陽明心學》，商丘師範學院學報，2006年8月第22卷第4期。

〔註36〕盛敏：《李夢陽與陽明心學》，商丘師範學院學報，2006年8月第22卷第4期。

〔註37〕劉坡：《李夢陽與明代詩壇研究》，2012年上海師範大學博士學位論文。

〔註38〕莊丹：《試論陽明心學對鄭善夫文學觀的內在影響》，宜賓學院學報，2008年第5期。

〔註39〕莊丹：《試論鄭善夫的詩壇地位》，紅河學院學報，2009年第6期。

〔註40〕琚英傑：《鄭善夫與陽明心學》，2009年廈門大學碩士學位論文。

的論文。文章簡要梳理並闡述了鄭善夫接受心學的過程與原因，並認為陽明心學對鄭善夫的仕隱心態、審美情趣、文學思想都產生了重大影響；並從文學成就、學術建樹、人生意義三個層面闡述了鄭善夫由文學復古轉向陽明心學的意義，對陽明心學與明代文學之關係的相關研究具有一定的價值。

張蔓莉的碩士學位論文《鄭善夫研究》〔註41〕認為鄭善夫重情尚真的詩學理論是對七子派文學思想的繼承與發展，並非來自於心學思想的影響。

對徐禎卿晚年轉向心學的相關研究較為充分，如殷宴梅《短促的生命歌吟——徐禎卿理想人格追求及其意義》〔註42〕從追尋生命價值與人生理想這一角度對徐禎卿轉向陽明心學的原因進行了梳理與總結。劉雁靈《徐禎卿詩學思想與吳中文化》〔註43〕從個體與時代兩個角度探討了徐禎卿轉向陽明心學的內外因素。崔秀霞《徐禎卿仕宦時期的「學凡三變」》〔註44〕提到了徐禎卿學凡三變最終轉向陽明心學的問題，並從時代精神祈向、個體自性追尋等方面探討了其轉向原因。這些研究將徐禎卿與陽明心學之關係推向深化，對本文研究提供了較有意義的思考向度。

閆成全《顧璘文學研究》〔註45〕中提到了顧璘與王陽明二人學術思想的差異與分歧，認為「王氏致力於心學研究，主張『致良知』，而顧璘則堅守傳統儒家的純儒立場」。包曉璐《顧璘與明中葉文學思潮》〔註46〕認為陽明心學促成了顧璘文學思想由文趨質的轉變，但其始終並未趨奉心學，而是堅持著自我的獨立思考。趙歌君《顧璘研究》〔註47〕從文學史的角度梳理了顧璘的家世生平、交遊情況、詩歌創作與詩歌理論等，將顧璘研究深化、細化。王媛《顧璘詩文研究》〔註48〕論述了顧璘的家世、生平與思想性情，考證了顧璘的詩文著述，以及顧璘與明中期文學流派的關係，並對顧璘的詩文創作作了細緻解讀。認為顧璘「進一步推動了明中葉南北文學調劑融合的進程」，文章

〔註41〕張蔓莉：《鄭善夫研究》，2010 年福建師範大學碩士學位論文。
〔註42〕殷宴梅：《短促的生命歌吟——徐禎卿理想人格追求及其意義》，2002 年曲阜師範大學碩士學位論文。
〔註43〕劉雁靈：《徐禎卿詩學思想與吳中文化》，2005 年首都師範大學碩士學位論文。
〔註44〕崔秀霞：《徐禎卿仕宦時期的「學凡三變」》，德州學院學報，2009 年 6 月第 3 期。
〔註45〕閆成全：《顧璘文學研究》，2009 年西南大學碩士學位論文。
〔註46〕包曉璐：《顧璘與明中葉文學思潮》，2010 年復旦大學碩士學位論文。
〔註47〕趙歌君：《顧璘研究》，2010 年蘇州大學碩士學位論文。
〔註48〕王媛：《顧璘詩文研究》，2010 年暨南大學碩士學位論文。

全面深入地闡述了顧璘一生的文學成就與交遊情況，提出了一些頗有價值的學術結論，但對顧璘與陽明心學之關係則並未深入辨析。

從上述研究成果中可以看出，綜合研究中大多以明中期唐宋派為起始來探討陽明心學與文學思想之關係，鮮少涉及陽明心學與復古派的內在關聯。而在論述二者關係的相關研究中，反叛程朱理學桎梏、張揚主體個性精神已成為學界研究二者關係的基本共識；而關於陽明心學與復古運動在情感審美領域裏的溝通問題，學界則呈現出兩種截然相反的觀點與態度。究其原因，則是對陽明心學超越情感而又不排除情感這一特徵缺乏真實認識與深入辨析。具體到陽明心學與復古派士人關係時，對徐禎卿、鄭善夫二人晚年思想轉變研究較為充分，但尚未從總體上形成較為完整的認識，如同樣是棄文從事於性命之學，他們的人生境遇不同，則其生命需求也不完全相同。反映在其文學思想中，又會呈現出並不一致的創作風貌。如果不對這些問題作出深入細緻的分析與梳理，在論述過程中就會產生顧此失彼的偏頗。

從總體趨勢上來看，對陽明心學與以前七子為代表的復古派之關係的研究仍存在許多問題，這些問題主要集中在以下幾個方面：

一是對文獻的掌握與解讀尚不充分。關於陽明與復古派士人群體的交往，二者之間相互論學之文字自然應視為重要的參考文獻，但也應重視陽明本人的文學創作，以及在陽明心學影響下復古文人文學思想及文學創作所產生的相應變化，即深入到其具體創作實踐之中去尋繹、考察二者之間錯綜複雜的實際關係。此外，則是對陽明與復古派交往情況文獻掌握尚不充分。本文認為，應從三個層面加以考察：一是與陽明本人有論學文字之人；二是與陽明本人有人際交往；三是間接受到陽明心學之影響。從這三個層面進行文獻整理與爬疏工作，才能較為完整系統地掌握二者關係的真實面貌。

二是缺乏對二者關係的系統性考察。以往研究通常側重於對陽明與復古派二者關係的史實梳理，而很少從學理層面深入對二者關係進行系統照察。其實，陽明與復古派士人群體同為氣節之士，不僅關係密切，早年還有著較為一致的文學主張。更為關鍵的是，二者之間的關係在弘正時期呈現出一種錯綜複雜的雙向互動勢態。復古運動與陽明心學在文學領域的交融會通、陽明心學對復古派士人群體人格心態乃至生命價值觀的影響等，都需重新作出更為清晰系統的闡釋。

三是許多學術論著並未提及二者之間存在溝通與關聯的實際狀況，對復

古派後期部分文人傾向陽明心學的事實僅作歷史陳述，並未涉及陽明心學在文學、審美領域中同復古派之關聯。

　　四是將二者視為相互對立、截然相反的矛盾存在，並未深入思考、探究二者在實際交往與溝通中所呈現出的複雜面貌。如馬積高《宋明理學與文學》認為「但這個理學派別在其初產生時似乎對文學沒有發生多大影響。前七子中的李、何同陽明都是朋友，政治上也同道，然陽明既未接受他們的詩文復古主張，李、何也未沾染陽明的心學……王學同文學發生直接關係，是在嘉靖年間，當時文壇上的唐宋派的鉅子唐順之、王慎中都信奉王學……王學對文學發生較大的影響主要是在左派王學形成之後，特別李卓吾的學術活動開始以後。」〔註49〕「復古派的首領李夢陽同王陽明也有關係，但無論從思想體系和文學見解看，復古派同王學正統派都沒有關係，後來王學左派對理、欲的關係的看法與復古派的王廷相有暗合之處，但所遵循的道路是不同的。」〔註50〕馬美信《陽明心學與文學復古運動》也認為「陽明心學在本質上是排斥文學的」〔註51〕「王守仁反對文學表現人情和追求辭章之工，從內容和形式兩方面堵塞了文學發展的道路，他還通過排斥文學的審美功能來否定文學的價值……王守仁從心學出發排斥文學，反對人們自覺地從事文學創作活動，否定文學表現情感，滿足人們審美要求的功能，與以李夢陽為代表的前七子尊重文學的獨立性，強調文學表現真情的觀點是相對立的。」〔註52〕即認為陽明心學以理學的理性特徵鉗制了文學的情感表現與審美功能，從而認為陽明心學與復古運動二者在本質上是相互排斥、相互矛盾的。陽明心學作為一種注重個體修養的心性哲學，自然有同理學一樣力求避免情緒化並排除世俗化的理性特質，但同時其重視自我體驗、追求超越境界的一面又使其在境界論層面與文學情感論相通，從而與朱子理學嚴格區別開來。在論述心學與文學的關係時，論者往往不加分辨地將陽明心學同程朱理學等同起來，從而得出並不周全的結論。

〔註49〕馬積高：《宋明理學與文學》，湖南師範大學出版社，1989年版，第179～180頁。
〔註50〕馬積高：《宋明理學與文學》，湖南師範大學出版社，1989年版，第174頁。
〔註51〕馬美信：《陽明心學與文學復古運動》，復旦學報（社會科學版），1993年第6期。
〔註52〕馬美信：《陽明心學與文學復古運動》，復旦學報（社會科學版），1993年第6期。

因此，本文的研究在吸收現有研究成果基礎上進行，力圖重新梳理、定位明正德至嘉靖初陽明心學與復古派之間的真實關係與內在關聯，通過對文獻的閱讀、爬梳與整理，對心學與文學之關係作出更為合理確切的闡釋。

三、研究方法與思路

本文採用文學思想史理論批評與創作實踐相結合的研究方法與學術思路，以求真求實與歷史還原為研究目的，力圖真實再現明代正德至嘉靖初陽明心學與復古派之間的複雜關係。正如包弼德在《斯文：唐宋思想的轉型》一書中所說，思想史的任務正是：「通過闡明思想以及思想所賴以發生的歷史世界，來澄清思想價值觀的轉變與實踐轉變之間的聯繫。」〔註 53〕這也是本文的研究思路與研究重心所在。對於本論題來說，採用文、史、哲相互打通的研究方式是進行有效研究的重要前提。近些年來，學界已經開始關注到陽明心學與復古派之間的關係問題。但其論述仍主要圍繞後者發生思想轉向後棄文從道之現象。對這一現象簡單羅列與事實陳述的原因則是論述者往往缺乏將文、史、哲結合起來的觀照視野。陽明心學作為明中期崛起的哲學體系，如果僅僅將其視為哲學研究的關注對象而不談其對文學界產生的影響，則勢必會忽略其中至關重要的一環。同樣，以前七子為代表的復古運動作為文學史發展鏈條的重要環節，如果不關注陽明心學對復古派生命價值取向、文學思想發展的影響，則又會漏失其中頗有價值的學術生長點。因此，只有將文、史、哲打通結合、進行整體觀照，才能避免發生掛一漏萬的情形。

理論批評與創作實踐相結合是文學思想史研究的重要特點之一。左東嶺在《中國文學思想史研究方法的再思考》一文中將理論批評與創作實踐之間的複雜關係概括為三個層面，即「一是有些歷史時期或者某些作家只有創作實踐而缺乏必要的理論批評，研究他們的文學思想無法從理論批評中去歸納總結，就只能通過創作實踐中所包含的文學傾向與創作風貌來總結。二是理論批評與創作實踐相互印證。三是理論批評與創作實踐的相互矛盾。」〔註 54〕因此，本文所採用的研究方法不單要將理論批評與創作實踐相結合，還要具

〔註 53〕〔美〕包弼德：《斯文：唐宋思想的轉型》，江蘇人民出版社，2000 年版，第 81 頁。

〔註 54〕左東嶺：《中國文學思想史研究方法的再思考》，中國人民大學學報，2014 年第 4 期。

體考察二者之間實際存在的複雜關係。只有理清個體在不同時期、不同側面、不同語境下理論批評與創作實踐的真實關係與複雜內涵，才能形成一種整體上的周密觀照。

文學思想史研究的另一突出特徵是對士人心態的把握。毫無疑問，士人心態是聯結外部客觀環境與內部文學思想的中介。因此，本文重點在於探究復古派士人從弘治年間的高調復古轉向正德年間的憤激悲涼或趨於理性內省的體驗，這種轉向發生的真實原因及與陽明心學的關係。陽明心學作用於明中期士人，首先是從對其生命價值、人生意義的警覺與轉變開始的，並進而影響到他們對文學功能、文學價值的態度與看法，從而滲透進其文學創作風貌之中。因此，對這一時期復古派士人在陽明心學影響下的人格心態便需作出進一步的研究與說明。由於不同個體在接受陽明心學時意圖解決的人生問題不同，其人生價值觀、人格心態的形成與轉變亦不會全然相同。但從總體基調而言，從心學體系中尋求自我生命價值支撐則是這一時期復古派文人轉向心學的共同特徵。但具體到每位個體身上，又會呈現出各種不全然相同的面貌與形態，如徐禎卿對生死問題的執著與疑問、鄭善夫仕隱之際的困惑與矛盾、黃省曾出入於心學與復古之間的獨特實踐等，這些又毫無疑問與陽明心學相互扭結在一起，並形成他們各自不同的人生選擇與生命形態。在對個體作出細緻入微的探究與分析後，還要把握整體性的時代基調，將個體與時代因素相互結合，從而作出進一步的完整觀照。

此外，文學思想史研究強調的是一種立體、動態的過程性把握，力求歷史與邏輯相統一，而非對某一文學現象作簡單的過程性描述。文學思想史的關注重心不僅是某種文學現象或文學思潮本身，更是其背後的發生原因與文化意蘊。因此，本文無論是對復古派文學思想之變遷抑或陽明心學自身的發展演變，都不作單一的平面化處理，而是在動態的過程性研究中，將二者置於正、嘉之際的歷史背景下作一整體觀照。

從研究思路來說，文學思想史研究與一般思想史、文化史、文學史的研究並不相同，文學思想史強調的是文學思想的歷史，文學思想不能簡單等同於文學流派或文學風格。因此，本文研究重點在於客觀真實還原、再現明中期陽明心學與復古派的思想關聯，而非從純文學的視角研究二者各自的文學風格與文學影響。重在凸顯陽明心學對復古派文人人生價值觀、文學功能觀以及文學審美情趣的潛在影響，從而對陽明心學與復古運動於同一時期登上

歷史舞臺這一特殊現象作出更為合理、真實的闡釋與評介。

　　從歷史發展進程而言，性靈文學思想萌芽實肇端於在陽明心學影響下的唐宋派唐順之等人處。本文本著求真求實的基本原則，不擬因研究對象的界定而刻意誇大陽明心學對復古派諸人文學思想的影響。但毋庸置疑的是，明代詩學的兩大根本特徵——復古與性靈，並非截然對立，二者通過陽明心學的浸潤而有了相互聯結、相互詮釋之特點。陽明心學對復古運動的複雜影響，儘管導致部分文人產生重道輕文之思想，但從文學發展總體趨勢而言，陽明心學良知學說卻直接開啟了晚明性靈文學思想的序幕。

　　具體論述思路如下：首先從發生學角度透視陽明心學崛起與明中期社會思想轉型。進而論述陽明心學與前七子之關聯，注重對二者交叉過程的研究與分析。在論述陽明心學與復古派關係上，重點在於闡述心學與文學之間的交融與會通。文學情感論是復古與心學最為核心的問題。陽明心學統籌了理學的理性特徵與文學的情感特徵，二者既相互對立，又相互支撐，共同統一於陽明心學「良知」範疇之內。從理學的理性特徵這一點而言，良知同程朱理學的天理一樣，都有排除世俗化、情緒化的一面。這與復古派後期所呈現出的那種悲傷絕望的憤激情緒有著根本的差異與難以調合的矛盾。而從文學的情感特徵來說，陽明又是一個渾情論者。他並不全然排除情感的存在，而是將道德情感、道德意志與道德踐履融為一體，從而與理學心性思想嚴格區別開來。通過探討心性論與情感論的關係，從學理層面對陽明心學與復古派關係作出有效說明與合理闡釋。而探討這一核心問題時又以具體士人的轉變為紐帶，牢牢把握住其人格心態與文學觀念的發展變遷，以形成一個較為周密、完整的學術系統。

四、突破與創新

　　本文創新點主要體現在以下幾方面：

　　一、從學理層面闡釋陽明心學與復古派的交融與會通。通過動態、立體的過程性研究，重新梳理明正德至嘉靖初陽明心學與復古運動的交叉演進過程，辯證看待二者之間的關係，明確指出陽明心學與文學復古的內在關聯。本文認為，文學情感論是心學與復古最為核心的命題。陽明心學與朱子理學最大的不同之處即在於朱子強調格物致知的邏輯理路，呈現為一種知識化、理性化的思維特徵；而心學良知則將道德認知、道德意志、道德踐履融為一

體，以自我體驗之方式呈現為一種合乎道德審美的境界理論。因此，從本質上來說，陽明心學並不排斥情感的存在，這也成為其與復古派相互溝通的重要紐帶之一。

二、從生命價值觀這一角度將陽明心學與文學復古統合在一起。從具體個案研究入手，探討復古派文人於正德後期轉向陽明心學的事實與原因，陽明心學對復古派人格心態、生命境界之影響，並進而滲透進其文學思想當中。在具體、歷史的語境中分析明代文人的生存狀態與政治追求，對徐禎卿、顧璘、鄭善夫、黃省曾、董澐等先後轉向陽明心學的士人作出具體分析與評價，以歷史與邏輯相統一的論述思路對個體轉向與時代思潮之關係作出切實的解釋說明。

三、深入闡釋陽明心學對復古派文學思想的複雜影響，並指出在這種複雜影響下，復古派文人文學思想呈現出各種不同側面，彰顯出正、嘉之際文學思想多元發展的時代格局。

四、對明正德至嘉靖初陽明心學與復古派之關係作了重新定位。陽明心學對文學思想的滲透並非線性發展的結果，而是一種充滿複雜錯位甚至相互矛盾的過程。伴隨著陽明心學自身發展演變，心學與文學的關係也在這種複雜互動的動態中緩慢朝著晚明個性解放思潮與純文學自由發展方向邁進。復古與性靈兩大詩學線索正是在明中期陽明心學那裡首次得到交融會通，性靈文學思想的萌芽始自陽明心學，而復古文學思想亦在與陽明心學的衝突與融合中不斷調試、改變著自身的文學主張，並最終與性靈文學一起，構成了明代文學思想的整體風貌。

第一章　陽明心學與明中期
社會思想的轉型

　　復古派與陽明心學幾乎在同一時期登上歷史舞臺，它們的同時興起有著共同的歷史背景。而明中期弘、正之際的朝政轉折導致了士人心態的巨大轉變。以前七子為代表的復古派士人群體由積極昂揚的入世情懷走向了人生理想的失落。與此同時，程朱理學在與科舉制度相結合的過程中，造成了士人精神生存空間的日益萎縮；而明中期士人個體意識的逐漸覺醒又導致了情感需求與理性精神的尖銳對立。在這種局面下，陽明心學應運而生。

第一節　弘治中興語境中的復古派與陽明心學

　　若欲探討復古派與陽明心學之關聯，首先需從二者共同的發生背景談起。應該說，封建王朝能否強盛發展、長治久安，往往基於封建統治者自身的性格特徵與政治品行。明孝宗是明代較為開明的君主之一，他善於納諫，能夠虛心聽從文臣僚屬的正確建議。如弘治元年，中官郭鏞「請上豫選妃嬪以廣儲嗣」，此論一出，謝遷當即上言「山陵之工未畢，晾暗之慟猶新，此必宦豎巧為諛詞以動上，非陛下本心也。陛下富於春秋，俟祥禫之後，徐議未晚，願亟寢前命！」〔註1〕孝宗即下令罷選。若此事放在明武宗那裡，以武宗的荒唐任性，則勢必不會如孝宗一般聽從謝遷之建議。在對待文官諫臣的奏疏上，

〔註 1〕夏燮：《明通鑒》，第三冊，卷三十六，中華書局，1980 年版，第 1375～1376頁。

孝宗每每以誠懇虛心的態度認真處理，「上深嘉納」「上數稱善」成為孝宗明智政事、從諫如流的證明。這與其後武宗、世宗對文官集團奏疏通常採取報聞而已的敷衍塞責態度有著本質的區別。孝宗虛心納諫的證明並非僅此一例，如弘治八年，孝宗因崇信道教齋醮之事，下詔撰寫《三清樂章》，命內閣為之。內閣大臣徐溥等當即義正詞嚴地予以拒絕：

> 天至尊無對，漢祀五帝，儒者猶非之。況三清乃道家妄說耳，一天之上，安得有三大帝！且以周柱下史李耳當其一，列人鬼於天神，矯誣實甚。郊祀樂章皆太祖親製，今使製為時俗詞曲以享神明，褻瀆尤甚。臣等誦讀儒書，不敢以非道事陛下。〔註2〕

上疏結果以孝宗「嘉納之，遂寢前命」結束。封建帝王因對長生之渴望與幻想，往往格外重視道家服食飛昇之術，並以極其虔誠的心態從事齋醮供奉等事。明孝宗也不例外。據《明通鑒》載，「上自八年後，視朝漸宴。中官李廣，以齋醮燒煉被寵。」〔註3〕弘治十年，徐溥等人再次上疏論議此事，言辭頗為剴切：

> 近聞有以齋醮、修煉之說進者。宋徽宗崇道教，信符籙，卒至乘輿播遷。金石之藥，性多酷烈，唐憲宗信柳泌以殞身，其禍可鑒……陛下若親近儒臣，明正道，行仁政，福祥喜慶，不召自至，何假妖妄之說哉！……今承平日久，溺於宴安，目前視之，雖若無事，然工役繁興，科斂百出，士馬罷弊，閭閻困窮。愁歎之聲，上干天和，致熒惑失度，太陽無光，天鳴地震，草木為妖，四方奏報，殆無虛日。將來之患，灼然可憂。〔註4〕

以徐溥為代表的內閣文臣堅持以儒家之道嚴格要求並約束帝王權力與個人行為，這封奏疏言辭剴切深刻、一針見血地指出了弘治朝表面繁盛之下隱藏的種種矛盾與問題，希望能夠引起統治者的認識與反思。而此事關鍵在於孝宗對文官閣臣意見的虛心採納，疏入，「上為之感動」。若此事發生在武宗或世宗那裡，以武宗之荒唐放任、世宗之乾綱獨斷，則勢必不會如此虛心接受文官集團的真誠建議。此外，據《明史紀事本末》載，弘治十二年冬，「清寧宮

〔註2〕夏燮：《明通鑒》，第四冊，卷三十八，第1447頁。
〔註3〕夏燮：《明通鑒》，第四冊，卷三十八，第1454頁。
〔註4〕張廷玉等撰：《明史》，卷一百八十一列傳第六十九，中華書局，1974年版，第4806～4807頁。

興工，詔番僧入宮慶贊，吏部尚書屠鏞上疏諫甚剴切，末云：『自今以後，乞杜絕僧道，停止齋醮。崇聖賢之正道，守祖宗之成法。使天下後世有所取則。』上悅，從之。」〔註5〕可以看出，孝宗對齋醮修煉之術有著異常濃厚的興趣，否則其不會隔不多久又重提此事。孝宗注重自我克制、自我省察的政治品格亦與武宗只顧一己個體享樂的價值觀念有著根本的區別。正是孝宗虛心納諫、寬和仁厚的人格風範鼓舞了文官群體的政治熱情。

　　此外，孝宗對文官集團的尊重與優容在一定程度上使得士大夫階層逐漸恢復了對朝政的信心。據《明通鑒》載「是月（弘治元年七月），文華殿日講畢，賜講官程敏政等各織金緋衣金帶，上皆呼先生而不名。」〔註6〕而《明史紀事本末》中亦有對孝宗禮遇朝臣的記載：

　　　　（弘治十年）三月，上御文華殿，召大學士徐溥、劉健、李東
　　　　陽、謝遷議政事，賜茶而退。東陽謂「自天順末，至今三十餘年，
　　　　嘗召內閣，不過數語即退。是日經筵罷，有此召，因得見帝天姿明
　　　　睿，廟算周詳」云。〔註7〕

可見孝宗對文官群體之尊敬與禮遇。孝宗對文人士大夫的信任與尊重並非為政之初的佯裝作態，而是發自內心的推崇與倚重。不僅如此，孝宗對文官閣臣的合理建議幾乎達到了逢言必納的地步。據《明通鑒》所言：

　　　　是時（弘治十七年）上在位久，益明習政事，數召見大臣面議。
　　　　而健等三人竭誠盡慮，知無不言。初或有從有不從，既乃益見信，
　　　　所奏請無不納。每進見，上輒屏左右。有從屏後竊聽者，但聞上數
　　　　數稱善。〔註8〕

可見，孝宗與內閣文臣之間的關係是頗為融洽的，其「所奏請無不納」的政治品行又在一定程度上鼓舞了文官集團的政治自信。在這種和諧融洽的政治氛圍中，清除宿弊、革新時政成為以前七子為代表的新進士人群體的共同志向。

　　最讓復古派及士大夫群體感念孝宗的莫過於弘治十八年李夢陽上疏指陳時弊，專斥皇后之弟壽寧侯張鶴齡「招納無賴，罔利賊民，勢如翼虎」一事。

〔註5〕谷應泰：《明史紀事本末》，卷四十二，中華書局，1977年版，第617頁。
〔註6〕夏燮：《明通鑒》，第三冊，卷三十六，中華書局，1980年版，第1382頁。
〔註7〕谷應泰：《明史紀事本末》，卷四十二，中華書局，1977年版，第615～616頁。
〔註8〕夏燮：《明通鑒》，第四冊，卷四十，中華書局，1980年版，第1512頁。

孝宗迫於皇后之母的壓力，不得已將李夢陽下獄，但僅一個月後，孝宗即降旨將其釋放，僅罰俸三月。事後，皇后之母金夫人仍對此事耿耿於懷，左右之人力勸孝宗杖責夢陽以洩金夫人之憤，孝宗不許。後召見劉大夏時孝宗曾說「若輩欲以杖斃夢陽耳。朕寧殺直臣快左右乎！」〔註9〕可見孝宗對諫諍之臣的寬和與保護。

孝宗對士大夫的優容禮遇使得以前七子為代表的士人群體在弘治朝恢復了一定的政治信心。縱觀弘治一朝帝王與士人之關係，孝宗始終能夠以寬和包容、虛心仁厚的態度對待朝臣的不同意見。其並未濫用自己固有的權力，因此，弘治一朝「道」與「勢」之間的關係獲得了一種短暫的平衡狀態。應該說，在孝宗那裡，道對勢的約束基本達到了文官集團的心理預期。「君使臣以禮，臣事君以忠」的儒家政治理念在弘治朝亦得到了最為典型的貫徹。弘治朝寬鬆的政治文化環境，帝王與朝臣間關係的和諧，皇權與士人政治理念的一致，這種種因素在一定程度上提高了士人群體的政治地位與政治自信。復古運動就在這種背景下應運而生了。

復古派在弘治年間的興起絕非一種偶然的現象，而是有著深刻的歷史背景。從表面上看，復古派的醞釀與興起是對臺閣體與茶陵派詩風的反撥，但若從其興起、產生的深層原因進行觀照就會發現，以李、何等人為代表的前七子復古運動則又不單單是一種對文學審美理想、審美風格的反思與照察，而實包含了對整個社會風尚、政治理念的重新審視與定位。

關於復古派興起的歷史背景，王廷相在《李空同集序》中即曾言及：

> 弘治中，敬皇帝右文上儒，彬彬興治。於時，君臣恭和，海內熙洽，四夷即敘，兆畝允殖，輶軒無靡及之歎，省寺蔑鞅掌之悲。由是學士大夫職思靡艱，惟文是娛，不榮躍馬之勳，各競操觚之業，可謂太平有象，千載一時矣。〔註10〕

王廷相，弘治十五年進士，作為復古派重要的代表人物之一，他在入仕之初即親身體會到弘治一朝寬鬆清明、開放包容的政治氛圍。可以看出，統治者對文學的倡導與對士大夫階層的獎掖，尤其是君臣關係的融洽是弘治時期復古派文學興起的重要歷史背景。至於說「太平有象，千載一時」雖不無過譽

〔註9〕張廷玉等撰：《明史》，卷二百八十六列傳第一百七十四，第7346～7347頁。
〔註10〕王廷相：《王氏家藏集》，卷二十三，《李空同集序》，明嘉靖刻清順治十二年修補本。

之詞，但總體上還是代表了當時新進士人群體對於朝政清明的一種心理感受。

康海也曾談及弘治朝對文學文化事業的重視：「弘治時，上興化重文，士大夫翕然從之，文視昔加盛焉。是時仲默為中書舍人，而予以次第為翰林修撰，一時能文之士凡予所交與者不可勝計。」〔註11〕康海、王廷相、何景明等七子派代表成員均為弘治年間進士，他們的記述共同反映出弘治一朝統治者對待文學事業的態度。復古意識在弘治一朝清明寬鬆的政治氛圍下潛滋暗長。正如王慎中在《杭雙溪詩集序》中所說：「敬皇帝時，治化熙洽，士大夫子以名行相高。天下敦龐無事，士者樂於閑暇而有和平之風，故得大肆於文學。」〔註12〕因此可以說，孝宗對文學文化的喜好與支持，對士大夫階層的尊重與獎掖是復古運動興起的一個重要原因。崔銑《漫記》曾云：

> 弘治以前，士攻舉業，仕則精法律，勤職事，鮮有博覽能文者，間有之，眾皆慕說，必得美除。自孝皇在位，朝政有常，優禮文臣，士奮然興。高者模唐詩，襲韓文……弘治末頗知習左氏、《史記》矣。〔註13〕

弘治朝之前，士大夫階層往往以舉業作為其實現人生價值的唯一途徑。文學之地位在理學的鉗制下喪失了其獨立存在的價值與意義。明前期的文學往往以充滿頌世色彩的臺閣文學及宣揚理道的性理詩風為主要潮流。臺閣文學對和平盛大、典正高雅之文學風格的追求與倡導是這一時期文學思想的主流。館閣文臣雍容典穆的政治性格以及對傳統儒家之道的維護，使得他們的詩文作品充滿了和諧盛大之音。鳴盛之作的大量產生不僅反映出整個社會環境良好的發展態勢，同時表現了士人群體尤其是身居高位的館閣文臣的政治信念。應該說，臺閣文學的興盛與發展代表了當時文學與政治緊密結合併為其服務的一種創作方式。以文學來表達一種頌世精神及政治理念是臺閣文臣的創作目的。只是在這種「經世致用」「文道統一」的思維模式下，文學的獨立地位與審美精神、審美品格卻在很大程度上被忽略。另一方面，與程朱理學緊密結合的性理詩又以傳達理道為文學的基本功能，文學在理學思想的宰制下難以伸展其審美愉悅之本質。而無論是臺閣文學那些固定僵化的歌功頌德、粉飾太平之作還是與理學密切結合的性理詩，都因其缺乏對現實的批判力度而

〔註11〕康海：《對山集》，卷二十八序，《何仲默集序》，明萬曆十年潘允哲刻本。
〔註12〕王慎中：《遵巖集》，卷九，《杭雙溪詩集序》，文淵閣四庫全書本。
〔註13〕崔銑：《洹詞》，卷十一，《漫記》，文淵閣四庫全書本。

日益失去其生命力。實際上，從文學與政治的關係來說，明前期文學與政治基本處於一體化的狀態，而這種看似和諧穩定的關係到了弘治時期發生了改變。文學依附於現實政治的局面已經難以為繼，從李夢陽、何景明等人開始，文學批判現實的社會功能逐漸得以彰顯。

　　對現實的強烈不滿是復古派在弘治朝興起的另一個重要因素。應該說，儘管弘治一朝政治氛圍清明寬鬆，國運經濟繁榮，文學文化也得到了長足的發展，但也絕非如後世文人所想像的那樣美好。且不說孝宗執政不久即生倦怠懶散之心，終弘治一朝在表面風平浪靜、雍雍穆穆的和諧氛圍之下，又潛藏著許多危機與暗流，並至武宗處放大、擴散，遂成為明中期由勝至衰的時代轉折。那麼，文人們之所以對弘治朝始終懷有美好的印象，並稱孝宗為「中興之令主」，其原因正如左東嶺所說「弘治中興的真實含義應該是皇帝與文官集團的關係又恢復到了一定的和諧程度，並且在穩定朝政、整治腐敗方面進行了一定的努力。」〔註14〕在弘治朝表面的繁盛之下，又深重的積壓著許多時代隱憂。士大夫階層在明初的政治地位很低，士人群體悲慘的政治命運使得他們對朝政有著一種疏離感。應該說，在整個明王朝，士人的政治理想都只有儒家之道的支撐，而缺乏皇權體制的有效保障。另一方面，程朱理學與科舉制度的結合在很大程度上限制了士人獨立思考的自由空間，而發展至明中期的程朱理學，其思維方式已略顯僵化，僅僅依靠皇權體制的權力保障已難以適應社會風尚與士人心理的發展變遷。此時此刻，如何實現得君行道的政治理想同時又不放棄自我的人格操守是此時期復古派士人群體（包括此時與復古派來往密切的陽明）最為關注的核心問題。

　　復古運動與陽明心學之興起有著共同的歷史背景。王守仁舉弘治十二年進士，在復古派醞釀時期，他也曾積極地參與復古派早期在京城的酬唱活動，是復古派早期著名的代表人物之一。王守仁初入仕途之際，曾與復古派士人群體共同唱和、相互研討詩藝。從中亦可見出陽明根骨中對文學的喜好與熱愛。弘治十五年，陽明有感於詩文小技不足以達至聖賢之道，遂轉而從身心性命之學入手，來實踐自我的人生價值。可以說，對聖人之道的追求是陽明弘治時期確立起來的人生理念。而其「求聖學」思想的發生前提則與復古運動的興起一致，即士人階層在弘治朝政治地位的提升與文化信心的恢復，弘

〔註14〕左東嶺：《王學與中晚明士人心態》，人民文學出版社，2000 年版，第 132 頁。

治朝相對繁盛和諧的社會環境、經濟狀況等積極因素共同促進了陽明心學與復古運動這兩大文化思潮的醞釀與產生。

據陽明年譜所記，弘治十五年，王守仁有感於仙、釋二家之非，並對當時方興未艾的復古詩文運動的態度產生了一定變化。應該說，復古派希望通過文學改造政治，實現致君堯舜的政治理想；而王守仁選擇的則是通過改造士人心態、轉變士人群體的人生價值觀，從而塑造出儒家理想中的盛世之治。事實證明，文學復古之士懷抱著建構盛世的政治理想，渴望以批判現實的態度介入皇權體制從而改造政治，而其前提則有賴於統治者自身的政治品行，尤其是皇權體制的保護。一旦統治者將自身的種種欲望凌駕於整個國家之上，即「勢」在與「道」之較量與抗衡中佔據主導地位之時，復古派群體的政治理想不過成為了一種充滿美好幻想的文人激情而已。而王守仁則寄希望於通過改造士人的價值觀念，拓展其生命存在方式，從而恢復聖人之學的古典傳統。關注自我內心的真實需要，又不放棄個體人生的政治理想與價值觀念是陽明心學最為根本的核心命題。

第二節　理學思想的分化與陽明心學的產生

宋明理學與心學的產生成功地完成了中國傳統文化的轉型。而其產生中最具決定意義的因素則是士人價值觀的轉變。正如包弼德在《斯文‧唐宋思想的轉型》一書中所說：「到了宋朝晚期，思想家們已經轉而相信心的能力，藉此可以對內蘊於自我與事物之中的道德品質獲取正確的觀念，而人們普遍接受的文化傳統則已失去了它的權威性。初唐時期人們相信，文化傳統能為大一統的秩序提供必要的典範；宋代晚期人們則相信，真正的價值觀是內在的理。」〔註15〕當然，從維護儒家思想的統治地位這一點而言，宋明理學的產生又直接導源於佛教的衝擊。以孔子為代表的先秦儒家注重道德倫理關係的展開與落實，雖明於禮義卻陋於知人心。而佛家的要義則在於解釋個體存在的意義，並為人間的苦難提供了一種消極的解決之道。（佛教以因緣生法的理論解釋了人生存在的諸種問題，雖有消極遁世之嫌，卻從終極關懷這一角度為士人群體提供了個體生命的精神慰藉）因此，隋唐時期佛教思想得到了

〔註15〕包弼德著、劉寧譯：《斯文‧唐宋思想的轉型》，江蘇人民出版社，2006年版，第3頁。

長足的發展，儘管這種發展中仍夾雜著不少非議與質疑，但毫無疑問的是，傳統儒家思想的統治地位受到了嚴峻的挑戰。與此同時，儒家思想內部正在醞釀著一次深刻的變革。

從宋明理學體系自身演進而言，其發展演變經歷了三個歷史階段：一是以周敦頤為代表的理學家從本體論層面探討宇宙生成及原因。二是以朱熹為代表的理學家從理與性之關係入手從方法論層面對性理範疇進行探討。三是以陸九淵、王陽明為代表的心學家從境界論層面思考如何提高自身生命質量與個體精神境界。宋明儒學在實際的發展過程中，呈現出紛繁各異的發展面貌。而與本文密切相關的，則是程朱理學與陽明心學二者的差異問題。

明代初期，統治者為了鞏固剛剛建立的政權並維護秩序的穩定，以程朱理學作為官方的統治思想，並將其與取士的科舉制度相結合，進一步促進了士人道德意識的蘇醒。程朱理學從價值取向以及思維方式上控制並規定著士人的言行舉止與出處存留。在一定程度上，這有助於統治階層有效地管理國家、穩定朝政，在保證科舉公平的前提下吸收德才兼備之人來充實帝國的智庫。然而，鞏固思想政權與道德意識的同時也造成了負面的效應，這可分為如下三個方面：

一是士人的生存空間大大萎縮，人生存在的意義被侷限於入仕為官一途。士人只能通過入朝為官來實現自我生命的價值與意義，不論是隱逸山林還是著述講學的生活方式都不能替代出仕輔政的價值實現。在這種局面下，科舉之成敗往往成為士人生命的巨大分水嶺，士人的心靈被逐漸抽空。

二是情感與理性的尖銳對立。程朱理學以對個體真實情感的犧牲來強調嚴格的理性觀念，理學系統的確立又是通過「存天理，滅人慾」（儘管理學家並非完全否定個體生命所需的基本欲望，而是要求限制過度的欲望從而理性地生活，但其仍然將天理與人慾對立起來）之方式來保障的。可以說，程朱理學發展至明中期，隨著經濟與文化的發展成熟，程朱理學略顯僵化的思維方式已經嚴重損害了士人個體情感的表達與發抒。情與理之間的矛盾愈益凸出。

三是程朱理學實踐性品格的缺失。格物致知是理學最為重要的特徵。朱子釋《大學》「格物」為：「格，至也，窮至事物之理，欲其極處無不到也。」實際上朱子是將先秦儒家天人合一、天人感應的文化智慧轉變為一種倫理學的知識論、認識論了。以客觀知識性的追求為主要目標與為學手段，從而實

現天人合一的最高境界，這種哲學體系呈現出一種學理性、高深化的特點。表現在士人的人格氣象上，則呈現出靜默、保守、拘謹甚至是迂腐的特徵。這種類型的儒士重視對倫理知識的探究與講求，但卻普遍缺乏實踐與行動的能力。正如王陽明所批判的那樣：

> 後儒不明聖學，不知就自己心地良知良能上體認擴充，卻去求
> 知其所不知，求能其所不能，一味只是希高慕大；不知自己是桀、
> 紂心地，動輒要做堯、舜事業，如何做得！終年碌碌，至於老死，
> 竟不知成就了個甚麼，可哀也已！〔註16〕

陽明指出，後世聖賢之學不明的現實原因正是由於宋儒以格物致知的認識論一味「求知其所不知，求能其所不能」所帶來的道德心性的缺失與剛毅人格的失落。因此，從學術文化的角度而言，程朱理學完善了儒家的思想體系，並創造性地建構了自我的哲學系統，對後世的影響極為深遠；而從道德修養的培育以及人格境界的挺立這一視野來說，則程朱理學提供的相關理論尚不足以解釋並解決明中期士人生命存在所遇到的種種複雜難題。

在這種局面下，無論是時代還是個人都在期待並呼喚著一股新的思想潮流出現。在心學產生之前，陽明早年亦曾有過一段潛心研究程朱理學的階段。他曾日夜格竹，連續七日而病倒，「遂相與歎聖賢是做不得的，無他大力量去格物了」〔註17〕。儘管陽明早年所理解的格物之說與朱子本意有一定差距〔註18〕，但此種格之外物以窮盡事物之理的為學方式顯然已經逐步暴露出其缺陷與弊端，尤其在成聖方式上，程朱理學呈現出一種高深化、繁雜化的特徵，這對於普通士人力圖實現成聖之志向與目標而言，無疑會感到「紛擾疲爾，茫無可入」了。

陽明對程朱理學最為重要的創變之一，是將其心理二分的二元心性論改造成心理合一的一元論：

〔註16〕王守仁：《王陽明全集》，卷一，《傳習錄》，一冊第 108 頁。
〔註17〕王守仁：《王陽明全集》，卷一，《傳習錄》，一冊第 201 頁。
〔註18〕其實，陽明當時所理解的「格物」之說並不完全符合朱子之本意。朱熹曾針對這種拘泥於一草一木進行「格物致知以窮理」之方式進行過批評：「格物之論，伊川意雖謂眼前無非是物，然其格之也，亦須有緩急先後之序，豈遽以為存心於一草木器用之間而忽然懸悟也哉？且如今為此學，而不窮天理、明人倫、講聖言、通世故，乃兀然存心於一草木、一器用之間，此是何學問？如此而望有所得，是炊沙而欲其成飯也。」（《答陳齊仲》，《晦庵先生朱文公文集》，卷三十九）

或問:「晦庵先生曰:『人之所以為學者,心與理而已。』此語
如何?」曰:「心即性,性即理。下一『與』字,恐未免為二。此在
學者善觀之。」〔註19〕

在陽明看來,心即性即理,良知合心性為一,心與理是一體的。良知統合了
道德認知、道德情感、道德意志與道德踐履,實際上是將個體價值的外在評
判標準收歸於自我內心。只有自我內心的良知才能真正判定自我人生存在的
價值與生命意義,皇家權威、外在禮儀、典章制度以及科舉成敗等外在事物
均不能作為評判自我價值的標準,更不應成為個體人生的目標與歸宿。陽明
《中秋》詩云:

去年中秋陰復晴,今年中秋陰復陰。百年好景不多遇,況乃白
髮相侵尋!吾心自有光明月,千古團圓永無缺。山河大地擁清輝,
賞心何必中秋節!〔註20〕

連一向以樂觀曠達著稱的蘇軾面對中秋佳節都難免發出「人有悲歡離合,月
有陰晴圓缺,此事古難全」之感慨,而陽明卻以「吾心自有光明月」的自信和
豁達來表達千古團圓這樣一個永恆主題。在陽明那裡,自然界的月亮並不是
決定團圓與否的決定因素,只要堅信本心之良知,那麼無論身處何時何地,
都會有「千古團圓永無缺」的感受與體驗。所謂「山河大地擁清輝,賞心何必
中秋節」並非文人墨客的自我寬慰之語,而是其因自信良知後自我滿足的情
感狀態與人生體驗,這就是「應物而不累於物」的超越境界。陽明所追求的,
是以無可無不可的人生態度來實踐一個儒者積極用世的人生理想,即以超然、
灑脫、空明、平和的姿態與境界來應對世俗之險惡與困苦。陽明對人生超逸
境界的強調與宋儒對氣象的重視有所不同。氣象仍是一種外在的整體風貌,
而境界則是內在的精神狀態與生命體驗。

陽明心學之所以能夠成為明中後期思想界的哲學基礎,其中一個十分重
要的原因則是心學對個體生命價值與人生受用的關注。據袁宗道《白蘇齋類
集》載:

王龍溪少年任俠,日日在酒肆博場中。陽明亟欲一會,不來也。
陽明日令門弟子六博投壺,歌呼飲酒。久之,密遣一弟子瞰龍溪所
至酒家,與共賭。龍溪笑曰:「腐儒亦能博乎?」曰:「吾師門下日

〔註19〕王守仁:《王陽明全集》,卷一,《傳習錄》,一冊第89頁。
〔註20〕王守仁:《王陽明全集》,卷一,《中秋》,三冊第127頁。

　　日如此。」龍溪乃驚，求見陽明。一睹眉宇，便稱弟子矣。〔註21〕
可見，陽明在教學方式上並非如宋儒般拘謹約束，而是重視人生受用與生命
快樂的獲得。陽明認為，「樂是心之本體」只有生命和樂才能達到良知之境界。
在陽明那裡，「無我之境」的實現並非如佛老般與塵世斷絕一切關聯，而是要
學會擺脫險惡環境的糾纏與對死亡的困惑與恐懼，從而達到一種內心空明的
狀態。與此同時，又不放棄一個儒者的濟世責任，以空明無礙之心行拯救天
下之志，這就是陽明心學的最終旨歸。

　　綜上所述，以恭謹靜默、端肅內斂為典型特徵的宋儒人格在一定的歷史
時期內當然對歷史的發展與政權之穩定起到了相當的作用，但到了明中期，
這種趨於內斂保守的人格特質已經展現出缺乏行動能力以及過於緊張嚴峻的
心理狀態而缺乏創造性從而有些不合時宜了。陽明心學產生的重要意義之一
是對明中後期士人心態的改造。儘管這種改造與重塑在前七子李夢陽、康海
等人身上尚未得到明顯的體現，但復古派徐禎卿、顧璘、黃省曾等人已經開
始順應時代發展的潮流並產生了一定的變化。在內外因素的共同作用下，嘉
靖初期復古運動漸趨式微，復古派士人紛紛轉向陽明心學，並從中尋求自我
生命的解脫與超越。

第三節　復古派的轉向與陽明心學的興盛

　　復古派影響範圍由京城擴展至關中、南京、吳中等區域，逐漸形成了一
股全國性的文學浪潮。從文學創作的角度而言，李、何等人突出強調詩歌的
情感特徵，重視詩歌的格調聲律，創作了一批體裁多樣、內容豐富的文學作
品，及時廓清了臺閣體及性理詩的流弊。然而，復古派發展至嘉靖初年，已
成強弩之末，情感與格調之間的矛盾日益凸顯，亦步亦趨地模仿古人的創作
弊端亦逐漸暴露出來。在這種局面下，復古派眾人或孤獨地堅守著復古文以
復古道之信念，或棄文從道以生命價值的追尋與完善作為人生的終極目標，
或理性反思回歸保守主義的理學進路。文學復古運動逐漸式微。

　　相對於復古派由高潮趨於回落的發展狀況，陽明心學則因切合士人的實
際需求而獲得了長足發展的空間與生命力。正如左東嶺在《王學與中晚明士
人心態》一書中所說，陽明心學的產生對明代士人的影響與意義是異常巨大

─────────────

〔註21〕袁宗道：《白蘇齋類集》，卷二十二雜說類，明刻本。

的,「其中最重要的一點便是它極大地拓展了明代士人的生存空間。」〔註22〕在陽明心學產生之前,由於明初統治者實行的重典酷刑與文化高壓政策,「文人學士,一授官職,亦罕有善終者」〔註23〕的現實局面使得明代士人在進退出處之際表現得十分猶豫與拘謹。此外,統治者加強並重構了程朱理學的思想地位,並將其與科舉制度穩固結合,進一步從思想文化與政治體制上掌控士人的現實行為與精神活動,從而培育出統治者理想中的士林品格與德行修養。為了鞏固新建的明朝政權,統治者極力從意識形態方面來規範士人的一言一行,取士制度與程朱理學的緊密結合更是體現了統治者力圖實現聖學與政治完美統一之目標。這一政策雖在短時期內取得了一定的成效,但從歷史發展的實際情形來看,科舉制度極大地束縛了士人人格心靈的自由舒展,而士人為了完成應試之文而獲得官位,又往往投機取巧甚至賄賂公行。這就勢必導致一個頗為明顯的悖論:苦讀詩書、德才兼備之人因制度本身缺陷及選拔標準有欠公平等多重原因而無緣仕途,而無德無才的庸碌之徒卻往往能夠躋身高位並從中獲利。看似公平周密的科舉制度背後,卻滋生了一批貪贓枉法的利祿之徒,則離其初衷可謂遠矣!永樂時期,程朱理學大一統的地位得以確立穩固,儒家經義被限制在程朱傳注當中,士人的思想亦漸趨統一。而在「此亦一述朱,彼亦一述朱」的時代氛圍下,明代士人的精神活動空間被侷限於程朱理學天理人慾二分對立的道德世界之中而日益狹窄萎縮。

士人將自身價值的實現孤注一擲地傾注於科舉制度中,以科考得中為實現生命價值與人生理想之起點,而一旦這種制度本身無法公平保證每個士人入世理想的實現,那麼所造成的結果自然是士人群體精神的空虛與迷茫。科舉失敗對士人人格心靈的影響是異常巨大的。因明前期在統治者的倡導與規範下,入仕為官幾乎成為士人人生存在的第一要務與價值所在,科舉成功不僅能夠帶來實在的經濟效益與人生享受,對懷抱經綸天下之志的士大夫來說,入仕更能有效地實現個體生命的人生價值。而科考失利的士人往往只能退處鄉間,感歎懷才不遇之命運從而走向頹廢放浪。當然,以唐寅、祝允明等人為代表的吳中文士因地域經濟、商業的發達與文化的相對獨立,他們自然可以在科舉之外獲得世俗生活的實惠與享樂,然而,這同時也導致了其被日益邊緣化的社會地位。

可以說,對政治功名的渴求與追逐是傳統士人孜孜以求的人生目標與生

〔註22〕左東嶺:《王學與中晚明士人心態》,人民文學出版社,2000年版,第265頁。
〔註23〕《廿二史劄記》,卷三十二,「明初文人多不仕」,清嘉慶五年湛貽堂刻本。

活方式。而在明代科舉制度的精神桎梏與不合理政策下，士人的生存空間大大萎縮，八股文嚴苛的形式規範及割裂文義之弊不僅使士人在應考作文之時飽受煎熬與折磨，更極大地限制了士人的創作空間與才情表達。

這種局面一直到了弘、正時期才有所改變。弘、正之際，明代士人的個體意識開始蘇醒〔註24〕，並首先在詩文領域開展了一場轟轟烈烈的革新運動。對理學的厭倦與牴觸、對情感的正視與倡導開始成為明中期士人關注的時代課題。陽明心學的產生使士人被束縛已久的心靈終於得到了鬆綁，程朱理學一統天下的局面已經難以為繼了。自我個性的張揚與抒發、個體情感的彰顯與表達以及對人生價值和生命意義的重新審視與定位，成為明中後期時代發展的主題與潮流。可以說，陽明心學的出現重新改造了理學的價值體系，它使得士人們轉而相信，評判自我人生價值與意義的標準不在於外在權威與客觀天理，而正是自我的內心。只有內心本然之良知才有權對自我價值進行評價與取捨，任何外在的規範與標準都不能代替良知的認識功能。

在程朱理學與科舉制度結合緊密的時期，士人的人生價值只能通過科考為官一途得以實現。當然，進入仕途獲取人生實惠從而致君堯舜本就是文人士大夫延續千年的傳統理想。但是，當這種理想價值被牢牢地限定在程朱傳注之中而無法向上延伸時，便造成了形式與內容的顛倒。

祝允明曾經歷了科考失利的心靈歷程。祝氏七赴會試而不見取，在人生理想與自我價值失落之餘，祝允明對明代科舉制度的合理性與公正性做出了深刻地反思：

> 波衝飆馳，顛汩繆迷，日不可支而壞焉。一壞於策對，又壞於科舉，終大壞於近時之科舉矣。且科舉者，豈所謂學耶？如姑即以論其業，從隋唐以至乎抄宋則極靡矣。今觀晚宋所謂科舉之文者，雖至為猥澆，亦且獵涉繁廣，腐綺偽珍，紉綴扣鏤，眩曜滿眼。以視近時，亦不侔矣。其不侔者愈益空歡，至於蕉萃萎槁，如不衣之男，不飾之女，甚若紙花土獸，而更素之無復氣彩骨毛，豈壯夫語哉！而況古之文章本體哉？而又況乎聖賢才哲為己之學之云哉？今為士，高則詭談性理，妄標道學，以為拔類；卑則絕意古學，執

〔註24〕士人開始關注自我生命的原因與皇帝與士人關係的變化、明中期經濟的發展、科舉制度自身缺陷的暴露以及意識形態領域的變革均有著密切的關係，因此處重點並不在此，故不再贅述。

誇舉業，謂之本等。就使自成語錄，富及百卷，精能程文，試奪千魁，竟亦何用！〔註25〕

祝氏認為，造成明中期士風日下、顛沍繆迷之局面的內在根源正是近時盛行之科舉。朝廷單純機械地依靠科舉取士造成了士人不注重對自我人格氣節的秉持與培養，反而以科試應舉為人生第一要務的現實狀況。而科舉制度與程朱理學的結合又使得「今人家子弟為科舉之術必持程朱不持漢儒」〔註26〕。在這種局面下，勢必形成一批詭談性理、執誇舉業的無用之人。

當然，祝允明儘管可以對科舉制度的有效性及其負面作用提出合理質疑與批判，但他卻不能超越時代的侷限。要想實現經世致用的政治理想，唯有不斷的參加科考一途，並一次又一次地品嘗失敗的滋味。祝允明曾明確表示「卑臣一寸丹心切，願託剛風奏紫皇」〔註27〕的人生理想，然而，科舉的失敗使得這一理想逐漸變得遙不可及。在殘酷的現實生活中，進入仕途不僅是文人士子實現人生價值的有效途徑（在陽明心學出現之前，甚至可能是唯一的途徑），而沒有官位俸祿更無法改變自身存在的現實境遇，甚至淪為世俗眼中的笑柄。因此，如何排解人生失意所造成的心靈困頓、如何重新獲取生命存在的意義與價值等問題突出地擺在了祝允明面前。他便在急管繁絃、酒精聲色的自我麻醉中沉淪，以疏狂放浪的生活方式抗擊世俗社會的腐敗與黑暗。試看其《口號》三首：

枝山老子鬢蒼浪，萬事遺來剩得狂。從此日和先友對，十年漢晉十年唐。

不裳不袂不梳頭，百遍迴廊獨步遊。步到中庭仰天臥，便如魚子轉瀛洲。

蓬頭赤腳勘書忙，頂不籠巾腿不裳。日日飲醇聊弄婦，登床步入大槐鄉。〔註28〕

這些詩中流露出一種及時行樂的世俗情懷。其實，以對感性生活的張揚與自我人生受用的關注來應對黑暗腐敗的社會現實並消解因傳統價值失落所造成的生命空虛並非吳中文人的首創。歷代文人在理想實現失敗後均有不同程度

〔註25〕祝允明：《懷星堂集》，卷十二，《答張天賦秀才書》，文淵閣四庫全書本。
〔註26〕祝允明：《懷星堂集》，卷二十二，《言醫贈蔞君汝敬》，文淵閣四庫全書本。
〔註27〕《古今名扇錄》，「祝枝山行草書扇」，清鈔本。
〔註28〕祝允明：《懷星堂集》，卷六，《口號三首》，文淵閣四庫全書本。

的走向放蕩與狂傲的經歷。祝允明等人在人生理想失落後依靠狂放不拘禮法的生活方式度過了生命的難關。這種略顯消沉頹廢的生存方式逗露出明中期文人盛世心態的回落與思想觀念的轉變。這種以追求感官欲望的滿足與以享樂主義為目標的人生態度儘管在一定程度上解決了部分文人的心靈苦難與生命難題，卻無法成為一種具備理論價值的生存模式而有效推廣。即是說，無論是沉醉花間月下的唐寅、祝允明等吳中文人還是流連伎酒聲樂的康海、王九思，他們在理想失落後選擇的人生方式加速了其走向頹廢與放浪的過程，儘管其中不乏自我生命的慰藉與真實情感的釋放，但卻沒有為明中後期相同遭遇與命運的士人提供更多可資借鑒的思想資源。而真正完成並實現明代士人價值觀念轉變的，則是心學的開創者——王守仁。

弘、正之際，復古派有感於朝政日衰之現實，企圖以詩歌干預朝政、批判現實，如何景明《玄明宮行》對「明聖雖能斷誅罰，作新未見持綱紀」之現象進行深刻諷喻、言辭辛辣。李夢陽亦有不少這樣批判正德朝政的作品，比較著名的如《內教場歌》對武宗荒唐嬉玩之政治行為的直接批判與揭露、《玄明宮行》對劉瑾貪污納賄、極盡奢華之罪行的揭示及對武宗崇信宦官的諄諄告誡等。以文學為手段來反映現實、干預政治，在弘治一朝尚屬可行，但到了正德一朝，武宗恣意嬉玩，只顧一己個性伸展與欲望滿足，將皇權完全凌駕於傳統儒家道義之上。當此之時，文官群體的直言進諫尚且不能挽回君心、拯救時弊，遑論復古派士人的幾首諷喻之作？這些諷喻之作只能作為一種深刻反映現實的文學創作，卻不能成為解決實際問題與社會弊端的武器與工具。因此，復古運動無法繼續通過文學的手段來干預現實、指導政治，在遭受政治挫折之後，他們也無法真正解決險惡的生存環境所提出的一系列複雜難題，於是，他們就很容易轉向一種悲涼落寞、失望暗淡的精神狀態。

復古派與陽明心學於同一時期登上歷史舞臺，又共同承擔著挽救士林風氣的重大任務，儘管復古派在與權宦的政治鬥爭中表現出頑強的意志與剛毅的人格，但在鬥爭失敗之後，他們普遍表現出人生理想與價值失落後的痛苦與迷茫。由於當時政治氛圍的變化，復古派士人的人格心態也隨之發生了一種悲涼的轉向；而人格心態的變化又影響到其具體的文學創作，最終影響了其創作形態的某種轉變。試看何景明弘治時期所作詩歌，茲舉二首為例：

> 鬱鬱雙鳳闕，翔翔飛雲間。我皇乘六龍，平明開九關。下有
> 敢死士，批鱗犯其顏。白日運蒼昊，薄暮浮雲還。一朝啟光耀，

忠誠良可宣。〔註29〕

　　吾君古堯舜，垂衣蓬萊宮。止輦受群善，小大必有容。緬懷燕
鄒子，悲號訴蒼穹。彼蒼亦何神，五月飛霜風。至誠變金石，何懼
不感通。〔註30〕

該組詩為《答獻吉》，當作於弘治十八年。從組詩中可以明顯感受到何景明那
種積極昂揚、蓬勃奮發的精神狀態。組詩雖為讚賞好友李夢陽直言敢諫、不
畏強權的政治品格，但從中可以深刻地感受到詩人沐浴在弘治朝寬和清明的
政治氛圍下所形成的那種自尊自信的文化心理。而當正德初年，復古派士人
群體因堅守氣節而遭受劉瑾之亂後，何景明的文學創作即呈現出一種向內收
斂的傾向，如：

　　秋原何蕭蕭，耳目去雜茸。枯荷猶穿塘，苦瓠尚抱隴。寒風吹
空林，落日照古冢。徘徊觀陳蹤，露下發忽疏。〔註31〕

　　涼飆吹閭闔，夕露淒錦裳。言念無衣客，歲暮芳寒侵。皓腕約
長袖，雅步飾鳴金。寒機裂霜素，繁杵叩清砧。哀音綠雲發，斷響
隨風沉。顧影惜流月，仰盼悲橫參。路長魂屢徂，夜久力不任。君
子萬里身，賤妾萬里心。燈前擇妙匹，運思一何深。裁以金剪刀，
縫以素絲針。願為合歡帶，得傍君衣襟。〔註32〕

　　歲歲重陽菊，開時不在家。那知今日酒，還對故園花。野靜雲
依樹，天寒雁聚沙。登臨無限意，何處望京華。〔註33〕

　　病思逢佳節，孤懷憶遠遊。河山還似昔，煙樹不勝秋。故國浮
雲去，高臺日暮愁。牛山元有恨，休訝淚長流。〔註34〕

　　向夕楓林爽，行吟未擬回。明霞積水外，落日古城隈。鼓角秋
深怨，風霜歲晚催。莫將遲暮意，孤負菊花杯。〔註35〕

〔註29〕何景明：《大復集》，卷九，《答獻吉二首》，明嘉靖刻本。
〔註30〕何景明：《大復集》，卷九，《答獻吉二首》，明嘉靖刻本。
〔註31〕何景明：《大復集》，卷七，《五年五仄體》，明嘉靖刻本。
〔註32〕何景明：《大復集》，卷八，《搗衣》，明嘉靖刻本。
〔註33〕何景明：《大復集》，卷十六，《九日同馬君卿任宏器登高四首》其一，明嘉靖
　　　　刻本。
〔註34〕何景明：《大復集》，卷十六，《九日同馬君卿任宏器登高四首》其三，明嘉靖
　　　　刻本。
〔註35〕何景明：《大復集》，卷十六，《九日同馬君卿任宏器登高四首》其四，明嘉靖
　　　　刻本。

　　　　弦中曲怨不同調，早見相如病骨銷。眠獨夜烏啼渺渺，夢多春
　　草碧迢迢。煙生暗閣鸞沉鏡，月落空樓鳳罷簫。年往恨花飄水逝，
　　傳書有雁一停橈。〔註36〕

這些詩歌寫得情思雅致、蘊藉婉轉。然而，在那蕭蕭秋原、穿塘枯荷、落日古
冢、深秋鼓角等清淡淒涼的意象背後，仍可看出那因時代轉折所帶來的傷感
與悲涼情態。儘管何景明一貫以清逸俊秀的文學風格著稱，從而有別於李夢
陽對鏗訇盛大文學審美風貌的追求，但正因何氏本身這種情思細膩敏感之特
徵，反而更易從中尋覓出朝代轉折所引發的政治變故對其人格心靈的影響。
上引第二首詩歌寫得深情真摯，流轉動人。從表面看是多情妻子因懷戀身在
遠方之丈夫而為其深夜縫補衣衫的情狀，但其深層之意則是以一種妾婦心態
來表達自己對皇權政治的依賴與眷戀。應該說，以帝王比夫君、以妾婦自比
這種創作方式古已有之，並非七子派首創。何景明此詩不過將這種情思表達
得更為含蓄婉轉、意味深長。更為重要的，則是何氏此期對皇權政治的留戀
與不捨。這也是復古派士人群體共同的政治性格。他們對皇權體制的過分依
戀體現了復古派始終未能擺脫皇權政治的體制束縛，不能解決實際人生所遇
到的種種困惑與磨難，更不能藉以實現自我精神的提升與超越，從而也就不
能使文學復古運動成為拯救時代弊病、重塑士人心態的苦口良方。這也成為
其後期大規模發生思想轉向的一個重要原因。

　　在政治失意之餘，復古派士人群體也曾試圖在山水自然中尋求精神的解
脫與心靈的自適。然而，這種嘗試儘管在一定程度上緩解了他們因理想失落
所帶來的精神苦悶，但卻不能從根本上解決困擾他們自身的實際難題。因此，
在清新閒適的隱居生活中，他們仍然會時常感到一陣沒有緣由的苦悶與煩惱，
試看何景明的這首詩作：

　　　　偃息春朝晏，輕陰散野園。山雲行翠壁，溪雨度河源。鷺浴晴
　　相倚，鳧飛暖自喧。疏楊映遠岸，細草入平原。開徑徒懷侶，臨流
　　且避喧。豹終隨霧隱，龍豈怨泥蟠。鴻鵠皆千里，雞豚自一村。幽
　　棲何限意，難與世人論。〔註37〕

觀何氏此詩確有一種幽居生活中清新閒適、淡然靜謐的生命情趣。前四句著
重描寫了春日雨後的一幕自然風光：詩人一覺醒來，輕淡的雲彩如絲般散落

〔註36〕何景明：《大復集》，卷二十六，《無題回文》，明嘉靖刻本。
〔註37〕何景明：《大復集》，卷二十三，《雨後溪園即事》，明嘉靖刻本。

在山野與田園；山間的雲彩飄忽靈動，就像在翠色的石壁間行走；溪澗的細雨則已隨著輕風飄過了小河的源頭。溪邊的鷺鷥在晴光中依偎沐浴，水邊的野鴨在春暖之時自在鳴叫；疏疏落落的白楊映照著遠方的堤岸，纖細的小草浸入平原，這一切的自然景物都充滿了勃勃生機。詩人在政治仕途失意之餘寄情山水，在面對山水自然時，渴望實現心靈的真正自由。作為一種安頓自我生命與情感需要的生活方式，本亦無可厚非。然而，觀此詩結尾那欲說還休的「幽棲何限意，難與世人論」就會發現，詩人並未達到真正的超脫與適意，他仍然難以完全放下政治失意與理想失落所帶來的愁苦與煩悶。

因政治挫折所導致的人生理想的覆滅，對復古派士人群體影響甚大。尤其是復古派領袖李夢陽，從其人格心態來看，李夢陽弘治時期奮發昂揚、積極進取的人格心態在經歷正德初年的政治鬥爭後一變為沉鬱憤激，其晚年更發生了一種悲涼的轉向，這可從其詩歌創作中看出李氏人格心態的變化：

> 四海逢今夕，孤城有獨身。干戈猶野哭，梅柳自江春。月向平湖滿，燈於靜夜親。罷誼風乍起，嗟爾楚南人。〔註38〕

> 少日歡遊處，逢春老大悲。強持杯酒勸，怕遣落花隨。草木梁園在，山河宋殿移。上墳人盡返，岐路獨含思。〔註39〕

> 無事日長春但眠，水昏野暗風常顛。繁葩亂蕊眼欲盡，乳燕啼鶯心自憐。匣中幸猶有雙劍，杖頭奈何無百錢。人生幾何忽已老，激昂淚下如流泉。〔註40〕

> 每愛高樓畏獨來，非關觔力怕徘徊。江頭無限桃花樹，恰到來時滿眼開。〔註41〕

李夢陽之詩，向來以格調高昂、沉雄勁健著稱。但在經歷人生的起伏之後，在政治理想與人生理想雙重破滅後，他沒有能夠尋找到一條解決自我心靈苦悶的生命出路，而是固守著復古文以復古道的文學理念，以文人的激情與脆弱同黑暗的社會現實進行無畏的抗爭。以李夢陽為代表的復古派成員均為弘治年間成長起來的一批氣節之士，他們普遍具有不畏皇權、直言敢諫的政治品格，他們對皇權體制充滿了依賴與信心，渴望以一種對道義的堅守，以批

〔註38〕李夢陽：《空同集》，卷二十三，《南康元夕》，文淵閣四庫全書本。
〔註39〕李夢陽：《空同集》，卷二十三，《庚辰清明東郭》，文淵閣四庫全書本。
〔註40〕李夢陽：《空同集》，卷三十二，《無事》，文淵閣四庫全書本。
〔註41〕李夢陽：《空同集》，卷三十六，《春日豫章雜詩十首》其三，文淵閣四庫全書本。

判現實的激情來改造現實政治、扭轉社會風氣。然而，這一切在弘治朝寬鬆的政治氛圍下或許可以得到一定程度的伸展，但在正德朝卻再也無法獲得皇權體制的有效保證，再也不能得到帝國統治者的尊敬與保護。於是，在這種混亂險惡的政治環境下，以李夢陽為代表的復古派士人的人格心態便發生了一種悲涼的轉向。而人格心態的轉向又勢必影響到他們的文學思想，進而導致復古派整體創作形態的變化。上舉諸詩均為李夢陽正德年間屢遭政治挫折之後所作，從中可以明顯看出其盛世心態的回落。那日長無事之苦悶、匣無百錢之困頓、人生幾何之懊惱、時移世易之悲酸、借酒消愁之孤獨無不表達出詩人內心的愁苦與悲涼。而這些複雜的人生難題又確實並非堅守復古信念即可解決。於是，他們真誠深情地懷念孝宗，尤其是李夢陽，極為感念孝宗對他的知遇與保護，曾屢次表達「不寐想前朝」「中夜悲歌泣孝宗」之情。正是因為孝宗與文官集團的關係得到了一定程度的恢復，以復古派為代表的新進士人群體（當然也包括王守仁）的政治信心受到了極大的鼓舞，而弘、正之際的朝代轉折使復古派士人群體產生了巨大的心理落差。當此之時，復古派所依賴的皇家權威不僅沒有給予他們應有的幫助，武宗對朝政荒唐嬉玩的態度反而加速了其理想失落的進程。余英時在《士與中國文化》中說：「知識分子不但代表『道』，而且相信『道』比『勢』更尊。所以根據『道』的標準來批評政治、社會從此便成為中國知識分子的分內之事。⋯⋯但是由於『道』缺乏具體的形式，知識分子只有通過個人的自愛、自重才能尊顯他們所代表的『道』。此外便別無可靠的保證。中國知識分子自始即注重個人的內心修養，這是主要的原因之一。」〔註42〕在正德一朝，士人堅守的儒家之「道」與代表著皇權之「勢」的關係呈現出一種相互抗爭的緊張狀態。士人所堅守的象徵著正義與傳統、代表著理想與價值的「道」因缺乏外在條件的有效支撐與保護而無法獲得伸展與延伸的機會。

當然，復古派於正德年間在文學領域取得了巨大的成就，復興古學之實踐在一定程度上廓清了臺閣體積留的弊端，在思想文化領域成功地完成了一次以復古為手段、以革新為目的的轉變。可是，若深入到復古派士人群體的心靈深處，從其人格心態上來講，文學復古是他們實現革新時政、致君堯舜之目標的現實手段，而非其終極理想所在。一旦外在權威無法保證其政治理想與人生信念的執行與實施，復古派眾人的人生價值也就因之失去了

〔註42〕余英時：《士與中國文化》，上海人民出版社，2003 年版，第 96 頁。

意義。於是，他們便會逐漸走向頹廢與放蕩，在酒色聲伎中消磨一生。因為此時單純依靠外在權威不僅無法保證人生理想的實行，更為重要的，則是其價值失落後自我生命存在的意義問題。而這一點，復古派本身並沒有找到有效的解決方式，也就更不可能為明中後期相同遭遇的士人提供任何可資借鑒的生存模式。以李夢陽、康海為代表的失意文人陷入了一個兩難的人生境遇：要麼以文學復古興復漢唐盛世，拯救頹靡的士風，實現自我的人生價值；要麼只能遊戲人生，在娛樂化、世俗化的現實人生中品嘗悲憤與孤獨。

從復古派的內在心境而言，他們在理想價值失落後呈現出一種焦慮、悲憤、失望的情感狀態。儘管他們仍不斷的以文學創作實踐來宣洩這種負面情緒，或是通過摒棄文學、回歸性理之學來消解情感焦慮，但從總體上來說，他們並沒有找到人生的實際出路與自我生命的價值支撐。而到了嘉靖初年，文學復古情感與格調的矛盾愈益凸出，復古派內部成員的思想觀念亦產生了鬆動與變化，復興古學已不再是時代的潮流與主題，嘉靖初文學界呈現出一派豐富多彩的多元格局。

在人生信念與政治理想受到衝擊之時，在自我生命價值無法依靠外在權威得到切實保障之時，復古文以復古道的文學實踐模式最終因無法適應、解決擺在士人面前的時代難題而轉向沈寂低徊。而王守仁開創的陽明心學則更為注重自我生命安頓與生命價值的實現，並深刻影響了明中後期士人群體的人格心態與價值觀念。在這股新的時代思潮的感召與推動下，越來越多的士人開始轉向陽明心學，以心學的相關理論來解決自我生命的實際難題，並從中獲得超然的人格心境與平和從容的聖者境界。這其中就包括不少復古派士人，如徐禎卿、鄭善夫、黃省曾等等。他們轉向陽明心學，並非預示著對文學的徹底放棄。以往研究者將徐禎卿、顧璘等人由文學復古趨於陽明心學的人生選擇稱為棄文從道，彷彿他們真的已經全然放棄了文學創作而專心研道。復古派文人在轉向心學後對文學的看法的確產生了一些變化，亦確有悔文或視詩文為小技的理論表述，然而，若以為他們真的完全放棄對文學之愛好與實際創作，則又是一個不小的誤解。對於中國古代的文人而言，文學不僅是一門可以使其彰顯文化精英身份的技藝，更是其抒發情感、宣洩憂鬱的媒介和載體。從文學的本質與功能言，中國古代的文人不僅關注文學經世致用的政治教化功能，而且十分重視文學的審美本質與情感功能。尤其在人生失意

之餘，文人們往往更為重視自我的感性認知與情感體驗，文學的政治功用性逐漸淡化。或者說，他們有時在理論表述與實際創作之間甚至產生相互矛盾的情況，即一方面在理論批評中認可文學經世致用的教化功能，認為文須有為而作，將文學與政治教化緊密結合在一起；另一方面則在實際的詩文創作中（尤其是詩歌）盡情表達自我的真實情感與審美體驗，並要求文學表達個體內心的情感世界與生命活動。因此，文學實際上為政治仕途不得意之士人提供了更為寬廣、豐富的精神棲息地與生存活動空間。正如彭亞非在《中國正統文學觀念》中所概括的那樣：

> 人的生存際遇所引發的種種心理感受是一種不可避免的人生現象，它需要一種最佳的發抒方式來使其超越生存的偶然性而獲得存在的意義。人們需要詩，就是因為它是一種最好的心理自慰與心理滿足方式。〔註43〕

在文學所創造的精神天地中，士人們可以在其中盡情徜徉翱翔，獲取自我真實的情感需要與心靈慰藉，同時獲得一種充滿詩意的人生境界。更何況，陽明心學與程朱理學的區別之一乃是二者對情感的態度不同，在與文學關係上，二者亦呈現出截然不同的側面。由於心學與文學之間存在著交相融會的實際情況，復古派文人轉向陽明心學之實踐便不能被簡單地視為棄文從道。應該說，理清心學與文學之間交融會通的實際狀況是理解陽明心學與復古派真實關聯的有效前提。這就是下一章要探討的具體內容。

小結

在弘治中興的歷史語境中，復古運動與陽明心學相繼興起。它們共同的目的是實踐致君堯舜的政治理想，但卻各自選擇了不同的發展方式。復古派寄希望於皇家權威，渴望通過皇權與規範的保障來重塑盛世。可是，當弘正朝代轉折之際，這種理想卻被輕易地粉碎了；而伴隨著士人精神生存空間的日漸萎縮、情感與理性的尖銳對立，以及程朱理學逐漸暴露出的實踐性品格的缺失，陽明心學應運而生。陽明心學產生的最大意義在於重塑了明代士人的人生價值觀。在復古運動破產後，復古派士人為了尋求個體生命的價值支撐與人生意義，紛紛轉向陽明心學，從中尋找解決自我人生危機的良方。一

〔註43〕彭亞非：《中國正統文學觀念》，社會科學文獻出版社，2007 年版，第 341 頁。

方面，陽明心學在一定程度上重鑄了復古派士人群體的人格心態與文學思想；另一方面，復古派的轉向也促進了陽明心學的傳播與興盛，並為心學與文學的進一步融合指出了方向。

第二章　陽明心學與復古運動的交融會通

　　明中期，陽明心學與復古運動幾乎同時登上歷史舞臺，它們之間並非截然相反的矛盾存在，而是充滿了相互聯結、相互詮釋之可能。陽明早年本身就是復古派的重要成員之一，終其一生，陽明又與復古派眾多成員保持著密切而頻繁的交往。文學情感論是陽明心學與復古運動共同關注的核心問題，而二者在生命價值觀、文學境界論、文學表現論層面又存在著互通、互融的實際關聯，當然，其中也存在著不少差異。

第一節　王陽明與復古派關係考

　　若欲理清陽明心學與復古派的具體關係，則需對陽明早期涉入復古運動的具體過程與文學創作的相關情況，以及復古派群體不同時期與陽明的實際交往，進行具體考證與梳理，如此方能較為全面地展示出明中期這兩大文化學術思潮之間相互聯繫的實際過程與具體情況。

　　目前學界對二者關係已經給予了一定程度的關注，並相繼有一批學術成果提及了二者相互交往之情況及對復古派後期轉向陽明心學的事實考證。但仍侷限於對主要人物如徐禎卿、顧璘、鄭善夫等人轉向陽明心學之事實的相關梳理，缺乏具體的闡釋與論述。此外，對陽明早年與復古派之交往以及復古派其他成員的相關情況之考證與辨析尚不全面而具體。

　　黃卓越在《明永樂至嘉靖初詩文觀研究》〔註1〕一書中對前七子後期思想

〔註1〕黃卓越：《明永樂至嘉靖初詩文觀研究》，北京師範大學出版社，2001年版。

轉換的事實作出了較為全面而清晰的事實考證,其將「前七子循入理學者」分
為三類:一是「以理學家著稱的前七子成員」,其下主要考證了王陽明、何塘、
呂柟、馬理、崔銑等五人;二是「有明確詩文家身份的前七子成員趨向理學的
情況」,其下列徐禎卿、鄭善夫、孫一元、吾謹、何景明、王廷相、薛蕙、顧
璘、黃省曾等人;三是「有向理學轉的傾向,或接受了理學的某種影響,但並
未投身其中,仍具明顯延伸的文學化興趣」〔註2〕,對方豪、殷雲霄、康海等
的思想變化情況進行了一些事實求證。黃卓越認為,前七子運動衰降原因與其
後期大規模的棄文從道有著極為重要的聯繫。在此書中,作者以較為全面而概
括的分類方式對前七子後期思想轉換的相關情況作出了一些事實求證及分類
說明,對研究復古派與明中期理學、心學之關係提供了資料性的借鑒。

　　而在此處需加以補充的,是受陽明心學影響之復古派士人的具體情況。
如此又可將其分為三類:一是與陽明本人有過具體的論學文字;二是與陽明
本人有過實際的人際交往;三則是間接受到過陽明心學之影響。

一、與陽明本人有過具體論學文字的七子派成員

　　顧璘(1476～1545),字華玉,號東橋居士,長洲人。弘治九年進士,請
疾歸,十二年起任廣平知縣,後轉南京吏部主事,嘉靖二十四年卒。顧璘與
陽明之交往當始於弘治十二年,此年陽明進士登第,與復古派成員李夢陽、
何景明、徐禎卿以及顧璘等人相互交往唱和。弘治十七年九月,陽明改兵部
武選清吏司主事。顧璘有《詠桂寄王陽明主事》一詩奉寄,表達自己對陽明
的思念之情。正德八年,顧璘被貶為廣西全州知州。在貶謫期間,顧璘通過
陽明心學靜息之旨度過了人生最為艱難的時期,並由此獲得了一種自得自洽、
平和從容的人格心態與生命境界。而在顧璘的晚年,他對陽明心學卻表示出
了一種頗為矛盾和複雜的人生態度。嘉靖四年,陽明《答顧東橋書》針對顧
氏對陽明心學所提的相關辯難一一作了解答。從陽明《答顧東橋書》來看,
顧璘對陽明心學「知行合一」「致良知」等核心範疇存在著種種懷疑和誤解。
不僅如此,顧璘在與他人往來之書信中亦多次或直白或婉轉地表達了對陽明
心學的質疑,可見其晚年對心學的複雜態度。

　　吾謹(?～1519),字惟可,號了盧,浙江開化人。生卒年不詳,據學者
考證,其當生於成化十九年前後,而卒於正德十四年。正德十二年登進士第,

〔註2〕黃卓越:《明永樂至嘉靖初詩文觀研究》,第244～269頁。

與李夢陽、何景明、鄭善夫等人為友，前期似曾參與過復古派文學運動，後逐漸以詩文無益於身心性命而轉向養生求道。關於吾謹生平及與李夢陽之辯論、轉向道學的原因與契機等詳見魏強《吾謹生平三事考略》〔註3〕及馮小祿、張歡《吾謹文學思想考論》〔註4〕二文。此處需指出的是吾謹對陽明心學之接受。吾謹有《與王伯安先生書》一文，其中記載了他曾與王陽明相互論學的過程及事實：

> 往歲獲見執事於杭城，款領道論，深覺灑然自得。以為執事德器溫粹，言議精密，今世之君子，論道義者，無如執事，惜再往欲竟其緒言，而執事行矣。悵然而歸，至今且以為恨。謹少時嗜釋老之術，索其書讀之，竟日不厭。悅其清虛高廣之論，見其同而不察其所以異，灰心死形以至無救。自知夫體用一原之學，而僻側固陋之習，已漸掃矣。恐厭酣糟粕之餘，或未能盡滌其渣瀝。時時發言，猶不免踵故習。執事於其每言而疵之曰：「此禪家語。」謹亦安敢自文也哉？然以為認虛靈之識而昧天理之真，淫於虛寂之教而終身不知返者，則實非謹之所甘為也。……由敬而靜，由靜而虛，虛則性矣。此謹之思自力者也。不知尚有墮空顛仆之患否？幸示教焉。〔註5〕

由此可見，吾謹曾與陽明當面會晤，並就心性修養、儒佛之辨等問題進行了一番討論。根據書信內容可知，陽明此前曾就吾謹對佛老之學的認識，指出其有「墮空顛仆之患」，而吾謹在此封書信中主要針對虛靈不昧、性情天理等問題向陽明進行求教，針對佛老與程朱之學對虛靈之說的相關闡釋，進行了思考與辨析。可知吾謹不僅曾與陽明相互論學，亦有轉向心學之事實。

二、與陽明本人有實際交往的士人

陽明早年曾有過一段「溺志詞章之習」〔註6〕的經歷。黃綰《陽明先生行狀》云：「(弘治)己未登進士，觀政工部，與太原喬宇，廣信汪俊，河南李夢陽、何

〔註3〕魏強：《吾謹生平三事考略》，寶雞文理學院學報（社會科學版），2013年第3期。

〔註4〕馮小祿、張歡：《吾謹文學思想考論》，貴州師範大學學報（社會科學版），2010年第2期。

〔註5〕黃宗羲編：《明文海》，卷164，吾謹《與王伯安先生書》，清文淵閣四庫全書本。

〔註6〕王守仁：《王陽明全集》，續卷一，《朱子晚年定論》，一冊第214頁。

景明，姑蘇顧璘、徐禎卿，山東邊貢諸公以才名馳騁，學古詩文。」〔註7〕儘管這段與復古派成員相互唱和、探討詩藝的時間並未持續太久（弘治十五年，陽明即發出「吾焉能以有限之精神為無用之虛文」的感慨），但卻為研究二者之關係提供了重要的向度。

陽明早年與復古派相互唱和的詩文大多散佚不存，但仍可從其現存的文學創作中看出其早年的詩文體貌，試舉兩例如下：

> 忽有大聲起於穹窿，徐而察之，乃在西山之麓。倏焉改聽，又似夾河之曲，或隱或隆，若斷若逢，若揖讓而樂進，歙掀舞以相雄。觸孤憤於崖石，駕逸氣於長風。爾乃乍闔復辟，既橫且縱，摐摐渢渢，洶洶瀜瀜，若風雨驟至，林壑崩奔，振長平之屋瓦，舞泰山之喬松。咽悲吟於下浦，激高響於遙空。恍不知其所止，而忽已過於呂梁之東矣。〔註8〕

> 歐生誠楚人，但識廬山高。廬山之高猶可計尋丈，若夫泰山，仰視恍惚，吾不知其尚在青天之下乎？其已直出青天上？我欲仿擬試作《泰山高》，但恐培塿之見未能測識高大，筆底難具狀。扶輿磅礴元氣鐘，突兀半遮天地東；南衡北恒西泰華。俯視傴僂誰爭雄？人寰茫昧乍隱見，雷雨初解開鴻蒙；繡壁丹梯，煙霏靄靄；海日初湧，照耀蒼翠。平麓遠抱滄海灣，日觀正與扶桑對。聽濤聲之下瀉，知百川之東會。天門石扇，豁然中開；幽崖邃谷，襞積隱埋。中有逐世之流，龜潛雌伏，餐霞吸秀於其間，往往怪譎多仙才。上有百丈之飛湍，懸空絡石穿雲而直下，其源疑自青天來。岩頭膚寸出煙霧，須臾滂沱遍九垓。古來登封，七十二主；後來相效，紛紛如雨；玉檢金函無不為，只今埋沒知何許？但見白雲猶復起，封中斷碑無字，天外日月磨；剛風飛塵過眼倏，超忽飄蕩，豈復有遺蹤！天空翠華遠，落日辭千峰。魯郊獲麟，岐陽會鳳；明堂既毀，閟宮興頌。宣尼曳杖，逍遙一去不復來，幽泉嗚咽而含悲，群巒拱揖如相送。俯仰宇宙，千載相望，墮山喬岳，尚被其光；峻極配天，無敢頡頏。嗟予瞻眺門牆外，何能彷彿窺室堂？也來攀附攝遺跡，三千之下，不知亦許再拜占末行。吁嗟乎！泰山之高，其高不可極。半壁回首，

〔註 7〕王守仁：《王陽明全集》，卷六，黃綰《陽明先生行狀》，五冊第 177 頁。
〔註 8〕王守仁：《王陽明全集》，續編四，《黃樓夜濤賦》，四冊第 158 頁。

此身不覺已在東斗傍。〔註9〕

上引二例均為陽明弘治十七年所作。第一篇選自《黃樓夜濤賦》，這段對濤聲的描寫文藻敷發、鋪排誇張，深得賦體神髓。第二首《泰山高次王內翰司獻韻》模仿李白《蜀道難》的筆法，搖曳多姿、變幻莫測，縱橫捭闔之間凸顯出一股豪傑的灑脫之氣。此外，如陽明作於弘治十二年的《遊大伾山賦》〔註10〕、弘治十五年的《九華山賦》、弘治十八年的次韻《古詩》〔註11〕等都能較為直觀地看出其早年詩文創作講求聲律辭藻、鋪排繁複的文學風格。而對賦體文學的愛好及次韻形式的來往酬唱更是一種文人逞才使氣的表現。對自我才情的張揚、自我個性的抒發以及對文學技巧的追求是此時陽明文學思想的核心內容。

　　而關於陽明早期與復古派成員的文學活動，儘管從現有的文獻資料中已經很難見到相關記載，但據束景南考證，陽明參與復古派詩文活動可考者有兩次，一是弘治十八年龍致仁由刑部員外郎出任浙江按察僉事，復古派李夢陽、何景明、顧璘、邊貢及王陽明等二十二人為其作詩送行。據羅玘《文會贈言序》所言，龍致仁同復古派諸人一樣，亦為豪傑之士，平時來往甚密，此次赴任，京中舊友遂自發組織起此次文會活動，由吳偉作畫，一眾文士作詩以贈。茲將陽明與復古派代表成員之詩列於下〔註12〕：

西湖　陽明王守仁

　　我所思兮山之阿，下連浩蕩兮湖之波。層巒復巘，周遭而環合。雲木際天兮，擁千峰之嵯峨。送君之邁兮，我心悠悠。桂之檝兮蘭之舟，簫鼓激兮哀中流。湖水春兮山月秋，湖雲漠漠兮山風颼颼。蘇之堤兮遽之宅，復有忠魂兮山之側。桂樹團團兮空山夕，猿冥冥兮嘯青壁。曠懷人兮水涯甘，目惝恍兮斷秋魄。君之遊兮，雙旗奕奕。水鶴翩翩兮，鷗鳧澤澤。君來何暮兮，去何毋疾；我心則悅兮，毋使我亞。送君之邁兮，欲往無翼。雁流聲而南去兮，渺春江之脈脈。

〔註9〕王守仁：《王陽明全集》，卷四，《泰山高次王內翰司獻韻》，三冊第31～32頁。

〔註10〕陽明《遊大伾山賦》見束景南《陽明佚文輯考編年》上，上海古籍出版社，2012年版，第63頁。

〔註11〕陽明《古詩》見束景南《陽明佚文輯考編年》上，上海古籍出版社，2012年版，第201頁。

〔註12〕羅玘之序及文會具體情況見束景南先生《陽明佚文輯考編年》上，上海古籍出版社，2012年版，第193至200頁。

　　錢塘　　空同李夢陽

　　錢塘八月潮水來，萬弩射潮潮不回。使君臨江看潮戲，越人行
潮似行地。捷我鼓，旌我旗，君不樂兮君何為？投爾旗，鞁爾鼓，
射者何人爾停弩。濤雷殷殷蛟龍怒，中有烈魂元姓伍。

　　越溪　　信陽何景明

　　溪之水兮幽幽，誰與子兮同舟？舟行暮入山陰道，月濛濛兮雪
皓皓。千載重尋戴逵宅，溪堂無人夜歸早。乘興而來盡興休，□君
不見王子猷。

　　蘇公堤　　江左顧璘

　　蘇公去已久，芳名宛如昔。眉山荒涼白日微，西湖春水年年碧。
長堤已作往來道，上有垂楊下芳草。淫濤不汎水靈慈，私田長稔溪
農飽。厖眉父老長子孫，家常報祀頌公恩。男兒生世有遠略，豈立
薄領酬公門。使君朝莫堤上行，認取千秋萬古名。

　　太白祠　　濟南邊貢

　　萬乘尊，如浮雲，發乎可斷身可文。弟有雍，孫有札，歷代清
風見家法。牲牢膶，黍稷香，帛煙嫋，簫吹揚。使君祭歸廟門掩，
松濤颯颯靈旗颺。

此外，劉淮、陳沂、王韋等文人亦有詩相贈，足見此次文學活動的盛況。而從
陽明所作《西湖》一詩來看，騷體詩這種文體講究句式整齊而又善於創變，是
一種難度較高又利於表現才能技藝、抒發個性感情的文體。陽明在這首詩中既
表達了對友人依依不捨的惜別之情，又有對蘇軾、林逋等隱逸之士瀟灑適意生
活方式的嚮往，將複雜而又強烈的思想感情灌注於詩篇之中，彰顯出陽明對詩
歌體制的精通與造詣。可見，儘管陽明在弘治十五年時對文學之興趣就有減弱
的趨勢，從而傾向於道教養生之術，但觀其弘治十八年的文學創作，其文學體
貌仍未產生較為明顯的變化。與復古派共同的文學活動更從側面見出其濡染
文學之深、詩文體貌的豐富複雜。

　　二是正德十年陽明與前七子為弘治年間共同的友人范淵的絕筆詩題跋、
和詩。〔註13〕范淵舉弘治九年進士，弘治年間與前七子復古派及陽明往來甚

密，後亦因劉瑾事件遭遇貶謫。范淵正德六年去世，正德十年，其侄攜其絕筆詩訪陽明於南京，陽明遂為之作《跋范君山憲副絕筆詩後》。李夢陽、何景明、邊貢等七子派成員亦有和詩相贈。儘管此次之題跋和詩並非有組織的文學盛會，但亦可從側面看出正德年間陽明與復古派之間的詩文交往情況。

王陽明進士及第後與李夢陽的交往尤其值得重視。其中一個原因即是二人都具備不畏權貴、直言敢諫的豪傑人格。弘治十八年，李夢陽「應詔上書，陳二病、三害、六漸，凡五千餘言，極論得失。」〔註14〕據李夢陽所言：

> 初，詔下懇切，夢陽讀既，退而感泣，已歎曰：真詔哉！於是密撰此奏，蓋體統利害事。草具，袖而過邊博士。會王主事守仁來，王遽目予袖而曰：「有物乎？有必諫草耳！」予為此即妻子未之知，不知王何從而疑之也。乃出其草示二子。王曰：「疏入必重禍。」又曰：「為若筮可乎？然晦翁行之矣。」於是出而上馬並行，詣王氏筮，得田獲三狐，得黃矢貞吉。王曰：「行哉！此忠直之繇也。」〔註15〕

李夢陽上疏一事，事前連其妻子兒女均不知，而陽明卻已有預見，這當然不是陽明具有未卜先知的本領，而是由於他對李夢陽忠直敢言個性的瞭解。不僅瞭解，且自身也具有「雖九死其猶未悔」之品格，才使得二人既相互瞭解，又英雄相惜。

陽明於弘治十二年進士及第後，即與復古派早期成員多有酬唱往來，這其中除李夢陽外，尚有何景明、顧璘、徐禎卿、邊貢等人。〔註16〕因文獻資料的散佚及作者本人的有意剔除，現在已很難窺見陽明與復古派發展初期階段成員的互相往來與詩文酬唱情況了。但毫無疑問的是，陽明早年與復古派在政治理想、人格心態、文學創作層面存在相互溝通、關聯之事實。陽明對文學的特殊愛好及良好的文學素養又使其在轉向心學後並未完全放棄詩文創作，反而能以一種超然物外的審美心態對萬事萬物進行情感觀照，從而創作出有別於性理詩的性靈文學作品。

〔註14〕張廷玉：《明史》，卷二百八十六列傳第一百七十四，中華書局，1974年版，第7346頁。

〔註15〕李夢陽：《空同集》，卷三十九，《秘錄附》，文淵閣四庫全書本。

〔註16〕鄭善夫弘治十八年進士及第後，即參與到文學復古運動中，與李、何等人相與唱和，但其似乎並未與陽明有實際往來，據鄭善夫《答姚元肖吏部》一文所記「走童子時即好為文辭……晚過王伯安於毗陵，相語數日，始計之心曰：雕蟲篆刻，壯夫不為也。」則二人當於正德八年始見。

　　復古派成員與陽明發生交往的主要階段是在正德年間。因陽明於正德三年頓悟心學之旨，而其時復古派士人又因人生理想的失落正處於迷茫、痛苦的生命階段，他們原本將自我的生命價值寄託於以文學復古來致君堯舜之上，而當此種人生理想因朝政轉折、皇帝昏庸及奸宦當權等原因難以實現時，他們的人生便失去了價值的依託從而變得低沉悲涼。因此，復古派中的部分士人開始轉向陽明心學，而其發生轉向的最根本原因，則是尋求自我生命的價值支撐。

　　這裡有必要對陽明與復古派之間的關係作一具體探究，即哪些人是陽明的朋友，而哪些人則屬於王門弟子？之所以要對之進行深入辨析，是因為二者涉入心學的程度不同。而在確定陽明弟子之標準時，據黃宗羲《蕺山同志考序》所言為「四證」：

> 昔錢緒山作《陽明先生年譜》，立四證以書門弟子：一證於及門之日，一證於奔喪之日，一證於隨地講會之所，其人沒則證之子弟門人。〔註17〕

關於此四證之標準，實際上只有第一條是最為準確的。〔註18〕而在判斷是否為陽明門人時，則應將四條標準結合起來考察。

　　最先由復古轉向心學的是復古派核心成員之一徐禎卿。徐禎卿（1479～1511），字昌穀，一字昌國，弘治十八年進士，是著名的吳中四才子之一，同時又是前七子的代表人物。正德六年卒，年僅三十三歲。徐氏早年在京師時曾與陽明一起倡導文學復古，二人之間亦應有不少酬唱往來。正德五年冬，陽明至京師，徐氏喜馳往省，與論攝形化氣之術，幡然醒悟，並從心學理論中獲取了超越生死的人生境界。可惜徐氏在轉向陽明心學後僅一月即逝世，未及陽明之門，陽明亦不無遺憾地感慨道：「惜也昌國，吾見其進，未見其至！」〔註19〕

　　鄭善夫與陽明心學的接觸首先是從與黃綰論學開始的。鄭善夫（1485～

〔註17〕黃宗羲：《黃宗羲全集》，第 11 冊，浙江古籍出版社，2012 年版，第 59 至 60 頁。

〔註18〕「證於奔喪之日」並非所有陽明弟子均有條件前去奔喪，而參與喪禮之人亦並非全部都是陽明門人，尚有其親屬、朋友、朝廷官員等；而「證於隨地講會之所」聆聽陽明講會之人亦並非全部都是陽明弟子；「其人沒則證之子弟門人」則證據更為匱乏。

〔註19〕徐禎卿著、范志新編年校注：《徐禎卿全集編年校注》，王守仁《徐昌國墓誌》，人民文學出版社，2009 年版，第 875 頁。

1523），字繼之，號少谷，閩縣人。弘治十八年進士，任戶部主事。嘉靖二年卒。正德七年，善夫尚在蘇州任戶部主事時，得遇辭官隱居的黃綰，二人相與論學，善夫從黃綰處初步瞭解了心學的相關理論，獲益頗多。正德八年，善夫於常州得遇陽明，遂與之共同論學，逐漸形成了對心學的認識與愛好。正德十二年，善夫帶病入黃岩訪黃綰，與之「劇談堯舜以來所傳之道，六經、百家、禮樂、刑政、天文、地理之源流，及二氏之所同異，極於天地之間無一不究。」〔註20〕嘉靖元年，善夫本擬赴越訪陽明，相與論道，但因其病勢加重未果。嘉靖二年，善夫在《上陽明先生》一文中向陽明表達了入其門下為弟子的心願。由此可將鄭善夫認定為陽明弟子，同時其也是復古派群體中涉入陽明心學程度較深的一個。

　　正德十六年（1521），陽明寄給黃省曾《修道說》，省曾為之作注，二人之交往自此始。黃省曾（1490～1540），字勉之，號五嶽山人，吳縣人。嘉靖十年以《春秋》鄉試中舉，後累舉不第，即轉而為文詞著述。嘉靖十九年卒。嘉靖三年，黃省曾赴越問學於陽明，據其《臨終自傳》所云，其「執贄道席，晨參講堂，暮斂精室，神澄筆紀」〔註21〕，早起問學，晚間體悟，於陽明心學實有獨得之秘；並作《會稽問道錄》十卷，陽明賞其筆雄見朗，約黃氏作《王氏論語》，終未實現。不過，陽明邀省曾為其作《王氏論語》一行即可見出陽明已認可黃氏為其弟子之身份。

　　董澐（1457～1533），字復宗，號蘿石，晚號從吾道人，海鹽人。以詩文名世，晚歲轉向陽明心學。嘉靖十二年卒。嘉靖三年，董澐以六十八歲高齡拜入陽明門下。儘管從嚴格意義上來說，董澐並非復古派成員，但其一生嗜詩成癖，詩歌不僅是其抒發憂鬱、排遣自我的工具，更是其得以實現人生價值、獲取生命意義的重要方式。從此一角度來說，其又與復古派堅持以文學實現人生理想之方式有著內在一致性。更為重要的是，董澐由詩學向心學的價值轉換並非簡單的棄文入道，而是將心學的良知境界與詩學的審美體驗相互打通，將表達自我心靈體悟的詩學方式同心學良知超越境界結合在一起，從而獲得了淡泊閒適、悠然自得的生命情懷。可以說，董澐從人生的審美情趣與自我的情感體驗出發，從實現自我生命價值這一角度將詩學與心學聯結起來，彰顯出文學

〔註20〕鄭善夫：《少谷集》，卷二十三，附錄上，黃綰《少谷子傳》，文淵閣四庫全書本。
〔註21〕黃省曾：《五嶽山人集》，卷三十八，《臨終自傳》，明嘉靖刻本。

與心學之間的交融會通。

三、間接受到陽明心學影響的復古派士人

孫一元（1484～1520），字太初，號太白山人，關中人。關於孫一元的生平，現存文獻記載不多。他是一個頗有幾分神秘色彩的人物。孫氏與復古派中李夢陽、何景明、鄭善夫等人私交甚深，儘管其文學創作「不受空同圈束，亦不盡本唐音」〔註22〕，但其與復古派中人交往密切頻繁，文學思想亦當受到復古派的一定影響。

孫一元受到陽明心學影響，應與鄭善夫的啟發與引導有關。正德七年，孫一元至吳興，通過殷雲霄與時在蘇州任職的鄭善夫結識。此時鄭善夫已通過黃綰得以瞭解陽明心學的相關理論，在與孫一元的交往中，亦應對其思想產生一定影響；而據黃綰《少谷子傳》所云：「又貽書其友孫太初、高宗呂、傅木虛，使之遜志而同歸，故太初之逃老歸儒，皆少谷啟之也。」〔註23〕可見，孫一元通過鄭善夫又有一漸入心學之過程。鄭善夫貽書孫一元在正德十二年，而孫氏正德十五年即逝世，可知其晚年亦有轉向心學的思想歷程。

殷雲霄（1480～1516），字近夫，號石川，弘治十八年進士。正德初年因惡劉瑾等宦官亂政，遂請疾歸家，正德六年授靖江知縣，正德十年授南京工科給事中，正德十一年卒。殷雲霄後期的轉換跡象並不明顯，但因其與鄭善夫、孫一元等交往頻繁，且又有對道學之興趣，故可列入間接受到陽明心學影響的士人中。

而以顧璘為中心的南京金陵文化圈則又有一相繼轉換的過程。因顧璘文學思想與人格心態的發展變化，與其交往頻繁的陳沂、朱應登等人也受到了相對影響，並相繼呈現出對身心性命之學的關注與重視。

這裡還應附帶提及復古派部分成員轉向道學的事實。

王廷相（1474～1544），字子衡，號濬川，河南儀封人，前七子代表成員之一。王廷相儘管與復古派群體關係密切，早歲又有較為一致的政治理念與文學思想，但王氏與李夢陽、何景明等氣節之士不同，他的身上始終體現出一位哲人理性思考的睿智與冷靜。這與他一直以來對義理實學的思考與研習有著

〔註22〕朱彝尊：《靜志居詩話》，人民文學出版社，1998年版，第272頁。

〔註23〕鄭善夫：《少谷集》，黃綰《少谷子傳》，卷二十三附錄上，清文淵閣四庫全書本。

莫大的關聯。據《濬川王公行狀》所言，王廷相正德八年「素有作人之志，至是則明道敷化，務以實用相期，不專文藻，士風丕變焉。」〔註24〕可知其此時已有較為明顯的對理性化、實用化的道理之學的推崇，而對詩文創作與文學復古的熱情則逐漸回落：「僕早歲問學，無所師從，亦隨眾致力詞藻，倀倀貿貿於無益之塗，極十餘稔。及壯年以來，知自悔悟。回視少年，已自浪過者多，不可一二追復矣。至今恨然，大抵體道之學，緩急有用於世。詩文之學，君子固不可不務，要之輔世建績寡矣，而不適用也。」〔註25〕正德十二年後，王廷相的主要精力則轉向了對心性義理、宇宙本源等哲學問題的討論。

薛蕙（1489～1539），字君采，號西原，正德九年進士，授刑部主事。薛蕙與復古派中王廷相、何景明等人往來甚密，早期曾積極參與文學復古運動，嘉靖三年後開始逐漸轉向心性之學。唐順之在《吏部郎中薛西原墓誌銘》中云：

> 中歲始好養生家言。自是絕去文字，收斂耳目，澄慮默照，如是者若干年，而卒未之有得也。久之乃悟曰：「此生死障耳不足學。」然因是讀老子及瞿曇氏書，得其虛靜慧寂之說，不逆於心。已而證之《六經》及濂、洛諸說。至於《中庸》，喜怒哀樂未發謂之中，曰「是矣是矣」。故其學一以復性為鵠，以慎獨為括，以喜怒哀樂未發為奧，以能知未發而至之為竅。〔註26〕

即表明薛氏很早即表現出對仙釋養生之學的興趣，後又著《老子集解》，進一步表明其關注重心已由文學轉向道學。

何景明（1483～1521）晚年亦有由文學趨向理學之跡象，但因其過早逝世，思想轉變的具體動向已不可確考。據復古派成員孟洋所記「（何景明）邇年略去詞章，嘗稱以為天下自有實用之學，竭精力猶弗逮，何暇文詞無益也。蓋其用世之志至遠，今中沮矣。」〔註27〕可見何氏後期對詩文復古運動呈現為一種懷疑與否定態度。在何氏看來，文詞無益於身心性命與自我修養，從而有轉向實學的趨勢。這也是復古派士人群體後期一種共同的思想趨勢。明中期士人群

〔註24〕王廷相：《王廷相集》附錄，《濬川王公行狀》，中華書局，1989年版，第1493頁。

〔註25〕王廷相：《王氏家藏集》，卷二十七，《答王舜夫》，明嘉靖刻清順治十二年修補本。

〔註26〕唐順之：《荊川集》，文集卷十四，《吏部郎中薛西原墓誌銘》，四部叢刊景明本。

〔註27〕何景明：《大復集》，《中順大夫陝西按察司提學副使何君墓誌銘》，明嘉靖刻本。

體大規模的轉向心性義理之學的實踐，這本身就是一個值得引起關注並加以思考的複雜現象。他們發生思想轉向的根本原因，是自我價值與人生理想的失落所造成的生命困頓，而此時無論是文學復古還是傳統的儒家之道，都無法解決這些人生難題，於是，他們便有意尋求一種新的思維方式與價值體系來支撐自我、安頓生命。這是文學復古與陽明心學發生實際關聯的內在前提。

第二節　陽明心學與文學復古的內在關聯

一、文學情感論：核心問題

理學家要求文學創作不僅要合於理道，更要求其表達之情要合於道德倫理的規範，亦即只能表達「性情之正」。如程子曾云：「情者，性之動也，要歸之於正而已。」〔註28〕然而，「情之正」同時也意味著「情之異」。程朱理學對人情物慾的束縛與限制本意是為了涵養性情、培育心性，以期塑造士人群體的完整人格。但在實際的歷史發展進程中，明前期理學家又逐漸走向偏激，如理學家劉健就曾說：「作詩何用？好是李、杜，李、杜也只是兩個醉漢。」〔註29〕這樣就等於抹殺了文學存在的一切價值和意義，文學創作對於士人心靈與人格的巨大影響在傳統理學家那裡也被視為醉漢那些不切實際、風花雪月的酒話而已。

其實，明初的金幼孜對詩歌表現「性情之正」的理學家文學觀念已經作了完整地表述：

> 大抵詩發乎情，止乎禮義。古之人於吟詠，必皆本於性情之正，沛然出乎肺腑。故其哀樂悲憤之形於辭者，不求其工，而自然天真呈露，意趣深到，雖千載而下猶能使人感發而興起，何其至哉……有煙霞泉石之蕭爽，有園池魚鳥之閒適，觸目興懷，即物起興，皆可發而為詩。其必有得於性情之正，而非世之流連光景，徒事於風花雪月為藻繪塗抹者之比矣。〔註30〕

應該說，金幼孜的這番論述從詩學發生論的角度肯定了詩歌創作「發乎情」這一事實，而「哀樂悲憤」的種種情感表達不求文字之工，只要出於性情之

〔註28〕程顥、程頤：《二程粹言》，卷下，文淵閣四庫全書本。
〔註29〕蔣一葵：《堯山堂外紀》，卷八十七，明刻本。
〔註30〕金幼孜：《金文靖集》，卷八，《吟室記》，文淵閣四庫全書本。

正，「自然天真呈露，意趣深到」。金幼孜所說的這種觸目興懷、即物起興的「感物」創作方式往往需要借助客觀外物的觸發與感動，並且在「性情之正」的思維束縛下，詩人們的情感表達具有很大的侷限性，個體生命真實的情感需要往往得不到淋漓盡致的表現與抒發。

程朱理學只重視社會性、公共性的道德情感而有意忽略個體化、私人化的人本性情感。理學家視文學為小技末流，認為文學只能承擔社會教化功能，而對文學與個體生命、情感表現之間的關係則有意排斥或不聞不問。因此，明前期在理學思想的控制與規約下，政治教化意識與群體道德教化得到了增強，而文學的獨立性地位卻湮沒在政治與道德的雙重教化思維模式中，難以自拔。

在「此亦一述朱，彼亦一述朱」〔註31〕之僵化的思想局面下，士人人格日趨壓抑萎縮，文學創作亦隨之變得膚廓單調、缺乏情趣。整個明前期詩壇情況正如楊慎所說：「宋人曰是，今人亦曰是；宋人曰非，今人亦曰非。高者談性命，祖宋人之語錄；卑者習舉業，抄宋人之策論。」〔註32〕理學家以理性的創作態度寫詩，要求詩歌完全成為表達道德義理的工具。如薛瑄所作《題太極圖》：

大小圈十個，都在一圈上。如是究竟言，一圈也無象。〔註33〕

這樣的詩歌以闡發心性義理為主，毫不顧忌詩歌本身的審美屬性與情感表現，實際上表現出理學家「文以載道」之根深蒂固的文學觀念。而文學為了適應並保障存在的價值與地位，往往以對理學的依附為手段。在這種情況下，理學家往往會對文學本身的審美形態與情感表現價值形成一定程度的消解。當然，不少理學家亦寫有很多充滿生命情趣的文學作品，但其文學思想之本質仍是理學家「文以載道」的工具論。

據黃佐所言：「成化以前，道術尚一而天下無異習，學士大夫視周程朱子之說如四體然，惟恐傷之。」〔註34〕明中期復古派崛起的重要原因之一即是對程朱理學思想控制下宋詩弊端的反撥。他們提出的最為寶貴的經驗和意見，

〔註31〕黃宗羲：《明儒學案》，卷十，《姚江學案》，中華書局，1985 年版，第 179 頁。

〔註32〕楊慎：《文字之衰》，《升菴集》卷 52，景印文淵閣，《四庫全書》本（第 1270 冊），第 447 頁。

〔註33〕薛瑄：《敬軒文集》，卷一，《題太極圖》，文淵閣四庫全書本。

〔註34〕黃佐：《眉軒存稿序》，黃宗羲：《明文海》，卷 239，景印文淵閣，《四庫全書》本（第 1455 冊），第 643 頁。

即突出強調詩歌的情感本質和審美特徵。對文學情感的重視與追求，是七子派文學復古運動的一致目標。

從文學自身的地位而言，明前期統治者以程朱理學作為官方統治的意識形態，要求文學為政治服務。但從歷史發展的實際狀況來看，文學與政治的結合更多地體現為文對政的依從、附屬關係。具體地反映到身居高位的創作者那裡，則是臺閣體那些平庸膚廓、千篇一律而缺乏真情實感的文學作品。臺閣體作家進行創作的首要目的是對朝廷歌功頌德，並有意識地將程朱理學的思維方式與思想觀念滲透進詩文創作之中，試圖以此對文學進行規範與引導。儘管以李東陽為首的茶陵派已經開始突出強調詩歌中情與美的地位與作用，並從「聲」、「調」等藝術性角度探索詩歌奧秘，但這種突破力度仍是較為有限的。

儘管明前期已經出現了一些復興古學的跡象與端倪，但卻沒能形成一股聲勢浩大的思想潮流，張燮說：「明興，操觚之士久奉宋為正朔，幾不識漢唐以前為何物。獻吉起弘治，力為反正，世間才知有修古二字。」〔註35〕當然，復古運動在明中期的興起有著豐富而複雜的歷史原因，但最為直接的原因，則是對現實（政治現實、文壇現狀、社會發展、士人心態）的強烈不滿。

如前所述，明中期文學的發展陷入了一種不良的氛圍之中，士人找不到合理的創作路徑（更為根本的則是詩學精神的衰退）。因此，李夢陽們主張通過對漢魏詩歌審美形態的學習，恢復風詩的優良傳統，以期對當時被理學思維禁錮下的臺閣詩風與性理詩風進行一定程度的扭轉與糾偏。

復古派對專以闡發道德義理為主的宋代詩風進行了強烈的批判。李夢陽之批判尤為有力：

> 宋人不言理外之事，故其失拘而泥。玄鳥生，商武敏肇，姬尹之空桑，陳摶之肉搏，斯於理能推哉？〔註36〕

> 古詩妙在形容之耳，所謂「水月鏡花」，所謂「人外之人，言外之言」。宋以後則直陳之矣，於是求工於字句，所謂心勞日拙者也。形容之妙，心了了而口不能解，卓如，躍如，有而無，無而有。〔註37〕

> 宋儒興而古之文廢矣。非宋儒廢之也，文者自廢之也。古之文，

〔註35〕張燮：《書李獻吉集後》，黃宗羲：《明文海》，卷254。
〔註36〕李夢陽：《空同集》，卷六十五，《外篇一物理篇第三》，文淵閣四庫全書本。
〔註37〕李夢陽：《空同集》，卷六十六，《外篇二論學下篇第六》，文淵閣四庫全書本。

文其人如其人，便了如畫焉，似而已矣。是故賢者不諱過，愚者不
竊美。今之文，文其人無美惡，皆欲合道，傳志其甚矣。是故考實
則無人，抽華則無文。故曰：「宋儒興而古之文廢。」或問：「何謂？」
空同子曰：「嗟！宋儒言理不爛然歟？童稚能談焉，渠尚知性、行有
不必合邪。」〔註38〕

詩至唐，古調亡矣，然自有唐調可歌詠，高者猶足被管絃。宋
人主理不主調，於是唐調亦亡。黃陳師法杜甫，號大家，今其詞艱
澀，不香色流動，如入神廟坐土木骸。即冠服與人等，謂之人可乎？
夫詩比興錯雜，假物以神變者也。難言不測之妙，感觸突發，流動
情思，故其氣乃厚。其聲悠揚，其言切而不迫，故歌之心暢，而聞
之者動也。宋人主理作理語，於是薄風雲月露，一切鏟去不為。又
作詩話教人，人不復知詩矣。詩何嘗無理？若專作理語，何不作文
而詩為耶？今人有作性氣詩，輒自賢於穿花蛺蝶、點水蜻蜓等句，
此何異癡人前說夢也！即以理言，則所謂深深款款者何物邪？《詩》
云：鳶飛戾天，魚躍于淵，又何說也！〔註39〕

宋人將道德天理引入文學創作之中，要求文學創作為「理」服務，以理為詩，
強調詩歌應表現道德天理的全部內容，並發揮工具論的道德教化作用。這實際
上是忽視了文學創作的本質。因此，李夢陽才發出「宋儒興而古之文廢矣」的
感歎。「宋人不言理外之事」，並通過直陳的方式將天理道德等內容於詩中表達
出來。這種做法不過是「求工於字句」，以忽略詩歌創作審美藝術的本質特徵。

後七子領袖王世貞亦曾針對宋儒以理為中心的創作模式進行了強烈批
判，他指出邵雍以意為主、以理為主的創作方式儘管亦有如「一去二三里，
煙村四五家。亭臺六七座，八九十枝花。」等具有清新淡雅意境的文學作品，
但其詩學價值觀念仍是以理學思維方式為主導的。

若邵堯夫，非不有會心處，而沓拖躗跋，種種可厭。譬之剝荔
枝、薦江瑤以佐葡萄之酒，而餒魚敗肉、梟羹蛙炙，雜然而前進，
將掩鼻抉喉嘔噦之不暇，而暇辨其味乎？然公甫乃極推重莊孔暘，
又堯夫下也。〔註40〕

〔註38〕李夢陽：《空同集》，卷六十六，《外篇二論學上篇第五》，文淵閣四庫全書本。
〔註39〕李夢陽：《空同集》，卷五十二，《缶音序》，文淵閣四庫全書本。
〔註40〕王世貞：《書陳白沙集後》，黃宗羲《明文海》，卷二百四十三，清涵芬樓鈔本。

公甫即陳獻章，莊孔暘即莊昶，莊昶為明前期性氣詩派的代表作家。陳白沙對莊昶的推重並不限於詩文創作層面，且白沙本人的文學創作有著自己獨特的風格特徵，充滿著靈心慧性的生命情趣與真實自然的人生感受，注重意境的營造及情感的發抒，對明代性靈文學的發生發展有著篳路藍縷之功。當然，王世貞站在純文學的角度，批評邵庸詩歌創作中因理學思維方式的影響而「沓拖蹉跌」的弊端，則是對明中期文學發展的一次糾偏。

在指出理學思維方式對文學的巨大戕害後，復古派李夢陽等人從發生學的角度肯定了情感對於文學創作的重大作用：

> 天下有殊理之事，無非情之音。何也？理之言常也。或激之乖，則幻化弗測。《易》曰：遊魂為變，是也。乃其為音也，則發之情，而生之心者也。《記》曰：民有血氣心知之性，而無哀樂喜怒之常，應感起物而動，然後心術形焉。是也感於腸而起音，罔變是恤，固情之真也。〔註41〕

> 夫詩發之情乎？聲氣其區乎？正變者時乎？夫詩言志，志有通塞，則悲歡以之。二者小大之共由也……故聲時則易情，時則遷，常則正，遷則變，正則典，變則激，典則和，激則憤。故正之世，二南鏘於房中，雅頌鏗於廟庭，而其變也，風刺憂懼之音作，而來儀率舞之奏亡矣。於是《考盤》載吟，《伐檀》有詠，《北風其涼》之篇興，而十畝之間之歌倡矣。斯所謂恬塞棄通，以歡袪悲者也。〔註42〕

應該說，從發生學的角度認可情之地位的說法並非李夢陽首創。但是，在明中期理學盛行、臺閣體與性理詩風彌漫整個文壇之際，復古派從創作主體內心真實的情感需要出發，要求恢復古典詩歌真實自然的審美本質，則是從對文學本質及其獨立地位、審美價值的有心維護出發的。復古派另一重要代表人物徐禎卿在《談藝錄》中說：

> 情者，心之精也。情無定位，觸感而興，既動於中，必形於聲。故喜則為笑啞，憂則為籲欷，怒則為叱吒。然引而成音，氣實為佐，引音成詞，文實與功。蓋因情以發氣，因氣以成聲，因聲而繪詞，因詞而定韻，此詩之源也。〔註43〕

〔註41〕李夢陽：《空同集》，卷五十一，《結腸操譜序》，文淵閣四庫全書本。
〔註42〕李夢陽：《空同集》，卷五十一，《張生詩序》，文淵閣四庫全書本。
〔註43〕徐禎卿：《談藝錄》，明夷門廣讀本。

徐氏從詩歌的原始生成點出發，認為人的真實情感才是詩歌產生的真正源頭。對情感價值的肯定是復古派一致的文學理念與價值追求，他們要求實現情感的自由表達與真實呈現，恢復古典詩歌緣情而發的詩學傳統。

此外，楊慎在《李前渠詩引》中也有相關表述：

> 詩之為教，邈矣玄哉！嬰兒赤子則懷嬉戲抃躍之心，玄鶴蒼鷺亦合歌舞節奏之應，況乎毓精二五，出類百千，六情靜於中，萬物蕩於外。情緣物而動，物感情而遷，是發諸性情，而協於律呂，非先協律呂，而後發性情也。以茲知人人有詩，代代有詩。古之詩也，一出於性情；後之詩也，必潤以問學。性情之感異衷，故詩有邪有正；問學之功殊等，故詩有拙有工。此皆存乎其人也。〔註44〕

楊慎亦從發生學的角度肯定詩歌產生的源頭在於性情的表達，而非出於學問、道德乃至技巧性的文學追求。其「人人有詩，代代有詩。古之詩也，一出於性情；後之詩也，必潤以問學」的理論表述正好恰當地表現了復古派的審美理念。

那麼，在復古派那裡，文學情感到底具有何種概念內涵呢？這可從李夢陽的相關論述中找出答案。

首先，復古派強調情感表現的真實性。

> 情者，性之發也。然訓為實，何也？天下未有不實之情也。故虛假為不情。〔註45〕

復古派所強調的情感，不是受理性思維控制、束縛的道德情感（這種受限的道德情感往往摻雜著大量的虛偽不實），而是發自創作主體內心真實的情感需要。注重內心感性的真實感受，並通過一定的文學形式（復古）將這種真情實感表達出來，這種文學價值追求同時也是復古派的生命價值追求。

關於復古派復興古學的問題，後七子的謝榛曾在《四溟詩話》中云：「《三百篇》直寫性情，靡不高古。」〔註46〕即復古派興復古學的一個重要原因即在於《三百篇》等古典文學創作具有「直寫性情」的特徵。這是從文學創作本質的角度對詩歌「吟詠情性」之功能的肯定。復古派渴望從《三百篇》等古代優秀的詩歌作品中尋求創作的靈感與文本依據，但卻缺乏一定的現實基礎；

〔註44〕楊慎：《升菴集》，卷三，《李前渠詩引》，文淵閣四庫全書本。
〔註45〕李夢陽：《空同集》，卷六十六，《論學上篇第五》，文淵閣四庫全書本。
〔註46〕謝榛：《四溟詩話》，卷一，清海山仙館叢書本。

他們渴望借助於古典文學的傳統模式有效地傳達自我的心理體驗與情感體驗，並將之以一種藝術化、審美化的形式表達出來，表現出明中期文人創作態度的轉變。然而，將情感的真實表現寄託於復興古學高昂盛大的格調體貌而缺乏具體的文學創作，尤其是深層思維方式沒有得到根本的轉變，那麼這種以情為本的文學理論就勢必是不徹底的。

其次，認可個體生命活動中存在的感性慾望。李夢陽曾說：

> 理欲同行而異情。故正則仁，否則姑息；正則義，否則苛刻；正則禮，否則拳聰；正則智，否則作飾。言正則絲，否則簧；色正則信，否則莊；笑正則時，否則偏。正則載笑載色、稱焉；否則「輯柔爾顏」焉。凡此皆同行而異情者也。〔註47〕

在這裡，李夢陽所說的「理欲同行而異情」是說在個體生命活動當中，天理與人慾是並行存在的，不能簡單的以天理否定人慾，天理與人慾所呈現的感情也千差萬別。這與朱熹「天理人慾，不容兩立」的理學觀念有著巨大的差異。

明中期士人在面對朝政腐敗的社會現實下，與復盛世的政治理念逐漸成為一種遙不可及的價值追求。於是，他們更多地開始轉向關注自我內心的真實感受與情感需求，復古派的情感論也是在這種現實局面下展開的。

> 夫情能動物，故詩足以感人。荊軻變徵，壯士瞋目，延年婉歌，漢武慕歡，凡厥含生，情本一貫。所以同憂相瘁，同樂相傾者也。故詩者，風也。風之所至，草必偃焉。聖人定經，列國為風，固有以也。若乃歔欷無涕，行路必不為之興哀；愁難不膚，聞者必不為之變色。故夫戇直之詞，譬之無音之弦爾，何所取聞於人哉？至於陳采以眩目，裁虛以蕩心，抑又末矣。〔註48〕

黃卓越認為，復古派情感論的意義特徵，是「在正／變的概念結構中，突出情的變異性，以與正統的『性情』說相抗拒；在雅／俗的概念結構中，偏向於為鄙俗之情的正名，而倡揚民間性文化的價值；在公／私的概念結構中，為私人之情、『自鳴』之情、個體之情做積極的辯護，以補救儒家主導的公共性性情的不足。」〔註49〕從徐禎卿對情感的相關論述中可以看出，復古派論情感表現的意義與價值已經突破了傳統儒家中正平和的詩學觀念，在社會道德

〔註47〕李夢陽：《空同集》，卷六十六，《外篇二論學下篇第六》，文淵閣四庫全書本。
〔註48〕徐禎卿：《談藝錄》，明夷門廣讀本。
〔註49〕黃卓越：《明中後期文學思想研究》，北京大學出版社，2005年版，第215頁。

觀念與個體情感需求之間，復古派眾人更為注重自我生命、自我性情的真實發露，更加強調詩歌的情感表現功能與藝術審美功能。徐氏所推重的，並非無動於衷的風輕雲淡，而是激烈盛大、慷慨激昂的真情實感，是對社會政治的積極擔當；不是平淡如水的詩學境界，而是強烈的批判現實精神與真實表現自我情感的勇氣。事實上，這體現了復古派文學情感內涵的豐富。復古派認為，只有真實的情感，才具有打動人心的力量，這是文學的基本功能。那些虛假不實、以理性認知為創作目的的文學作品只能困頓於言語之間，而缺乏真正的感性的生命力量。復古派對真實自然之文學情感的重視與強調，與陽明心學存在著相互溝通之處。

最後，重視比興的詩歌表現手法，以「感物而動」的創作模式取代宋儒直陳其事、以理為主、以意取勝的創作模式。李夢陽在《秦君餞送詩序》中說：

> 蓋詩者感物造端者也，故曰言不直遂，比興以彰。假物諷諭，
> 詩之上者也。故古人之欲感人也，舉之以似，不直說也；託之以物，
> 無遂辭也，然皆始造於詩，故曰詩者感物造端者也。〔註50〕

康海也曾表達：「弗因幹情，則思無所命，是不緣感而有生也。故比興不明，修飾無據，雖盈箇櫝，將何以觀哉！」〔註51〕文學具有抒發情感、自我宣洩的功能。當外在的自然景物觸發文人內心的情思時，創作主體便自覺或不自覺地通過文學創作表達出對宇宙人生的豐富感受與體悟，這就是因物起興。即是說，如果從最原始、最簡單的創作狀態出發，文學的產生是出於激昂澎湃之內心情感表達的實際需要，是個體生命體悟與情感經驗的結晶。這種「感物而動」的詩學傳統注重的是感物而發之時那種瞬間感受美的能力，以及自我情性的有效表達，追求的是情景交融的詩學意境，而非宋儒那種以文學來強化道德倫理的「文以載道」的文學理念。在復古派那裡，「比興」不僅僅是一種修辭學的藝術表現手法，更是一種文學境界與藝術思維的體現。對「比興」之傳統藝術表現手法的重視，實際是對古代詩教傳統的回歸。

劉勰在《文心雕龍‧物色》篇中，曾對這種「感物」的詩學方式進行了比較詳盡地論述：

〔註50〕李夢陽：《空同集》，卷五十二，《秦君餞送詩序》，文淵閣四庫全書本。
〔註51〕康海：《對山集》，卷三十三，《太微山人張孟獨詩集序》，明萬曆十年潘允哲刻本。

> 春秋代序，陰陽慘舒，物色之動，心亦搖焉。蓋陽氣萌而玄駒
> 步，陰律凝而丹鳥羞，微蟲猶或入感，四時之動物深矣……歲有其
> 物，物有其容；情以物遷，辭以情發……是以詩人感物，聯類不窮。
> 流連萬象之際，沉吟視聽之區；寫氣圖貌，既隨物以宛轉；屬采附
> 聲，亦與心而徘徊。〔註52〕

在劉勰看來，「感物」實際上是一種雙向互動的過程，個體對自然萬物的深刻感懷以及自然萬物對於人類情感的觸動，是「感物」說不可分割的兩個方面。只有情與景之間真正達到一種相生相起、渾融一片的關係和狀態時，文學創作才能獲得藝術自由的廣闊空間。這是一種追求創作主體的情感精神與客觀物象相互結合的詩學傳統。

復古派追求「感物而發」的詩學傳統，是為了更好地表達自我內心的真實情感，而非宋儒通過文學創作對道德倫理的強化。他們追求的那種含蓄蘊藉、情志宛洽的詩學理想與理學家以理為主、以意取勝的文學創作之間有著根本的不同。復古派堅持打破「性」與「情」之間那種錯位的理性關係，注重文學的情感表達與審美效果，已經初步具備了性靈詩學觀念的萌芽。

復古派將「情感論」作為自己文學思想的核心內容，他們要求在文學創作中真實表現個體生命的真情實感，而不是遵守理學思想控制下「以性約情」、「以理約情」的思維模式。復古派要表現的並非全是公共性的道德情感，而是包含了個體化的私人情感，他們反對文學淪為理學附庸，要求恢復古典文學的獨立地位及審美特徵。

在復古派那裡，文學情感不僅是公共性、社會性、群體性的情感，更是一種民間化、個體性的情感。李夢陽就曾有「真詩乃在民間」的理論表述。復古派中人也積極從事民歌的創作，並從中汲取思想養料與創作靈感。另一方面，俗文學在此一時期得到蓬勃發展的事實表明（散曲的振興更是通過康海、王九思的大量創作而實現的），被程朱理學壓抑許久的世俗情感需求與感官欲望逐漸擴張，士人們也越來越渴望通過文學創作來表達自我真實的心理活動與情感狀態。也正是在情感抒發與表現之自覺上，復古派與陽明心學是有著共通之處的。

在程朱理學走向學術化、精深化的同時，士人的主體精神力量也在不斷削弱，與之相應的，則是文學創作中個體化情感表達的淡退。士人關注的是

〔註52〕劉勰：《文心雕龍》，卷十，《物色第四十六》，四部叢刊景明嘉靖刊本。

如何通過文學的形式來傳達、表現道德天理的純粹性、必然性，並通過否定世俗化的情感追求進行文學創作。理學家追求的不是詩化的人生，而是理性的人生，人的真實情感只有在與「理」之結合中方能彰顯。因此，作為個體的情感內核只能表達中正平和、蕭散簡遠的人格風範與人生境界，那些張揚個性、表現主觀精神與強烈情感的創作勢必被排除在外了。

理學將世俗化的感性慾望追求排除於道德性情之外，否定「好貨、好色、好名」等私欲的泛濫。理學以一種帶有理性精神的知識性進路來涵養性情、培育內在心性，在這個過程中，主觀內在之情被視為阻礙心性修養之物從而自然而然地於理學體系中被取消與清除。儘管理學對情之態度亦並非「存天理，去人慾」那樣簡單明瞭，但在某種程度上而言，理學家只允許情感在符合道德倫理的範圍內出現，反對並排斥一切以發抒自我內心真情實感為目的與內容的文學創作。從體用關係上來說，理學始終將情籠罩於合理合度的圍牆內，情之發並非為了個體情志的表達，而是如何更好地為道德心性服務。道為體為本，情為用為末，這就是理學家對情感的態度。

從根本上來說，無論是程朱理學還是陽明心學，它們共同的關注焦點及核心問題都是人性修養的境界與人生存在的意義等問題。只不過，程朱理學關注更多的是群體的社會性心理，要求節制個體的世俗欲望與真實情感。而陽明心學並不排斥情感的真實存在，並給予了情感尤其是個體化、世俗化的真實情感更多的存在與發展空間。

理學興起以來，宋代的文學創作重心發生了一定的轉移，即由對外部自然的關注轉向對自我內心的探尋。而真正將個體心靈的地位凸顯出來的，則是明中期的王陽明。

陽明心學（相較於陸九淵的心學思想，陽明心學具有集大成性質）的出現體現了宋明理學自身演進的階段性特徵，陽明對人生功業與超越境界的雙向追求則體現了心學對理學終極目標的修正與整合。同理學生硬的將人之感性慾望（合度之欲望即為人情）從人性中剝離，從而建構天理人慾二分對立的模式相比，陽明心學本身並不排斥情感的存在意義和價值。如陽明曾反覆強調：「七情俱是人心合有的」〔註53〕「七情順其自然之流行，皆是良知之用，不可分別善惡，但不宜有所著。」〔註54〕陽明雖然也是從道德層面來看待人

〔註53〕王守仁：《王陽明全集》，卷一，《傳習錄》，一冊第 191 頁。
〔註54〕王守仁：《王陽明全集》，卷一，《傳習錄》，一冊第 191 頁。

的情感欲望，認為七情是良知之發用，但是陽明比朱子更進一步的地方在於，陽明並不認為情是惡的，情感無善無惡，是人心本有的，是自然而然的，只是需要良知去自我克制以使其不過分不執著而已。陽明認為，雖然世事變換萬千，但是從古至今人情總是不變的，古代儒家的聖王制定禮樂也是根據人心之情來制定從而使其行之有度的。因此，也就是說，陽明心學並不否定情感的真實存在，並且寬容地承認其合法地位，給予了情感更多更廣的發展空間。在陽明看來，對客觀世界的對象認識是不能直接實現心與理一的人生境界的。因此，他將朱子之理（道德本體）轉化為內在自有之良知，良知統合了心與理，實際上就將道德本體與內在情感合而為一了。這是陽明心學的重要特徵之一。心學要求發揮人的情感、意志，發揮人的靈性、個性、能動性，與理學家不同的是，心學家並不排除情趣、興趣、幽默等審美品格，從而獲得了與文學互相溝通、互相闡釋的前提與條件。心學將道德倫理、道德意志、道德實踐融合在一起，良知良能是一種不脫離意志、情感而渾然一體的範疇，心學正是在此一層面上與理學嚴格區別開來的。

　　心學對個體主觀心性的重視、對自我個性的張揚表現在士人文學創作之中，則是對自由真實之情感的抒發與表達。在程朱理學的壓制下，文學只能作為道德與天理的附屬品與表現形式而存在，文學中的情感表現常常是理性的、客觀的、不動聲色的，文學成為揭示生活哲理與歷史邏輯的文化載體而非表現心靈與世界的交流與溝通、表現自由精神與審美意識的生命活動。而陽明心學具有一種詩意特徵，其以心靈體驗為中心，融倫理、意志及情感為一體，體現出有別於理學重客觀認知的文學性特徵。

　　左東嶺在《明代詩歌的總體格局與審美風格的演變》中說：「王陽明致良知的心學強調心外無物的主觀性與良知靈明的自發性，所以在心與物的關係中更突出了心的原發作用，這不僅決定了他本人的詩作重主觀、重心靈、重自我的鮮明特徵，更形成了明代性靈說的哲學基礎，即將心性作為詩歌的第一發生要素，從而完成了中國文學發生論從感悟說到性靈說的轉變。這預示著明代詩歌史上一種新的詩學思潮的產生。」〔註55〕陽明心學重視主體的主觀心性與創作主體的精神境界，在對主體精神的強化過程中，通過詩文創作來表達自我的情感體驗與審美體驗，表現個體生命的情感世界與心理世界，

〔註55〕左東嶺：《明代詩歌的總體格局與審美風格的演變》，中國詩歌研究（第四輯），
　　　　第30～41頁。

並最終成為性靈文學思想的哲學基礎，這與陽明心學美學式、藝術化的哲學思維密切相關。

從心學與文學的關聯而言，情感論是二者共同關注的核心問題。前面已經指出，陽明心學與程朱理學有一點十分重要的不同，那就是良知對情感的包容。良知作為陽明心學的核心範疇，包含了道德認知、道德意志與道德踐履。因此，與朱子理學重視知識與理性的為學特徵不同的是，良知本身就有虛明靈覺與真誠惻怛的心理內涵。從創作主體自身內在的心理特徵而言，真實自然之情感是創作者進行文學創作的前提與基礎，而真實自然的表現形式則是創作者在創作過程中所選擇的合適之「體」。

陽明並未否定文學表現真實情感的本質與功能，他曾有云：

> 《六經》者非他，吾心之常道也。故《易》也者，志吾心之陰陽消息者也；《書》也者，志吾心之紀綱政事者也；《詩》也者，志吾心之歌詠性情者也；《禮》也者，志吾心之條理者也；《樂》也者，志吾心之欣喜和平者也；《春秋》也者，志吾心之誠偽邪正者也。〔註56〕

從孔子開始，歷代儒家士人大多從社會教化的角度來闡釋《詩經》，明確其經世致用的社會功能，這是儒家文論的一個基本共識。而在陽明看來，《詩經》作為儒家經典《六經》之一，其基本內涵與功能就是表現自我心靈、吟詠性情。這實際上是認可了詩歌（文學）具有感蕩心靈、表達個性與抒發情感之功能。這與傳統的儒家文論觀點已經頗有不同。

嘉靖初年，大禮議事件引發了皇帝與朝臣之間曠日持久的爭鬥。在作於嘉靖五年的《寄鄒謙之》中，陽明談到了其對大禮議的看法：

> 蓋天下古今之人，其情一而已矣。先王制禮，皆因人情而為之節文，是以行之萬世而皆準……若徒拘泥於古，不得於心，而冥行焉，是乃非禮之禮，行不著而習不察者矣。後世心學不講，人失其情，難乎與之言禮！然良知之在人心，則萬古如一日。苟順吾心之良知以致之，則所謂不知足而為屨，我知其不為蕢矣。〔註57〕

可見，在陽明那裡，制定禮制的標準與根據是人的情感。如果沒有情感，那麼任何禮樂制度都成為沒有靈魂和生命的冷酷的法制，這也是不符合儒家哲學的倫理特徵的。

〔註56〕王守仁：《王陽明全集》，卷二，《稽山書院尊經閣記》，一冊第349頁。
〔註57〕王守仁：《王陽明全集》，卷二，《寄鄒謙之》，一冊第300頁。

　　情是連結陽明心學與文學復古運動的一個重要紐帶。除此之外，心學重視自我體悟、自我體驗的為學方式又為個體自我生命提供了存在論和價值論上的理論與實踐依據。心學強調個體的真實受用，其人格設計是實現有與無的雙重境界，即一方面堅持一個儒者參贊化育的濟世責任，另一方面又不放棄自我生命存在的真實意義，重視自我人格的尊嚴、強調自我生命的保全，最重要的是自我生命的受用和解脫。一言以蔽之，心學要解決的是儒家黼黻盛世下自我價值的淪喪，是佛老無情遁世背後個體人生理想的埋沒。心學完成了從物到我的重要轉換，是對孟子「萬物皆備於我」之說的現實實踐。而這種實踐的客觀意義在於，其打通了哲學意義上的道德本體論及文學意義上的文學本體論，使得二者有了互相詮釋之可能。在朱子那裡，文學的情感特徵與理學的理性特徵是相互對立、相互排斥的。情與理之間呈現為一種膠著的矛盾狀態。儘管陽明心學良知範疇同理學家標舉之道一樣，也有避免情緒化、排除世俗化的欲望追求（如好貨、好色、好名等）的一面，但從總體上而言，陽明仍是一個渾情論者。正是在情感論這一層面上，陽明心學同復古派具有相通之處，同時這也是二者進行相互交融、溝通的內在基礎與有效前提。

　　在文與道的複雜關係中，文學本身似乎並不具備獨立的價值和品格，它總是作為政治和社會思潮的附屬品而存在，文學始終處於一種陪襯甚至可有可無的弱勢地位。如唐順之就在《與茅鹿門知縣》中說：「其不語人以求工文字者，非謂一切抹殺，以文字絕不足為也。蓋謂學者先務，有源委本末之別耳。」〔註58〕雖然並不是要抹殺一切文學，也並非不承認文學的客觀價值，但是士人為學還需有個先後次序，還需明白源委本末的區別。所以，不論是文以明道也好，文以載道也罷，文始終處於弱勢地位，總是作為道的附庸而出現。更為委婉客氣一點的說法就是文道合一論。但這種所謂的文道合一不過是強求文服從於道，其基本立場仍是從道之一面出發的。

　　但在心學介入文學之後，文不再僅僅是道的附屬品，不再是沒有獨立價值、不能單獨存在的內容。從士人自我生命存在的角度來說，心學賦予了個體生命全新的價值和意義，實現了士人價值取向的某種轉變。也就是說，儒家孜孜追求事功的強烈傾向在某種程度上被優游山林泉石的適意感取消了。而這種出入於山泉林麓的生命體驗便給文學創作提供了發展契機。儘管陽明心學注重的是對自我道德的內在體驗而非文學創作的感性表達，但明中後期

〔註58〕唐順之：《荊川集》，文集卷七，《答茅鹿門知縣》，四部叢刊景明本。

許多士人在接受陽明心學的種種理論後一定程度上實現了創作目的的轉變，即從原來重塑盛世的政治理想與恢復古典文學的審美精神轉變為一種超越的、審美的、更為直接和純粹的感性抒發與情感表達。

文學雖然歷來被古代文人視作精神的寄託，但其不僅在與道的較量中處於弱勢地位，更與窮愁悲苦之氣聯繫在一起。也就是說，身居高位的文人往往創作不出具備真情實感和形象生動的文學作品；而仕途偃蹇的薄命文人則常常能夠不平則鳴，創作出激蕩人心而又富於詩味的內容。陽明心學對傳統文人文學思想的衝擊，使得其創作目的發生了重大轉變：他們有意擺脫或者忽略文學實用的社會功能論，轉而專注於主體心靈對客觀物象的真切感受，切實體驗那蘊含在一草一木中的生生之仁，用生命的蓬勃生機來詮釋道之內涵，用審美體驗來感受生的律動，這就在某種程度上實踐了詩能達人之說。陽明心學通過打通心與物之間的關係，實現了心物交融的審美境界。心學提供給士人的是一個廣闊的生存空間和自我展現的平臺，士人們在其中可以獲得獨立的人格精神和生命的終極價值，尋找到在長期的政治冷遇中難以獲得的人生歸屬與價值認同。這種強烈的主體意識使得士人在文學創作上的自由度較之以往大大提升，明中後期的諸多文人開始或自覺或不自覺地由師古向師心轉換，文學思想中逐漸產生了性靈的萌芽，文學創作中也產生了一批個性張揚疏狂的作品。

性靈觀是中晚明文學思想的核心範疇，它是哲學觀念與文學思想在中晚明時期交相融匯的產物，是哲學概念向文學觀發生轉化的思想結晶。陽明心學的良知說是性靈文學思想的發端。正如蕭華榮在《中國詩學思想史》一書中所說：「（性靈說）是心學術語『良知』向詩學的轉化，是哲學概念向審美概念的轉化。它在固有的『性情』的基礎上，又增添了活潑、飛動、靈明的意味。」〔註59〕由此可見，陽明心學之良知是對傳統「性情」理論的改造和生發。良知不再是簡單的以性統情，而是將性與情統一於自我內心，亦即自我良知。良知是道德本體與心理情感的統一體，合未發之性與已發之情為一，體用一源。因此，良知本身並不排斥真實情感的存在，甚至對人之欲望亦有肯定的一面。「莫謂天機非嗜欲，須知萬物是吾身」〔註60〕在陽明看來，吾身即萬物，萬物即吾身，「心一也……天理人慾不並立，安有天理為主，人慾又

〔註59〕蕭華榮：《中國詩學思想史》，華東師範大學出版社，1996年版，第283頁。
〔註60〕王守仁：《王陽明全集》，卷六，《年譜》，五冊第68頁。

從而聽命者？」〔註61〕這就將程朱理學理欲對立二分的模式轉化為心與理一的模式了。此外，「性理詩」與「性靈詩」均在產生發展的過程中受到了其時哲學思潮的啟發與影響。二者所呈現出的種種差異正體現出程朱理學與陽明心學在對待情感與審美的核心命題上的區別。

內心情感的自然流露與呈現是文學的基本任務之一，同時也是判定哲學與文學二者關係是否緊密的試金石。程朱理學「以性統情」的心性論將個體情感視為世俗情慾，要求以理性精神對之進行規範與引導。情感功能的壓抑勢必導致藝術創造的荒蕪。陽明心學追求的是一種自我適意的超越的人生境界。這種人生境界並非是佛老以斷滅情性為主的空無境界，而是一種充滿了生機與靈感、感悟與情趣的情感體驗式的生命互動，是出於情感而又超越情感的人生體驗。陽明心學注重個體的自我體悟與心靈體驗，這種自我體驗充滿了主觀精神與能動色彩，更為重要的是，其將理學家排除在外的情感體驗與審美體驗統統納入到心的範疇之內，這就在一定程度上消融了主體心靈與客觀世界之間的隔膜與對立，為個體抒發真實情感、表達自我內心的真切體驗提供了更為廣闊的空間。這有陽明本人的詩歌創作為佐證：

> 何處花香入夜清？石林茅屋隔溪聲。幽人月出每孤往，棲鳥山空時一鳴。草露不辭芒履濕，松風偏與葛衣輕。臨流欲寫猗蘭意，江北江南無限情。〔註62〕

> 瑯琊雪是故園雪，故園春亦瑯琊春。天機動處即生意，世事到頭還俗塵。立雪浴沂傳故事，吟風弄月是何人？到家好謝二三子，莫向長沮錯問津。〔註63〕

> 竹裏藤床識懶人，脫巾山麓任吾真。病夫已久逃方外，不受人間禮數嗔。〔註64〕

從上引詩歌中可以看出，陽明這種注重主體內心的情感體驗，並在與物感通的過程中，表達本真情感與自我性靈之創作，鮮明地體現出其任真自適的人格追求與悠然愜意的生命情懷。這些詩歌將自我體悟到的宇宙人生的真正意義、將對自然生機的體悟轉化為詩性的情感經驗與生命意趣，化理趣為情趣，

〔註61〕王守仁：《王陽明全集》，卷一，《傳習錄》，一冊第81頁。
〔註62〕王守仁：《王陽明全集》，卷四，《龍潭夜坐》，三冊第77頁。
〔註63〕王守仁：《王陽明全集》，《送德觀歸省二首》其一。
〔註64〕王守仁：《王陽明全集》，《山中懶睡四首》其一，三冊第81頁。

從而表達自我內心真實的情感體驗與審美感受，將才情與個性表達出來。其之所以能達到「天機動處即生意」的狀態與境界是因為吾性自足，並以超脫世俗的自覺意識來獲得人格心靈的解脫與快樂。

　　陽明對內心情感的關注與表達是為了實現心物合一、天人一體的最高境界，但在陽明看來，這個最高境界不是理性的天機流行，而是充滿了靈感、生機與詩意的精神世界。也就是說，內心情感在文學創作中的自然流露與表達是同陽明心學對主觀心性的強調密不可分的。正因為心學注重自我的感受與體驗，才能在創作中表現出真切自然的情感需求。可以說，自我心靈的體悟與實踐是本然情性之抒發與獲得無限自由之境界的媒介；同時，正因為陽明心學追求是一種超越的、自由的人生境界，又使得這種情感的抒發不至流於庸俗與頹靡，而始終保持著超然獨立、自得自適的人格基調與生命情懷，並最終實現對世俗人生、自我生命的超越。

　　正德中後期，復古派士人在普遍經歷了政治迫害之後，功利主義價值觀逐漸淡退，取而代之的則是對生命價值的關注與思考。對自我生命質量的關注反映到文學創作中，則勢必形成對情感內容與審美主義的集中表現。情感與格調是明中期復古派文學思想中的兩個核心範疇。儘管復古派成員眾多，創作風格亦有較為明顯的差異，但在對這兩個核心命題的強調上，則是頗為一致的。這不僅有李夢陽、徐禎卿等人的文學理論作為證明，更為重要的是，他們在正德年間由於政治理想的失落，開始更為關注個體生命的存在價值與心靈需要，並轉而在文學創作中抒寫個體化、私人化的情感。其中，相當一部分復古派士人受到了陽明心學影響，在以之提升自我人格、調整心靈狀態的同時，亦或直接或間接地調整、改變了自我的文學思想，並在一定程度上為陽明心學增添了更多豐盈充實的情感內涵。

　　總的來說，在受到陽明心學的浸潤與影響後，復古派文學思想逐漸向著真實自然、簡明切實方向發展，但這一過程又非單純的向著性靈文學思想挺進，而是充滿了曲折複雜的迴旋歷程，如顧璘向「德」與「文質彬彬」之文學理想的復歸，正體現出明中期士人對宇宙人生、對生命價值、對文學問題的獨立思考與探索。

　　綜上所述，復古派情感論與陽明心學情感論既有內在交融的一面，又存在著必然的差異。強調真情實感，反對虛假不實之情是二者相互融通的前提。在這一基礎上，他們又共同反對理學的制約，要求以真切的情感體驗代替假道學

的虛偽弊病。復古派從發生論、創作論層面論述了文學表現真情實感這一理論命題。李夢陽認為「情者動乎遇者也」，在外物的感動生發下，創作主體產生了情，而情又會反作用於外物，使之獲得長久的生命力。對情感問題的重新審視與強調彰顯了文學的審美價值。更為重要的是，復古派所言情感不僅限於公共性的道德情感，還包括個體性的私人情感。尤其在正德中後期，他們往往通過具體的創作實踐來表現自我、興發志意，文學功能觀逐漸由經世致用的政治教化轉向表現自我的抒情審美功能。心學的「良知」範疇不同於理學之「天理」，其並不排斥情感的真實存在，「七情俱是人心合有的」，給予情感以合理存在的地位。陽明心學重視主體的心靈體驗，這種體驗不僅僅是道德體驗，同時也包含著情感體驗與審美體驗。在道德情感之外，心學同樣也重視個體私人情感的表達，只要是發自本心的真實情感，都是有價值的。這正是自信本心之本色文學的哲學基礎。另一方面，儘管復古派重視對民歌的學習，但他們的情感類型較為狹窄單一，他們創作的表現私人情感的詩歌，大多都是閨中思婦懷念丈夫的題材，少有新意和突破。儘管李夢陽說：「真者，音之發而情之原也，非雅俗之辨也。」〔註65〕但因囿於高古格調的限制，他們在創作實踐中很難完全突破文體的規範。這就造成了文學創作中情感表現的單一性，使得他們的情感論並不能成為一種自覺的審美追求。實際上，真正緣情而發的詩歌創作表達的情感往往是多樣性的，詩人會根據情感的不同需要來選擇合適的詩體。而心學情感論的價值則在於突破了文體規範對文學表現真情實感的限制，當然，在陽明本人那裡，這種突破還是有限度的，比如他對道德情感的重視顯然要超過對自然情感的關注，因而更為重視情感的社會倫理價值。

二、文學境界論：人生境界與審美境界的統一與差異

1. 復古派與陽明心學在境界論層面的統一與差異

復古派與陽明同處於弘治、正德朝代轉折之際，那麼他們在人格心態與政治理念上也就存在著許多共性。以李夢陽、何景明為代表的復古派士人群體，他們都是勇於進取、不畏權貴、仗義執言的氣節之士。這是對李東陽等人因循隱忍、軟媚求全之人格特質的挑戰與反撥，更是對明中期「鄉愿」人格的強烈批判。復古派的這種人格特徵在李夢陽身上體現得淋漓盡致。據徐縉《李夢陽墓表》所言：「今之論公者，獨愛慕誦其文，稱之文士，鮮有知其

〔註65〕黃宗羲：《明文海》，卷二百六十二，李夢陽《詩集自序》，清涵芬樓鈔本。

氣節行誼，慷慨激直，若斯之奇顯者也。」〔註66〕葛曦在《結腸集序》中也有言：「余少讀先生書，談時事不避權貴，其拂宸濠於江右，先大夫嘗歷之，意其為人凝峻高潔、剛直方正，斷乎為古之烈士藎臣，匪直以文章雄視百代。」〔註67〕這其中尤以何景明對李夢陽此種人格特徵概括得最為準確：「飾身好修，矜名投義；見善必取，見惡必擊；不附炎門，不趨利徑；處遠懷不招之恥，處近執莫靡之勇。」〔註68〕李夢陽這種嫉惡如仇、不畏權貴的高尚品格在其他復古派成員身上也有著鮮明的體現。據載，邊貢弘治十八年曾兩次上書彈劾當朝權貴，「疏直激切，聞者凜然」；鄭善夫「弱冠登朝，位非言責，抗疏闕廷，瀕死者久」〔註69〕等。弘正之際，復古派士人群體的這種人格特質是針對當時敗壞的士林風氣而形成的，而陽明早年同復古派之所以有著密切而頻繁的交往，其中一個重要的原因正是他們在人格特徵與政治理想上有著共通之處。也就是說，無論是復古派士人群體還是陽明本人，他們都是擁有高尚人格的氣節之士。

正德初，復古派與王陽明同因劉瑾事件遭受巨大的人生挫折。在獄中時，王陽明所作的《咎言》恰能代表他此時的心態：

> 正德丙寅冬十一月，守仁以罪下錦衣獄。省怨內訟，時有所述。

> 既出，而錄之：

> 何玄夜之漫漫兮，悄予懷之獨結。嚴霜下而增寒兮，皦明月之在隙。風呦呦以憎木兮，鳥驚呼而未息。魂營營以惝恍兮，目窅其焉極！懷寒飆之中人兮，杳不知其所自。夜展轉而九起兮，沾予襟之如泗。胡定省之弗遑兮，豈荼甘之如薺？懷前哲之耿光兮，恥周容以為比。何天高之冥冥兮，孰察予之衷？予匪戚於累囚兮，犆匪予之為恫。沛洪波之浩浩兮，造雲阪之濛濛；稅予駕其安止兮，終予去此其焉從？孰癭癘之在頸兮，謂累足之何傷？薰目而弗顧兮，惟盲者以為常。孔訓之服膺兮，惡訐以為直。辭婉孌期巷遇兮，豈

〔註66〕黃宗羲：《明文海》，卷四百三十二墓文四，徐縉《明江西按察司副使空同李公墓表》，清涵芬樓鈔本。

〔註67〕葛曦：《結腸集序》，《國立中央圖書館善本序跋集錄》，集部（二），國立中央圖書館，1994年版，第565頁。

〔註68〕何景明：《大復集》，《上楊邃菴》，明嘉靖刻本。

〔註69〕鄭善夫：《少谷集》，卷二十五附錄下，《鄭少谷先生全集序》，文淵閣四庫全書本。

予言之未力？皇天之無私兮，鑒予情之靡他！寧保身之弗知兮，膺斧鑕之謂何。蒙出位之為愆兮，信愚忠者蹈瓲。茍聖明之有禪兮，雖九死其焉恤！

亂曰：予年將中，歲月遒兮！深谷崆峒，逝息遊兮；飄然凌風，八極周兮。孰樂之同，不均憂兮。匪修名崇仁之求兮，出處時從天命何憂兮！〔註70〕

可見，在遭受劉瑾的政治迫害後，陽明也有著自己的鬱悶與委屈，否則其不會「夜展轉而九起」，憂思鬱結，難以成眠。他的忠心不被理解，只能憤慨地感歎「何天高之冥冥兮，孰察予之衷？」；在龍場悟道之前，他還不曾具備「良知」的自信與勇氣，於是只能發出「茍聖明之有禪兮，雖九死其焉恤！」的吶喊。在《弔屈平賦》中，陽明也表現出相似的憂愁悲憤心態：

正德丙寅，某以罪謫貴陽，取道沅、湘。感屈原之事，為文而弔之。其詞曰：

山黯慘兮江夜波，風颼颼兮木落森柯。泛中流兮焉泊？湛椒醑兮弔湘累。雲冥冥兮月星蔽晦，冰峻嶒兮霰又下。纍之宮兮安在？悵無見兮愁予。高岸兮嶔崎，紛糾錯兮校枝。下深淵兮不惻，穴巑洞兮蛟螭。山岑兮無極，空谷谺谽兮迥寥寂。猿啾啾兮吟雨，熊羆嘷兮虎交跡。念纍之窮兮焉托處？四山無人兮駭狐鼠；魑魅游兮群跳嘯，瞰出入兮為纍奸究。嫉纍正直兮反詆為咻，昵比上官兮子蘭為臧。幽業薄兮疇侶，懷故都兮增傷。望九疑兮參差，就重華兮陳辭。沮積雪兮磵道絕，洞庭渺藐兮天路迷。要彭咸兮江潭，召申屠兮使驂。娥鼓瑟兮馮夷舞，聊邀遊兮湘之浦。乘回波兮泊蘭渚，睇故都兮獨延佇。君不還兮郢為墟，心壹鬱兮欲誰語！郢為墟兮函崤亦焚，讒鬼逬戮兮快不酬冤。歷千載兮耿忠惆，君可復兮排帝閽。望遁跡兮渭陽，箕羅囚兮其佯以狂。艱貞兮晦明，懷若人兮將予退藏。宗國淪兮摧腑肝，忠憤激兮中道難。勉低回兮不忍，盍自沉兮心所安。雄之訣兮讒喙，眾狂稚兮謂纍揚。已為魁為魅兮為讒媵妾，纍視若鼠兮佞顀有沘。纍忽舉兮雲中龍。芹掩靄兮飄風；橫四海兮倏忽，駟玉虯兮上衝；降望兮大壑，山川蕭條兮濟寥廓。逝遠去兮無窮，懷故都兮蜷局。

─────────────────────
〔註70〕王守仁：《王陽明全集》，卷四，外集一，《咎言》，三冊第24頁。

亂曰：日西夕兮沉湘流，楚山嵯峨兮無冬秋。累不見兮涕泗，世愈隘兮孰知我憂！〔註71〕

昔年屈原信而見疑、忠而被放，其正直高潔之人格固然為人所敬仰，然其憂愁委屈之處亦令人動容。今日奸佞當道，陽明為匡扶社稷而上疏諫言，反而蒙受譴謫之禍患，其「宗國淪兮摧腑肝，忠憤激兮中道難」的心態又與昔日之屈原有何區別！正德二年，陽明在居夷期間創作的《去婦歎》五首仍持有委屈幽怨的妾婦心態，因其時陽明尚未頓悟心學宗旨，固表現出與復古派士人相同的人格心態。

正德三年，陽明於龍場頓悟聖人之道，從此不復以世俗紛擾、生死禍福為念，其詩文體貌也發生了相應的變化，正如左東嶺在《龍場悟道與王陽明詩歌體貌的轉變》一文中所概括的：「而在龍場悟道之後則表現為：一是心態的從容與心境的平和使其寫出了較之前期更為空靈悠閒的作品，二是良知超然物外的情懷形成了其詩歌創作的幽默戲謔風格，三是對心靈的重視使其山水詠物詩具有了突出的主觀色彩，四是其聖賢人格與高尚境界使其抒情詩具有了爽朗的格調與豪邁的氣勢。四種轉變形成了王陽明性靈詩歌的新特徵。」〔註72〕這種性靈詩歌的新萌芽源自於其生命境界與人生追求的改變，在徹悟了心學之旨後，陽明不再執著於一己的生死榮辱，他已將對自我價值的評判收歸於內心良知。在對待朝政的態度上，陽明也不像李夢陽、康海等人因政治理想的失落而傷感頹廢或任情放縱，他以「用之則行捨即休」的態度面對複雜險惡的官場與人生，以通達灑落的境界觀照現實世界，但這並不意味著對濟世責任的輕視忽略，而是以一種達觀超然的人格心態履行儒者濟世救民的重大責任，從而在政治理想與人生受用之間達到一種較為平衡的狀態。在作於正德三年的《送毛憲副致仕歸桐江書院序》一文中，陽明對這種「用之則行捨即休」的生命方式作了進一步地解釋和說明：

正德己巳夏四月，貴州按察司副使毛公承上之命，得致其仕而歸。先是，公嘗卜桐江書院於子陵釣臺之側者幾年矣，至是將歸老焉，謂其志之始獲遂也，甚喜。而同僚之良惜公之去，乃相與諮嗟不忍，集而餞之南門之外。酒既行，有起而言於公者，曰：「君子之道，出與處而已。其出也有所為，其處也有所樂。公始以名進士從

<hr />

〔註71〕王守仁：《王陽明全集》，卷四，外集一，《弔屈平賦》，三冊第22～23頁。
〔註72〕左東嶺：《龍場悟道與王陽明詩歌體貌的轉變》，文學評論，2013年第2期。

政南部，理繁治劇，頎然已有公輔之望。及為方面於雲、貴之間者十餘年，內鰲其軍民，外撫諸戎蠻夷，政務舉而德咸著。雖或以是召嫉取謗，而名稱亦用是益顯建立，暴於天下。斯不謂之有為乎？今茲之歸，脫屣聲利，垂竿讀書，樂泉石之清幽，就煙霞而屏跡；寵辱無所與，而世累無所加。斯不謂之有所樂乎？公於出處之際，其亦無憾焉耳已！」公起拜謝。復有言者曰：「雖然，公之出而仕也，太夫人老矣，先大夫忠襄公又遺未盡之志，欲仕則違其母，欲養則違其父，不得已權二者之輕重，出而自奮於功業。人徒見公之憂勞為國而忘其家，不知凡以成忠襄公之志，而未嘗一日不在於太夫人之養也。今而歸，告成於忠襄之廟，拜太夫人於膝下，旦夕承歡，伸色養之孝，公之願遂矣。而其勞國勤民，拳拳不捨之念，又何能釋然而忘之！則公雖欲一日遂歸休之樂，蓋亦有所未能也。」公復起拜謝。又有言者曰：「雖然，君子之道，用之則行，舍之則藏。用之而不行者，往而不返者也；捨之而不藏者，溺而不止者也。公之用也，既有以行之；其捨之也，有弗能藏者乎？吾未見夫有其用而無其體者也。」公又起拜，遂行。

陽明山人聞其言而論之曰：「始之言，道其事也，而未及於其心；次之言者，得公之心矣，而未盡於道；終之言者，盡於道矣，不可以有加矣。斯公之所允蹈者乎！」諸大夫皆曰：「然。子盍書之以贈從者？」〔註73〕

這篇序文從表面上來看，是眾人在送毛憲副致仕歸家時，歡飲送行之際眾人對其致仕一事各陳己見的情況，實則代表了三種不同的人生價值觀：第一種即對致仕歸隱之樂的強調，「脫屣聲利，垂竿讀書，樂泉石之清幽，就煙霞而屏跡；寵辱無所與，而世累無所加。」即忘懷世俗紛擾與一己的寵辱得失，在煙霞泉石、山林明月之間自由徜徉。第二種即歸隱之後仍無法忘懷經世濟民之念，則身雖退隱，而心卻不能獲得輕鬆與快樂。第三種即以「用之則行捨即休」的態度對待仕隱之際的人生選擇。在陽明看來，這才是一種盡於道的人生方式，即出則以儒者萬物一體之仁心經國濟世、匡扶社稷，實踐自我的人生價值；處則嘯傲山水林泉，在風雅的人生情趣中獲得一種超然物外的生命境界。出處進退

〔註73〕王守仁：《王陽明全集》，卷四，外集四，《送毛憲副致仕歸桐江書院序》，三冊第 172 頁。

之際不必更多猶疑與煩惱，只要不負自我本心，以「用之則行捨即休」的人生態度面對一切複雜難題，自然能夠在現實生活中實現聖者達觀超越的精神境界。

試看其透悟心學之後的文學創作：

> 童僕自相語，洞居頗不惡。人力免結構，天巧謝雕鑿。清泉傍廚落，翠霧還成幕。我輩日嬉偃，主人自愉樂。雖無榮戟榮，且遠塵囂聒。但恐霜雪凝，雲深衣絮薄。〔註74〕

> 山鳥歡呼欲問名，山花含笑似相迎。風回碧樹秋聲早，雨過丹岩夕照明。雪嶺插天開玉帳，雲溪環碧抱金城。懸燈夜宿茅堂靜，洞鶴林僧相對清。〔註75〕

> 人間白日醒猶睡，老子山中睡卻醒。醒睡兩非還兩是，溪雲漠漠水泠泠。〔註76〕

這些詩裏透露出的，是一種無心而自然、舒適愉悅的情感基調，沒有了繁複工巧的技藝追求，沒有了世俗塵囂的紛擾，只有心靈的愉悅與安然。詩人在與自然萬物的交融中，展現出的是一種空靈悠然的審美情趣，那山谷清泉、碧樹秋聲、雲溪雪嶺，在一般文人眼中不過是自然界美好的景物罷了，可以用新鮮生動、繁華藻麗的語言對之進行細緻描摹，或者借景抒情、借物抒情，但卻很難將其與主觀心靈聯繫在一起。但在陽明筆下，寫物即是寫心，物不再是構成詩歌創作的主體，反而退居其次，成為抒發性靈之輔助。

正德七年，李夢陽在前往江西赴任之時曾作《赴江西之命初發大梁作》一詩，其中有云：「驅微懼命重，慷慨但懷愁。還望故所居，匹鳥鳴相求。而我獨何為，道路常懷憂。」〔註77〕憂愁困苦之狀溢於言表。為何同為氣節之士的陽明與復古派士人在遭受政治挫折後表現出完全不同的生命狀態呢？究其根本，乃是由於二者在人格境界層面存在著較大的差異。從根本上來說，李夢陽寄希望於復古文以復古道的方式來實現政治改革、興復漢唐盛世之理念已經有些不合時宜了。這當然不是否定復古運動所取得的文學成就與歷史地

〔註74〕王守仁：《王陽明全集》，卷四，外集一，《始得東洞遂改為陽明小洞天三首》其一，第49頁。

〔註75〕王守仁：《王陽明全集》，卷四，外集二，《杖錫道中用張憲使韻》，第73頁。

〔註76〕王守仁：《王陽明全集》，卷四，外集二，《山中懶睡四首》其一，三冊第81頁。

〔註77〕李夢陽：《空同集》，卷九，《赴江西之命初發大梁作》，文淵閣四庫全書本。

位，而是從文學與政治的關係而言，七子派將自身存在的標準與希望寄託於外在的權威，尤其是皇帝的自覺，從而展開並實現其恢復漢唐盛世的政治理想，這一美好願望隨著孝宗逝世、武宗登基便遭到了無情的摧折與毀滅。在這種情勢下，如何保全自我、如何安頓心靈、如何將自我的人生存在與儒者積極用世的政治責任感再次聯結起來，成為擺在明中期士人面前的新問題。而以李夢陽、康海、王九思為代表的復古派士人則以批判、釋放、狂傲不羈、縱情肆意的人生態度來面對時代發起的衝擊與挑戰。試看康海的自我排遣：

> 數年前也放狂，這幾日全無況。閒中件件思，暗裏般般量。真個
> 是不精不細醜行藏，怪不得沒頭沒腦受災殃。從今後，花底朝朝醉，
> 人間事事忘。剛方，奚落了膚和滂；荒唐，周全了藉與康。〔註78〕

對山在人生失意之餘，主要依靠酒精的麻醉與狂放的生活方式來實現自我生命的解脫與安頓。傚仿魏晉名士阮籍、嵇康等人任情放縱的處世態度當然可以藉此暫時擺脫現實人生的苦悶與壓抑，並從狂誕不拘的生命狀態中獲取一定程度的自我滿足與快慰：

> 笑新來兩鬢生花，載酒看山，樂趣無涯。逐日價，稚子牽衣，
> 小姬押酒，老嫗烹茶。有的是，雪案間慣相陪的壺觴尊罍。又無甚，
> 仕途中歪廝擾的恐懼波查。這樣歡洽，到底堪誇。黑也由他，白也
> 由他。〔註79〕

應該說，在這種載酒看山、疏狂放誕的生命方式中，康海與王九思等人確實獲得了一種遠離世俗紛擾、縱情享受人生的樂趣。而「黑也由他，白也由他」的應世態度也適足透露出其放蕩不羈、任情灑脫的人格特徵。然而，在這種不拘禮法、放浪形骸的表面形式之下，又深埋著一股悲憤不平的愁苦之氣。曾高中狀元的康海，本來可以平步青雲、扶搖直上，一展自我的才華從而留名青史，而現在卻因與奸宦扯上關係而致仕還家，在詩酒山林中優游一生。其疏狂放浪的背後，正是政治理想與人生理想覆滅後的無奈與悲哀。更何況，在陽明看來，真正的灑落「非曠蕩放逸，縱情肆意之謂也，乃其心體不累於欲，無入而不自得之謂耳」〔註80〕這當然含有道學以天理節制人慾之意，但更為重要的，則是陽明對「無入而不自得」之人生境界的強調。在陽明看來，曠蕩放逸、縱情肆

〔註78〕康海：《沜東樂府》，卷一，《雁兒落帶過得勝令八首》，明嘉靖康浩刻本。
〔註79〕康海：《沜東樂府》，卷一，《庚辰夏曉起臨鑵戲作》，明嘉靖康浩刻本。
〔註80〕王守仁：《王陽明全集》，卷六，年譜，五冊第67頁。

意都有礙於對自我本心的體悟與追尋，君子「應物而不累於物」即堅定自我內心的力量，不為世俗外物所動，良知就在自我的人格當中，士人可以通過自我體悟的實踐方式充實自我、獲得生命存在的勇氣與意義。與復古派將人生理想的實現寄託於外在的皇家權威不同，陽明將生命價值的實現回歸於自我內心的良知。在陽明看來，良知乃「天命之性，吾心之本體，自然靈昭明覺者也」〔註81〕，「自己良知原與聖人一般，若體認得自己良知明白，即聖人氣象不在聖人而在我矣。」〔註82〕只有自我內心之良知才能判斷是非善惡，才有權利評價自我人生的價值，任何外在的天理、皇權、標準都不足以影響自我良知的境界。

　　李、何等人渴望通過興復古典文學的審美傳統來實踐其重塑盛世的政治理想，而他們選取的現實行為方式則是對腐敗朝政的強烈批判、對黑暗社會的深刻揭示。應該說，這在弘治時期尚屬可行。孝宗寬厚仁愛的品格特徵無形中降低了皇權對道義的掣制，這對李、何等具有遠大政治抱負的氣節之士無疑是一種莫大的鼓勵與安慰。然而，當弘、正之際皇帝與士人之間的關係發生根本轉折後，這批具有豪傑人格的氣節之士失去了朝廷的支持與皇帝的保護，在遭受政治挫折與人生磨難後，以李夢陽、康海等人為代表的復古派士人群體便紛紛走向或憤激悲涼或曠蕩放廢的人生。而當年與復古派群體來往甚密的王陽明，則在正德初年龍場悟道後逐漸建立了自己的心學體系，不僅解決了困惑自我的生命難題，更為明代士人建構了一條出處進退之際的精神出路，拓展了更為廣闊的生存空間。

　　自王陽明與李夢陽同因抗擊劉瑾而遭遇貶謫之後，二人似乎再也沒有了實際往來。直至嘉靖三年，李夢陽作《甲申中秋寄陽明子》：

> 風林秋色靜，獨坐上清月。眷茲千里共，眇焉望吳越。窈窕陽
> 明洞，律兀芙蓉闕。可望不可即，江濤滾山雪。〔註83〕

在此中秋月明、闔家團圓之際，李夢陽卻孤身一人靜賞清月，不由得想起了遠在千里之外的陽明先生。而據年譜所記，陽明此時正大宴門人於天泉橋上：

> 中秋月白如洗，乃燕集群弟子於天泉橋上。時在侍者百十人。
> 酒半行，先生命歌詩。諸弟子比音而作，翕然如協金石。少間，能
> 琴者理絲，善簫者吹竹，或投壺聚算，或鼓棹而歌，遠近相答。先

〔註81〕王守仁：《王陽明全集》，卷五，續編，《大學問》，四冊第73頁。
〔註82〕王守仁：《王陽明全集》，《答周道通書》，卷一，語錄，第136頁。
〔註83〕李夢陽：《空同集》，卷十五，《甲申中秋寄陽明子》，文淵閣四庫全書本。

生顧而樂之，遂即席賦詩，有曰「鏗然捨瑟春風裏，點也雖狂得我情」之句。既而曰：「昔孔門求中行之士不可得，苟求其次，其惟狂者乎？狂者志存古人，一切聲利紛華之染，無所累其衷，真有鳳皇翔依千仞氣象。得是人而裁之，使之克念日就平易切實，則去道不遠矣！予自鴻臚以前，學者用功尚多拘局；自吾揭示良知頭腦，漸覺見得此意者多，可與裁矣。」〔註84〕

輕鬆惬意的講學環境、超越灑然的聖者境界、從容自適的生命情趣，再加上志同道合、有志聖學的門人弟子，則陽明已獲人生之至樂矣！此種人生快樂既不同於世俗不拘禮法、放蕩曠逸之樂，亦不同於儒家中正平和、雍容閒雅之樂，其與曾點「浴乎沂，風乎舞雩，詠而歸」的狂者之樂倒有內在相通之處。難怪陽明有「鏗然捨瑟春風裏，點也雖狂得我情」之句。王陽明和李夢陽分別於嘉靖七年及嘉靖八年先後逝世，則嘉靖三年已屬他們人生晚期。在人生的晚年階段，李夢陽因人生理想的覆滅而呈現出一種失望悲涼的人格心態，而徹悟良知的陽明則早已獲得了超越的聖者境界；不僅如此，他還以之幫助同樣處於人生困境的士人走出了生命危機，達到超脫、從容的境界。在經受了政治的波譎雲詭與人生的生死磨難後，李夢陽與王陽明走上了兩條完全不同的人生道路。李夢陽繼續孤獨地堅守著文學復古的人生理念，卻在這種堅持中備嘗辛酸冷暖；陽明則早已因徹悟心學之旨而獲得了超然的人生境界。儘管二人所達到的生命境界有異，但卻不宜以此境界的高低來判定陽明與空同成就之大小，李贄在《與管登之書》中曾云：「如空同先生與陽明先生同世同生，一為道德，一為文章。千萬世後，兩先生精光具在，何必更兼談道德耶？」〔註85〕以李夢陽為首的文學復古運動在有效刷新文壇風氣、復興古典審美理想方面為其時文壇指明了正確的發展方向，其對情感的重視與強調又凸顯了文學的本質與功能，使得明代文學獲得了一次鳳凰涅槃般的重生之機。只是，且不說復古派深深陷入格調與情感之間的複雜矛盾中無法自拔，即在以文學為手段來干預政治、提升士人的道德責任感從而振作士氣的根本目標上亦難以收到實效。從此一意義上而言，陽明心學有效地解決了士人個體意識覺醒後面臨的種種難題，遂成為明中後期哲學思想的主流。

明中期以復古派為代表的氣節之士渴望通過恢復古典文學的傳統與精神

〔註84〕王守仁：《王陽明全集》，卷二，文錄，錢德洪《刻文錄敍說》，一冊第242頁。
〔註85〕李贄：《李溫陵集》，卷六，《與管登之書》，明刻本。

來改造現實、塑造盛世，卻在遭遇人生的艱險與磨難後迅速走向消極與沉淪。儘管他們仍然通過自己的文學創作改變了文壇的局面，但卻無法依靠文學來度過自我生命的難關，無法重新找到自我生命的價值支撐。他們這批氣節之士普遍不乏勇於抗爭、堅守正義的道德與勇氣，但是僅僅依靠情感的衝動與政治的激情卻不能有效解決困惑自我生命的種種難題。這就使得氣節之士在遭逢生命磨難與生死考驗之時，往往會因生命價值的失落而走向憤激鬱悶與狂傲放誕。

陽明早年曾積極參與過復古運動，對文學復古表現出了明顯的熱情與關注。然而，文學復古卻不是陽明畢生追求的終極目標。他有感於近世學者「無有必為聖人之志」，於是便立下了成聖的志向，並以之敦促自己，教導別人。從人格境界層面來說，陽明追求的「聖人」境界，並未脫離傳統儒家的道德理想。陽明理想中的人格典範仍是儒家的「中行」境界。但與此同時，陽明亦給予「狂者」人格充分的肯定與讚賞。在陽明看來，「狂者」是僅次於聖人的人格境界：

> 昔孔門求中行之士不可得，苟求其次，其惟狂者乎？狂者志存古人，一切聲利紛華之染，無所累其衷，真有鳳皇翔依千仞氣象。得是人而裁之，使之克念日就平易切實，則去道不遠矣！予自鴻臚以前，學者用功尚多拘局；自吾揭示良知頭腦，漸覺見得此意者多，可與裁矣。〔註86〕

儘管「狂者」並非儒家最高層次的人格境界，但是陽明認為，「狂者」人格能夠更為有效地表達主體內心的精神與情感，他們敢作敢當、不畏世俗毀譽，能夠堅持自我的人生理想與高尚情操；「狂者」追求的是自我適意的人生境界，但同時又不放棄一個儒者根本的濟世責任。

陽明追求的是一種「無可無不可」、「無入而不自得」的精神境界，他也有氣節之士的操守與堅持，但因自信本心良知，就不會因外在的艱險磨難而自我失落、自我放逐：「外面是非毀譽，亦好資之以為警切砥礪之地，卻不得以此稍動其心，便將流於心勞日拙而不自知矣。」〔註87〕也就是說，陽明通過良知境界化解了困擾自我人生的種種難題，並從中獲得了一種安頓自我生命的有效方式。

與以李、何等人為代表的氣節之士不同，陽明的最終理想是達到聖人境界。他要在自信良知的基礎上去實踐儒家積極用世的政治理念，這樣，即使

〔註86〕王守仁：《王陽明全集》，卷二，文錄，錢德洪《刻文錄敘說》，一冊第242頁。
〔註87〕王守仁：《王陽明全集》，卷二，文錄，《答劉內重》，一冊第295頁。

在遭遇政治挫折與人生的艱險磨難時，仍然能夠保持心靈的輕鬆與愉悅。這便是陽明的生存智慧。這種得失毀譽不計於心的良知境界成功地幫助陽明度過了最為險惡、複雜的生命難關：

> 師曰：「致知在於格物。」正是對境應感實用力處。平時執持怠緩，無甚查考，及其軍旅酬酢，呼吸存亡，宗社安危所繫，全體精神只從一念入微處自照自察，一些著不得防檢，一毫容不得放縱。勿欺勿忘，觸機神應，是乃良知妙用，以順萬物之自然，而我無與焉。夫人心本神，本自變動周流，本能開物成務，所以蔽纍之者，只是利害、毀譽兩端。世人利害不過一家得喪爾已，毀譽不過一身榮辱爾已。今之利害、毀譽兩端，乃是滅三族，助逆謀反，繫天下安危。只如人疑我與寧王同謀，機少不密，若有一毫激作之心，此身已成齏粉，何待今日？動少不慎，若有一毫假借之心，萬事已成瓦裂，何有今日？此等苦心，只好自知。譬之真金之遇烈焰，愈鍛鍊愈發光輝，此處致得，方是真知；此處格得，方是真物。非見解意識所能及也！自經此大利害、大毀譽過來，一切得喪榮辱，真如飄風之過耳！奚足以動吾一念？今日雖成此事功，亦不過一時良知之應跡，過眼便為浮雲，已忘之矣。〔註88〕

正德十四年，寧王朱宸濠發動叛亂，陽明隨即籌兵征討。叛亂結束、寧王被俘後，陽明不僅沒有獲得朝廷的認同與嘉獎，反而被武宗身邊的姦臣佞倖誣為與寧王同謀勾結。陽明擒獲寧王，不僅無功反而橫遭構陷，更為可怕的是，若武宗相信了這些污蔑之詞，不僅陽明本人面臨著巨大的生死考驗，其全家亦有可能遭受株連之禍。在這種情勢洶洶的危局之中，陽明正是依靠其自信良知的境界度過了又一次人生危機。在陽明看來，只有從自我本心上進行鍛鍊，追求本然之心的安頓與自足，真正達到萬物不縈於懷的「無可無不可」的人生境界，才能獲得並實現真正的超越。而以復古派為代表的氣節之士因缺乏對自我本心的觀照與體悟，將一己人生價值的實現盲目寄託於朝廷與皇帝的支持等外在標準，在境界論層面與陽明有著巨大的差距，則他們在以文學復古改造政治現實的人生理想覆滅後，因找不到理論與實踐的支撐，便最終走向沉淪、憤激、頹廢的生命境遇。這正是氣節之士與陽明所追求的聖人

〔註88〕王畿著、吳震編校整理：《王畿集》，卷十三，《讀先師再報海日翁吉安起兵書序》，鳳凰出版社，2007年版，第342頁。

境界之間不可磨滅的差異。

2.「無入而不自得」的境界與生命之樂

對於個體人生而言,陽明心學的終極目標是獲得對世俗人生的超越境界。呈現在文學創作中,則是一種悠然適意的生命情趣。這種生命情趣不是由對道理考察與邏輯論證得來的,而是一種充滿自得情懷的生命之樂。

原始儒家對「樂」的表述主要集中在《論語》當中。孔子「飯蔬食飲水,曲肱而枕之,樂亦在其中矣」;顏回「一簞食,一瓢飲,在陋巷,人不堪其憂,回也不改其樂」以及曾點「暮春者,春服既成。冠者五六人,童子六七人,浴乎沂,風乎舞雩,詠而歸」之樂。但是,在宋代以前,對「樂」的探討尚未形成一種專門性的學問體系,真正將「樂」提升至境界層面的,是宋代理學家。

理學家十分關注「孔、顏所樂何事」問題,如程頤就曾說「昔受學於周茂叔,每令尋仲尼顏子樂處,所樂何事?」〔註89〕理學家對孔顏之樂的思考,實際上表現出其對儒家理想人格範型的探索與追問。應該說,顏回之樂的核心是守禮。顏回之所以得到孔子由衷的讚歎,乃是因為顏回身處貧窮困頓之中而不失禮,仍然堅持以禮之規範與原則來指導自我人生。這同曾點之樂有著根本的區別。曾點之樂是道德與審美的統一,是一種充滿感性愉悅色彩的生命自得之樂。在以朱子為代表的理學家那裡,曾點之樂是不被認可的,他不僅不讓學生提起,更有「某平生便是不愛人說此話」之語。〔註90〕朱子認為,曾點之志頗為「狂妄」,不符合儒家中庸的道德境界。但在陽明那裡,曾點之樂的人生境界是一種超然自得、充滿美感體驗的生命境界。從為學方式而言,陽明心學充滿了感性的情感愉悅。陽明命弟子們歌詩彈琴、投壺聚算、鼓棹而歌,這些方式同程朱理學教人端肅恭敬、靜默拘謹相比有著巨大的差異。而從境界層面來看,狂者因其「無可無不可」的超越境界而得到陽明的讚賞與認可,陽明認為,只要狂者日就平易切實之工夫,則其一克念間即可

〔註89〕黃宗羲:《宋元學案》,卷十三,清道光刻本。

〔註90〕朱子對曾點之志表現出一種頗為複雜矛盾之態度,如他曾有論:「曾點之學,蓋有以見夫人慾盡處,天理流行,隨處充滿,無稍欠缺。故其動靜之際,從容如此。而其言志,則又不過即其所居之位,樂其日用之常,初無捨己為人之意。而其胸次悠然,直與天地萬物、上下同流,各得其所之妙,隱然自足於言外。視三子之規規於事之末者,其氣象不侔矣,此夫子歎息而深許之。」從道德天理之倫理精神的角度肯定了曾點氣象,並認為其胸次悠然闊達,與天地萬物為一體。

達到聖人境界。此種境界方為陽明的最高追求，實乃出於狂者求樂自適的人生情懷而又歸於平易切實的聖人境界。既是對儒家溫柔敦厚、雍容典雅人格氣象與審美理想的突破，又是一種螺旋式的復歸。正因良知本身即具有真切自然、簡明暢達的特徵，則其所追求的終極境界亦勢必為一種真實自然、自由暢達、無所累於世俗的精神世界。心學良知境界當中不乏充滿靈感、生機之情感，這是一種真正的「自得」境界，以人生的自我受用為原則，以超然世俗的聖人境界為終極追求，是合道德而又超道德、超功利的審美境界。可以說，文學表現的最高境界是一種充滿生命情趣與美感體驗的精神愉悅。

「樂」是陽明心學人生境界的最高表現形態。潘立勇說：「以對道德人生的審美體驗為基本內涵和基本特徵的『樂』是其心學範疇系統中表達理想境界的最高範疇，『無入而不自得』的『樂』的境界是其追求的最高人生境界。這種境界既是道德的境界，也是美學的境界。在這種境界中，道德與審美是有機的統一，內在地圓融。」〔註 91〕「樂」之境界融道德體驗、情感體驗、審美體驗於一體，是一種合道德而又超道德的本體之樂。陽明認為：

> 「樂」是心之本體，雖不同於七情之樂，而亦不外於七情之樂。雖則聖賢別有真樂，而亦常人之所同有。但常人有之而不自知，反自求許多憂苦，自加迷棄。雖在憂苦迷棄之中，而此樂又未嘗不存。但一念開明，反身而誠，則即此而在矣。〔註 92〕

在陽明心學那裡，「樂」的體驗首先來自於七情之樂，但又具有一定的超越性。聖人之樂與常人之樂並無根本差異，都自本心良知中得來。常人與聖人的區別只在於常人有之而不自知，只要認真體察，反身而誠，則立時可以獲得真樂、至樂境界。實際上，在陽明心學中，「樂」是一個包含著感性快樂與超越性質的綜合體。「樂」的境界不是絕對的精神自由，而是由萬物一體之仁而來的道德體驗與情感體驗，是審美理想與人生境界的統一。換句話說，陽明心學對「樂」境界的強調與肯定是與自我心靈的活動密切相關的。個體人生的生命活動不僅是道德的，更是一種直覺、體悟與感受。陽明心學極為重視自我人生的內在體驗，良知境界是由自我體驗之方式得來的，其不僅是一種天人合一的道德境界，更是一種超越的審美境界，但這種超越並非是精神虛幻的產物，而是對現實生命存在方式的超越，通過自我體驗與生命踐履而達到

〔註 91〕潘立勇：《陽明心學美學及其研究》，寧波黨校學報，2003 年第 5 期。
〔註 92〕王守仁：《王陽明全集》，卷一，《答陸原靜書》，一冊第 147 頁。

的內心平和、安寧、自適的真誠境界。

　　關於「自得」範疇，孟子就曾明確提出過「自得」的為學方法，《離婁下》篇中云：「君子深造之以道，欲其自得之也。」在孟子看來，君子獲得人生之道的根本方式，就是自得於心。在陽明之前，白沙先生也曾對此做過一番獨特地思考：「夫學貴乎自得也。自得之然後博之以典籍，則典籍之言我之言也。否則，典籍自典籍，而我自我也。」〔註93〕從中可以看出白沙對自我體驗工夫的重視。到了陽明那裡，「自得」不僅是為學方式與體道之工夫，更上升為一種人生境界。

　　陽明經常提到「無入而不自得」，現將其統計如下：

篇　目	時　間	內　容
《答舒國用》	癸未（嘉靖二年）	夫君子之所謂敬畏者，非有所恐懼憂患之謂也，乃戒慎不睹，恐懼不聞之謂耳。君子之所謂灑落者，非曠蕩放逸，縱情肆意之謂也，乃其心體不累於欲，無入而不自得之謂耳。
《從吾道人記》	乙酉（嘉靖四年）	是故從私吾之好，則天下之人皆惡之矣，將心勞日拙而憂苦終身，是之謂物之役。從真吾之好，則天下之人皆好之矣，將家、國、天下，無所處而不當；富貴、貧賤、患難、夷狄，無入而不自得；斯之謂能從吾之所好也矣。
《題夢槎奇遊詩卷》	乙酉（嘉靖四年）	世之人徒知君子之於富貴貧賤、憂戚患難無入而不自得也，而皆以為獨能人之所不可及，不知君子之求以自快其心而已矣。
《答友人》	丙戌（嘉靖五年）	君子之學，務求在己而已。毀譽榮辱之來，非獨不以動其心，且資之以為切磋砥礪之地。故君子無入而不自得，正以其無入而非學也……執事其益自信無怠，固將無入而非學，亦無入而不自得也矣！
《答南元善》	丙戌（嘉靖五年）	世之高抗通脫之士，捐富貴，輕利害，棄爵祿，決然長往而不顧者，亦皆有之。彼其或從好於外道詭異之說，投情於詩酒山水技藝之樂，又或奮發於意氣，感激於憤悱，牽溺於嗜好，有待於物以相勝，是以去彼取此而後能。及其所之既倦，意衡心鬱，情隨事移，則憂愁悲苦隨之而作。果能捐富貴，輕利害，棄爵祿，快然終身，無入而不自得已乎？

〔註93〕沈佳：《明儒言行錄》，卷三，《陳獻章白沙先生》，文淵閣四庫全書本。

《為善最樂文》	丁亥（嘉靖六年）	君子樂得其道，小人樂得其欲。……若夫君子之為善，則仰不愧，俯不怍；明無人非，幽無鬼責；優優蕩蕩，心逸日休；宗族稱其孝，鄉黨稱其弟；言而人莫不信，行而人莫不悅。所謂無入而不自得也，亦何樂如之！
《書李白騎鯨》		李太白，狂士也。其謫夜郎，放情詩酒，不戚戚於困窮。蓋其性本自豪放，非若有道之士，真能無入而不自得也。
《傳習錄》		問：「孔門言志：由、求任政事，公西赤任禮樂，多少實用。及曾皙說來，卻似耍的事，聖人卻許他，是意何如？」曰：「三子是有意必，有意必便偏著一邊，能此未必能彼；曾點這意思卻無意必，便是『素其位而行，不願乎其外』、『素夷狄行乎夷狄，素患難行乎患難，無入而不自得』矣。三子所謂『汝器也』，曾點便有不器意。然三子之才，各卓然成章，非若世之空言無實者，故夫子亦皆許之。」

由此可見，陽明在人生晚年之時，多次提及「無入而不自得」境界，透露出其對超然世俗、悠然適意之生命情懷的嚮往與追求。「無入而不自得」出自《中庸》「君子素其位而行，不願乎其外。素富貴，行乎富貴；素貧賤，行乎貧賤；素夷狄，行乎夷狄；素患難，行乎患難。君子無入而不自得焉。」在《中庸》中，「無入而不自得」指的是一種安於現狀、精神放鬆的狀態。實際上，這體現出先秦儒家所堅持的「禮」的精神和原則，即心態平和、安於其位，不妄想僭越或違犯禮的規定與秩序。應該說，在原始儒家那裡，「無入而不自得」的核心是「守素」精神。陽明則把這種體現「禮」之精神與原則的表述提升為一種超越的境界與主體精神。

在陽明看來，「無入而不自得」之境界就是「灑落」境界：

> 夫君子之所謂敬畏者，非有所恐懼憂患之謂也，乃戒慎不睹，恐懼不聞之謂耳。君子之所謂灑落者，非曠蕩放逸，縱情肆意之謂也，乃其心體不累於欲，無入而不自得之謂耳。夫心之本體，即天理也。天理之昭明靈覺，所謂良知也。君子之戒慎恐懼，惟恐其昭明靈覺者或有所昏昧放逸，流於非僻邪妄而失其本體之正耳。戒慎恐懼之功無時或間，則天理常存，而其昭明靈覺之本體，無所虧蔽，無所牽擾，無所恐懼憂患，無所好樂忿懥，無所意必固我，無所歉餒愧作。和融瑩徹，充塞流行，動容周旋而中禮，從心所欲而不逾，

　　斯乃所謂真灑落矣。〔註94〕

　　陽明認為，「敬畏」不是讓人心生恐懼憂患，而是「戒慎不睹，恐懼不聞」從而「動亦定，靜亦定」的一種心理狀態；同樣，「灑落」也不是縱情肆意、放蕩自我，而是心體不被世俗欲望所累，從而無入而不自得的一種心靈境界。所謂「動容周旋而中禮，從心所欲而不逾」才是陽明追求的真「灑落」，也是「灑落」的最高境界。乍看起來，這種解釋與理學家重視道德倫理與心性涵養的理性精神並無不同，但實際上陽明心學對「灑落」與「自得」境界的強調包含了一種自我適意、自我滿足的人生追求，從而與周敦頤、邵庸、程顥等人一脈相承，而與主張齋莊端肅之氣象的程頤、朱子異趣。程顥曾說《詩》可以興，某自再見茂叔後，吟風弄月以歸，有『吾與點也』之意。」〔註95〕黃庭堅在《濂溪詩序》中也贊濂溪為「舂陵周茂叔，人品甚高，胸懷灑落，如光風霽月。」〔註96〕當然，在濂溪與明道那裡，「光風霽月」、「吟風弄月」可能更多的仍指向一種體現在外的整體風貌與人品氣象，但其中所蘊含的對道遙安樂之生命狀態的追求則是陽明心學「境界」理論的基本前提。由此可見，陽明心學追求的是一種個體的自適情懷，其超然物外的境界追求並非絕對的精神超越或道德天理之自足，而是充滿快樂、閒適與審美體驗的人生境界。

　　鳳鳥久不至，梧桐生高岡。我來竟日坐，清陰灑衣裳。援琴
　　俯流水，調短意苦長。遺音滿空谷，隨風遞悠揚。人生貴自得，
　　外慕非所臧。顏子豈忘世？仲尼固遑遑。已矣復何事，吾道歸滄
　　浪。〔註97〕

　　路絕春山久廢尋，野人扶病強登臨。同遊仙侶須乘興，共探花
　　源莫厭深。鳴鳥游絲俱自得，閒雲流水亦何心？從前卻恨牽文句，
　　展轉支離歎陸沉！〔註98〕

在陽明這些詩歌作品中，「自得」作為心學的基本宗旨不僅體現在致良知的實踐過程中，更是一種生命活動形式與存在方式。「自得」指向的是富有詩意的生命活動，從個體心靈出發，經過個體體驗與主觀經驗，達到一種自由活潑、灑脫適意的人格境界。

〔註94〕王守仁：《王陽明全集》，卷二，《答舒國用》，一冊第289〜290頁。
〔註95〕程顥、程頤：《二程遺書》，卷三，文淵閣四庫全書本。
〔註96〕朱熹：《延平答問》，文淵閣四庫全書本。
〔註97〕王守仁：《王陽明全集》，卷四，《梧桐江用韻》，三冊第74頁。
〔註98〕王守仁：《王陽明全集》，卷四，《山中示諸生五首》其一，第77頁。

　　理學是帶有客觀認知性的儒家倫理之學，而心學良知則帶有自我體驗的特徵。與程朱理學強調讀書窮理的思維方式不同，陽明心學重視自我心靈的真實體驗，要求通過「反身而誠」的工夫獲得生命存在的意義與價值。由自我心靈的內在體驗出發，從而實現主體精神的超越境界是陽明心學的根本追求。心學良知包含了道德意志、道德踐履、道德情感等豐富的主體內涵，具有詩意特徵。

　　「自得」重視主體自我的真實體驗，這種體驗包括情感的真實與感性的生命活動，具有豐富的審美性與詩意性，從而指向人生的最高境界——心靈的解脫與釋放。「自得之樂」的境界從根本上說就是一種審美境界。陽明對狂者人格持讚賞的肯定態度，狂者人格體現的正是一種自我適意的精神境界。這種境界有別於宋儒強調的蕭然平淡之境界，它不是通過讀書求知與道理探索而獲得的人品氣象，而是通過自我體驗工夫挺立主體自身人格，從而獲得一種輕鬆自由的精神境界。在這種境界中，自我心靈得到真實地釋放，個體合理的感性慾望與情感需要也得到了一定程度的滿足，這不僅是「樂」的境界，同時也是美的最高境界。

　　從為學方式看，陽明心學重視自我心靈的內在體驗，更多的是對道德意志的重視，而非道德倫理之強調。這種自我體驗包含著感物道情、吟詠情性的內涵，同文學有著內在相通之處。而從陽明心學所追求的人格境界來看，這種境界直接繼承了孟子充滿「浩然之氣」的高遠境界，並糅合、吸收了佛禪與道家超脫世俗的精神因子，共同形成了陽明心學對崇高人格與超越境界的追求與探索。不論是先秦儒學、佛教禪宗與程朱理學，文學對於它們而言，始終是一種傳道方式。因此，儘管它們也都強調對人生境界的追求，但其境界或是追求社會和諧、人際融洽的道德境界，或是要求擺脫世俗負累、嚮往真性自如的虛空境界，與文學關聯並不緊密。而陽明心學所追求的這種超然世俗的人生境界與詩學境界是相通的。因此，這種境界必然帶有文學性、詩意性、情感性的特徵。

　　由上述分析可知，陽明心學與文學在境界論層面存在著內在融通之處。心學所追求的終極價值是感性與理性的協調統一，是政治事功與超越境界的結合與統一。儘管二者在現實生活中並不總是能夠達到平衡狀態，但從陽明心學為士人所提供的精神出路來看，境界理論無疑是解決士人心靈危機的良方。文學的最高境界是人生境界與審美境界的統一與融合。這種境界不單單

是一種文質彬彬的境界，更是一種重視人生受用與情感愉悅的至樂境界。「樂」之體驗實包含有對現實人生的超越、對生命價值的關注、對主體精神的弘揚，是超功利、超世俗的審美體驗，並從而誘發出生機盎然、自由活潑的審美心境，最終實現天人合一之至善、至美、至樂的人生境界。

三、生命價值觀：由單一漸趨多元

　　由於陽明心學與復古運動有著共同的發生背景與歷史前提，那麼他們彼此在人格心態與價值觀念上便存在著相互詮釋之可能。早年他們都將自我生命價值的實現寄託在復古文以復古道的方式上，期望通過文學復古來改造社會，恢復漢魏盛唐時期的政治盛世。然而，朝政的突然轉折帶來了一系列巨變，皇帝與士人關係的緊張衝突，奸宦與士人的水火難容，以及復古派勢力遭受的沉重打擊，都在一定程度上消解、改變著士人的價值理想。

　　復古派往往將人生價值的實現寄託於外在皇權的保障。在弘治朝寬鬆的政治氛圍下，他們可以平步青雲，成為新進士人的精神領袖；而在朝政發生轉折之後，他們所賴以依靠的皇權不再為其提供任何實現成聖理想的土壤反而對其肆意摧殘踐踏時，復古派士人群體便走向了悲傷沉淪。因為他們沒有可以挺立自我人格的價值觀念，在遭遇朝政挫折後，便只能以一種妾婦的姿態表達自我，甚至期盼以此重新博得皇帝的信任。以李夢陽的創作為例：

> 孔雀南飛雁北翔，含顰攬涕下君堂。繡幌空留並菡萏，羅袪尚帶雙鴛鴦。菡萏鴛鴦誰不羨，人生一別何由見。只解黃金頃刻成，那知碧海須臾變。賤妾甘為覆地水，郎君忍作離弦箭。憶昔嫁來花滿天，賤妾郎君俱少年。瑤臺築就猶嫌惡，金屋妝成不論錢。重樓複道天中起，結綺臨春照春水。宛轉流蘇夜月前，妻迷寶瑟煙花裏。夜月煙花不相待，安得朱顏常不改？若使相逢無別離，肯放馳波到東海。薄命難交娣姒知，衰年恨少姑嫜在。長安大道接燕川，鄰里攜壺舊路邊。妾悲妾怨憑誰省，君舞君歌空自憐。郎君豈是會稽守，賤妾寧同會稽婦。郎乎幸愛千金軀，但願新人故不如。〔註99〕

這首《去婦詞》作於正德元年，其創作目的則有感於「戶部尚書韓文暨內閣師保等咸相繼去位」，於是有了這首詩歌。李夢陽以深婉哀怨之態娓娓訴說著朝臣與皇帝之間的情誼，希望皇帝能夠顧念舊情，收回成命，重新召回對社

〔註99〕李夢陽：《空同集》，卷十八，《去婦詞》，文淵閣四庫全書本。

稷有功的一眾老臣。他的這種妾婦心態並不是孤例，王陽明在被貶之初也曾創作過《去婦歎》，以妾婦自比。明前期，統治者對思想領域的控制極為嚴格，士人們想要實現自我的人生價值基本只有出仕為官一途。而他們政治理想的實現又直接依賴於皇帝本人是否作為，這就導致士人始終處於一種被動的弱勢地位，表現在人格心態上，則是妾婦對君主的順從與依賴。李夢陽在《甄氏女詩》中感歎道：「予讀《魏記》，見甄氏女失身，以讒被誅，即其絕鳴之音，至慘戚不可讀，而竟以讒死。悲夫！然卓氏女亦奔相如，作《白頭吟》，何所遇懸絕也！陳思王《浮萍》詩或稱託風於甄氏，比之長門成敗畢矣。豈非事人者之永鑒哉！」〔註100〕甄氏即魏帝曹丕之夫人，後因讒被殺。李夢陽有感於甄氏與卓文君同為才女，命運卻如此懸殊，於是作了下面這首詩：

> 種樹高堂下，枝葉何留留。辭家奉君子，置我青雲棲。一朝意乖別，棄妾忽如遺。昔為同溝水，今向東西流。獨守結心脾，夕暮不垂帷。明月鑒玉除，清風一何悲。曳絢立中庭，仰見明河湄。明河光不回，念妾當何依。沉思仰天歎，淚下如斷縻。〔註101〕

從此詩中可以看出，詩人在感歎甄氏命運的同時，也寄託了自己的愁思，如「一朝意乖別，棄妾忽如遺。昔為同溝水，今向東西流。」明顯影射著自己與皇帝的關係。在因讒失寵後，詩人筆下的甄氏只能「沉思仰天歎，淚下如斷縻」，這又何嘗不是李夢陽自身的寫照？這種淒婉哀怨的妾婦心態並不能打動並挽回皇帝的聖心。陽明通過龍場悟道終於領悟自信本心的良知學說，而李夢陽卻未能找到支撐自我價值的理念信仰，便只能走向悲傷沉淪。他的這種妾婦甚至棄婦的人格心態在《邯鄲才人嫁為廝養卒婦》一詩中也有鮮明的體現：

> 妾本寒家女，誤入崇臺宮。粉黛三千人，花顏笑春紅。君王重歌舞，幼小不曾通。一朝意相迕，棄擲如秋蓬。昔為高唐雲，今為馬牛風。夜前邯鄲道，不識邯鄲中。金殿秋月滿，歌吹行煙空。白日耀千春，何時燭微躬。〔註102〕

這是一首樂府詩，胡震亨《唐音癸籤》云：「此謝朓舊題也。蓋設為其事，寓臣妾淪擲之感耳。」〔註103〕李夢陽借古題以抒己意。李白也曾就此題進行過創作：

〔註100〕李夢陽：《空同集》，卷八，《甄氏女詩》，文淵閣四庫全書本。
〔註101〕李夢陽：《空同集》，卷八，《甄氏女詩》，文淵閣四庫全書本。
〔註102〕李夢陽：《空同集》，卷十六，《邯鄲才人嫁為廝養卒婦》，文淵閣四庫全書本。
〔註103〕胡震亨：《唐音癸籤》，卷二十一，文淵閣四庫全書本。

　　　　妾本崇臺女，揚蛾入丹闕。自倚顏如花，寧知有凋歇。一辭玉
　　階下，去若朝雲沒。每憶邯鄲城，深宮夢秋月。君王不可見，惆悵
　　至明發。〔註104〕

李白此詩寫人事變遷，前段寫對宮中生活的回憶，後段則記出宮後心情的變化，表現了才人苦悶的心境。才人的苦悶正是詩人的苦悶，此詩就在明知「君王不可見」的惆悵痛苦中結束了。這首詩以曲微的筆觸展現了才人複雜的心理活動，同時也寄寓著李白人生失意後的精神痛苦。李夢陽之詩將才人失寵的原因解釋得更為清楚：「粉黛三千人，花顏笑春紅。君王重歌舞，幼小不曾通。」不僅如此，他在詩篇開頭就說「妾本寒家女，誤入崇臺宮。」在一開始就為才人與君王之間因階層差異產生的矛盾設下了伏筆。果然，「一朝意相迕，棄擲如秋蓬。昔為高唐雲，今為馬牛風。」將自己與皇帝之間關係的變化敘說得頗為生動。昔日如高唐雲夢般的邂逅歡愛，如今卻風馬牛不相及，思來怎不令人歎恨！詩的後半段以「金殿秋月滿」的富貴氣象反襯才人的落寞之情，最後則以「白日耀千春，何時燭微躬。」作結，以白日象徵皇恩，期望有生之年還能重新得到聖恩眷顧，體現了李夢陽頗為複雜的心理狀態。

　　復古派以文學塑造盛世的政治理想遭到毀滅性的打擊，儘管他們仍然通過自我的不懈創作來批判朝政與社會，但他們卻失去了創作動力從而發生了悲涼的轉向。這種轉向不在於否定文學自身存在的價值與意義，而是他們在面對險惡的人生際遇時，如何實現自我的生命安頓。

　　實際上，無論是傳統儒家還是程朱理學所提供的人生出路，都不足以解決此時士人們所遇到的人生難題。因為他們的個體意識已經開始覺醒，這就意味著士人們已經不可能再以從前的價值觀念作為唯一標準。「立德、立功、立言」三不朽的儒家人生理想當然仍是士人最重要的生命追求，但是對自我生命價值的認真思考，對人生真實受用的積極關注亦是此際士人群體最為重視的核心命題。

　　在陽明心學產生前，留給士人實現自我人生價值的機會並不很多，而進入仕途無疑成為他們實踐儒家濟世理想的最佳途徑。然而，且不說堅守道德與正義的儒家士子在與皇權勢力相互抗爭之時所承受的肉體與精神的雙重壓力；單從個體一面而言，他們在抗爭失敗後，自我內心的鬱悶與憂愁又如何排解？士人只能在仕與隱之際抉擇徘徊，要麼出仕為官，在皇權體制的壓迫

─────────────────

〔註104〕李白：《李太白集》，卷五，《邯鄲才人嫁為廝養卒婦》，宋刻本。

下委屈求全；要麼退隱山林，以政治理想的犧牲來換取自我生命之適意。從此一角度而言，出仕或歸隱已然成為一種兩難的人生選擇。如吳中名士唐寅，因早年捲入科場案而無緣仕途，遂還歸吳中，以放浪形骸之姿態遊戲人生；還有前七子之一的康海，因被列為劉瑾同黨而永遠失去了建功立業、名揚青史的機會，遂愈益狂放自傲，並由此對文學復古運動失去了信心，以「辭章小技耳，壯夫不為，吾詠歌舞蹈泉石間矣！」〔註105〕來應對複雜人生的挑戰。應該說，他們在這種嘯傲山林、不拘禮法的隱居生活中確實獲得了一定的心理安慰與情感滿足，但在這種世俗之樂的背後、在其內心深處又有著一份深深的無奈與憂愁。

從根本上來說，這是因為唐寅、康海們沒有尋找到自我人生的價值支撐，於是便只能以放浪形骸的態度來應對現實人生之險惡，並渴望從中獲取內心的滿足與快樂。然而，這種世俗之樂卻只能成為安慰他們一時的藥方，但卻不能從根本上解決任何實際問題。即是說，他們始終缺乏一種廓然大公的寬廣胸襟與超然平和的生命境界。於是，他們也就無法真正獲得心靈的輕鬆與愉悅。

以李夢陽、何景明等人為代表的復古派士人，他們都具有直言敢諫、不畏強權的政治品格，並時刻以儒家濟世成物的人生理想為生命準則。致君堯舜可謂是其最為重要的政治理念與人生目標。然而，他們卻將人生理想的實現完全寄託於外在權威的保證，一旦皇權體制無法有效地保證他們人生追求與政治理念的落實，其人生理想與政治理想的失落便是再正常不過的事情了。正是因為他們沒有尋找到一種能夠解決自我精神困惑與生命難題的價值支撐，所以才會在人生理想失落後流於空虛、頹廢，這是氣節之士普遍遭遇的人生困境。而陽明則不僅具備氣節之士的高尚人格，且兼具狂者的進取精神與自我適意的人生追求，因此不會在理想破滅後走向空虛玄遠或消沉頹廢。

陽明通過龍場悟道以自信本心的方式化解了生命危機與自我焦慮，並為明中後期士人提供了更為多元的價值選擇。復古派士人群體則紛紛轉向陽明心學，從中獲取自我生命的價值支撐。當然，這其中也有如李夢陽、康海等並未發生明顯思想轉向的士人，但客觀上來說，他們此時的價值觀已不適應社會與時代的需要，或者說，在朝政發生轉折之後，他們固守的價值理念已

〔註105〕焦竑：《國朝獻徵錄》，卷二十一，《翰林院修撰康公海傳》，明萬曆四十四年徐象橒曼山館刻本。

失去繼續存在的適宜土壤，最終只能走向衰亡。而在陽明那裡，聖人之志的實現不再侷限於出仕為官一途，個體生命價值不再依託於外在權威與聖人之言，只要自信本心，無論著述講學抑或躬耕隴畝，一樣可以實現自我的人生價值。在心學影響下，士人的生命價值觀由單一漸趨多元。

　　與程朱理學家不同的是，陽明對具有「狂者胸次」的人格境界給予了充分的肯定。這可從其在不同場合對「狂者」的表述中見出：

　　　　鄒守益、薛侃、黃宗明、馬明衡、王艮等侍，因言謗議日熾。先生曰：「諸君且言其故。」有言先生勢位隆盛，是以忌嫉謗；有言先生學日明，為宋儒爭異同，則以學術謗；有言天下從遊者眾，與其進不保其往，又以身謗。先生曰：「三言者誠皆有之，特吾自知諸君論未及耳。」請問。曰：「吾自南京已前，尚有鄉愿意思。在今只信良知真是真非處，更無掩藏迴護，才做得狂者。使天下盡說我行不掩言，吾亦只依良知行。」請問鄉愿狂者之辨。曰：「鄉愿以忠信廉潔見取於君子，以同流合污無忤於小人，故非之無舉，刺之無刺。然究其心，乃知忠信廉潔所以媚君子也，同流合污所以媚小人也，其心已破壞矣，故不可與入堯、舜之道。狂者志存古人，一切紛囂俗染，舉不足以累其心，真有鳳凰翔於千仞之意，一克念即聖人矣。惟不克念，故闊略事情，而行常不掩。惟其不掩，故心尚未壞而庶可與裁。」曰：「鄉愿何以斷其媚世？」曰：「自其議狂狷而知之。狂狷不與俗諧，而謂生斯世也，為斯世也，善斯可矣，此鄉愿志也。故其所為皆色取不疑，所以謂之『似』。三代以下，士之取盛名於時者，不過得鄉愿之似而已。然究其忠信廉潔，或未免致疑於妻子也。雖欲純乎鄉愿，亦未易得，而況聖人之道乎？」曰：「狂狷為孔子所思，然至於傳道，終不及琴張輩而傳曾子，豈曾子亦狷者之流乎？」先生曰：「不然，琴張輩狂者之稟也，雖有所得，終止於狂。曾子中行之稟也，故能悟入聖人之道。」〔註106〕

此外，鄒守益在《陽明先生文錄序》中對之亦有記載：

　　　　先師曰：「古之狂者，嘐嘐聖人而行不掩，世所謂敗闕也，而聖門以列中行之次。忠信廉潔，刺之無可刺，世所謂完全也，而聖門以為德之賊。某願為狂以進取，不願為愿以媚世。」嗚呼！今之不

〔註106〕王守仁：《王陽明全集》，卷六，年譜，五冊第63頁。

> 知公者，果疑其為狂乎？其知公者，果能盡除四者而信其為全人
> 乎？良知之明，蒸民所同，本自皎皎，本自肫肫，常寂，常感，常
> 神，常化，常虛，常直，常大公，常順應，患在自私用智之欲所障，
> 始有所尚，始有所倚；不倚不尚，本體呈露，宣之為文章，措之為
> 政事，犯顏敢諫為氣節，誅亂討賊為勳烈：是四者皆一之流行也。
> 學出於一，則以言求心矣；學出於二，則以言求言矣。〔註107〕

陽明認為，鄉愿以忠信廉潔取媚於君子，又與小人同流合污而不彰其惡，表面上一副謹厚正直的模樣，而其行為卻適足暴露出虛偽媚俗的本質。而具有狂者人格之人卻不以世俗累心，其境界高遠超然，這樣的人只要稍稍克制一下自我的念慮思緒即可達到聖人境界。頗受朱子詬病的「行常不掩」，在陽明那裡反而因其真實無偽的自然心地得到了認可。由此可見，朱熹對理性知識與客觀認知傾注了較多的力量，相反，其在對生命存在的價值與意義、個體的主觀精神與感性情感方面則缺乏深入的關注與思考。

上引材料實際涉及到了相互關聯的兩個問題：一是狂者與中行之士、氣節之士的區別。二是狂者胸次的內涵與境界。在陽明看來，狂者的層次與境界當然及不上孔子所言的中行之士，因為中行之士已了悟聖人之道，並已獲得聖人萬物一體之心的境界，而狂者顯然並未達到這一層次。但在陽明那裡，狂者並不意味著放縱自我、疏狂違俗，而是具備廓然大公、包容天地萬物之襟懷，同時又要心地超然而灑落，用陽明自己對「灑落」的解釋來說，便是「非曠蕩放逸，縱情肆意之謂也，乃其心體不累於欲，無入而不自得之謂耳」。應該說，這也是對狂者境界的最好概括。狂者不僅不同於中行之士，同氣節之士亦有著明顯的區別。狂者不僅具有氣節之士的高尚品質與不畏強權之勇氣，更重要的是其具備成聖的條件，以及超然適意之境界。陽明之所以推崇曾點，也正因為曾點那「浴乎沂，風乎舞雩，詠而歸」的境界體現了一種生命的輕鬆適意與悠然自得，而這正是陽明在明中期那種險惡的社會環境下對自我生命、人生價值的深切體認。氣節之士在人生理想失落後，往往容易走向偏激與放蕩，李夢陽、康海等人的人生經歷恰足證明了此點。而「狂者志存古人，一切紛囂俗染，舉不足以累其心，真有鳳凰翔於千仞之意，一克念即聖人矣。」可見，在陽明看來，無論窮通禍福、成敗得失還是生死壽夭，狂者均不會將之放在心上，任何外在的權威或價值標準都不能取代自我內心之良知。這樣

〔註107〕王守仁：《王陽明全集》，卷二，文錄，一冊第 231 頁。

的狂者精神只要稍加克念，即可達到聖人境界。陽明不願為鄉愿以取媚世俗，他所推崇的狂者胸次是一種進退有據，不以得失縈懷的生命境界。這種境界正是昔年曾點的人生志向，在這種「鳳凰翔於千仞」的高遠境界中，正體現出陽明在透悟心學後所獲得的生命體悟。陽明心學不僅重視濟世成物的儒者責任，同時又不放棄自我人生的真實受用，以超越之心行濟世之志，以「用之則行捨即休」的人生態度來應對險惡複雜的生命際遇。這是陽明為明代士人指出的一條精神出路。

陽明心學對主觀精神的強調、對生命價值的關注、對人生受用的重視因順應了時代發展需要而迅速成為明中後期哲學的基礎。即是說，在繼承傳統哲學對人生存在與道德倫理的關注以外，陽明心學將聖人境界作為人生追求的最高目標，同時又極為重視個體在現實人生中的實際享受與精神愉悅。比起程朱理學家以道德天理的實現與貫徹為人生價值的最高目標而言，陽明心學顯然更為重視個體感性的情感體驗與生命情趣，更為強調自我個性的舒展與張揚，甚至更為讚賞如曾點般的狂者人格，而非墨守成規、拘謹靜默的道學先生。因此，陽明心學較之程朱理學顯然更加具備生命哲學的特色。

陽明心學的出現實際上解決了當時困擾士人的一個人生難題，那就是，在政治責任、社會擔當與自我適意、心靈愉悅之間，能否達到相互協調、統一的平衡狀態。而在政治理想失落後，人生的價值、生命的意義究竟是什麼？在陽明心學產生之前，士人們往往遵循並堅守著傳統儒家濟世成物的政治理想與人生責任，為了實踐自我的生命價值而拼搏一生。但在堅守這種政治責任的同時，往往忽略了個體人生的真實受用。或者說，個體生命價值的彰顯與表現被湮沒在繁雜的政治事務之中，無法得到徹底的精神放鬆與心靈愉悅。陽明以自我的理性思考與生命實踐詮釋了這一問題，並力圖通過改變士人心態來拯救社會、挽回士風。實際上，陽明心學的性質仍然是儒而非禪。陽明心學的宗旨是讓士人具備萬物一體之心的儒者精神，在堅持濟世成物的儒家人生理想的同時，保證自我內心的平和與充實。以超然灑落的聖者境界為人生的終極追求，教人在政治責任與自我適意之間，獲得一種相對的平衡，即並不因儒家的政治責任而放棄個體真實的生命享受，同時又不因過於關注自我的人生需要而放棄一個儒者的社會擔當。這就是王陽明的哲學思考，也是他為明中後期士人群體發掘的一塊精神沃土。

陽明心學的興起對明中後期文學思想影響甚巨。儘管陽明心學作為宋明

理學體系內部的分支，在基本精神上與程朱理學存在著較為一致之處。在文道關係方面，陽明也並未突破理學思維框架，均將道置於一種無可置疑的崇高地位並視為文的終極追求與根本目標。然而，與程朱理學不同的是，陽明並未排斥情感的存在與價值，其將外在的評價標準與價值判斷完全收歸自我內心，以內心本然良知為判斷自我價值與生命意義的根本準則。這種哲學觀念影響於士人的人格心態與文學觀念，則體現為中晚明時期士人主體意識的高揚與人格力量的釋放，更為重要的則是良知說對性靈文學思想的影響。這實際上是將宋儒的為道而文、為理而文的文學思想轉化為為心而文、為我而文。陽明文集中有不少作品體現了其自我適意的人生追求與悠然自得的生命情調，如：

> 人間酷暑避不得，清風都在深山中。池邊一坐即三日，忽見岩頭碧樹紅。〔註108〕

> 十里湖光放小舟，謾尋春事及西疇。江鷗意到忽飛去，野老情深只自留。日暮草香含雨氣，九峰晴色散溪流。吾儕是處皆行樂，何必蘭亭說舊遊？〔註109〕

> 山空秋夜靜，月明松檜涼。沿溪步月色，溪影搖空蒼。山翁隔水語，酒熟呼我嘗。褰衣涉溪去，笑引開竹房。謙言值暮夜，盤餐百無將。露華明橘柚，摘獻冰盤香。洗盞對酬酢，浩歌入蒼茫。醉拂岩石臥，言歸遂相忘。〔註110〕

> 日日春山不厭尋，野情原自懶朝簪。幾家茅屋山村靜，夾岸桃花溪水深。石路草香隨鹿去，洞門蘿月聽猿吟。禪堂坐久發清磬，卻笑山僧亦有心。〔註111〕

這些詩作所體現的，正是白居易「但對松與竹，如在山中時。情性聊自適，吟詠偶成詩」那種自由解脫、悠然適意的人生境界與生命情趣。在這些作品中，很難找到對客觀物象精巧、細緻的描摹刻畫，而是重在突出詩人個體內心舒適愉悅的人生感受與真實自然的情感內涵。作為一個哲學家，陽明本無意為詩。但正因心學對個體生命意義與存在價值的重視使得陽明將傳統的文與道

〔註108〕王守仁：《王陽明全集》，卷四，《又四絕句》，三冊第26頁。

〔註109〕王守仁：《王陽明全集》，卷四，《尋春》，三冊第27頁。

〔註110〕王守仁：《王陽明全集》，卷四，《夜雨山翁家偶書》，三冊第27頁。

〔註111〕王守仁：《王陽明全集》，卷四，《夜宿浮峰次謙之韻》，三冊第120頁。

之關係轉變、置換為文學與人生的關係，將藝術創作與自我生命情調相互結合，將自由灑脫的人生態度與超然自適的生命境界通過心靈與情感的交相融匯形成充滿詩意與美感的文學世界。

然而，儘管陽明心學注重個體人生的舒適與受用，但其與楊朱「為我」之學又有著根本的不同。從本質上來說，陽明心學從未放棄儒家經世致用、安邦定國的政治理想，它不是一種自私自利的私人化學術，而是以超越的人生態度與生命境界來應對世俗生活所帶來的種種磨難與煩擾。在明中期朝政腐敗、社會黑暗的現實狀況下，陽明心學產生的最大意義不在於對政治與社會的改造，而是對士人人格心態與生命價值的重新審視與定位。換句話說，陽明心學之所以能夠成為明中後期哲學的基礎，是因為其對個體生命質量、人生境界的關注從生命價值觀的角度改造了士人的傳統心態、提升了其主體意識與人格力量，並極大地拓展了士人的精神生存與活動空間，在安頓自我心靈、實現精神自由方面實現了創造性的突破與飛躍。

綜上所述，生命價值觀是陽明心學與文學復古共同關注的根本主題，亦是二者產生關聯、相互交融的載體與紐帶。對個體生命價值、人生存在意義的思考與審視是心學與文學相互統合之處，正是在這一層面上，二者之間遂產生了相互包容、相互詮釋之可能。文學復古的價值理想在朝政轉折後已難以為繼，陽明心學則逐漸成為士人群體現實化的價值選擇。在二者共同的合力作用下，明中後期文壇遂呈現出複雜、豐富、多元的時代發展格局。

四、文學表現論：真實自然與追求格調

心學與文學的交融關係還體現在陽明對真實自然之文學表現論的強調上。從哲學層面來看，自然是陽明心學核心範疇「良知」的重要理論內涵之一。陽明認良知為自然，包含兩個層面的意義：一是從本體論來講，良知是生而有之的，是先天自然產生的；一是從發用論而言，良知的自我流行是自然的，換句話說，其表達方式是真實自然而暢達無阻的。而從文學層面來看，良知自然正是文學表現論的哲學基礎，陽明對真實自然表現理論的強調，深刻地影響了復古派成員後期的文學思想，並且為明中後期文學思想由重格調、重體制向著重自我、重心靈方向發展奠定了積極而堅實的理論基礎。

從文學表現的內容來看，宋代以前文學家主要以客觀審美對象為表現主體，他們關注的核心是天地自然萬物，通過營造情景交融的藝術極境來表達

自我內心的情感,其重心仍在「物」之一方;到了宋明理學那裡,「物」的絕對主導地位被主觀心性所取代,對人生體驗的抒寫成為文學表現與創作的核心。但在以道德涵養與理性精神為終極追求的創作原則下,這種人生體驗大都是一種道德體驗而非審美體驗;而對客觀物象的觀照也並非出自審美視野,而是以理性精神為主導,對萬物規律的思考與探索。也就是說,儘管宋代理學家實現了文學創作由物至心的轉換,但對文學思想的發展來說卻並沒有形成實質性的突破。究其原因,則是理學家抑情揚性的思想基礎與格物致知的思維方式限制了文學審美內容與藝術形式的發展。

宋明理學家基本上承繼了傳統儒家「文以載道」、「文以明道」的要求,即文章價值的體現是以「道」這一終極目標的落實與踐履為依託的。因此,文學價值實際上被掩蓋於「道」的真理光環之下,而只能呈現為一種頗具功利與實用色彩的功能論。王陽明作為一個哲學家,他關注的核心問題仍然是「道」的彰顯與傳達,因此,在價值判定上,陽明與原始儒家及後來的宋代理學家並無本質差異:

> 大宗伯白岩喬先生將之南都,過陽明子而論學。陽明子曰:「學貴專。」先生曰:「然。予少而好弈,食忘味,寢忘寐,目無改觀,耳無改聽。蓋一年而詘鄉之人,三年而國中莫有予當者。學貴專哉!」陽明子曰:「學貴精。」先生曰:「然。予長而好文詞,字字而求焉,句句而鳩焉,研眾史,核百氏。蓋始而希跡於宋、唐,終焉浸入於漢、魏。學貴精哉!」陽明子曰:「學貴正。」先生曰:「然。予中年而好聖賢之道。弈吾悔焉,文詞吾愧焉,吾無所容心矣。子以為奚若?」陽明子曰:「可哉!學弈則謂之學,學文詞則謂之學,學道則謂之學,然而其歸遠也。道,大路也。外是,荊棘之蹊,鮮克達矣。是故專於道,斯謂之專;精於道,斯謂之精。專於弈而不專於道,其專溺也;精於文詞而不精於道,其精僻也。夫道廣矣大矣,文詞技能於是乎出。而以文詞技能為者,去道遠矣。是故非專則不能以精;非精則不能以明;非明則不能以誠。故曰『惟精惟一』。精,精也;專,一也。精則明矣,明則誠矣。是故明精之為也,誠一之基也。一,天下之大本也;精,天下之大用也。知天地之化育,而況於文詞技能之末乎?」〔註112〕

〔註112〕 王守仁:《王陽明全集》,卷二,《送宗伯喬白岩序》,一冊第 324 頁。

陽明認為，從文學發生論而言，「詩、書、六藝皆天理之發見，文字都包在其中」〔註113〕文辭技能的產生源頭正是「道」，「道」（良知）為天下萬物之本，文為道之發用，如果專注於對文詞技能的研討則不過是將心神置於為學末事上，於身心無益，反而有礙聖賢之道的達成。可見，作為一個哲學家，陽明關注的重心是如何在險惡的人生際遇中保持自我內心的空明並實現超越的良知境界，文學則被視為餘事末技從而被置於一種相對被動的地位。

但是，從另一方面而言，陽明認為「人心天理渾然」「良知即天理」，因此，「文以明道」的內涵實際上被置換為「文以明心」了。宋代理學家所言之天理含有道德理性與客觀認知的內涵，因此，明道之文乃是對客觀規律與事物當然之理的反映，而缺乏詩學的韻味與美感，是一種詩的哲學化。而陽明心學對文學思想的突破與貢獻主要體現為如下兩點：

首先是文學創作目的的轉變。在陽明那裡，文學創作不僅不再是「吟安一個字，拈斷數莖鬚」、「兩句三年得，一吟雙淚流」的苦吟風格；亦不再僅僅將文學視為闡發道德義理的實用工具，而是以愉悅性情為根本目標進行文學創作，而不以雕章琢句或文以明道為文學的最高追求。陽明在《五經臆說序》中曾明確表示過自己的創作目的是「聊寫其胸臆之見，而因以娛情養性焉耳」。〔註114〕可見，娛情養性、陶冶性靈是陽明進行文學創作實踐的根本目的。而追求自我適意之樂正是這一目標的延續與深化。陽明心學本身就有求樂的思想傾向，陽明認為「樂是心之本體」〔註115〕，又曾說「良知者，心之本體」〔註116〕，可見，良知本身就包含有樂的內涵，此樂源於世俗生活而又超越世俗生活，而文學創作恰正是實踐此樂的最佳方式。

其次是文學表現的轉變。這又分為兩個層面，一是表現內容由審美客體向主體心靈的轉換，一是表達方式由講求聲律格調、體制規範向追求自然流暢、簡明切實的轉變。

從創作主體自身而言，決定文學表現的核心要素不再是傳統文學觀念中的客觀物象，而是內心良知，亦即自我心靈。個體心靈除了具有理性認知的特徵與功能外，自然還應有充滿感性色彩的情感活動。在陽明心學那裡，儘

〔註113〕王守仁：《王陽明全集》，卷一，《傳習錄》，一冊第199頁。
〔註114〕王守仁：《王陽明全集》，卷四，《五經臆說序》，三冊第176頁。
〔註115〕王守仁：《王陽明全集》，卷二，《與黃勉之》，一冊第293頁。
〔註116〕王守仁：《王陽明全集》，卷一，《答陸原靜書》，一冊139頁。

管文學創作與文學表現仍需以「道」之傳達與彰顯為核心，但因良知不排除情感的真實存在，並注重個體主觀精神與真實情感的表達，這就使以情感物的創作模式代替了傳統因物興情的創作模式，同時與宋代理學家以理觀物、以性體物的創作模式亦有著明顯的區別。因此，可以說，陽明心學完成了文學表現內容由物至心的徹底轉換。陽明心學重視個體自我心靈的表現與個性精神的表達，是因良知與天地萬物為一體的根本特性所決定的：

> 人之良知，就是草木瓦石的良知，若草木瓦石無人的良知，不可以為草木瓦石。……蓋天地萬物與人原是一體，其發竅最精處，是人心一點靈明。風、雨、露、雷、日、月、星、辰、禽、獸、草、木、山、川、土、石，與人原只是一體。〔註 117〕

在陽明看來，「天地萬物與人原是一體」，正因自我良知的存在，天地萬物才有其存在的意義。這並不是說天地萬物真的存在於自我良知之中，而是天地萬物存在的意義與價值是由個體內心良知來判定與彰顯的。正如陽明那著名的山中花樹問答一樣：「先生遊南鎮，一友指岩中花樹問曰：『天下無心外之物，如此花樹，在深山中自開自落，於我心亦何相關？』先生曰：『你未看此花時，此花與汝心同歸於寂。你來看此花時，則此花顏色一時明白起來，便知此花不在你的心外』。」〔註 118〕從發生論來講，深山中的花樹是自然生長的，同內心良知並無關聯；但從價值論層面而言，深山中的花樹如果沒有主觀心靈的觀照與體悟，則只能自開自落，沒有任何存在價值與意義可言。

由此可見，自我內心良知才是判斷天地萬物與生命活動存在價值的基礎。因此，在進行文學創作之時，如何更好地陶冶性靈、表達自我內心真實的情感需要與生命體驗，才是陽明心學最為關注的問題。實際上，從表現內容層面而言，創作重心由物至心的轉換使得個體內心的情感與體驗可以更加完整地表達與宣洩，以往文學創作中含蓄內斂的風格特徵逐漸被真切自然、獨立張揚的風尚所代替，完成了中國文學思想的又一次轉型。

從表達方式來看，陽明倡導一種自然流暢、簡明切實的文學表現論。陽明曾反覆與弟子言及「但論議之際，必須謙虛簡明為佳。若自處過任而詞意重複，卻恐無益有損。」〔註 119〕「凡刻古人文字，要在發明此學，惟簡明切

〔註 117〕王守仁：《王陽明全集》，卷一，《傳習錄》，一冊 187 頁。
〔註 118〕王守仁：《王陽明全集》，卷一，《傳習錄》，一冊 187 頁。
〔註 119〕王守仁：《王陽明全集》，卷二，《與黃宗賢》，一冊 298 頁。

實之為貴；若支辭蔓說，徒亂人耳目者，不傳可也。」〔註120〕陽明認為，無論是刻書還是論議，其表現形式都應以簡明切實為貴，炫才逞技與過求雕飾導致的詞意重複、亂人耳目的現象是不可取的。實際上，這反映出陽明對儒家傳統「辭達而已」文學思路的繼承。

王陽明《傳習錄》本身就是一種語錄體散文。這種文體的體貌具有簡潔精要、言約義豐之特徵。如徐愛以「如今人盡有知得父當孝、兄當弟者，卻不能孝、不能弟，便是知與行分明是兩件」為例向陽明先生請教「知行合一」之旨，陽明回答說：

> 此已被私欲隔斷，不是知行的本體了。……故《大學》指個真知行與人看，說「如好好色，如惡惡臭」。見好色屬知，好好色屬行。只見那好色時已自好了，不是見了後又立個心去好。聞惡臭屬知，惡惡臭屬行。只聞那惡臭時已自惡了，不是聞了後別立個心去惡。如鼻塞人雖見惡臭在前，鼻中不曾聞得，便亦不甚惡，亦只是不曾知臭。就如稱某人知孝、某人知弟，必是其人已曾行孝行弟，方可稱他知孝知弟，不成只是曉得說些孝悌的話，便可稱為知孝悌。又如知痛，必已自痛了方知痛，知寒，必已自寒了；知饑，必已自饑了；知行如何分得開？此便是知行的本體，不曾有私意隔斷的。〔註121〕

陽明以明白如話、平易切實的語言來解釋徐愛之惑，並以《大學》「如惡惡臭，如好好色」為例，結合個體人生「知痛」「知寒」的實際體驗，透徹明白地闡釋了知行本體本自合一，無有間斷之意。文詞暢達、事例平實而貼近生活，展現出語錄體散文暢達明快、簡明自然的文體特徵與風格追求。

陽明追求真實自然、明白平實的表達方式，是有其現實針對性的。「近世士夫之相與，類多虛文彌詬而實意衰薄，外和中妒，徇私敗公，是以風俗日惡而世道愈降。」〔註122〕在這種社會風氣下，辭章之學不僅沒能成為黼黻盛世或陶冶性靈之方式，反而淪為粉飾虛偽功利之心的工具，「天下所以不治，只因文盛實衰，人出己見，新奇相高，以眩俗取譽。徒以亂天下之聰明，塗天下之耳目，使天下靡然爭務修飾文詞，以求知於世」〔註123〕而陽明心學則力

〔註120〕王守仁：《王陽明全集》，卷四，《與黃勉之》，三冊 156 頁。
〔註121〕王守仁：《王陽明全集》，卷一，《傳習錄》，一冊第 77 頁。
〔註122〕王守仁：《王陽明全集》，卷四，《答王虛庵中丞》，三冊第 154 頁。
〔註123〕王守仁：《王陽明全集》，卷一，《傳習錄》，一冊第 82 頁。

圖扭轉社會不良風氣所造成的士人心態的萎縮與墮落，使其「敦本尚實、反樸還淳」，重新建立起社會現實與精神世界協調統一的局面。

應該說，陽明對自然流暢、真實無偽的表現理論的強調，不僅僅是對文學創作的要求，還蘊含著對良知之學體道方式、教學方法與終極境界等多層面的追求。在作於嘉靖五年的《寄鄒謙之》一文中，陽明明確表明致良知之學「真切簡易」的根本特徵：

> 教札時及，足慰離索。兼示《論語講章》，明白痛快，足以發朱注之所未及。諸生聽之，當有油然而興者矣……書院記文，整嚴精確，迥爾不群，皆是直寫胸中實見，一洗近儒影響雕飾之習，不徒作矣。某近來卻見得良知兩字日益真切簡易……後世大患，全是士夫以虛文相誑，略不知有誠心實意……流毒扇禍，生民之亂，尚未知所抵極。今欲救之，惟有返樸還淳是對症之劑。故吾儕今日用工，務在鞭闢近裏，刪削繁文始得。然鞭闢近裏，刪削繁文，亦非草率可能，必須講明致良知之學。〔註124〕

可見，為了「一洗近儒影響雕飾之習」，陽明要求文章創作「直寫胸中實見」，即要求從表現內容到表達方式均應真誠自然、不加雕飾。而從聖人境界與教學方式兩個層面而言，良知境界本身就是真切簡易、人人可得而致的。陽明心學認為良知「人人之所同具」〔註125〕「良知良能，愚夫愚婦與聖人同」。〔註126〕此則「人皆可以為堯舜」的真實意蘊。

儘管陽明的此種文學追求尚未凝聚、上升為一種文學理論，但從陽明本人的文學觀念與創作實際來看，其對真誠自然、簡明流暢的文體風格與表達方式是頗為推崇的。這又深深地影響了明中期復古派部分成員的文學思想，促使其復古思想發生了一定程度的轉變。而從對整個明中後期文壇的實際影響而言，陽明對真實自然之文學表現論的強調對唐順之「本色說」、李贄「童心者自文」的思想均有著或直接或間接的啟示作用。可以說，儘管從主觀層面而言，陽明始終不曾對文學投入較大精力，但從客觀層面來講，心學對主觀心性之強調、對自我性靈之抒發、對獨立精神之張揚、對真實情感之表現、對自然表達之重視又在一定程度上同文學的本質與精神暗合。因此，如果說

〔註124〕王守仁：《王陽明全集》，卷二，《寄鄒謙之》，一冊第302頁。
〔註125〕王守仁：《王陽明全集》，卷一，《答陸原靜書》，一冊第140頁。
〔註126〕王守仁：《王陽明全集》，卷一，《答顧東橋書》，一冊第127頁。

程朱理學意圖通過文學的方式闡發心性義理，是一種詩的哲學化；那麼陽明心學則是以娛情悅性、快適自我為創作目的，力求通過自然地表現實現哲學的詩化。這應是二者關於文學問題的重大差異所在。

　　從教學方式上來看，同宋儒「多讀書，多窮理」的致知思路不同，陽明心學在為學過程中不重孜孜求索、窮究其理的繁複方式，而以直悟本體的簡易切實方式為主。龍溪、緒山曾屢次言及「吾師之教平易切實」〔註127〕，可見，在平日教學的實際過程中，陽明始終遵循著「古人立教，皆為未悟者設法，故其言簡夷明白，人人可以與知而與能」〔註128〕的方式，十分重視教學方法的簡明特徵。儘管這種教學方式帶有一定的粗疏虛化特徵，但從根本上來講，陽明心學是將程朱理學高深化、學理化的體道方式轉化為平易切實、淺近易懂的表現形式了。這不僅有利於心學的傳播與擴張，同時亦代表了明中期思想界自身的內部變革。

　　在文學創作方面，陽明反對那種刻意雕飾、粉飾虛偽而毫無真情實感之作：「凡作文字，要隨我分限所及，若說得太過了，亦非修辭立誠矣」〔註129〕可見，在陽明看來，文學創作的根本目的在於抒發自我心靈，達意即可，不必刻意修飾，更不可矯情虛假，「凡作文，惟務道其心中之實，達意而止，不必過求雕刻，所謂修辭立誠者也」〔註130〕真誠自然是文學創作乃至做人的根本，這有陽明本人的詩歌創作為證：

> 滁流亦沂水，童冠得幾人？莫負詠歸興，溪山正暮春。
>
> 桃源在何許？西峰最深處。不用問漁人，沿溪踏花去。
>
> 池上偶然到，紅花間白花。小亭閒可坐，不必問誰家。
>
> 溪邊坐流水，水流心共閒。不知山月上，松影落衣斑。〔註131〕

從上述詩歌創作中可以看出，陽明不重文學技巧與語言錘鍊，而以情感表達和性靈抒發為創作目的，從而以輕鬆自然、流暢簡明的筆調營造出一種自然自由、優美活潑而充滿生命情趣的意境。這種意境是由主體心靈在與自然萬物的冥會過程中創造表達出來的，因此物皆有心之色彩，皆懷我之情感。正因陽明追求的是真誠自然、不加雕飾的文學表現，所以其文學創作便恰恰彰顯出一種

〔註127〕王守仁：《王陽明全集》，卷五，《大學問》，四冊第 75 頁。

〔註128〕王守仁：《王陽明全集》，卷一，錢德洪《續刻傳習錄序》，一冊第 50 頁。

〔註129〕王守仁：《王陽明全集》，卷一，《傳習錄》，一冊第 177 頁。

〔註130〕王守仁：《王陽明全集》，卷五，《與江節夫書》，四冊第 101 頁。

〔註131〕王守仁：《王陽明全集》，卷四，《山中示諸生》，三冊第 77 頁。

心靈的寧靜與自由，一種自然和樂、悠然適意的人生情懷與超越境界。

陽明心學對真實自然文學表現的強調與復古派追求格高調逸的文學思想之間存在著較大的差異。

復古派的文學理想是恢復古典文學的真精神及審美特徵。他們倡導一種格高調雄的審美境界，渴望通過對漢魏盛唐詩歌的學習與模仿，重建士人對文學與政治的自信。更為重要的，則是他們企希通過復古的方式重塑整個時代與文化的風骨、氣象、精神。

復古派最為核心的兩大理論即「真情說」與「格調說」。「真情說」已如前述。對真實情感的強調是復古派文學思想的核心理念。而其「格調說」亦並非只重文學形式與表現手法的文學理論。臺閣體代表作家李東陽就曾對「格調」提出過自己的認識：「詩必有具眼，亦必有具耳。眼主格，耳主聲。聞琴斷，知為第幾弦，此具耳也；月下隔窗辨五色線，此具眼也。」〔註132〕此則突出強調詩歌可視可聽可感的審美屬性。李東陽大都從聲調韻律這一角度來闡述其文學思想，雖則從審美視角有效地提升了文學的地位並開啟了復古派論詩之先聲，但比起復古派關於「格調」的相關見解，則顯得有些狹隘。（這與李東陽本人的政治身份、生活閱歷、性格特徵密不可分）在前七子等人那裡，「格調」有著極為豐富的理論內涵與意義。

李夢陽的論述應視為復古派「格調說」的核心與綱領：

> 夫詩有七難，格古、調逸、氣舒、句渾、音圓、思沖、情以發
> 之，七者備而後詩昌也。〔註133〕

關於詩歌之所以為詩歌，之所以能成為優秀的文學作品，李夢陽實際上提出了七點要求，即「格古、調逸、氣舒、句渾、音圓、思沖、情以發之」。而「格古調逸」則顯然是對「格調」的解釋與要求。

那麼，在復古派那裡，「格調」應如何定義、具有何種內涵呢？廖可斌在《明代文學復古運動研究》中說：「『調』就是指詩歌作品中情與理、意與象、詩與樂相結合所構成的具有動態特徵的總體形態，或者說混合流；『格』即指這種混合流的境界、層次之高下。」〔註134〕應該說，這種解釋還是比較符合

〔註132〕李東陽：《麓堂詩話》，丁福保《歷代詩話續編》，中華書局，1983年8月版，第1371頁。

〔註133〕李夢陽：《空同集》，卷四十八，《潛虬山人記》，文淵閣四庫全書本。

〔註134〕廖可斌：《明代文學復古運動研究》，上海古籍出版社，1994年版，第111頁。

復古派文學思想的。在復古派那裡，格是調之格，調亦是格之調。格是一種雄渾高遠的審美境界，這種審美境界產生於對文學抒情性、審美性的強調，帶有總體的審美效果；從表層意義來看，調指的是音律、體調，但從深層意義而言，復古派所言之調因有高古之格的具體限制，又不至流於淺俗，而指向一種綜合性的審美體驗。

復古派提倡格調的直接目的，就是為了反對當時詩壇盛行的理性化與庸俗化的詩風傾向。因此，「格」絕不僅僅指某種具體的文學風格（如李夢陽之雄豪、何景明之清俊），而實具有較高審美層次上具備典範性質的某種文學理想。落實於實際操作層面，格調指的又是一種相對具體的審美規範，並帶有時代的相關特徵及印痕。

「高古者格，宛亮者調」是李、何等復古派作家對詩歌格調的定位與要求。為了在文學創作中具體的實踐這一理論，復古派因此提出了模擬古作的學習路徑。這就是「文必先秦兩漢，詩必漢魏盛唐」之說的由來。通過學習魏晉盛唐詩歌等代表著中國古典文學傳統與精神的典範之作，從而更加有效地恢復「風詩」傳統與古典文學的審美特徵。在此基礎上，自覺恢復、學習並傳承蘊含在盛世時期文學中的風骨與氣象，從而振起明代士林之風氣，這正是復古派以文學為手段實現政治革新之目標。

對先秦文、盛唐詩的學習不僅僅是一個學古對象的擇取問題，更為重要的則是在創作中達到內容與形式的完美統一，以抒發個體的真情實感為首要目的。實際上，正如學界所說的那樣，復古派的「格調說」是一種「以情為本的格調論」。復古的目的在於求真、求變，而不是為了復古而復古。這才是復古派倡揚復古的真正目的。王運熙、顧易生《中國文學批評通史》（明代卷）在肯定了復古派復古以求真的價值與意義之後，又說：「然而以復古來求真的創作方法卻又造成了重大的侷限，過度地效摹古人詩作的體制格調必然地束縛了詩歌自由自在地發展。」〔註135〕這已是自明中期以來便形成的一定之論。

在前七子那裡，對古詩體制格調的模擬仿作是一種入門學詩的路徑，樹立一定之「法」，從而更加有效的指導文學創作，否則空談無益。明人重視對文學體制的辨析，是在經歷了唐、宋文學的輝煌繁盛後，對文學本質更為深入的理性思考。而詩歌辯體意識的自覺發展，是文學自身發展的真實需要與

〔註135〕王運熙、顧易生：《中國文學批評通史》（明代卷），上海古籍出版社，1996年版，第151頁。

必然要求，也符合整個明代文學發展的實際狀況。

其實，前七子中王廷相關於模擬之論，所持意見應能代表復古派大多數文人的看法：

> 欲擅文囿之撰，須參極古之遺調，法其步武，約其尺度，以為
> 我則所不能已也。久焉純熟，自爾悟入。神情昭於肺腑，靈境徹於
> 視聽。開合起伏，出入變化，古師妙擬，悉歸我閫。由是搦翰以抽
> 思，則遠古即今，高天下地，凡具形象之屬，生動之物，靡不綜攝，
> 為我材品。敷辭以命意，則凡九代之英，三百之章，及夫仙聖之靈，
> 山川之精，靡不會協，為我神助。此非取自外者也。習而化於我者
> 也。故能擺脫形模，凌虛構結，春育天成，不犯舊跡矣。〔註136〕

王廷相認為，要想創作出優秀的文學作品，必須遵從一定的藝術規範與創做法則，將這種體制規範滲透進文學創作過程之中，久而久之，自然能夠自覺達到「神情昭於肺腑，靈境徹於視聽」的藝術境界。復古的目的在於由對既定規範的學習逐步達到「開合起伏，出入變化」的文學效果，由對古法之形的學習逐步達到領會神情之精神的學習，這就是「習而化於我」的真正含義。

不過，這種較為通達的模擬創作論卻在李夢陽那裡「變了味道」：

> 夫文與字一也，今人臨摹古帖，即太似不嫌，反曰能書。何獨
> 至於文，而欲自立一門戶邪？〔註137〕

復古的目的本是為了求新求變，空同卻要追求與古作的絕對形似，反對獨出機杼、成一家風骨的文學，這種論斷就有些不合情理了。這正是復古派格調論的弊端所在，即一味追求形式上的相似，從而進行機械化的模擬。這種對古代文藝作品生搬硬套的做法，非但實現不了其復古以求真的真正目的，反而造成了文壇剽擬之風的盛行。而王廷相竟認為「自成己格」的詩聖杜甫反而不及「規尚古始」的李夢陽：「杜子美雖云大家，要自成己格爾。元稹稱其薄《風》《騷》，吞曹、劉，固知其溢言矣。其視空同規尚古始，無所不及，當何以云。」〔註138〕復古派對杜甫創作中體現的詩史精神及其憂國憂民之情懷表示出欣賞與認同，但對其突破盛唐文學的「正體」而形成之「變體」的文學

〔註136〕王廷相：《王氏家藏集》，卷二十八，《與郭價夫學士論詩書》，明嘉靖刻清順
治十二年修補本。

〔註137〕李夢陽：《空同集》，卷六十二，《再與何氏書》，文淵閣四庫全書本。

〔註138〕錢謙益：《列朝詩集》，丙集卷十一，王宮保廷相，清順治九年毛氏汲古閣刻
本。

範式，態度則頗為複雜。為了維護格調的純正性與示範性，王廷相甚至認為杜甫尚不及孜孜模擬的李夢陽。這種論斷已然脫離了文學發展的正常軌道，昭示了復古運動的灰暗前景。

以李夢陽、何景明為代表的前七子儘管也講模擬之論，但卻因自身的才力與性情尚可，在復古模擬當中仍然能夠創作出一批優秀的文學作品。而其後進之學則將規規形似視作文學創作的至高法門，在孜孜模擬的過程中愈走愈遠、愈走愈偏，並最終導致復古運動走向風流雲散的結局。正如胡應麟在《詩藪》中所說：「自北地宗師老杜，信陽和之，海岱名流，馳赴雲合。而諸公質力，高下強弱不齊，或強才以就格，或因格而附才。故弘、正自二三名世外，五七言律，往往剽襲陳言，規模變調，粗疏澀拗，殊寡成章。」〔註139〕胡氏一針見血地指出，七子追隨者因自身才情高下不同，「或強才以就格，或因格而附才」，所造成的結果，則是「剽襲陳言，規模變調，粗疏澀拗，殊寡成章」。文學發展又逐步由一個極端走向了另一個極端。

其實，復古派眾人並非完全泥古不化，何景明在與李夢陽的論爭中就明確主張變化的文學觀：「法同則語不必同矣」〔註140〕「富於材積，領會神情，臨景結構，不仿形跡」。〔註141〕這種較為通達的文學觀比起空同「尺寸古法」的學古方式更易被人們所接受。但需注意的是，何氏雖主變化，但這種變化並非突破成規與古法的創變，而是符合藝術規範以內的變化，實際上並不具備創作實踐中的指導性。李夢陽也談到過「變化」：「守之不易，久而推移，因質順勢，融熔而不自知，於是為曹、為劉、為阮、為陸、為李、為杜，即今為何大復，何不可哉！此變化之要也。故不泥法而法嘗由，不求異而其言人人殊。」〔註142〕空同亦承認謹守古法之不易，但他認為，真正的創變並不是毫無根據、憑空想像而來的，而是通過對古代經典體制聲調與藝術法則的仔細揣摩研習，久而久之，自然心領神會、融會貫通，達到有法而無法的境界。

胡應麟論「體格聲調」的文學思想，當能代表復古派的普遍觀點：

> 作詩大要不過二端，體格聲調，興象風神而已。體格聲調有則可循，興象風神無方可執。故作者但求體正格高，聲雄調暢；

〔註139〕胡應麟：《詩藪》，續編卷二，上海古籍出版社，1958年版，第351頁。
〔註140〕何景明：《大復集》，卷三十二，《與李空同論詩書》，明嘉靖刻本。
〔註141〕何景明：《大復集》，卷三十二，《與李空同論詩書》，明嘉靖刻本。
〔註142〕李夢陽：《空同集》，卷六十二，《駁何氏論文書》，文淵閣四庫全書本。

> 積習之久，矜持盡化，形跡俱融，興象風神，自爾超邁。譬則鏡
> 花水月，體格聲調，水與鏡也；興象風神，月與花也。必水澄鏡
> 朗，然後花月宛然。豈容昏鏡濁流，求睹二者？故法所當先，而
> 悟不容強也。〔註143〕

應該說，「體正格高，聲雄調暢」是包括李、何等人在內的復古派「格調說」
的指導思想。而其終極理想則是「形跡俱融」後所達到的超邁的文學境界。但
在這一逐步悟入的過程中，「法所當先」則是不言自明的規範與指導原則。簡
單來說，復古派追求的是神似古人之創作，即恢復漢魏風骨、盛唐氣象的真精
神與生命力。但一味地要求通過復古模擬來實踐這種文學追求，則顯得有些不
切實際。如李夢陽「新從北極看南極，便自吳江下楚江」(《別徐子禎卿得江字》)
學自杜甫「即從巴峽穿巫峽，便下襄陽下洛陽」之句，可是卻存在著為文而造
情的生硬之弊，這種擬古之作因缺乏真實的情感內涵便難免有「辭艱者意反
近，意苦者辭反常」〔註144〕的問題。復古派的部分模擬之作，實際上只能做
到形式上的相似，往往忽視了時代的變化與個性的表達，難免有些不倫不類。

　　一方面，復古派企希調和折衷「格調」與「情感」之間的距離，另一方
面，又要求情感的表達符合高古宛亮的格調要求。可是，人類的情感往往是
多樣的、複雜的、豐富的，優秀的文學作品往往是以抒發自我的真實性情為
主要目的，而非以情感來適應體制格調的規範。也就是說，格調是為情感表
現而服務的，既不能離開詩人自身的才性空談格調，更不能脫離詩歌產生的
社會現實土壤而空談格調。這才是內容與形式的真正統一。但是，明中期的
社會土壤與時代條件均不能產生如晚明時期那樣張揚恣肆、不拘格套從而沖
決傳統體制的文學思想；因此，復古派的文學觀雖然有力地回應了臺閣體與
性理詩給文壇造成的弊端與傷害，但其理論與實踐之間卻又存在著不可彌縫
的裂痕。孫學堂說：「『格調說』的實質，是以漢魏盛唐詩為典則，建立並強化
重抒情審美的詩學理念。這種詩學理念以知性形態介入創作，但又違背了詩
歌抒情審美的基本精神。」〔註145〕復古派無法超越時代與自我的侷限，於是
他們只能在真情與格調之間左衝右突，尤其是表達上囿於格套，缺乏實踐性

〔註143〕胡應麟：《詩藪》，內編五，上海古籍出版社，1958年版，第100頁。
〔註144〕何景明：《大復集》，卷三十二，《與李空同論詩書》，明嘉靖刻本。
〔註145〕孫學堂：《對「格調說」及幾個相近概念的省察》，求是學刊，2004年5月第
　　　　3期。

品格所造成的直接後果便是「今為詩者，仿古人調格，摘古人字句，殘膏餘沫，誠可取厭。」〔註146〕袁宏道更是直指其弊：「以剿襲為復古，句比字擬，務為牽合，棄目前之景，攄腐濫之辭。」〔註147〕應該說，復古派所選擇的抒情方式與其審美理想之間存在著一定的差距。這種差距在復古派那裡沒能得到有效地解決，隨著士人個體意識的逐步覺醒，文學創作的自由性、自發性、自覺性特徵愈益明朗，要求衝破傳統規範與體制法則之束縛的要求越來越強烈，性靈文學思想呼之欲出。

另一方面，在正德後期的文學創作中，復古派許多人物已突破格調的限制，真實自然地表達時代與自我的情感，因而與心學的表現論內在相通。試看李夢陽正德中後期的創作實踐：

> 彼叢噪以側眸兮，含沙射而伺予。夥千百以致一兮，摽窳言而誰語。陋嚘咿之僑態兮，讛傴僂唯唯趑趄。生抳直俾之曲兮，民炎門礩而肉魚。腅血膏以日富兮，佯減儉以豪素。哀寠人之填寠兮，彼醲鮮袒而號呼。心與跡既我逆兮，焉飲食之遑寧。憤粉飾之亂姣兮，疇知余結駟而瀳膚。〔註148〕

> 憶昔金錢並卜歡，稱心燈火獨長安。爐香欲散尚書省，環佩先歸太乙壇。十載酒杯誼五夜，九衢遊馬閱千官。蓬將轉合今同此，月滿梁園卻自看。〔註149〕

> 明朝行年四十七，默憶宦遊年盛時。帝京守歲朋輩集，除夜開堂殽酒隨。彩筆迎春誰競長，白頭懷舊獨含悲。乘陽莫謂渾無事，冰泮黃河起釣絲。〔註150〕

> 春日題春試彩毫，高門傳菜玉盤高。乍看旭日輝山檻，不分時風向砌桃。虎豹雲移思霧雨，魚龍冰動遲雷濤。物情且共天流轉，人世誰曾免二毛。〔註151〕

〔註146〕陸雲龍編：《十六名家小品》，《朱修能詩跋》，明崇禎六年陸雲龍刻本。
〔註147〕袁宏道：《袁中郎全集》，卷一，《雪濤閣集序》，明崇禎刊本。
〔註148〕李夢陽：《空同集》，卷一，《宣歸賦》，文淵閣四庫全書本。
〔註149〕李夢陽：《空同集》，卷三十二，《乙亥元夕憶舊柬邊子臥病不會》，文淵閣四庫全書本。
〔註150〕李夢陽：《空同集》，卷三十二，《丁丑除夕》，文淵閣四庫全書本。
〔註151〕李夢陽：《空同集》，卷三十二，《戊寅立春庭前桃樹二首》其二，文淵閣四庫全書本。

這些創作不以高昂盛大的格調取勝，而以個人情感的真切表達為主要目的，詩人將對人生際遇的思考、對不公命運的歉恨，以及對歲月流逝、物情變換的感慨通過具體的文學創作表達了出來。實際上，復古派格調與情感之間的矛盾往往存在於理論表述中，而在具體的創作實踐中（尤其是正德後期）則突破了格調的制約，以抒發個體的真實性情為創作目的。因此，復古派與陽明心學在文學表現論層面有著共通的一面。然而，復古派在理論上卻執意維護格調的正統地位，企希實現以真情為主的格調，恢復漢唐文學的典範傳統，這就忽略了文學真實表現自我心靈的創作心理與本質功能。

嘉靖前期詩壇復古思潮漸趨弱化，根本原因正是復古派的文學理念已經難以為繼，真情與格調之間的矛盾愈發凸顯。李、何等人已經無力調和二者之間的矛盾，復古派又後繼乏人，在經歷了正德時期的政治迫害後，復古派部分成員在文學中已經難以獲得自我生命價值的意義，於是，便有不少人轉向了陽明心學。

如何看待復古派倡導的格調文學思想呢？復古派倡導格調論對明代文學具有不容忽視的意義。它為士人的文學創作指出了一條可視、可聽、可供操作的具體的創作方法；不僅如此，復古派之格調並非純粹的理性規範與詩學法則，而是真情主導下的格調。這實際上又間接啟發了後來性靈文學思想的發生。因此，不能認為性靈就是比格調更高級的概念或術語，它們是文學發展不同階段的不同表現形式以及時代發展不同需求所導致的結果。復古文學思想重視文學創作的結撰過程與藝術法則，儘管其也強調出之於自我內心的真實情感，並要求表達的流暢自然，但法則在先則是復古派一以貫之的文學追求；明中期，陽明心學的產生為性靈文學思想的發展奠定了哲學基礎。重視個體的主觀精神與獨立意識，成為中晚明士人共同的價值觀念。在心學思想的影響下，性靈文學思想主張「獨抒性靈，不拘格套」，而不甚在意文學固有的體制與規範，性靈觀的發展逐漸導致了詩體的解散。其倡導的是一種抽象的審美品格，強調文學創作過程中的自然甚至隨意性。這正是復古文學思想與性靈文學思想最重要的區別之一。

由上述論述可知，陽明心學極大地推動了明代文學思想由重格調、重體制向流暢自然、真實無偽、不受拘束之表達方式的轉化，並在一定程度上影響了復古派士人的文學思想。如鄭善夫晚年倡導一種得之於心、應之於手式的創作方式，而非搜腸刮肚、鏤心苦思地進行美飾與雕琢。顧璘晚年亦有「率

口占為詩詞」「不求體調」的文學創作理念。此外，唐順之「率意信口，不調不格」的文學思想與李贄「自文」的文學表現觀均與陽明心學有著千絲萬縷的關聯。可以說，陽明心學所倡導的這種真實自然的表現理論是心學與文學交相融匯的橋樑。同時，對真實自然文學表現的強調打破了明初以來體制聲調、謀篇布局的束縛，使得明代文學思想日益朝著真誠自然地表現自我性靈、表達主觀精神，追求自然流暢、簡明切實的表達方式方向發展。而陽明的這一文學思想與其心學理論相互交融，發展至晚明時期，遂蔚為大觀，開啟了一個時代最為輝煌燦爛、光彩奪目的文學景象。

小結

　　陽明早年為復古派重要成員之一，在政治理念、文學思想方面同復古派存在較為一致之處。通過對王陽明與復古派成員關係的具體考察可知，陽明早年曾參與過復古派的文學活動，其追求聲律辭藻、鋪排繁複的創作風格也深受復古文學思想影響。復古派眾多成員都曾與其有過相關的論學文字或實際交往，在這一過程中，陽明心學與文學復古產生了互通、互融的內在關聯。

　　情感論是二者共同關注的核心問題。他們共同追求情感的真實，肯定合理的感性慾望，反對理學思維方式對個體生命的束縛與戕害，更為關注自我內在的情感需求；在境界論層面，陽明與復古派士人都具備積極進取、不畏權貴的豪傑人格，但在遭遇人生危機後，他們卻轉向了不同的生命狀態。以李夢陽、康海為代表的士人以呼酒買醉、頹廢放縱的姿態被動接受命運的安排；而陽明則憑藉心學良知的力量，獲得了「無入而不自得」的超越境界，以「用之則行捨即休」的人生態度積極應對複雜險惡的人生際遇，二者的人生境界亦造成其文學思想的相應變化。在心學影響下，明中期士人的生命選擇漸趨多元，他們不再將人生理想的實現侷限於出仕為官一途，而開始更為關注自我真實的生命需求與人生受用；在文學表現論層面，復古派追求格調的盛大高昂，而心學則強調文學表現內容應為個體的主觀心靈，其表達方式亦由追求聲律格調、體制規範向自然流暢、簡明切實轉變。

　　由此可見，陽明心學與文學復古既存在著互通互融的內在關聯，又表現出較為明顯的差異。只有深入辨析二者的關聯與差異，才能深刻理解明中期陽明心學與復古派的複雜互動關係。

第三章　心學影響：復古派人生價值取向之重鑄

　　伴隨著「復古文以復古道」理念的破產，復古派群體的人生價值與政治追求日益走向失落、解體。如何面對失意人生的冷落與淒涼、如何擺脫對死亡的恐懼與困惑，以及如何重建自我心靈、尋找自我生命的價值支撐，這些問題成為復古派士人必須回答並解決的人生難題。而他們選擇的人生出路，正是其時方興未艾的陽明心學。本章即以徐禎卿、顧璘、鄭善夫、黃省曾等人為例，具體地闡釋陽明心學對復古派人格心態的深刻影響。

第一節　徐禎卿──尋找自我生命的價值支撐

一、脆弱敏感的人格性情

　　徐禎卿是第一個由詩學轉向心學的復古派成員，其轉向時間為正德五年冬。是年，陽明至京師，禎卿喜馳往省，與論攝形化氣之術，由此轉向心性之學，不復以詩文為念。關於徐氏轉向陽明心學的原因，首先應從其人格性情與生命歷程入手進行分析。據顧璘《國寶新編·徐禎卿傳》所言，昌國「神清體弱，雙瞳燭人」，謂其心地清明又羸弱多病。而昌國的家境又頗為貧寒，母親早逝，後又因考試不利遭致父親嫌惡。因此，從少年時起，昌國就形成了一種幽怨感傷、隱憂悲愁的人格性情，而其脆弱敏感的人格性情又與他軀體的孱弱多病互為因果關聯，以致昌國大有未老先衰之態，每每發出「年強二十鬢蒼茫」之感慨。與李夢陽的慷慨豪情、唐寅的疏狂放浪、文徵明的溫潤謹嚴有著根本的區別。這從其一貫的文學創作中即可看出一二：

茅簷西向故巢存，庭草年年見碧痕。正是主人扶病坐，破窗風雨語黃昏。〔註1〕

窮儒只合話辛酸，談口翻譏東野寒。自信苦心應損壽，妻憐多病勸加餐。身名贅世皆吾患，生死何人垂大觀。怕取樂天詩再讀，滿窗風雨夜燈殘。〔註2〕

五尺蓬蒿一畝宮，窮居誰復過揚雄？春寒深臥楊花雨，病起怕逢吹鬢風。酒市蕭條村社過，茶煙岑寂午廚空。歲華並我雙無賴，視已茫茫耳半聾。〔註3〕

候蟲悲，飛花急，杜鵑夜啼血淚濕。歡樂幾何哀已及，湛湛露晞草頭碧。西郊送春傾麗邑，癡憶東風久凝立。人生浮體若飄萍，床頭斗酒須自營。〔註4〕

歲暮心不樂，飲酒呼友生。律中寒飆至，空壁螻蛄鳴。詠懷《唐風》歎，聊以緩憂情。日短會苦促，樂往不可尋。年命寄須臾，戚迫故難任。談笑且臨觴，毋勞懷苦心。〔註5〕

徐禎卿經常在詩歌創作中表達對自然生命流逝的感歎與哀傷，他以纖細敏感的心靈體貼萬事萬物，在他的詩中，充滿了對春光不再、人壽幾何、四季更替、生死茫茫等人世悲涼的深切關注。對生死壽夭、時光流逝等永恆命題的關心與探討本就是中國傳統文人的人生情結之一。而徐禎卿尤為突出之處在於，他的個體生命意識表現得異常強烈而深刻。他當然也懷抱著傳統儒家經世致用、致君堯舜的人生理想與信念，但昌國對生死壽夭、人生存在之意義與價值卻格外重視以致鏤心刻骨，從而展現出有異於他人的人格風貌。

如徐氏好友唐寅，他的人生信條便是及時行樂、隨順自然。在唐寅筆下，你很難找到那種傷春悲秋、深沉悲涼的文學創作，而是充滿了對俗世生活的熱愛與對精神自由的追求。唐寅個性的疏狂與灑脫、放蕩與諧謔在其詩歌創作中得到了充分的體現，如下面這首《感懷》：

〔註1〕徐禎卿著、范志新編年校注：《徐禎卿全集編年校注》，《新燕》，人民文學出版社，2009年版，第11頁。

〔註2〕徐禎卿著、范志新編年校注：《徐禎卿全集編年校注》，《窮儒》，第10頁。

〔註3〕徐禎卿著、范志新編年校注：《徐禎卿全集編年校注》，《暮春感懷》，第13頁。

〔註4〕徐禎卿著、范志新編年校注：《徐禎卿全集編年校注》，《追和倪元鎮江南春二首》其二，第33頁。

〔註5〕徐禎卿著、范志新編年校注：《徐禎卿全集編年校注》，《歲暮心不樂》，第620頁。

　　不煉金丹不坐禪，饑來吃飯倦來眠。

　　生涯畫筆兼詩筆，蹤跡花邊與柳邊。

　　鏡裏形骸春共老，燈前夫婦月同圓。

　　萬場快樂千場醉，世上閒人地上仙。〔註6〕

這首詩詩意淺顯，格調不高，但卻體現了詩人一以貫之的人格心態與處世態度。那就是在有限的生命裏及時享受人生之樂，將所有不能解決的煩惱統統拋卻，以樂觀豁達的人生態度來面對生命的苦痛與缺憾。在那「萬場快樂千場醉」的生活方式中，確實有失之淺薄低俗之嫌，但卻又是詩人以之擺脫人生痛苦、保持人格獨立的一種生活方式。而同徐禎卿上述諸作相比較，則可進一步看出二者人格心態與文學風格的差異。徐禎卿敏感多情、情思細膩，自然界的風雨、黃昏、飛花、碧草等都會引起他對生命流逝的無限感傷。反映在其文學創作中，則體現出一種淒苦低沉、惆悵悲涼的風格特徵。這與唐寅淺近直白、灑脫酣暢之作有著巨大的差異。

　　弘治十八年，徐禎卿進士及第，正式步入其渴盼已久的政治舞臺；同時結識李夢陽、何景明等人，相與唱和論詩，以先秦兩漢之文、漢魏盛唐之詩為標的，共同倡導格高調逸的審美理想。然而，在前方等待著徐禎卿的並非柳暗花明、繁華似錦的仕途與前程，而是因「貌寢」的荒唐緣由永遠地被擋在了帝國的權力、政治中心之外。〔註7〕如果說，徐氏此前的人生儘管因體弱多病、生計維艱而充滿感傷與憂愁，但仍有著進入仕途後建功立業之企望與信念；而朝選受挫（不論何種原因）則使得徐禎卿滿腔熱血與期望化為了灰燼與泡影。因此，儘管徐禎卿在登進士第後文學思想迅速轉向復古派，其文學創作也確實發生了一定程度上的轉變，即由家居吳中時期的清新藻麗變為倡導復古階段的雄壯渾健，如《從軍行》《老驥行》《遊俠篇》《榆臺行》等文學創作，體現出渾壯豪健之氣勢與風格。但是，從根本上來說，徐禎卿的詩歌仍帶有強烈、濃鬱的感傷與悲憤，試看其作於正德三年的《將進酒》：

　　將進酒，乘大白。大白砷碟為罌錦，作羃燕京字琥珀。朱緅三
　千酒一石，君呼六博我當擲。盤中好採顏如花，鴛鴦分翅真可誇。

─────────────────

〔註6〕唐寅：《唐伯虎先生集》，外編卷一，《感懷》，明萬曆刻本。

〔註7〕范志新先生在《徐禎卿全集編年校注》中認為，徐禎卿朝考落選之真實原因並非如《明史》中所言之「貌寢」，實在是因為禎卿之文學主張與當政者不合，亦即新舊兩種文學勢力抗爭之結果。

壺邊小姬拔漢幟，壯士失色徒喧嘩。拉君髯，勸君酒，人間得失那復有。男兒運命未亨嘉，張良空椎博浪沙。秦皇按劍搜草澤，豎子來為下邳客。一朝崛起佐沛公，身騎蒼龍被赤烏。滅秦蹙項在掌間，始知橋邊老人是黃石。狂風吹沙漲黑天，天山雪片落酒筵。錦屏繡幕不覺暖，齊謳趙舞繞膝前。人生遇酒且快飲，當場為樂須少年，何用窘束坐自煎。陽春豈發斷蓬草，白日不照黃壚泉。君不見劉伶好酒無日醒，幕天席地身冥冥。其妻勸止之，舉觴向天白，婦人之言不足聽。又不見漢朝公孫稱巨公，脫粟不舂為固窮。規行矩步自衒世，不若為虱處褌中。丈夫所貴豈窮苦，千載倜儻流英風。人言徐卿是癡兒，袖中吳鉤何用為。長安市上歌擊筑，坐客知誰高漸離。我醉且倒黃金罍，世人笑我驪糟而揚醨。吁嗟！屈原何清，漁父何卑。魯連乃蹈東海死，梅福脫帽青門枝。明朝走馬報仇去，襄子橋邊人豈知。〔註8〕

此詩明顯模仿李白《將進酒》，其「人生遇酒且快飲，當場為樂須少年」與李白「人生得意須盡歡，莫使金樽空對月」的意旨有異曲同工之妙。此詩風流俊逸、豪放不羈，但於豪放之中又蘊有一抹深沉淒涼的底色，原來，「千載倜儻流英風」不過是詩人之願景和自我寬慰罷了，詩人於現實生活中卻時時遭受各種質疑與嘲笑。於是，在自我生命價值得不到伸展、個體人生情懷無法傾訴之際，昌國所能聯想到的最佳解決方式，便是學習李白縱情詩酒，在酒精的自我麻醉中放縱自我心靈、任其自由馳騁，不再受縛於現實生存的困境。詩以「吁嗟！屈原何清，漁父何卑。魯連乃蹈東海死，梅福脫帽青門枝。明朝走馬報仇去，襄子橋邊人豈知」結束，看似曠達豪邁，然則在這種曠達豪邁之下，卻又透露出一種深沉的無奈感與無力感，一種自言自語、自我寬慰卻又自信自負之態。

二、對個體生命意義之重視

同為復古派中堅，除了對漢魏盛唐文學高昂盛大之體貌、對格高調逸審美理想的倡導與追求外，徐禎卿不同於李夢陽、何景明等人之處主要表現為以下兩點：

〔註8〕徐禎卿著、范志新編年校注：《徐禎卿全集編年校注》，《將進酒》，第 440～441 頁。

　　一是在對詩歌功能與詩學價值的體認上，徐禎卿與李夢陽等人並不完全一致。在作於弘治十年的《覆文溫州書》中，徐氏一語道出了其人生志向與生命追求：

> 某質本污濁，無干進之階，重以迂劣，不諧時態，所以不敢求哀貴卿之門，躡足營進之途。退自浪放，縱性所如，南山之樗，任其捲曲。然亦不喜飲酒淫蕩，狂誕謝禮檢；但喜潔窗幾，抄讀古書，間作詞賦論議，以達性情，攄胸臆之說，期成一家言，以垂不朽。〔註9〕

可見，早在十九歲時，徐禎卿便已立定為人之根本，即絕不為入仕途而諂媚迎上、苟且鑽營，放棄自我人格操守，而是要在濁世之中保持一己高潔純淨的人格，縱性所如、順適己意。尤為值得注意的，是昌國對文學功能的價值自認。對昌國而言，「抄讀古書，間作詞賦論議」不僅是一種高潔的情趣好尚，更是其得以暢達性情、抒發胸臆的表達方式，而「期成一家言，以垂不朽」的人生理想則更是與儒家「三不朽」的終極追求一脈相承。換句話說，徐禎卿對個體人生價值之體認與其對詩學功能的認識與理解相互支撐。在徐氏看來，為詩的終極目的當然是「立言」以垂不朽，而其現實存在也並非毫無意義，情感的發抒與宣洩、性靈的表達與流露同樣是詩學存在的根本價值。

　　在對詩學本質與詩歌創作的認識上，徐禎卿作於家居吳中時期的《談藝錄》有「因情立格」之說（這裡不擬討論《談藝錄》所體現出的詩學思想內涵，而重在闡述徐氏對詩學價值與詩學功能的理解），即強調在抒發真情實感的前提下重新確立格調高尚的風雅精神與審美理想。《談藝錄》從詩學本體論層面高度肯定了文學創作中情感的真實存在及其意義，從這個角度而言，昌國較之尺寸古法的李夢陽更像一個真正的詩人。

　　二是在對個體生命意義與人生存在價值的關注上，徐氏表現出異常的敏銳與焦慮。他屢屢在詩歌創作中表達對生命流逝之悲哀與縱情自娛之願望：

> 生生誰了百年期？細數歡娛得幾時？江左未收桃葉淚，燕南仍聽鷓鴣詞。愁心亂處花如雨，醉眼醒來月似絲。夢逐慈恩春色斷，夜隨長樂漏聲遲。樂天苦乏風雲氣，不怨多情合怨誰？〔註10〕

〔註 9〕徐禎卿著、范志新編年校注：《徐禎卿全集編年校注》，《覆文溫州書》，第 665 頁。

〔註10〕徐禎卿著、范志新編年校注：《徐禎卿全集編年校注》，《旅中言懷》，第 104 頁。

> 歲寢物務寧，時昏群化伏。勞人慨寤歌，旅者懷出宿。倚徒窮
> 陰沍，屏居夜氣肅。遊星回素郊，嚴霜下庭木。玄黓忽變節，衰株
> 遂臨復。徂生苦鮮歡，運往悲志促。前軌修已侵，後途諒當卜。嗟
> 爾同行子，及此荃蕙馥。〔註11〕

> 信死生之必然兮，恨修短之多忒。願放志以自娛兮，窮生人之
> 玩溺。永逍遙以徜徉兮，俟天命之我畢。〔註12〕

生命消逝雖為客觀必然，但凡世之人總是樂生惡死的，更何況對於孱弱多病的徐禎卿而言，死亡並不是一個遙不可及的存在，它似乎隨時都在張著血盆大口等待著昌國的到來。因此，在積極踐行儒家入世社會政治理想的同時，徐禎卿亦格外關注個體生命的安閒與愉悅，他對佛禪的領悟與研習、對道教煉丹養生之術的濃厚興趣，乃至其後來轉向陽明心學之契機，無不與擺脫死亡威脅及實現心靈超越有關。

徐禎卿弘治十八年進士登第後迅速轉向復古派，並積極努力地倡導、踐行著復古派以文學作為武器和工具來復興漢唐盛世的政治追求。然而，正當復古運動方興未艾之際，孝宗逝世、武宗上臺所引發的朝代轉折卻嚴重阻礙了復古運動的深入與展開。武宗貪好逸樂、不喜拘束，從個體人性的角度而言，本也不算什麼了不得的過失，可是，對於封建時期帝國的統治者來說，如此個性與行為方式無疑是導致朝政腐敗、民不聊生的關鍵。果然，武宗甫一登基，便任用了以劉瑾為首的一干姦邪宵小，在劉瑾的授意下，又先後罷黜了一批正直敢言的輔國重臣，這其中便有復古派中的許多重要成員，如李夢陽、何景明、王守仁、王廷相等。復古運動的發展便在與劉瑾、馬永成等「八虎」相抗爭的政治情勢下蓬勃地展開了。儘管復古運動在與權宦的政治鬥爭中得到了較為長足的發展，復古派眾人也因一己的豪俠氣節而得到了社會肯定，然而，在這場權力的衝擊與角逐中，復古派卻過早地失去了參與政治的機會與砝碼，從此再也沒有凝聚起有效的政治力量來挽回正德朝頹弱的局面。從復古派所造成的社會效應及其對文學功能、文學價值的重新定位而言，復古派改變了詩壇萎靡不振的局面，重新確立了以情為本、格高調逸的審美理想，使得明中期文學煥發出新的輝光。但是，以李、何為首的復古派

〔註11〕徐禎卿著、范志新編年校注：《徐禎卿全集編年校注》，《歲除貽庭實太常、子容同年》，第 205 頁。

〔註12〕徐禎卿著、范志新編年校注：《徐禎卿全集編年校注》，《放言賦》，第 653 頁。

卻在與劉瑾、谷大用等奸宦的政治鬥爭中被驅逐出朝政中心（即使劉瑾等人事敗後復古派也並未再形成新的政治力量），從以文學手段來干預現實、塑造盛世的政治理想而言，復古派恐怕沒有能力來實現這個美好的願望了。

可以說，敏感多愁的徐禎卿早在復古勢力遭到迫害之時，便已嗅到了一絲悲涼的氣息：

> 平生歡愛日，屢坦昧前艱。及爾嚴霜集，方知末路難。疇昔同棲翻，毛羽各摧殘。顧影惟爾我，戚戚傷心肝。〔註13〕

> 惟昔與子聯蟬裾玉，周旋朝寺。良時出遊，則並厥而趨，清宵燕寢，則共衾而寐。謂歡會其可常，凋瘁亦何由至。何圖人事不齊，物情難豫。三年之內，親友零落，各寄一方。臨北風而依依，望大梁而歎息。〔註14〕

徐氏所發自然有對知交友人無端罹禍、飄零各地之歎，此外，更多的恐怕還是對復古運動風流雲散這一事實之悲。以興復漢唐時期古典詩歌剛健質樸的古雅精神為內容與主旨的復古運動，試圖以文學為手段與工具來干預現實政治，實現儒家士子致君堯舜的政治理想，這一宏大壯偉的政治追求卻隨著孝宗逝世、武宗登基而變得不合時宜，從而失去了現實存在、輔佐君王的可能性與權威性。可以說，徐禎卿不僅失去了幾位志同道合的好友，更是其興復漢唐盛世之人生理想的失落。因此，在這種情勢下，擺在士人面前的人生選擇似乎莫過於出世以逍遙來得實惠了。

徐禎卿對個體生命意義的重視，使得他不可能從此囿於政治理想的失落而沉淪一生。儘管他也曾為之苦苦奮鬥、拼搏過，甚至亦為之飽受現實折磨與內心煎熬，但當這種政治追求最終覆滅、化為泡影後，徐氏的人格心態便日益向著尋求逸適、舒展性靈一面傾斜發展。正如他在作於正德二年的《重與獻吉書》中所言：

> 嗟乎！死生命也，理亂時也，命有涯而志無涯，時可邁而身不逮，此屈原所以流亡於江夏，賈誼所以憂傷於長沙者也……僕自惟無卓犖之才，寡礪鍔之用。進不能揚眉於天下，退不能甘心

〔註13〕徐禎卿著、范志新編年校注：《徐禎卿全集編年校注》，《送邊子出刺衛輝五首》其一，第490頁。

〔註14〕徐禎卿著、范志新編年校注：《徐禎卿全集編年校注》，《答獻吉書》，第706頁。

> 於一壑，徒放情於江海之間，抗志於宇宙之表。特以搜奇獵秘，
> 咀華納靈，則水土而函蘊，法景曜以摛文；聊希子長之風，庶幾
> 虞卿之志。〔註15〕

徐禎卿在此封寫給李夢陽的書信中，闡明了自己內心深處最真實的想法：「命有涘而志無涯，時可邁而身不逮」所造成的悲涼結果並不是昌國想去承擔的。也就是說，徐禎卿思考的並非以文死諫、武死戰之捨生取義式的行為來實踐其儒家理想，既然時世不容許自己施展政治抱負，那麼，如何在進退出處之間獲得生命的愉悅與心靈的安寧則成為徐氏此際最真實的內心需要。「進不能揚眉於天下，退不能甘心於一壑」則是昌國內心最為掙扎、困惑與矛盾的焦點問題，此時此刻，他選取的是「放情於江海之間，抗志於宇宙之表」的生活方式。然而，並不是所有人都能在歷經宦海浮沉之後輕鬆達到陶淵明那無心而自然、蘇軾那豁達而超脫的灑然境界，徐禎卿面對自己內心的渴望、痛苦與困惑，他亟需一種能夠為其解決生死困惑、超越自我心靈的價值體系。可以說，昌國的這種尋覓與嘗試，終其一生而不輟。他既有對禪學的親近與領悟、亦有因信奉道教而煉丹服食、渴望長生之舉，這有其詩歌創作為證：

> 孟夏山川蔚，憑高眺物華。倏然諧玄思，松竹遍禪家。潭光留
> 色相，野性契煙霞。只自迷人世，空令歲月賒。〔註16〕

> 夙有山水慕，苦為形役拘。澹茲夏日永，聊得狎浮圖。攀雲凌
> 廣閣，藹藹見吳都。諸川散林上，平野蔚芬敷。法花垂縹緲，晴彩
> 動虛無。煙火下方雜，昏明時態殊。境超自生樂，疲心忽重蘇。因
> 傷人世子，擾擾即長途。〔註17〕

> 霄漢心何有，沉冥性所歡。將修梵門術，欲上羽人壇。淨社花
> 垂白，名岩竈覆丹。昔賢非不達，於道自相安。〔註18〕

> 閑居習禪觀，虛獨長心苗。萬境一澄澈，諸天何寂寥。香飄桂

〔註15〕徐禎卿著、范志新編年校注：《徐禎卿全集編年校注》，《重與獻吉書》，第712頁。

〔註16〕徐禎卿著、范志新編年校注：《徐禎卿全集編年校注》，《登治平寺》，第294頁。

〔註17〕徐禎卿著、范志新編年校注：《徐禎卿全集編年校注》，《登半塘寺閣》，第295頁。

〔註18〕徐禎卿著、范志新編年校注：《徐禎卿全集編年校注》，《廬山》，第314頁。

子月，齋近菊花朝。坐憶東林老，從誰過虎橋？〔註19〕

　　愛君聊耳後，瀟灑入玄宗。臘月留人醉，桃花宿醞濃。真圖披

海嶽，秀色攬雲松。何日金丹就，青霄降赤龍？〔註20〕

可見，徐禎卿正德年間追求的是一種超然灑脫、心靈澄澈之境，而達致這種境界之途徑則是通過對禪、道二家的研習與體悟。徐禎卿一生大多時間均在貧病交加中度過，一方面，家庭的不幸、身體的羸弱造就了昌國纖細脆弱之情思，使得他格外珍惜、重視有限的生命；另一方面，本欲登上仕途大展雄才從而實現人生價值的昌國卻因時代擠壓被迫放棄了自己的入世理想。因此，飽嘗人世辛酸的徐禎卿注定也要走上那條退隱之路，只有在山水清音、溪流映帶的自然美景中方能得到暫時的放鬆與解脫。然而，寄情於山水並不能從根本上解決或取消昌國對生死的執著與困惑，更不能使其在失意於政治之餘獲得一種價值歸屬感。說到底，昌國還是需要一種融通儒釋的價值觀來支撐自己的生命和心魂，重新確立自己的價值追求與人生目標，如此方能在俗世之中獲得真正的輕鬆與快樂。因此，昌國晚年為了擺脫死亡問題的困擾與威脅，獲得虛靜澄明之境界，對佛、道二家之學有著較為深入的參悟與研習，尤其對道教沖舉之術表現出異常濃厚的興趣。沖舉飛昇之術故屬縹緲，而佛禪的空無虛幻、斷滅情性對於多愁善感、情思悠悠的徐禎卿而言亦非最佳選擇，不過昌國還是從中獲得了一種沖逸淡泊、閒適安樂的人生境界：

　　早得投簪理，緬欽遺俗情。丘園白日靜，眉宇紫芝明。上德綏

多祉，賢孫復令名。道全身愈泰，慮澹物俱輕。壽酒山人勸，柴車

縣尹迎。坐臨沖逸境，於此學無生。〔註21〕

此詩儘管作於弘治十八年詩人剛剛登第後不久，但其中透露出對歲月靜好、澹泊安寧之沖逸境界的追求，仍可視為徐禎卿晚歲思想的主調。此詩中「紫芝」、「沖逸」、「無生」等專屬名詞無疑表明了徐氏修習佛、道二家學說的心得體會。

〔註19〕徐禎卿著、范志新編年校注：《徐禎卿全集編年校注》，《閒居懷泰公》，第504頁。

〔註20〕徐禎卿著、范志新編年校注：《徐禎卿全集編年校注》，《宴李道士房》，第494頁。

〔註21〕徐禎卿著、范志新編年校注：《徐禎卿全集編年校注》，《贈張注先生》，第222頁。

三、安頓自我：轉向陽明心學之實踐

正德五年年底，時已悟得聖學真諦的王陽明至京師，徐禎卿得到消息後大喜，便即前往與之相見，共同探討養生飛昇之術。隨後，昌國即轉向陽明心學，不復以詩文、沖舉之術為念。據王陽明《徐昌國墓誌》〔註22〕所載：

> 始昌國與李夢陽、何景明數子友，相與砥礪於辭章，既殫力精思，傑然有立矣。一旦諷道書，若有所得，歎曰：「弊精於無益，而忘其軀之弊也，可謂知乎？巧辭以希俗，而捐其親之遺也，可謂仁乎？」於是習養生。有道士自西南來，昌國與語，悅之，遂究心玄虛，益與世泊，自謂長生可必至。正德庚午冬，陽明王守仁至京師。守仁故善數子，而亦嘗沒溺於仙釋。昌國喜馳往省，與論攝形化氣之術。當是時，增城湛元明在坐，與昌國言不協，意沮去。異日復來，論如初。守仁笑而不應，因留宿，曰：「吾授異人五金八石之秘，服之衝舉可得也，子且謂何？」守仁復笑而不應。乃曰：「吾驟黜吾昔而遊心高玄，塞兌斂華而靈株是固，斯亦去之競競於世遠矣。而子猶余拒然，何也？」守仁復笑而不應。於是默然者久之，曰：「子以予為非耶？亦又有所秘耶？夫居有者，不足以超無；踐器者，非所以融道。吾將去知故而宅於壙之表，子其語我乎？」守仁曰：「謂吾為有秘，道固無形也；謂吾謂子非，子未吾是也。雖然，試言之。夫去有以超無，無將奚超矣？外器以融道，道器為偶矣。而固未嘗超乎！而固未嘗融乎！夫盈虛消息，皆命也；纖巨內外，皆性也；隱微寂感，皆心也。存心盡性，順夫命而已矣，而奚所趨舍於其間乎？」昌國首肯，良久曰：「沖舉有諸？」守仁曰：「盡鳶之性者，可以沖於天矣；盡魚之性者，可以泳於川矣。」曰：「然則有之。」曰：「盡人之性者，可以知化育矣。」昌國俯而思，蹶然而起曰：「命之矣！吾且為萌甲，吾且為流澌，子其煦然屬我以陽春哉！」數日，復來謝曰：「道果在

〔註22〕王世貞在《明詩評》卷一中言：「王伯安志墓，甚欲收入門下，非實錄也。」以陽明先生之人品與境界，勢必不會對徐禎卿轉向一事有所捏造，況且昌國臨終特意將墓誌託諸陽明而非復古派中人，亦從側面證實了其晚歲傾心心學之事實。王世貞之所以會做如此說明，想來並非是對徐氏轉向事實之懷疑，而是意在維護復古運動之成果與地位。畢竟徐氏作為前七子重要成員晚年卻盡棄文學而轉向心學，對復古運動是一個不小的打擊，間接開啟了復古運動解體之勢。從此一角度而言，則王世貞之辯解與說明便非無的放矢了。

是，而奚以外求！吾不遇子，幾亡人矣。然吾疾且作，懼不足以致遠，則何如？」守仁曰：「悸乎？」曰：「生，寄也；死，歸也。何悸？」津津然既有志於斯，已而不見者逾月，忽有人來訃，昌國逝矣。王、湛二子馳往哭，盡哀，因商其家事。其長子伯蚪言，昌國垂歿，整祍端坐，託徐子容以後事。子容泣，昌國笑曰：「常事耳。」謂伯蚪曰：「墓銘其請諸陽明。」氣益微，以指畫伯蚪掌，作「冥冥漠漠」四字，餘遂不可辨，而神氣不亂。嗚呼！吾未竟吾說以待昌國之及，而昌國乃止於是，吾則有憾焉。臨歿之託，又可負之。……所著有《談藝錄》、古今詩文若干首，然皆非其至者。昌國之學凡三變，而卒乃有志於道。墓在虎邱西麓。銘曰：昌國，吾見其進，未見其至！蚤攻聲詞，中乃謝棄。脫淖垢濁，修形煉氣。守靜致虛，恍若有際。道幾朝聞，遽夕先逝。不足者命，有餘者志。璞之未琢，豈方頑礛。隱埋山澤，有虹其氣。後千百年，曷考斯志。〔註23〕

這裡有幾個問題必須做出說明與解答，一是關於徐禎卿「學凡三變」的問題。依陽明之言，昌國一生為學進路實際包含三個階段，即由詩學到道家養生之學最後轉向陽明心學。據陽明記載徐禎卿所言之「弊精於無益，而忘其軀之斃也，可謂知乎？巧辭以希俗，而捐其親之遺也，可謂仁乎？」從而轉向養生之學，則徐氏轉向原因正是企希以道家養生沖舉之術來超越生死界限與障礙，得以永葆青春長生。而之前對文學的愛好與研習因投入過多時間和精力顯然成為昌國求道之路上的一道阻隔。而其由道家養生之學向陽明心學的轉變則在於陽明心學「聖人之道，吾性自足，不假外求」的理論較之虛無縹緲、專意飛昇成仙的養生之術更為貼近真實人生，並從內向外地解決了個體生命與社會現實之間的種種錯位與矛盾，從而使昌國得以以觀照內心的方式實現身與心的終極超越。

　　二是關於徐禎卿轉向陽明心學的目的、過程及方式問題。徐禎卿晚年轉向陽明心學其首要目的是擺脫死亡的恐懼和焦慮。因為文學創作也好、興復古典審美理想也罷，都不能從根本上解決他內心對死亡的憂慮。徐氏身體羸弱多病，尤其是在他去世的前一年，其身體應該已經不堪重負了。對此心知肚明的徐禎卿自然便將關注的重心放在了生死一事上。正德嘉靖年間，早逝

〔註23〕徐禎卿著、范志新編年校注：《徐禎卿全集編年校注》，王守仁《徐昌國墓誌》，第 875～877 頁。

的確是困擾文人的一個永恆話題。除徐禎卿外，孫一元、鄭善夫、何景明以及稍晚一些的高叔嗣均在盛年早逝。因此，對生死問題的關注便成為這些文人心中始終難以排遣的情結。孔子有云：「未知生，焉知死？」但是當死亡即將來臨時，如何能夠擺脫內心的恐懼並從容應對呢？這就是此時擺在徐禎卿面前的第一要務。比如他此時與陽明討論的並非心性修養問題，而是反覆「與論攝形化氣之術」，結合他之前亦有傾心於道教養生之說的行為，便可見出其轉向心學的根本目的。而五金八石之秘也好、沖舉飛昇之術也罷，這種寄託於煉丹製藥之方式的長生渴望對於此時疾病纏身的徐禎卿而言，似乎愈發虛幻起來。而曾經與其有過共同求道經歷的王陽明，則已因徹悟心學而掃清了生死迷霧。因此，徐禎卿轉向陽明心學的首要目的是超脫生死的焦慮。在與陽明的論辯中，昌國反覆以沖舉之秘來詢問陽明，陽明則以盡之本性、順其自然的方化解了他的疑問。依陽明之意，一方面要努力踐行一名儒者擔負天下之責任，另一方面又要在世俗的紛繁中保持己心之清明與愉悅，不為外物所動、不以死生為憾，這才是心學良知真諦。而此時的昌國顯然是以求取人生灑脫與適意為目標的。

據陽明所述，徐禎卿在與其交往中表現出「守靜致虛，恍若有際」的狀態，又與陽明心學在此時期靜坐息心的發展階段有關。在與陽明的交流中，徐禎卿在生命的最後階段確實獲得了一種從容灑然的心境。當陽明問他對死亡「悸乎」時，徐禎卿回答說「生，寄也；死，歸也。何悸？」如果說此處昌國視死如歸的言論尚有自我安慰的成分在，那麼，當其直面死亡時，在親友面前笑曰：「常事耳。」便讓我們看到了一個徹底解脫、從容輕鬆、笑對生死的徐禎卿。這就是他從陽明心學那裡獲益最多的部分，也是其想從陽明心學那裡獲得的精神境界。儘管陽明遺憾地說「吾見其進，未見其至」，但是從徐禎卿個體自我的角度來說，他已經圓滿地利用陽明心學的相關思想解決了困惑自己一生的終極問題。對徐禎卿自己而言，所有的問題已經解決了，或者說，在面對死亡問題時，他已經從心學中找到了自己需要的東西。

三是徐禎卿轉向陽明心學後文學思想及文學創作是否發生了相應的轉變。因徐氏在轉向陽明心學後不久便溘然長逝，沒有留下太多的文獻及創作可供參考，其詩學思想是否發生轉換及其轉變程度為何則成了無法繼續討論的命題。但似乎仍可從其對文學之態度及其相關創作中看出昌國由詩學向心學轉換的邏輯理路：

堂上琴書暇，名園愜宴遊。綠陰交樹石，白水散田疇。林步常
驚鳥，沙眠且狎鷗。開軒桑柘接，當徑草花幽。野老時相過，村醪
擬共酬。陶然菊松下，乘興足淹留。〔註24〕

鳳鳥期不來，瑤華幾銷歇。唯有山中人，吹簫弄明月。〔註25〕

石室月已滿，青林人未眠。向月步溪水，白雲遙在天。〔註26〕

露華散平林，月明在寥廓。時有天風來，泠然桂花落。〔註27〕

仙人好博弈，時下綠雲中。一片蒼苔石，落花長自紅。〔註28〕

出巖初嫋嫋，映日乍暉暉。倏若陽臺女，隨風化雨飛。〔註29〕

碧水桃花深，畫舫懸春鏡。飛燕宜風日，遊鯈愜情性。空簾向
客舉，獨樹臨門映。緣賞途不窮，浩然發修詠。〔註30〕

詩人有郎氏，為性悅丘泉。入郭元辭懶，焚香只愛眠。芳春壓
啼鳥，清夜獨鳴弦。泊爾遺塵慮，悠然返自然。〔註31〕

這些詩歌現已無法確定作於何年，但其中所體現出的愜意陶然、悠然自得的
人生境界能說沒有半分陽明心學之影子嗎？第一首詩中那琴書在手的閑暇、
綠蔭白水的美景、陶然菊松的愜意、村醪共酬的快適，這種暢快愉悅、輕鬆
自然的生命境界在以往徐禎卿的詩歌創作中幾乎沒有出現過。組詩《鳳凰山
園雜詠》更是把山園空靈俊秀、幽靜冷然之美展現得淋漓盡致，這種清幽別
致的意境營造正是詩人超然清遠的人格風度與精神境界的體現。在第三首詩
中，飛燕與遊鯈都各盡其性，我與物兩不相妨，不正是陽明心學順適己意、
逍遙自得之超越境界的體現嗎？第四首《寄郎逸人》則將逸人悅性丘泉從而
悠然自得的意態展露無遺，既是贈友之作，又是述己之懷。徐禎卿這種閑適
自得、超然世俗的情懷與境界在其一生充滿愁苦幽怨色彩的詩歌創作中並不
多見，雖然這些文學創作難以具體繫年，但其體現出的人生境界與透脫情懷

〔註24〕徐禎卿著、范志新編年校注：《徐禎卿全集編年校注》，《題唐氏園池》，第613頁。

〔註25〕徐禎卿著、范志新編年校注：《徐禎卿全集編年校注》，《鳳凰山園雜詠五首》，《鳳鳴亭》，第610頁。

〔註26〕徐禎卿著、范志新編年校注：《徐禎卿全集編年校注》，《月軒》，第611頁。

〔註27〕徐禎卿著、范志新編年校注：《徐禎卿全集編年校注》，《香圃》，第611頁。

〔註28〕徐禎卿著、范志新編年校注：《徐禎卿全集編年校注》，《弈臺》，第612頁。

〔註29〕徐禎卿著、范志新編年校注：《徐禎卿全集編年校注》，《彩雲巖》，第612頁。

〔註30〕徐禎卿著、范志新編年校注：《徐禎卿全集編年校注》，《漾舟偶述》，第623頁。

〔註31〕徐禎卿著、范志新編年校注：《徐禎卿全集編年校注》，《寄郎逸人》，第626頁。

則明顯帶有陽明心學的色彩。

　　四是關於陽明所說「吾見其進，未見其至」的問題。在陽明看來，徐氏早年對文學的愛好與研習並非其生命價值的體現，只有在其晚歲轉向道學（心學）後方始獲得人生真諦。從徐禎卿對心學「進」之一面而言，徐氏晚年即由文學復古轉向對自我心性的研討、對內在心靈的關注，並從陽明心學中獲得了一種超越灑然的生命境界，這是得到了陽明本人認可的。而「吾見其進，未見其至」則婉轉地透露出徐禎卿對陽明心學的本質與特徵尚未真正領悟，對心學的根本目的未能理解貫通。陽明心學在追求自我人生的超越境界時與佛老之學有著一致之處。然而，這種追求並不意味著棄世絕塵，而是在堅守自我內心良知、保持內在心境空明與平和的同時，又不放棄濟世救民的儒者責任與社會擔當，這同佛老之學有著本質的不同。即是說，陽明心學具有安頓自我與經綸天下的雙重特點，這是必須加以說明的。陽明之所以認為徐禎卿尚未達到心學的最高境界，最根本的一點則是徐氏僅僅從關注自我人生受用這一角度來理解心學，而忽略了心學的另一根本特徵，即對拯救天下之社會責任的擔當。

　　從對明代士人的影響這一層面而言，陽明心學的這種雙重特徵解決了困惑明代士人已久的人生難題，尤其是士人出處進退之間的矛盾與理想失落後的迷茫。陽明心學從自我內心良知出發，注重生命存在的人生體驗，無論是山間野處、隱居讀書抑或著述講學，都可從中獲取人生存在的真實意義與精神快樂。可以說，陽明心學的出現與發展在一定程度上改善了明代士人的精神生存空間，並重塑了明代士人的人格心態。

　　而從徐禎卿的轉向結果來看，則是將心學注重自我受用與精神超越的一面加以放大、擴展，而儒者拯救天下的進取意識卻相對回落。同時，這也是復古派其他成員轉向陽明心學的共同特徵。他們從陽明心學處主要吸收了超然灑脫的生命境界與自在自足的精神享受，他們注重的是個體人生的真實受用與生命安頓，而入世的成聖意識與進取精神則因政治理想與人生理想的雙重失落而漸趨低沉。復古派士人群體渴望從陽明心學那裡尋求自我生命的價值支撐，這首先從徐禎卿身上得到了鮮明有效的切實踐履。

　　綜上所述，徐禎卿作為第一個以復古派重要成員身份轉向陽明心學的士人，這種轉向本身有著異常典型的意義與價值。徐禎卿轉向陽明心學的最大價值與意義在於其為後來明代士人提供了一種可資借鑒的生存模式與人生選

擇。徐氏敏感多愁、細膩幽怨的人格性情，再加上其艱難困苦的人生經歷與「有志不獲騁」的政治理想之失落，使得他較早地認識到復古派以文學作為手段和工具來塑造盛世之理念終將風流雲散、分崩離析的事實。徐禎卿不同於李、何等人之處在於，他骨子裏始終帶有吳中文化傳統中追求適意、嚮往自由的因子。從根本上來說，昌國自然也以儒家士人積極用世的責任與標準要求自己，可當這種政治理想因某種原因而無法實現時，昌國不會因此而消沉低落、潦倒一生，儘管他也曾萎靡低沉甚至自怨自艾，但徐禎卿卻從未放棄過對個體生命與人生真諦的追尋。或者說，比起同時期的其他人，徐禎卿更為關注自我心靈的內在體驗與生命質量的高低，因此，他才對禪學與道教產生了濃厚的興趣。因為同儒家強調濟世救民、兼善天下的道德責任不同，禪與道無疑是一種解脫之學。儘管解脫之學因缺乏道德倫理的支撐而稍顯虛無，但在對超脫死生、關注個體生命價值等命題上無疑比儒家走得更深、更遠，同時也更能從人性層面貼合實際人生。而就徐禎卿本身而言，渴望長生、擺脫死亡威脅從而舒適愉悅地享受人生無疑是其傾心禪、道的根本原因。可是，從實際效果上來看，佛老斷滅情性、空無虛幻的本質與昌國多情纏綿、情思纖細的個性相互矛盾；而道教沖舉飛昇之術儘管提供了一種長生不死、羽化成仙的假想，卻並不能從根本上解決生死難題與困惑，反而將個體生命質量侷限於長生不老、沖舉變化的秘術上，士人將有限的生命與精力消耗在服食煉丹以求長生之上，又如何獲得真正的超越與安然輕鬆、瀟灑適意的生命境界呢？因此，當徐禎卿接觸到以盡性適意、順其自然的方法來擺脫生死困惑的陽明心學時，當其認識到那無可無不可的生命境界與俊逸風流、不染塵俗的生活方式時，徐禎卿終於在生命的最後時期找到了人生的真諦與終極歸宿。徐禎卿何其不幸，羸弱多病而不獲聖眷，有志未伸而命途多舛；徐禎卿又是何其有幸，超越生死而得聞聖道，雖未能臻於至境卻率先以陽明心學化解了人生諸多難題，為後來者轉向心學提供了範例與典型。「朝聞道夕死可矣」，禎卿有之！

第二節　顧璘——對文學與心學的雙重揚棄

一、貶謫全州的人生經歷及其心態轉變

　　顧璘是復古派在南方的重要羽翼之一，亦是南京文壇的領袖人物。顧璘

的一生幾經宦海沉浮，其與當時文壇上復古派的代表人物李夢陽、徐禎卿、王廷相等都有著密切聯繫和頻繁交往；此外，顧璘與陽明之間關於心學種種理論的探討和辯詰，顧氏對陽明心學陰奉陽違的複雜態度，這些使得他一生的人格心態和文學思想有著較為明顯而曲折的發展變化。

弘治九年，年方 21 歲的顧璘舉進士第，但是年輕的顧璘卻沒有心急地踏入仕途，而是請告還江南，回到家中刻苦鑽研文學。在歸家三年後，他於弘治十二年被任命為廣平知縣，弘治十五年又被封為南京吏部驗封司主事，進稽勳郎中。據文徵明《故資善大夫南京刑部尚書顧公墓誌銘》所記：

> 公融朗闊達，精於吏理，能激昂任事。初蒞廣平，年甫弱冠，或易視之。而公關決敏利，摘伏若神，拊循道利，靖而不煩。而飾以文學，有古循良之風。〔註32〕

由此可知，顧璘性情闊達，精於吏治，對於朝廷任命的知縣之位盡忠職守，從未懈怠。作為弘治朝的新進士子，他對朝政充滿了熱情和期望，對於地方上繁冗紛雜的種種事務，其表現出精強的政治能力；此外，弘治十二年王守仁進士及第，顧璘於此年與陽明結識，並與李夢陽、何景明等人相互酬唱，共同倡導文學復古，蔚為風氣。因此，文徵明所說其在任上之時「飾以文學」，則不僅體現了顧璘對文學的愛好，同時也是其將文學與政治緊密結合的一個實證。正因顧氏對文學復古的堅定倡導，才使其行事為官具有古代良吏忠勤恭謹之操守。

弘治十八年五月，年僅三十六歲的明孝宗在留下了最後的囑咐後便撒手人寰，將國政的重擔留給了「年幼好逸樂」的武宗朱厚照。儘管弘治一朝稱不上太平盛世，但相比於其後武宗的逸樂無度、怠於政事，世宗的剛愎自用、摧折群臣而言，孝宗忠厚勤謹、仁慈寬容的溫厚性格及善納諫言、體恤群臣的行事風度使得朝廷與士人之間的關係日趨和諧融洽。在這種氛圍之下的新進士子，自然便充滿了對朝政的憧憬，他們骨子裏的儒家傳統人生理想重新復蘇了，渴望在朝廷的政治舞臺上一展才華，並通過夜以繼日的努力使大明王朝繁榮興盛、長久不衰，從而自己也得以青史留名。顧璘正是這些新進士子之一，此時儒家積極用世的價值觀成為了他的人生信條。弘治年間順利的為官經歷使得其得以展露自己強實的政務能力，同時也堅定了他人生在世當有所作為的價值理念。因此，當正德改元、武宗登基之際，顧璘並沒有表現

〔註32〕文徵明：《甫田集》，卷三十二，《故資善大夫南京刑部尚書顧公墓誌銘》，文淵閣四庫全書本。

出明顯的傷痛和不安。在他心裏雖有對孝宗逝世的傷感，但更多的卻是對新朝的期待和濟世的熱情。然而，武宗即位以來任用劉瑾、馬永成、谷大用等一干宦官奸黨，日夜遊戲致使朝政荒怠，群臣稍有上疏諫言者輕則罷黜還家，重則下獄流徙。一時之間，孝宗剛剛建立起來的君臣之間相互信任、相互尊重的穩定和諧關係被武宗一手打破了。

　　武宗登基時不過是一個 15 歲的少年，雖然他有「好騎射」、「好逸樂」的性格特徵，但對於一個出生皇家又頗受父親寵愛的皇子來說，也不算什麼嚴重的問題。但是，當武宗的這種個性被劉瑾等別有用心之人借機利用時，朝政的黑暗腐敗便是必然結果了。正如韓文等人於上疏中所言：

> 臣等伏睹近歲朝政日非，號令失當。自入秋來，視朝漸晚。仰
> 窺聖容，日漸清削。皆言太監馬永成、谷大用、張永、羅祥、魏彬、
> 丘聚、劉瑾、高鳳等造作巧偽，淫蕩上心。擊毬走馬，放鷹逐犬，
> 俳優雜劇，錯陳於前。至導萬乘與外人交易，狎昵媟褻，無復禮體。
> 日遊不足，夜以繼之，勞耗精神，虧損志德。〔註33〕

劉瑾牢牢抓住武宗喜好游蕩、貪圖玩樂的個性特點，曲意逢迎、導其遊戲，使其逐漸疏遠劉健、謝遷等一干正直朝臣，帝國權柄一時便落在了劉瑾等人手中。劉瑾性格有兩大特點：一是貪婪專權。據《明史‧食貨志》記載：

> 初，天下府庫各有存積，邊餉不借支於內，京師不收括於外。
> 成化時，巡鹽御史楊澄始請發各鹽運提舉司贓罰銀入京庫。弘治
> 時，給事中曾昂請以諸布政司公幣積貯征徭羨銀，盡輸太倉。尚書
> 周經力爭之，以為有不足者，以織造、賞賚、齋醮、土木之故，必
> 欲盡括天下財，非藏富於民意也。至劉瑾用事，遂令各省庫藏盡輸
> 京師。〔註34〕

> 先是仁宗時，令中官鎮守邊塞，英宗復設各省鎮守，又有守備、
> 分守，中官布列天下。及憲宗時益甚，購書採藥之使，搜取珍玩，
> 靡有孑遺。抑賣鹽引，私採禽鳥，糜官帑，納私賂，動以鉅萬計。
> 太嶽、太和山降真諸香，通三歲用七千斤，至是倍之。內府物料，
> 有至五六倍者。孝宗立，頗有減省。……至武宗任劉瑾，漁利無厭。
> 鎮守中官率貢銀萬計，皇店諸名不一，歲辦多非土產。諸布政使來

〔註33〕張廷玉等撰：《明史》，卷一百八十六，列傳第七十四，第 4915 頁。
〔註34〕張廷玉等撰：《明史》，卷七十九，志第五十五，第 1929 頁。

朝，各陳進貢之害，皆不省。〔註35〕

各省府庫囤積庫藏原是為有事之時可直接支取邊餉或賑濟災民而設的。而到劉瑾這裡，便將舉國上下的庫藏盡數輸入京師倉庫，供己任意揮霍享用；不僅如此，劉瑾還借採辦、織造、俸餉等名目公然要求各地官員進京納貢，漁利無厭。更有甚者，劉瑾還要求凡進出京城的官員必須給他進貢送禮，沒錢送禮之人往往無端被禍，據史載：「海陽周鑰，弘治十五年進士。為兵科給事中……時奉使還者，瑾皆索重賄。鑰計無所出，舟行至桃源，自刎。」〔註36〕因為無錢送給劉瑾竟懼禍自刎，可見其不僅貪婪卑鄙，且權焰薰天，動輒便可摧折朝廷官員。

劉瑾另一大性情特點是奸狡狠毒、睚皆必報。《明史》載「方瑾用事，橫甚，尤惡諫官，懼禍者往往自盡。」〔註37〕凡是曾經上疏彈劾過他的人，劉瑾都一一記在心裏，並將這些忠直之士流放至邊遠之地；他還矯詔頒布「奸黨榜」，其中劉健、謝遷、李夢陽、王守仁等都名列其中；被其除名之士人更是數不勝數，姑錄數人，以見一斑：

> 趙璜，字廷實，安福人。……正德初，擢順天府丞，未上，劉瑾惡璜，坐巡撫硃欽事，逮下詔獄，除名。〔註38〕

> 劉麟，字元瑞，本安仁人。……劉瑾銜麟不謁謝，甫五月，摭前錄囚細故，罷為民。〔註39〕

> 王廷相，字子衡，儀封人。幼有文名。登弘治十五年進士，選庶吉士，授兵科給事中。以憂去。正德初，服闋至京。劉瑾中以罪謫亳州判官，量移高淳知縣。〔註40〕

> 李鉞，字虔甫，祥符人。弘治九年進士。除御史。巡視中城，理河東鹽政，歷有聲績。正德改元，天鳴星變。偕同官陳數事，論中官李興、寧謹、苗逵、高鳳等罪，而請斥尚書李孟旸、都督神英。武宗不能用。以喪歸。劉瑾惡鉞劾其黨，假他事罰米五百石輸邊。〔註41〕

由此可見，在劉瑾專權的幾年時間裏，其對士人尤其是直言敢諫之官員摧殘

〔註35〕張廷玉等撰：《明史》，卷八十二，志第五十八，食貨六，第 1993 頁。
〔註36〕張廷玉等撰：《明史》，卷一百八十八，列傳第七十六，第 4988 頁。
〔註37〕張廷玉等撰：《明史》，卷一百八十八，列傳第七十六，第 4988 頁。
〔註38〕張廷玉等撰：《明史》，卷一百九十四，列傳第八十二，第 5145 頁。
〔註39〕張廷玉等撰：《明史》，卷一百九十四，列傳第八十二，第 5151 頁。
〔註40〕張廷玉等撰：《明史》，卷一百九十四，列傳第八十二，第 5154 頁。
〔註41〕張廷玉等撰：《明史》，卷一百九十九，列傳第八十七，第 5255 頁。

甚巨。而武宗對此始終不聞不問，不論其屬無意為之，還是有意縱容，正德初年的朝政在劉瑾、谷大用等人的把持和操縱下可謂烏煙瘴氣、一片狼藉。

在這種情勢下，復古派中人紛紛上疏言事、指責劉瑾亂政誤國，除前引李夢陽、王守仁、王廷相、劉麟等人外，何景明、邊貢、何塘等人亦皆因忤逆劉瑾而相繼被迫退出政治舞臺。復古派屬於弘治一朝的新進士子，他們大多為耿介正直的氣節之士，又懷抱著真誠無私的人生志向，絕不會趨炎附勢、媚軟求全。因此，在劉瑾專權的正德初年，復古派便難免遭受下獄罷官、貶謫流放等政治迫害。

（一）顧璘被貶全州始末

在劉瑾掌權的這段時期，顧璘一直在南京任職。南京作為明朝的陪都，經濟和文化事業均十分發達；又因其遠離京城，故而政治氣氛較為寬鬆；暫時遠離了京師的風風雨雨，得以棲居南京的顧璘相對於此期復古派的李夢陽、王守仁等人而言，他並沒有與劉瑾產生直接的衝突和矛盾，因此從弘治十五年起一直到正德五年，顧璘由南京吏部驗封司主事進稽勳郎中，政治仕途較為平穩。然而，身處南京的他並非對國家大事毫不關心，對劉瑾及其黨羽的所作所為也並非無動於衷，作為復古派的重要成員，顧璘同其他人一樣有著致君堯舜的人生志向和政治理想；在人格性情上，作為弘治朝的新進士子，他們共同表現出慷慨豪邁、不畏強權而直言敢諫的高尚氣節。正德五年，顧璘升為河南開封府知府。在任職開封期間，他幫助時任兵部尚書的彭澤平定了流盜的叛亂，表現了傑出的軍事才能；據文徵明所記，其人格性情也因與劉瑾逆黨的鬥爭而表現出「強執不撓」的一面：

> 鎮守中官廖堂恃逆瑾黨援，圍奪自恣。公摧抑捍蔽，每折其萌芽，不令得肆。瑾誅，廖罷去，而錢功用事，群閹方熾。王宏者尤悖謾剽疾。繼廖出鎮，秉權席寵，氣焰襲人。一時有司或屈節自容，公故不為禮。有所徵需，一不答歲，時展謁長揖而已。用是積忤宏。宏方恃寧為援，矯詔逮赴錦衣獄。獄吏問狀，公據禮執誼，抗言條對，一無所承。寧無已，遣邏卒陰探郡中無所得，乃文致他比，以竟其獄。獄成，鐫三階，徙全。〔註42〕

〔註42〕文徵明：《甫田集》，卷三十二，《故資善大夫南京刑部尚書顧公墓誌銘》，文淵閣四庫全書本。

廖堂作為劉瑾的重要爪牙之一，貪鄙自恣、仗勢橫行：「中官廖堂鎮河南以刺舉劫制長吏而斂其賄，遂至貪墨成風，爭營賂以緩禍取容。」〔註43〕姑舉一例，可見一斑：

> 李充嗣，字士修，內江人。給事中蕃孫也。登成化二十三年進士，改庶吉士。……初，鎮守中官廖堂黨於劉瑾，假進貢名，要求百端，繼者以為常。充嗣言：「近中官進貢，有古銅器、窯變盆、黃鷹、角鷹、錦雞、走狗諸物，皆借名科斂。外又有拜見銀、須知銀及侵扣驛傳快手月錢、河夫歇役之屬，無慮十餘事，苛派動數十萬。其左右用事者，又私於境內抑買雜物，擅榷商賈貨利。乞嚴行禁絕。」詔但禁下人科取而已。〔註44〕

廖堂自恃有劉瑾撐腰，恣意貪污受賄、漁利無厭，對其時社會風氣的影響是十分巨大的，所謂「貪墨成風」「繼者以為常」絕非虛假之言；許多士人因畏懼瑾黨勢力不敢出一語相抗，而顧璘卻同復古派中大多數成員一樣不畏強權並在實際行動中「摧抑捍蔽，每折其萌芽，不令得肆」，表現出文人士大夫的正直品格與高尚氣骨。劉瑾及其黨羽伏誅後，錢功用事。據《明史》記載：「時劉瑾雖誅，佞倖猶熾，中外諫官被禍者不可勝數。」〔註45〕「劉瑾雖誅，權猶在宦豎。」〔註46〕劉瑾伏誅後，作為其黨羽和爪牙的宦官佞倖猶未除，反而愈益張狂恣肆；錢功自不必說，他本依附於劉瑾，伺劉瑾敗後，便設計得免，又投武宗所好「引樂工臧賢、回回人於永及諸番僧，以秘戲進。請於禁內建豹房、新寺，恣聲伎為樂，復誘帝微行。帝在豹房，常醉枕寧臥。百官候朝，至晡莫得帝起居，密伺寧，寧來，則知駕將出矣。」〔註47〕一時權貴無比。廖堂罷免後，鎮守河南之務由中官王宏擔任，王宏詩謷剽疾、氣焰薰天，又仗錢功為援，一時大小官員無不畏懼，許多官員為了免禍及身，甚至卑躬屈節以圖自容。而顧璘卻對王宏不假辭色，「有所徵需，一不答歲，時展謁長揖而已」。明顯表現出對其的輕蔑和不懈，由此惹惱了王宏。王宏倚仗錢功之勢，將顧璘逮赴錦衣獄，後又羅織罪名將其貶謫至廣西全州。這就是顧璘被貶前後經過。關於此次

〔註43〕 焦竑：《國朝獻徵錄》，卷三十六，《資善大夫南京禮部尚書慈谿朱公恩墓誌銘》，明萬曆四十四年徐象枟曼山館刻本。
〔註44〕 張廷玉等撰：《明史》，卷二百一，列傳第八十九，第5307～5308頁。
〔註45〕 張廷玉等撰：《明史》，卷一百八十八，列傳第七十六，第4994頁。
〔註46〕 張廷玉等撰：《明史》，卷一百九十四，列傳第八十二，第5153頁。
〔註47〕 張廷玉等撰：《明史》，卷三百七，列傳第一百九十五，第7891頁。

貶謫經歷，顧璘在《贈別同年王大參唯忠》一詩中作了詳細交代：

> 中路厄陽九，昏陰暗嚴廊。明明聖哲姿，垂拱示貞藏。青霄走
> 罔兩，妖彗擾天綱。誅求竭井裏，流竄連冠裳。赤眉稱亂首，萬姓
> 疲才匡攘。翠華無時出，六軍行裹糧。眾人貴附和，直士死路傍。
> 吾儕嬰禍網，駢首投豺狼。窮途莽星散，音耗眇相望。壯者半投竄，
> 耆宿多喪亡。時觀禮闈籍，涕淚空彷徨。〔註48〕

此詩前半部分著重描寫了詩人甫登進士時弘治一朝的清明政治，所謂「嘉運
屬休暢，群才競騰驤。搖筆演明略，階墀殷琳琅。天顏豁開納，宰輔勤明揚。」
「彬彬慎六職，蕭蕭司群方。小大雖異適，風烈互成章。王度凜繩直，而誰越
官常。」隨後筆鋒一轉，以沉痛激憤的口吻刻畫了正德朝因劉瑾等奸小亂政
給國家帶來的災難，以及包括自己在內的正直人士遭受的種種迫害。顧璘同
復古派其他成員在正德初的政治經歷相似，都是在與劉瑾及其黨羽（及後來
以錢功為首之佞倖）的鬥爭中遭遇貶謫或罷官的。復古派成員在此次鬥爭中
表現出高昂的鬥志和棱棱的風節，得到了正直人士的讚賞和支持，文學復古
運動亦在此期得到蓬勃發展並迅速達到高潮；然而，對於此時的顧璘來說，
貶謫全州的人生經歷基本使其失去了入朝為官的入世熱情，其人生價值觀逐
漸由強調事功向隱逸山林轉換；最重要的是，罷官貶謫的人生際遇成為顧璘
人格心態的轉折點，其復古文學思想也相應地產生了一些變化。在山高水深、
語言難通、一無所靠的陌生環境下，顧璘逐漸體會到陽明當年遭遇貶謫之心
境，並對其靜息之說有了一定的心得體會；可以說，在謫宦全州期間，除了
傳統儒、道兩家關於出處進退的價值觀念外，顧璘還吸收了陽明心學的相關
理論以實現自我解脫和個體受用的人生需求，並進而獲得一種超然和樂的人
生境界和生命情態。

　　入獄之前，顧璘的仕途一直比較平穩。對廖堂、王宏等人的忤逆和衝撞
他也並非不知曉其中的利害關係，李夢陽、王守仁等友人的政治遭遇就在眼
前；然而，正直不屈的顧璘始終沒有屈節婢膝，反而強執不撓、不伺其意，這
也最終成為其被貶之原因。顧璘被逮赴錦衣獄後，艱難困窘，不足名狀：「璘
在開封忤權璫被逮赴京，初脕錦衣獄，侵夏止一縕袍。」〔註49〕此刻獄中情

〔註48〕顧璘：《顧華玉集》，《息園存稿詩》卷五，《贈別同年王大參唯忠》，文淵閣四
　　　　庫全書本。
〔註49〕顧璘：《國寶新編》，田汝耔條，明嘉靖刻本。

狀同弘治朝初登進士第怒馬鮮衣、少年得志時相比，又有多少辛酸！正德八年，顧璘被貶為廣西全州知州。對於此次被貶，他還是有著一定的心理準備的；可是當詔命下來時，舉家仍然難掩悲傷酸楚之情：

> 戚戚歲云暮，我行適瀟湘。兄弟持我泣，父母淚縱橫。云有薄田疇，卒歲具粢粱。胡為去萬里，骨肉相乖張。局蹐訴父母，兒自戀家鄉。舉事觸明憲，置理竄南荒。程期若星火，不得少留行。勿復遠思念，兄弟善持將。吞聲出門閭，沉痛絕衰腸。〔註50〕

全州自古屬於蠻荒瘴癘之地，蛇虺蠱毒所在多是，且交通不便、音書難達，顧璘此去無異九死一生，因此，才有「兄弟持我泣，父母淚縱橫」的情景。可是身為朝廷官員的顧璘別無選擇，只好叮囑父母兄弟「勿復遠思念，兄弟善持將」。「吞聲」二字將詩人迂曲難申之哀怨、不敢多言恐徒增禍端之委屈展露無遺。由此詩可知，其在出發前心情委屈沉痛、複雜難言。

（二）由追求事功向隱逸山林的價值轉換

甫至全州，顧璘看到的並非山清水秀的湘南景致，而是面色鼇瘦、擔驚受怕的普通百姓：

> 跋涉既累月，始聞及清湘。長風卷舟幕，忽見湘山蒼。黃髮數老叟，迎予具壺漿。面色頗鼇瘦，草際各蹌蹌。拜起問生理，輒言困兵荒。云望使君至，冀免溝壑狹。我聞老叟言，垂涕意彷徨。比歲牧梁宋，兵戈劇流亡。逮此越萬里，民瘼乃同方。憶昔始觀國，徒行不齎糧。皇輿非改轍，惠澤恒汪洋。閔茲豐儉故，所罪吏非良。嘬膚遂及髓，割肉救瘡瘍。天高不能愬，仰失日月光。矧予既朽廢，豈有仁風揚。登途入城府，惻惻心自傷。〔註51〕

這首《初至全州》完整地表現了顧璘剛到全州的複雜心態：既有對兵戈流亡、戰事頻仍給百姓所帶來之痛苦的深切同情；又有對小人當道、君主不明的義憤無奈；還有一種因貶謫而來的哀怨和傷感。正德八年，顧璘剛剛 38 歲，但在此詩中他卻說自己「朽廢」，這既是一種擔心自己不能在任上辦理好政務的自謙之詞，更多的恐怕還是一種憤激之語。

貶謫全州的人生經歷使得顧璘的人格心態發生了巨大的轉變：從少年讀

〔註50〕顧璘：《顧華玉集》，《浮湘稿》卷一，《申思三首》其一，文淵閣四庫全書本。
〔註51〕顧璘：《顧華玉集》，《浮湘稿》卷一，《初至全州》，文淵閣四庫全書本。

書立志到進士登第、入朝為官，顧璘一直秉承著儒家積極進取、興邦濟世的人生志向、堅守著「立德、立功、立言」三不朽的人生理想。然而，「信而見疑，忠而被謗」的殘酷現實不僅使其對朝政產生了懷疑和失望，同時其所在貶所離家萬里、音書難至，對父母親人的思念成為此一時期顧氏思想之主導；最根本的是，同陽明當年於龍場苦思儒家入世的人生理想失落後人生價值的終極意義為何一樣，顧璘也面對著同樣的問題。對終極答案的思索不斷拷問著他的靈魂，並最終奠定了其隱逸山林的人生選擇；而對歸隱的選擇並非出於被動和無奈，更多的則是為了一種追求自洽自得、適意安然的生活方式，從而獲取真實的人生受用。

顧璘的這種退隱心態在其同時期所作書信中有較為明確具體的表現。在幾封書信中，顧璘詳細解釋了自己希求辭官還鄉的原因，為了完整展現顧氏此期的人格心態，姑不嫌冗繁，細列如下：

> 僕已任一郡在已矣！閭閻田野之間，不得其所者不可稽數。豈敢以一郡為不足邪？此甚狂誕者之意不敢效也。但老親在家，去秋發一疽甚重，今雖幸愈，甚非人子之情。有少女，即今納婿，乃故南安守俞勉誠少子。勉誠易簀時實有託孤之責於僕，今遠地不能教之，負其地下之望。且妻妾子女在家委累老親，既不能養又不能安之，是禽獸也。故屑屑求去，意蓋出此。若向得近地，苟遂此數者，雖抱關擊柝古之大賢不恥為之，況僕乎？〔註52〕

> 然璘之求退非苟為激切可以中止，蓋亦籌之熟矣⋯⋯璘黯劣無狀，聖主不忍加刑，薄示竄罰，恩至渥矣。古者得罪黜罰之臣，多一歲半歲以病自免。所以上全朝廷之惠，下保性命之期也。今聖朝於大罪之人不即罷斥，僅置遠地，正使諸人自為之所。若復冒利干寵不能自擇，豈人臣守身奉上之道乎？況璘有父母在堂，鍾愛甚篤，屢有書來促璘致仕。事變無窮，親年有極。與其希難至之寵，孰若圖易盡之養，為足以盡其心也。且璘係守土之官，別無公幹可以省親。歲月悠悠，後事難料，所以晝夜痛心而必欲求去，正坐於此。又違遠兄弟，離棄妻子，群憂滿腹，百病集體，伶仃弱僕，飲食莫調，屋廬蕭然，霧雨莫衛。萬一填棄溝壑，祗令旁人見笑。古人云：

〔註52〕顧璘：《顧華玉集》，《息園存稿文》卷八，《復蔣中丞書》，文淵閣四庫全書本。

死生亦大矣！其可不念。大巡先生臺城尊嚴，不敢輒以書上。唯門下見察深至，故敢再瀆。乞為轉白此心，俾璘早還故鄉見父母，瞑目無恨。〔註53〕

別去開封，兵戈倥傯，百責交萃……聖主曲照，賜之更生。其中憂戚萬端，兢兢自持，幸免敗壞。此景玉所見不俟盡言。投荒今已二年，違父母，捐妻子，獨二僕相隨。時得家書，神氣俱殞。老父去歲瘍患幸痊，近者家難崩析，又有無家之累，需璘為計。屢乞歸田，臺司不察人情，類以好語相慰。欲拜疏求去，說者以怨見恐，又不敢舉。無可奈何，正思執事往時舉意堅決，得釋無窮之患。幾微之際，愧不相及遂至此耳。夫復何言！聞家居頗安，已嘗有奏薦者，大抵非當路相知度可有為，斷不必出。即今若子和升之諸公亦陷墨白之間，誰為相理，此可浩歎耳。公今在喪室，未敢多談，臨書不勝惘惘。〔註54〕

僕初赴任與老親相約，應命之後即請歸養。不意孤羈三年，百圖不遂，此執事所知。去年老父因憂發疽，瀕危幸復。又以家難崩析，舊居推讓諸父。今老親與妻子僦屋而處，璘命蹇惡，又喪一婿。一女在家，子女迫臨婚嫁。因不孝遠放，此累俱在老親。聞璘應朝，二月間已遣家人至武昌諸處相迎。近書來云，望璘不至。中夜起坐，殊方聞之，中心如割，恨不飛越以慰其情。夫一物失所，仁者惻心。況大巡先生仁恩廣博，萬物仰澤。若璘獲罪之臣、失養之子、永廢之人而久衰之命，又竊鄉曲之後、冠裾之末，安得不少垂憐乎？第諸公不肯為璘一言。璘在下僚又不敢以狀徑達，是以下情未獲伸耳。且璘方寸久亂，日對吏民，直如土偶。縱使執役場屋，萬萬無益。況連年乞休就養，今已有便可歸。又復逡巡不請，強逐諸賢，追附榮名，宗族故人必生短議。璘此行求退決矣！不敢多言，冒犯尊嚴。萬乞委曲數辭，得獲矜釋。上安老親，下善歸計，結草剖心，不足為報。〔註55〕

〔註53〕顧璘：《顧華玉集》，《息園存稿文》卷八，《啟廣西二司諸公》，文淵閣四庫全書本。
〔註54〕顧璘：《顧華玉集》，《息園存稿文》卷八，《與田景瞻》，文淵閣四庫全書本。
〔註55〕顧璘：《顧華玉集》，《息園存稿文》卷八，《與蕭東之》，文淵閣四庫全書本。

從上引四封書信中可以看出，顧璘反覆申述自己請求退官歸隱的原因主要有三：一是父母老親多病、妻子兒女在堂，需要供奉安養。顧璘屢次提及老親在家，又「因憂發疽，瀕危幸復」家難崩析、無人照料的情景，希望能夠早日還家上養老親、下育子女，希圖以孝道打動朝廷、得到朝廷的同情和諒解。全州古時荒涼僻遠、人跡罕至。顧璘自幼生活在南京地區，入朝為官後又主要在中原一帶任職，所在之地均是繁華富麗的都市，全州自然無法與之相比。據顧璘詩中所記全州人文地理環境「蛟魚凌波起，駭浪如高岑。岩巒仄無地，草木多毒淫。」〔註56〕身處於這樣的「蠻煙毒霧」〔註57〕之地，怎能不叫人傷心呢！翻開《浮湘稿》，顧璘寫得最多的題材就是思鄉戀家，情感基調則是悲涼哀怨的，試舉三例如下：

> 聖世思柔遠，孤臣敢愛身。中年為客倦，寒夢到家頻。道廢傷新歲，顏衰愧古人。鄉園今萬里，梅蕊為誰春。〔註58〕

> 滿堂風雨燭花殘，獨客思歸坐夜寒。遙想故園當此夕，畫樓明月影團團。〔註59〕

> 華燈光射銀屏影，鬥起春光，月轉迴廊，羅綺風飄滿路香。金陵自古豪華地，不似殊方，堪笑潘郎，流落天涯獨舉觴。　　春城簫鼓無端鬧，說近元宵，華燭高燒，偏對良辰更寂寥。斜風細雨敲窗戶，又送蕭條，愁病無聊，何日行歌白下橋。〔註60〕

上舉三首詩詞體裁各不相同，但卻表達了同一旨意：思親懷鄉。第一首五律寫出了詩人「獨在異鄉為異客」的淒然感受，詩人感受到的不僅僅是悲傷和委屈，更多的是為客日久的厭倦之情。在月華如水、孤獨淒冷的夜裏，詩人因思念遠方親人而輾轉不能成眠，好不容易有了睡意，在夢中詩人終於可以回家與家人團聚。「道廢傷新歲，顏衰愧古人」二句體現了詩人此際的複雜心態：新的一年來臨，可是聖人之道依舊頹廢不行；容顏逐漸衰老，面對昔日

〔註56〕顧璘：《顧華玉集》，《息園存稿文》卷八，《答李川甫》，文淵閣四庫全書本。

〔註57〕顧璘：《顧華玉集》，《息園存稿文》卷八，《磐石秋望》，文淵閣四庫全書本。

〔註58〕顧璘：《顧璘詩文全集》，《浮湘集》卷二，《同金曼甫飲兒嶼呈詩乃和之》其一，文淵閣四庫全書補配文津閣四庫全書本。

〔註59〕顧璘：《顧璘詩文全集》，《浮湘集》卷三，《寄內並示二兒》其一，文淵閣四庫全書補配文津閣四庫全書本。

〔註60〕顧璘：《顧璘詩文全集》，《山中集》卷一，《采桑子》，文淵閣四庫全書補配文津閣四庫全書本。

曾立下赫赫功勳的古人，詩人感到無比慚愧。在這種複雜的心情中，詩人天涯遠眺，想起故鄉園中以前時時賞玩的那幾株梅花，當此冬去春來之際又為誰盛放？尾聯詩人用了移情和反問的手法，不說自己思念故園，反問故園之梅：昔日相伴之友今已遠謫萬里之外，如今梅蕊吐芳又是為誰？巧妙含蓄地表達了詩人思念家鄉的殷切之情。第二首七言絕句是詩人寫給妻子和兩個兒子的，前兩句為實寫，後二句為虛寫，一冷一熱，對比鮮明。詩人獨自在蠻煙瘴癘的貶謫之地，又逢風雨大作，詩人因思念故鄉親人而晝夜難眠，不禁想起昔日在家之時，此刻想必應該是「畫樓明月影團團」的盛景吧！此詩以想像回憶之詞結束，則前後冷熱對比鮮明可見，以熱襯冷，突出表現了詩人那難以言傳的離愁和思念。第三首《采桑子》是顧璘所作為數不多的詞作之一，這首詞較好地表達了詩人因流落天涯又逢佳節而產生的孤獨冷落、深沉真切的感情。此詞抒情重點在下半闋：「偏對良辰更寂寥」一句透露出詩人「獨在異鄉為異客」的愁悶無聊情狀，同時對於羈旅異鄉的宦遊之人來說，元宵佳節客中獨過更讓人倍感淒涼！「斜風細雨」之感受並非只有張志和的從容自適，亦有陰雨連綿所帶來的蕭條淒清、愁病無聊，詩人在詞之末尾遙想何日才能回到故鄉白下橋縱情高歌呢？將真切的思鄉感情表現得細膩具體，而不流於空泛。顧璘在貶謫全州期間所作詩中表現最多的主題就是思親念家，除上述三首詩詞外，還有《申思》《雨中溪行雜詩》《春思》《甲戌除夕》《中秋縣署值雨》等，不勝枚舉。由此可見，顧氏所說「與其希難至之寵，孰若圖易盡之養，為足以盡其心也」，確實是其真實心態的體現。

　　二是出於一種懼禍心態。顧璘早歲登第，本想在政治舞臺上一展才華，實現致君堯舜的人生理想；然而，正德一朝武宗不明、宦官佞倖又輪番把持朝政，動輒摧殘正義敢言之士，一時腥風血雨、兇險萬狀。顧璘也因忤逆宦官佞倖先是被下錦衣獄，後又被貶全州，雖彰顯和保持了一己的氣節和人格，但其中之艱難兇險亦所在多是。在謫宦期間，顧璘表現出明顯的懼禍隱忍心態。在《謝劉少傅書》中，顧璘對自己初遭貶官時的心態作了解釋：

　　　　初欲極陳底裏，申閭閻之痛，明冠紳之節，繼念上無相知之人
　　相與暴白，徒怨結禍深，孤立無與，老親在堂，憂鬱可懼。遂隱忍
　　就竄，甘為兒女子之行，甚可醜也。〔註61〕

〔註61〕顧璘：《顧華玉集》，《息園存稿文》卷八，《謝劉少傅書》，文淵閣四庫全書本。

由此可見，起初顧璘對貶謫全州之結果心有不甘，並有上書剖白心跡之意，但當想到「上無相知之人相與暴白」，恐怕事有未成，反而連累老親、徒增禍患而已。「憂鬱可懼」「隱忍就竄」正是對顧璘此時心態的最好概括。在上引《與田景瞻》之信中，顧璘將自己在全州之感受概括為「憂戚萬端，兢兢自持，幸免敗壞」，可見，顧璘一直生活在憂戚恐懼、小心謹慎、如履薄冰的狀態之中；在信的末尾，他亦有「公今在堊室，未敢多談，臨書不勝惘惘」之言，「未敢多談」四字正透露出其小心謹慎、憂懼萬端的懼禍心態。

　　顧璘之弟顧琛（字英玉）得中正德九年進士，顧璘得知消息後，心情頗為複雜：一方面是為其苦讀詩書終得一第從此可以大展宏圖、光耀門戶而喜悅和興奮；另一方面，英玉性情頗為耿介，聯想到自己因觸怒權貴而漂泊羈旅、孤獨無依之狀，顧璘又恐其走上自己的老路。因此，在此封家書中，顧璘闡述了自己為官 20 年的體會和經驗，表現出明顯的懼禍隱忍心態：

> 向予入官少於英玉，不知仕途情狀，徑意直行，至今二十年矣。雖復低眉斂衽，趨走堂下，指其項者猶眾，過誠在我。古之君子盛德，容貌若愚，況余德未盛而貌又非愚者乎！婁師德不拭唾面，王文正不發過於僮僕，推而廣之，何事不忍，何人不容，有容乃大，有忍乃濟，理勢所必然者。予經憂患始克覺悟，願強其志，姑弱其氣，非教吾弟詔也。〔註62〕

雖然顧璘對自己堅守人格氣節之行並不後悔，但從「低眉斂衽」、「過誠在我」之語可以看出，他對自己同權宦鬥爭之方式頗有悔意。顧璘認為，正是因為自己當年的率意直行才導致今日遭難離家、孤苦伶仃的現狀。歷經憂患的他，在對七弟的諄諄告誡中發出「何事不忍，何人不容，有容乃大，有忍乃濟」的心聲，這種退避隱忍心態，絕非毫無原則地妥協退讓、亦非不顧氣節地媚上邀寵，而是其在飽經滄桑、遍嘗憂苦的艱難境遇裏所獲得的安身立命的自保之術。正如顧璘所說「予經憂患始克覺悟，願強其志，姑弱其氣，非教吾弟詔也」。顧璘所覺悟的並非諂媚求存之道，而是在堅守道德理想和正直品格的前提下，為了更好地保全自我從而有機會實現濟世救民的人生志向暫為忍耐而已，而負氣倨傲、寧折不彎之行不過徒惹禍端，於己、於家、於國、於民並無半分益處。雖然顧璘此信以一己之經歷為戒期望顧琛能夠吸取教訓、善保其

〔註62〕顧璘：《顧華玉集》，《息園存稿文》卷九，《遺七弟英玉書》，文淵閣四庫全書本。

身，言辭懇切、情意拳拳，然而，後顧琛為官果因正直耿介為同僚所惡，罷官還家，沒有領會乃兄諄諄教導之苦心。

顧璘這種憂讒畏譏、避禍隱忍的人格心態雖然並不意味著仗義執言、不畏權貴之正直品格的失落，但卻無疑是復古運動在與宦官佞倖的政治鬥爭中受到摧折之結果。從此，以顧璘為代表的新進士人心態逐漸變得深沉複雜，在秉持儒家入世的人生價值觀之外，他們亦開始尋找新的價值依託來解決自我身心與外部環境、個體受用與人生理想之間的種種矛盾，而這正是復古派中人開始轉向陽明心學的前奏。

三是對朝廷的灰心和失望。在全州任上的三年，顧璘對朝政作了深刻的反思。如果說，貶謫之前顧璘尚有積極用世的政治理想，渴望能夠讓正德朝成為直溯漢唐之太平盛世的話，那麼此次謫宦全州的人生經歷無異於冷水澆背，使得他清醒地看到了正德一朝的真實狀況。在貶謫初期，顧璘同復古派其他成員一樣，尚有以女子口吻訴說君主恩情不再的詩作，表達悲涼哀怨的情感基調，希圖挽回君主恩寵，如：

> 水殿夫容隱暗霜，夜臨新月自焚香。窗間畫扇含秋思，帳裏華
> 燈隔御光。四壁椒塗花靄散，六宮蓮漏水聲長。君恩未必緣歌舞，
> 無那昭陽掌上狂。〔註63〕

這首宮怨詩寫得很好，委婉含蓄地表現了一位失寵嬪妃淒涼哀怨之情思。詩人對景物的選取煞費苦心，如「窗間畫扇」、「帳裏華燈」、「四壁塗椒」、「六宮蓮漏」等典型地體現了宮中富麗華貴的場景；同時詩人用了「隱」、「自」、「含」、「隔」等動作字將這些景象串聯起來，並賦予景物以人的情感內涵，以富麗高華之景襯悲涼寂寞之情，生動地表現出曾經君恩厚重，而今卻人去殿空，只剩這位嬪妃一人在一個又一個數不清的夜裏聽著六宮蓮漏的水滴聲「空階滴到明」的悲涼情景。詩的最後一聯解釋了美人何以失寵之原因，同時也是一個譬喻：君主之恩德未必出於聲色犬馬，無奈似趙飛燕那樣的小人當道，恣肆狂蕩啊！應該說，這首詩寫出了顧璘初遭貶官之時的心聲，符合儒家對詩歌怨而不怒、哀而不傷的要求，在含而不露中又有一股淒涼不平之氣，同時他並沒有將譴責的對象指向君主本人，而是對準了整日伴侍君主的宵小之輩。此外，在《擬古》中，顧璘也表達了希望君主能夠遠離姦邪、迴心轉意的

〔註63〕顧璘：《顧璘詩文全集》，《息園存稿詩》卷二，《擬宮怨》，文淵閣補配文津閣
　　　四庫全書本。

企盼：「四方多岐路，出門難與期。遊子適萬里，三歲間音徽。不惜離別苦，但恐中心乖。人情非山嶽，感物易遷移。釋我金跳脫，緘書寄君側。願視故人心，勿視新人色。」〔註64〕同樣是擬女子口吻，這首五古的生活氣息較為濃厚，同時感情也更為殷切執著。「人情非山嶽，感物易遷移」甚至為君主之薄倖尋找合理的藉口，而其目的則是期望君主能夠珍惜故人情誼，勿以新人之顏色為意。這些詩作的具體創作時間雖然難以考證清楚〔註65〕，但根據其後顧氏對正德朝政及武宗所進行的毫不掩飾的批評和指責而言，這種含蓄委婉以妾婦身份期望喚醒君主的作品當作於顧氏思想尚未轉變之初期。

隨著在貶謫之地日復一日的等待和盼望的落空，顧璘也逐漸認清了正德朝的真實狀況及武宗「聲色狗馬，晝夜荒淫，國計民生，罔存念慮」〔註66〕之本質。他在《送劉方伯赴河南》一詩中說：「梁宋繁華古無比，凋殘近自丙寅始。私門剖刻盡錙銖，群盜誅屠及妻子。」〔註67〕丙寅為正德元年，可見，顧璘不僅認為是宦官佞倖等姦邪宵小破壞了朝政，更重要的是武宗上臺直接導致了君臣關係的緊張和衝突，而武宗的種種特殊愛好又給劉瑾、錢功輩的孽生提供了契機。因此，顧璘格外懷念弘治一朝的清明政治和孝宗溫厚勤謹的人格風度，他不止一次地在詩文中歌頌弘治朝的彬彬盛世以及批判正德朝因士氣低靡而導致的國脈虧損：

> 憶昔先朝侍東署，冠簪濟濟朝明堂。芝蘭閣館重交結，金玉藝苑騰文章。一朝風塵忽頹洞，故舊轉盼多凋傷。紛紜群盜亂中土，大夫負劍從戎行。〔註68〕

> 弘治丙辰間朝廷上下無事，文治蔚興，二三名公方導率於上。於時若今大宗伯白岩喬公宇、少司徒二泉邵公寶、前少宰柴墟儲公瓘、中丞虎谷王公雲鳳，皆翱翔郎署，為士林之領袖。砥礪乎節義，

〔註64〕顧璘：《顧華玉集》，《息園存稿詩》卷三，《擬古十一首》，文淵閣四庫全書本。

〔註65〕顧璘將這些模仿女子口吻訴說衷情之詩按體裁編入《息園存稿詩》中，《息園存稿》是顧璘按照自己創作中各類詩體和文體之體類進行編排的，裏面收錄了顧璘一生各個階段的創作，但因稍嫌駁雜，有的詩文難以確切繫年。

〔註66〕蒲松齡：《聊齋誌異》，卷四，《續黃粱》，人民文學出版社，1989年版，第529頁。

〔註67〕顧璘：《顧華玉集》，《息園存稿詩》卷七，《送劉方伯赴河南》，文淵閣四庫全書本。

〔註68〕顧璘：《顧華玉集》，《浮湘稿》卷一，《豫章江上逢方大參文玉》，文淵閣四庫全書本。

刮磨乎文章，學者師從焉。璘方舉進士，得從宴遊之末，奉以周旋。竊見諸公契誼篤厚，切切以藝業相窺，疑無猜嫌，雖古道德之世無以加也。逮今上御極以來，群盜並起，嚮用武力，學者恥言文事。加以逆瑾中害善類，好修之士凜凜以言為諱。然浮靡之習既昌，而忌疾詆害之意起，人務自異不相輸衷矣。抑其勢然邪！〔註69〕

貶謫全州的人生經歷使得顧璘真正看清了正德朝政的弊端，也由此對弘治一朝的清明政治和文化氛圍愈加懷念。尤為可貴的是，他不僅怨恨小人當道對朝廷的破壞和摧殘，還直接將矛頭對準了高高在上的天子。後引《關西紀行詩序》中就有「逮今上御極以來，群盜並起，嚮用武力，學者恥言文事」之語；此外，顧璘還作有多首諷刺武宗出遊之詩〔註70〕，如：《庚辰元日》《上之回》《春日行》等。可見，他對朝廷的態度在此一時期發生了明顯的轉變：從士人心態上來講，由於貶謫全州之經歷，顧璘由原先對新朝的熱情和期待一變為委屈和哀傷，而在冷靜深刻地思考後，其人格心態呈現出複雜矛盾的特徵。一方面，他清醒地認識到，身危是出於道拙，而身處道拙之世，安身自保已屬難得，更遑論以一己之力去挽狂瀾於既倒了。古時朝政是否清明、國家能否安康基本繫於皇帝本人的個性和志向，如憲宗個性軟弱，在位期間便任由姦邪橫行；孝宗溫厚仁愛、善於納諫，則一洗憲宗朝烏煙瘴氣之貌，使朝政重新煥發出生機和活力；而武宗貪好武功逸樂，先後任用劉瑾、錢功輩掌權禍國，結果自然是朝政頹靡不振、風俗敗壞、士氣淪喪無以復加。應該說，顧璘對此認識得十分清楚，他對武宗和正德朝充滿了失望之情，因此才在詩中反覆申明隱逸之志，渴望早日歸隱田園：

孤山蒠而欝，仰止林逋宅。捨舟入荒蹊，森森蔭松柏。往代雲龍會，夫子戢鴻翮。梟鸞道已沉，巢許心所獲。豈無桃李顏，寒梅自貞白。皎皎空谷遺，長愧纓冕客。西瞻岳山墳，淒其暮煙碧。〔註71〕

水泛趣已綿，山行路仍窈。迤邐經層巒，花宮冠林杪。峭壁棲微霄，下映樓觀小。崖傾樹孤撐，亭遠泉重繚。蕭條僧氣閒，肅穆

〔註69〕顧璘：《顧華玉集》，《息園存稿文》卷一，《關西紀行詩序》，文淵閣四庫全書本。

〔註70〕這些詩並不完全作於顧璘貶謫全州時期，但基本下限是在嘉靖元年。又因筆者將正德八年至嘉靖元年作為顧氏文學思想轉折的第二階段，為方便探討研究，故列出以供參考。

〔註71〕顧璘：《顧華玉集》，《浮湘稿》卷一，《孤山》，文淵閣四庫全書本。

人聲悄。來遊屬秋暮，蕉葉青嫋嫋。入徑薰名香，憩澗狎幽鳥。顧
瞻桃源幽，捐佩苦不早。寄言都城子，來者一何少。誅茅倘吾遂，
庶離寰中擾。〔註72〕

不見春花憶故鄉，更愁炎月滯炎方。柴門舊對滄江迴，野服無
如白苧涼。海內形容猶道路，天涯恩澤更農桑。何時掛卻塵冠去，
散髮行歌與世忘。〔註73〕

題詩慰我瀟湘謫，灑淚看君篤外行。悵望故山俱萬里，苦吟秋
月向孤城。風摧羽翼青雲隔，塵滿頭顱白髮生。世事近來無所愛，
溪門春起欲歸耕。〔註74〕

顧璘原先的理想和志向是黼黻盛世，做一代賢臣輔佐帝王成就萬世功業。然
而，在對正德朝有了清醒的認識後，顧璘感歎古聖賢之道於今已然無法實現，
而如何才能在此濁世之中保持自己冰清玉潔的品格成為他思考最多的問題。
於是，其人生價值觀便自然而然地由追求事功轉向了隱逸山林。「何時掛卻塵
冠去，散髮行歌與世忘」並不是言不由衷地憤激之語，反倒是此時顧璘的真
實心境。身處全州之時，顧璘無時無刻不想念遠在故園的親人，而造成自己
遠離故鄉、恨別親友的原因竟是自己對朝廷的一片赤誠，竟是不願依附姦邪
讒佞之輩的高潔人格！對此，他感到委屈、憂傷、憤懣、淒涼，正如其門生金
大車在《浮湘稿後序》中所說：「其氣隱欝而弗舒，其辭沖寂而弗華，其調悲
楚而弗耀，其憂心之存乎？其抱濟世之志而弗獲伸矣乎？」〔註75〕而當這些
情感隨著時間的流逝而沉澱下來，在冷靜地看清朝政現實後，顧璘不禁發出
「雲臺功名不足取，富貴於我如蒿萊」之聲，當濟世之志難以獲伸反而導致
自身難保之時，富貴功名對顧璘來說的確毫無意義了。在貶謫之地遍嘗愁病
無聊滋味的顧璘，經常發出「人世幾何將白髮，年年離恨獨傷神」〔註76〕之
感慨，世事如白雲蒼狗，變幻無常；人生苦短，白髮漸生，歸隱田園以獲取一
己身心的舒適享樂難道不比孜孜於富貴功名更為瀟灑適意？因此，當顧璘說
出「世事近來無所愛，溪門春起欲歸耕」之言時，其心態已由當年中進士之

〔註72〕顧璘：《顧華玉集》，《浮湘稿》卷一，《靈隱寺》，文淵閣四庫全書本。
〔註73〕顧璘：《顧華玉集》，《浮湘稿》卷二，《首夏江上》其二，文淵閣四庫全書本。
〔註74〕顧璘：《顧華玉集》，《浮湘稿》卷二，《去年予謫湘源朱升之副使以二詩寄慰
　　　　茲聞升之調按滇南淒然奉答》其一，文淵閣四庫全書本。
〔註75〕顧璘：《顧華玉集》，《浮湘稿》卷四，《浮湘稿後序》，文淵閣四庫全書本。
〔註76〕顧璘：《顧華玉集》，《浮湘稿》卷三，《病中憶魯南欽佩》，文淵閣四庫全書本。

時積極進取的用世之心轉變為追求山水田園之樂、享受躬耕隴畝之人生情趣
的隱逸人格。

此外，在信中顧璘對田景瞻還說了一句發自肺腑而意味深長的話：「大抵
非當路相知度可有為，斷不必出」。從根本上來說，顧璘始終是一個深受儒家
人生在世當有一番作為思想影響的傳統士人。他並非不願為官，而是在看透
了朝政本質後，顧璘深知此時出仕作官不僅無法實現得君行道之理想，反而
禍福難料、動輒便有性命之虞。說到底，在顧璘看來，武宗並非有為之君，正
德一朝也並非開明治世，因此賢人君子倒不如求得一己之實惠，歸隱田園、
嘯傲山林來得瀟灑自在。而當貪好逸樂的武宗逝世後，顧璘不僅沒有表現出
絲毫傷感，反而有種輕快暢然之情：

> 正德辛巳六月六日，實聖主繼統之二月也。於時渙號自天，黔
> 庶躍舞，屏奸進良，再啟康乂，何其暢哉……璘性好遊。昔在南曹
> 與陳魯南、王欽佩諸君盛追山水之樂，蓋自丁卯以來十五年無是舒
> 舒者矣。乃今復及見之，甚幸哉吾生也！〔註77〕

此時世宗剛剛登基，顧璘對新朝充滿了期待和嚮往。他原以為在世宗一朝會
得到更大的機遇和發展空間，孰料世宗剛愎自負、獨斷專行之個性更加難以
親近，其對朝臣言官的摧殘壓抑比起武宗朝有過之而無不及。而顧璘在貶謫
全州之際所形成的懼禍隱忍心態使其在嘉靖朝行事低調沉穩，因此仕途一帆
風順，晚年官至南京刑部尚書。此是後話，留待下文詳述。

從這篇詩序中可以看出，顧璘對世宗登臺後掃奸除弊、招納賢良之舉感
到由衷地歡欣和振奮；正德二年以來劉瑾、錢功等宦官佞倖先後禍亂朝政，
致使國家頹靡、風俗衰敗、士氣淪喪。顧璘雖然生性喜好遊山觀水，在貶謫
之地亦曾到處遊覽，但自正德二年以來從未有一日暢快適情，距今已十五年
矣！顧璘將人生之失意落魄歸結於武宗所在的正德一朝，並非毫無根據，從
中亦可見出顧氏對正德朝之真實態度：顧璘並非那種明知不可為而為、寧折
不彎甚至不顧性命之人，但他也並不是那種為了一己的安逸享樂而置天下國
家於不顧的隱逸之士。相對於李夢陽一心期望通過個人的努力營造盛世，而
當理想失落後便轉入失望悲涼之人生境遇而言，顧璘表現得十分現實。他並
非沒有「致君堯舜上，再使風俗淳」的人生設計，在詩中他屢次表明人生在

〔註77〕顧璘：《顧華玉集》，《息園存稿文》卷一，《東湖亭納涼詩序》，文淵閣四庫全
　　　　書本。

世當「經綸萬物理，上與聖哲偕」〔註78〕；在《啟楊邃翁》中顧璘還奉勸對方不要謙退猶疑，應早日出仕輔佐帝王以成大業：「我公素任天下之重，固當捐己奉命，就弘濟之大業，奈何謙謙凝滯，與一節之士論尺寸邪！」〔註79〕可見，顧璘仍然以一個儒者的濟世責任要求自己、提醒別人；只不過，顧璘的人生準則正如他自己所說「可以仕則仕，可以止則止，孔子不過若此」。〔註80〕這種通達的人生選擇注定了其不會同晚年的李夢陽一樣因理想之失落而黯然神傷，這是顧璘獨特的人生經驗和生存智慧的體現，儘管說來簡單，但卻並非所有人都能做到，而顧璘之所以能夠在其人生後期擁有灑然超越之心態，獲得安然舒適的真實受用，除了「可以仕則仕，可以止則止」豁然中庸的人生信條外，陽明心學對其人格心態、人生價值觀的影響亦起著至關重要的作用。

二、陽明心學靜息之旨對顧璘人格心態之影響

顧璘與陽明的交往據現有文獻記載當始於弘治十二年，此年陽明進士登第，據黃綰《陽明先生行狀》所記：「己未登進士，觀政工部，與太原喬宇，廣信汪俊，河南李夢陽、何景明，姑蘇顧璘、徐禎卿，山東邊貢諸公以才名馳騁，學古詩文。」〔註81〕可見，陽明與顧璘的相識相知始於對文學的共同愛好。據年譜所記，弘治十七年九月，陽明改兵部武選清吏司主事。顧璘有《詠桂寄王陽明主事》一詩奉寄，表達自己對陽明的思念之情：

> 明月皎如銀，中有丹桂影。懷人坐良宵，衣裳露華冷。〔註82〕

這首五絕寫得不算很好，有落套之俗語，但其流露的感情卻頗為真摯誠懇，體現了顧璘與陽明二人之間的深厚感情。正德九年，陽明升任南京鴻臚寺卿，此時顧璘尚在貶所全州，陽明於五月到達南京後，常常到顧璘家中拜訪問候。由此可見，雖然二人之間來往書信、酬唱詩文均不多，但彼此之間的感情還是比較誠懇真摯的，不然陽明也不會在顧璘貶謫期間屢屢至其家中問候了。

儘管顧璘並非陽明弟子，亦未明確表示對陽明心學拳拳服膺之意，甚至

〔註78〕顧璘：《顧華玉集》，《息園存稿詩》卷二，《長歌行》，文淵閣四庫全書本。
〔註79〕顧璘：《顧華玉集》，《息園存稿文》卷八，《啟楊邃翁》，文淵閣四庫全書本。
〔註80〕顧璘：《顧華玉集》，《息園存稿文》卷八，《啟楊邃翁》，文淵閣四庫全書本。
〔註81〕王守仁：《王陽明全集》，卷六，黃綰《陽明先生行狀》，五冊第177頁。
〔註82〕顧璘：《顧華玉集》，《息園存稿詩》卷十四，《詠桂寄王陽明主事》，文淵閣四庫全書本。

還曾致信陽明就其相關理論進行反覆辯難,但不可否認的是,陽明心學對顧璘一生人格心態和文學思想都有不同程度的影響;尤其在顧璘貶謫全州時期,從人格心態上來說,心學的相關理論不僅使其領悟靜息之旨從而獲得坦然超越之心態,更使得徘徊於入世與出世間的顧璘解決了長久以來困惑他的人生難題,從而獲得真正的心靈愉悅與人生受用。

(一)陽明心學之靜坐教法

貶謫全州的經歷對顧璘來說是其人生中的一個重要轉折點。這不僅體現在其精神風貌由憤激昂揚變為深沉隱忍,進而作用於其文學思想形成不同於此前所倡高昂盛大之體貌;更重要的則是其生命取向和人生價值觀的轉變。雖然顧璘始終沒有放棄儒家經世致用、致君堯舜的宏大志向,即便在貶謫之地顧璘仍發出「平生霄漢意,摧折未蹉跎」﹝註83﹞之聲;但當這種人生理想遭遇到現實的磨折後,在貶謫之地蛇鼠瘴癘、淒風苦雨的生存背景下,顧璘也同古往今來無數因忠被謗之人一樣,感到無盡的委屈、悲傷、憤怒和無奈。因此,他便自然而然地希望通過歸隱田園獲得身體的輕鬆和心靈的寧靜。「腐儒悲末路,幽興狎扁舟」﹝註84﹞正是對顧璘此際心態的最好概括:儘管入世之志未歇,但自己此際不過是天涯淪落、窮愁潦倒一腐儒罷了,又值佞倖掌權、昏庸當道,還能有何作為呢?不如發一己之幽興、盡悠長之野趣,「浮世從他狎扁舟,別樣寬。醉眠都不管,閒卻釣魚竿」﹝註85﹞的生活狀態,難道不是更為愜意安然嗎?顧璘從小在南京長大,入朝為官後也多在中原富庶一帶任職,再加上他喜好結交朋友、遊山玩水,醉時便賞花伴月,酣樂悠悠。所以,他對個體生命之價值是頗為重視的,當仕途受挫、窮愁潦倒之際他想得最多的就是如何解決自我身心之矛盾,如何面對失落之後的人生理想等問題。然而,儘管顧璘可以時時徜徉於山泉林麓之間感受山水之美和野逸之趣,但他卻不能心安理得地獲得這一快樂,因為骨子裏儒家傳統三不朽的人生情結噬骨螫心一般時時提醒著顧璘,他當然可以縱情山水逍遙一生,但每每念及日月若馳而功業未建亦不免黯然神傷,「山林無限好,猶自戀風塵」﹝註86﹞一

﹝註83﹞顧璘:《顧華玉集》,《浮湘稿》卷三,《贈別望之兼寄諸相知十首》其四,文淵閣四庫全書本。
﹝註84﹞顧璘:《顧華玉集》,《浮湘稿》卷一,《暮泛秀江》其二,文淵閣四庫全書本。
﹝註85﹞貢性之:《南湖集》,卷下,《題畫》,文淵閣四庫全書本。
﹝註86﹞顧璘:《顧華玉集》,《浮湘稿》卷二,《甲戌除夕》其三,文淵閣四庫全書本。

句典型地體現了顧氏此際曲折複雜的心態。而他尋找到的解決之方，正是陽明於正德八年提出的靜坐息心之旨。

在與陽明的交往中，顧璘感受到的不僅是陽明正直敢言、不畏強權的精神氣節，更多的則是其深沉博大、豁達灑脫的人格襟懷。在貶謫全州後，他起初同李夢陽等人一樣，表現出憤激失望、憂鬱悲愁之態，體現在文學創作中便是悲涼哀怨的情感基調。而對陽明心學的接觸和認同，使得顧璘的思想和心態發生了一定程度上的轉變。在《與王伯安鴻臚》中，顧璘明確表示自己在用心學「靜息」之旨安頓心靈：

> 自觀時相別，至今已五閱歲，僅僅一通書問，痛念人生能得幾回別也！璘往年過杭，不欲與達者將迎，因止湖上寺中。後聞執事在城中，亦不敢復通。執事或不知璘在外也，遂失良晤，於今為悔。謫來頗與靜便，唯思親一念，唯日耿耿。正思執事往日談滇中之樂，於時漫為悲喜，乃今始知其味也。南都甚優裕，第長才重望，不得久安。即今諸相知幾人得聚？遠方不相聞，亟欲知之。家尊書來道，執事下眷甚勤，感不可言。家弟璪亦稍知所向，倘得侍左右，何任通家之慶也！〔註87〕

除了表達與陽明相見不易之恨及感激其厚待家人之情外，顧璘表示，自己謫宦以來一直「頗與靜便」，實際上是用陽明心學所強調的靜坐工夫來澄心靜慮、達到忘懷得失榮辱、自得自洽之情懷和境界。

為了便於理解顧璘此時所領悟陽明心學「靜坐息心」的內涵，有必要先梳理一下心學教法的發展變化。據錢德洪《刻文錄敘說》所記，陽明心學經歷了幾次重大的發展變化，呈現出明顯的過程性和階段性特徵：

> 先生之學凡三變，其為教也亦三變：少之時，馳騁於辭章；已而出入二氏；繼乃居夷處困，豁然有得於聖賢之旨：是三變而至道也。居貴陽時，首與學者為「知行合一」之說；自滁陽後，多教學者靜坐；江右以來，始單提「致良知」三字，直指本體，令學者言下有悟：是教亦三變也。〔註88〕

錢德洪指出，陽明先生為教之三變為：知行合一——靜坐息心——致良知。

〔註87〕顧璘：《顧華玉集》，《息園存稿文》卷八，《與王伯安鴻臚》，文淵閣四庫全書本。
〔註88〕王守仁：《王陽明全集》，卷二，錢德洪《刻文錄敘說》，一冊第240頁。

陽明另一高足王畿也曾在《滁陽會語》中將陽明心學教法的演變劃分為三個
階段：

> 自此以後，盡去枝葉，一意本原，以默坐澄心為學地……有未
> 發之中，始能有發而中節之和。道德言動，大率以收斂為主，發散
> 是不得已……自江右以後，則專提致良知三字，默不假坐，心不待
> 澄，不習不慮，盎然出之，自有天則……逮居越以後，所操益熟，
> 所得益化，信而從者益眾。時時知是知非，時時無是無非，開口即
> 得本心，更無假借湊泊……晚年造履益就融釋，即一為萬，即萬為
> 一，無一無萬，而一亦忘矣。〔註89〕

龍溪所述與緒山略有不同，他認為陽明心學為教之三變為：默坐澄心——致
良知——晚年之四句教。緒山與龍溪的分歧乃在於前者將知行合一視為靜坐
教法的前一階段，而後者則未將知行合一視為一變，且認為陽明晚年所提四
句教亦為一「權法」。筆者認為，龍溪與緒山同為陽明親傳弟子，又同為心學
大家，二人不僅對陽明生平事蹟十分瞭解，同時對其心學思想也頗多會心。
因此，較為穩妥全面的做法應是將二者所述結合起來參考，庶幾能夠得出較
有價值的答案。左東嶺在《王學與中晚明士人心態》中將陽明心學發展演變
之階段作了較為全面的概括：「正德四年在貴陽主要是倡知行合一之旨，正德
八年在滁陽教人靜坐息心以入道，正德十二年在南贛教學者存天理去人慾以
復本體，正德十五年經忠、泰之難而揭致良知之說，嘉靖六年天泉證道而確
定四句教。」〔註90〕

綜上所述，不論龍溪還是緒山實際上均將「息心靜坐」視為陽明為學教
法之一發展階段。但今之學者對此並不認同，如陳來在《有無之境——王陽
明哲學的精神》一書中就說：「教人靜坐實際上從來不具有教之一變的意
義……靜坐教法根本不構成一個階段。」〔註91〕任文利也認為：「『靜坐』即
是一時對病之藥，居滁陽時這樣講過，過辰州時也這樣講過，並不僅僅是『自
滁陽後』多以此教學者而成為較長一個階段所持的教法。故足以成為王陽明
『教』之一變的只有『致良知』，錢德洪所著重去講的、且有較深切的義理體

〔註89〕王畿著、吳震編校整理：《王畿集》，卷二，鳳凰出版社，2007年版，第32頁。
〔註90〕左東嶺：《王學與中晚明士人心態》，人民文學出版社，2000年版，第181～
　　　　182頁。
〔註91〕陳來：《有無之境——王陽明哲學的精神》，北京大學出版社，2013年版，第
　　　　301～302頁。

會的也正是這一變。」〔註92〕筆者認為，現代學者與龍溪、緒山等人產生分歧的原因在於對「變」的不同理解。陳來和任文利均認為「靜坐」教法不成一變之原因在於陽明提倡靜坐息心並非始自滁陽，其在辰州時即這樣說過，而且靜坐教法在陽明那裡所持時間較短，並不足以構成一個階段，更不能與「致良知」相提並論，「靜坐始終是初學者入門的一種工夫」。〔註93〕同樣，對錢德洪所說為教三變中「知行合一」一變陳來也做了相關辨析，他說：「而教之三變之說，也頗多可研究之處，如知行合一之說固倡自貴陽書院時，但陽明與曰仁南舟論學，特發知行合一之旨，晚與顧東橋書更發揮知行合一思想，很難把知行合一隻看做貴陽時期的思想。」〔註94〕陳來認為，知行合一不只是陽明居貴時期的思想，而是貫穿心學整個思想進路的學說之一，因此不能算作一變。由此可見，陳來和任文利對「變」的理解是用後一個階段來徹底否定前一個階段，二者之間不存在交集和共生的可能；而緒山和龍溪所言陽明心學之變則更側重於發展演變，這種演變有變化、變更的性質，亦有變通之意。總的來說，這種變並非是肯定一個而否定另一個，而是在不同時期、不同階段的演進過程中，陽明心學的主導思想不同而已；在主導思想之外並不排斥前一階段思想的存在，只是此時前一階段的思想已經不是此時之主流罷了。例如陽明為學有三變，早期曾耽於辭章文學之事，還一度成為復古派的主力幹將；後來陽明有感於文學為小技，不足以成就聖賢之道，無助於心性修養，便轉向了佛老之學，汲取了佛老的思想資源，最後才由聖學而入道，終成一家之言。從表面上來看，為學三變是陽明由對前一階段的悔悟而轉入下一階段思想之發展的；但實際上，由於陽明早年有泛濫於辭章之習的經歷，這種獨特的文學實踐經驗使其具有深厚的詩學修養和良好的審美素質，終其一生，陽明始終沒有放棄過對文學的愛好，這點與滿口道義而排斥文學的理學家差異甚巨，又怎能說這是一種徹底的轉變呢？所以，龍溪和緒山所謂「變」並非是徹底的轉變或否定，而是在不同時期、不同階段一種思想或主張成為主要方面，前一階段之思想則退居其次，二者並非完全捨棄之關係，而是在

〔註92〕任文利：《王陽明思想演化的兩個關鍵》，北京青年政治學院學報，2003年12月第4期。
〔註93〕陳來：《有無之境——王陽明哲學的精神》，北京大學出版社，2013年版，第302頁。
〔註94〕陳來：《有無之境——王陽明哲學的精神》，北京大學出版社，2013年版，第300頁。

發展演變的過程中相生共存、不斷完善，早期尚未成熟的思想逐漸內化為陽明心學永久的痕跡和能力，並成為心學不斷發展完善的基礎和準備。此外，針對不同人群的秉性與素質，陽明亦會選擇不同的教學方法來因材施教，「息心靜坐」正是心學教人的重要方法之一。因此，筆者認為，龍溪和緒山對陽明心學發展演變之過程的概述是較為全面和準確的。

關於靜坐是否具有教之一變的意義，筆者亦贊同龍溪和緒山所論。正德四年，陽明提出「知行合一」之說，這是理學與心學本質差異之所在。然而，知行合一對陽明而言只是其思想的一個起點和開端，雖言知行合一，但尚有個知、行在，二者仍是分開的，仍有不圓融之處。因此，在核心範疇「致良知」產生之前，陽明還做了許多別的思考，尤其在教學方法方面，在知行合一之後，陽明於正德八年將息心靜坐納入了心學教法之中，並成為這一時期教法的主導思想。正如許多現代學者指出的那樣，早在正德四年陽明過辰州時即有教人靜坐之事，「靜坐」並非自正德八年居滁陽後始提。的確，靜坐並非陽明於滁陽時始提，但有意識地將其作為一種較為系統的教法和工夫教授諸生卻始於此一時期。至於陳來所說「在陽明的教法中並不存在先主靜坐後主良知的改變，沒有理由認為陽明在征藩以前在整體上以靜坐為教法，更不能表明陽明自己的思想在這一時期以收斂為主」[註95]其實也有待商榷。在致良知教法成熟之前，龍溪和緒山實際上均承認靜坐為心學教法之一階段，原因則在於，陽明心學之發展體現出明顯的過程性和階段性特徵；從重要性上來講，無論是知行合一還是靜坐教法均無法與後來的「致良知」相比，致良知作為陽明思想成熟之標誌，體現出心學教法的完整形態和總體特徵。在此之前，靜坐教法作為一種探索和嘗試方式，儘管尚未成熟和圓融，但仍有存在的價值和意義。任何一種教學方式都有一個發展演變的過程，況且任何個體之學習都有一個由易入難的階段，心學教人也是如此，並非一開始就可以致良知使其頓悟。後來陽明天泉證道所提之四句教法也將初學者分為上根之人與中人，上根之人一悟本體即見工夫，但世亦難遇；而接引中人（普通學者）之方式則仍需循序漸進，由工夫以悟本體。也就是說，儘管靜坐教法是陽明用來教導初學者入門的一種方式和工夫，尚不具備完備形態和終極意義，但作為一種接引後人的悟入方式，靜坐為陽明心學之教法和工夫，當屬無疑。

〔註95〕陳來：《有無之境——王陽明哲學的精神》，北京大學出版社，2013年版，第302頁。

那麼，靜坐作為心學教法的早期發展形態，其目的和意義何在呢？其實，靜坐作為一種修養方法、修煉方式不僅在佛、道二家中存在，儒家對之亦不排斥，顏回就曾有「坐忘」之經歷；《大學》也有「知止而後有定，定而後能靜，靜而後能安，安而後能慮，慮而後能得」的說法。不過靜在先秦儒家那裡指的是一種澄心靜慮、心不妄動的心理狀態，尚未成為一種具體的修煉方式或為學法門。陽明通過自己的切身體會從佛、道二家中吸收了靜坐的相關經驗，並用其來指導學生、接引後人。關於「靜坐」的本質和功能，陽明年譜中記載得很清楚：

> 先是先生赴龍場時，隨地講授，及歸過常德、辰州，見門人冀元亨、蔣信、劉觀時輩俱能卓立，喜曰：「謫居兩年，無可與語者，歸途乃幸得諸友！悔昔在貴陽舉知行合一之教，紛紛異同，罔知所入。茲來乃與諸生靜坐僧寺，使自悟性體，顧恍恍若有可即者。」既又途中寄書曰：「前在寺中所云靜坐事，非欲坐禪入定。蓋因吾輩平日為事物紛拏，未知為己，欲以此補小學收放心一段工夫耳。明道云：『才學便須知有著力處，既學便須知有著力處。』諸友宜於此處著力，方有進步，異時始有得力處也。」〔註96〕

陽明教人靜坐之目的，正如他自己所說「蓋因吾輩平日為事物紛拏，未知為己，欲以此補小學收放心一段工夫耳。」可見，陽明以靜坐法教人是為了「收其放心，養其德性」〔註97〕彌補小學涵養心性之工夫，並使其澄心靜慮、體悟自家心體，從而達到一種超越的境界。陽明所云之靜坐，並不是教人坐禪入定、厭卻塵俗以歸於虛無，而是以清靜之心涵養性體，通過自我體悟和親身實踐掃除私欲障蔽、省察克己，獲得一己之本真境界。據《傳習錄》載「劉君亮要在山中靜坐。先生曰：『汝若以厭外物之心去求之靜，是反養成一個驕惰之氣了。汝若不厭外物，復於靜處涵養卻好。』」〔註98〕也就是說，陽明之靜坐工夫並非佛禪由靜入定、排卻萬事從而了脫生死、萬有皆空之本質；從根源上來說，陽明是儒而非禪，其人生理想狀態是「應物而不累於物」，而並非禪之寂滅虛無、道之神秘玄幻。在陽明看來，靜坐是為學入門的第一步工夫，「諸友宜於此處著力，方有進步，異時始有得力處也」。通過靜坐工夫明

〔註96〕王守仁：《王陽明全集》，卷六，《年譜》，五冊第 11 頁。
〔註97〕朱熹：《大學或問》，卷一，第六冊，第 505 頁。
〔註98〕王守仁：《王陽明全集》，卷一，《傳習錄》，一冊第 182 頁。

心見性、掃除私欲，這是常人修習的第一階段，也是必經過程。

關於靜坐之目的和功能，陳來認為：「陽明在辰州、滁陽所謂的教人靜坐，都是為省察克治階段所做的準備。靜坐的直接目的是定心息念，省察克治即存天理去人慾，這是兩個不同階段的工夫，陽明從未把靜坐當作主要的或終極的工夫。」〔註99〕這種說法並不完全正確。根據陽明心學的發展演變，靜坐與存天理去人慾的確是兩個不同階段的工夫，但若以後一階段之完備來否定前一階段存在的意義，也是不正確的。靜坐的直接目的是補小學收放之功，實際就是通過靜坐來澄心靜慮、克制私欲，這是初學者的入門工夫，是靜坐的初級效驗；而陽明的最終目的則是通過靜坐工夫使學生「自悟性體」，實際上是教導學生用自我體驗的方式達到聖人境界。

儘管靜坐只是致良知教法成熟之前的一個過渡階段，也確實不是陽明主要和終極的工夫，但其存在自有意義，忽視或者否定靜坐作為一種工夫和教法的觀點有失公正。首先，陽明教導諸生靜坐之原因大致有二：一是很多人對正德四年陽明所倡知行合一之教「紛紛異同，罔知所入」，在這種情況下，陽明迫切需要一種新的教學方式來接引後人、傳授聖學。而陽明早先曾有過靜坐修習之體驗，所獲頗多，此時以之作為教法教授諸生，不足為奇。二是針對初學者「多務知解，口耳異同」〔註100〕、「心猿意馬，拴縛不定」〔註101〕之狀態，陽明教導諸生通過靜坐工夫來凝神靜慮、克制私欲以復見真實心體。其次，關於靜坐息心與省察克治之關係，筆者認為，二者雖然分屬陽明心學發展演變的不同階段，但並不是截然分開的：靜坐息心的確是為了省察克治（即陽明於正德十二年所倡存天理去人慾以復本體之工夫）作準備，但靜坐工夫中實已含有省察克治之意，陽明講知行合一時舉了一個生動的例子以作說明：

> 見好色屬知，好好色屬行。只見那好色時，已自好了。不是見了後，又立個心去好。聞惡臭屬知，惡惡臭屬行。只聞那惡臭時，已自惡了。不是聞了後，別立個心去惡。……知行如何分得開？此便是知行的本體，不曾有私意隔斷的。〔註102〕

〔註99〕陳來：《有無之境——王陽明哲學的精神》，北京大學出版社，2013 年版，第302 頁。
〔註100〕王守仁：《王陽明全集》，卷一，《傳習錄》，一冊第 184 頁。
〔註101〕王守仁：《王陽明全集》，卷一，《傳習錄》，一冊第 90 頁。
〔註102〕王守仁：《王陽明全集》，卷一，《傳習錄》，一冊第 77 頁。

同樣，靜坐息心與省察克治也不可截然二分。在陽明那裡，二者構成一種相互包容之關係。靜坐工夫並非讓人簡單地純淨思慮，它的深層涵義正是要人於靜坐時將紛繁之思緒和橫流之私欲一併省察克治、掃除廓清，這就是知行合一。也就是說，靜息思慮的直接目的是省察克治、清除私欲，二者共同的終極目標則是獲得良知之超越境界。最後，從本質上來說，靜坐工夫在陽明那裡是一種自我體驗的悟入方式，靜坐不單單是對道德意志的強調，更是一種道德踐履。陽明教人以靜坐，並非是要摒除或拋棄一切雜念，對之不聞不問，而是要正心誠意，從一己心靈出發，通過自我體悟、自我觀照來涵養道德性情，洞見真實心體。但靜坐教法在後期暴露出許多問題，有學者漸漸喜靜厭動、流入枯槁，因此正德十二年陽明便明確提出以存天理去人慾之工夫教人，直至正德十五年致良知教法的提出，始標誌著心學教法的成熟和圓融。

（二）顧璘對靜息之旨的體悟及其心態轉變

在理清息心靜坐作為一種教學方法在陽明心學中的意義和價值後，再來看顧璘在貶謫全州時期對心學之涉入就易於理解了。在《晚靜閣記》中，顧璘對自己因息心靜慮而獲得山林泉石之樂的原因作了說明：

> 日入為晚，晚則息，是故憂樂泯焉；息也者，靜也。此天地之定氣，人之所歸也。……道明心愉，養和守固，家之所儲，悉以輯池觀草木之玩，日與賓客從容其中，不出軒序而具山林之樂，不鏤鼎彝而獲百世之名。孰非靜所得乎宜哉！益樂於晚，且咎其往也。
>
> 君曰：靜乎靜乎，不撓吾精，不匱吾神，吾斯與歸矣！又何用役役輿馬之間與造物為奴隸也。〔註103〕

這篇《晚靜閣記》作於顧璘貶謫全州之際，從中可以看出，他之所以能夠在險惡的生存環境和艱難的人生境遇中保持心靈的寧靜和安然，正是出於對靜息之旨的透徹領悟。前面說過，顧璘因正直不屈之氣節遭遇宦官佞倖排擠陷害，被貶到蛇虺魍魎出沒、蠱毒瘴癘橫行的全州。在此種人生境遇下，他表現出悲涼憤懣、憂讒畏譏、懼禍隱忍、委屈無奈等複雜的心理狀態。因此，如何在貶謫之地排遣悲愁寂寞、一抒憂憤，如何在惡劣的生存環境中保持心地空明、不為外物所動，如何真正解脫、釋放自我，獲得人生的真實受用，這些成為顧璘亟待解決的問題。前面分析過，嚮往隱逸生活、渴望歸隱田園是此

〔註103〕顧璘：《顧華玉集》，《息園存稿文》卷四，《晚靜閣記》，文淵閣四庫全書本。

期顧璘想到的解決方案。應該說，古往今來大多數有志不獲騁的文人士子在遭遇挫折之後第一個想到的就是歸隱田園，他們嚮往的正是陶淵明那種耕田桃花源、採菊東籬下之悠然愜意的隱居生活，這是中國古代文人根骨中的情結和傳統。然而，且不說深得隱逸真諦真趣的五柳先生尚有「日月擲人去，有志不獲騁，念此懷悲淒，終曉不能靜」、「身沒名亦盡，念之五情熱」之感慨，更何況那些時時徘徊於仕隱之間、始終不能忘懷世俗之情的士人呢！顧璘也是如此。一方面，儒家傳統中三不朽的人生價值觀早已深深烙印在其心底，致君堯舜的人生理想對顧璘來說也絕不是一句空談。他滿懷真誠地希望通過自己的努力改變國家現狀，實現為生民立命、為萬世開太平的宏願襟抱。另一方面，殘酷的現實打破了他真誠的理想，貶謫之地的淒風苦雨、朝不保夕的生存境遇、禍國殃民的宦官佞倖、諂媚懦弱的群臣僚屬，這一切的一切成為顧璘揮之不去的沉痛夢魘。當他冷眼旁觀、理智清醒地看到正德一朝的真實狀態後，他便堅持退隱志願、不願再次出仕為官。然而，對於顧璘來說，仕隱之際的人生選擇遠沒有想像中那麼輕鬆自然，面對國勢衰頹、民俗頹靡之朝政，顧璘不禁發出「去年三吳遭赤旱，萬戶鬻子無遺孩。今年州司索官帑，肉瘠不抹瘡痍災」〔註104〕之歎，憂國憂民之思使其無法放下一個儒者的濟世責任，同時也就無法輕鬆適意地享受山水田園之樂了。

於是，在仕隱之間掙扎徘徊的顧璘情不自禁地想到了陽明先生，那個曾經同自己一起詩文酬唱、擁有共同理想而又遭逢磨難、貶謫龍場的陽明子，如今已走出困惑和迷惘，開拓出屬於自己的一片新天地。因此，顧璘於貶謫時期轉向陽明心學並傾心於靜息之旨，並不是一時衝動，而是寄希望於陽明心學能夠解決切身的人生難題，從中尋找到自我生命價值的真實意義。從《晚靜閣記》中可以看出，顧璘通過澄心靜慮之工夫來省察克治繁雜紛擾的思緒，達到了一種心曠神怡、寵辱偕忘的人生境界。通過靜坐息心掃除私欲障蔽，目的是為了獲得一種通達樂觀的人生態度，保持一己內心的澄澈清明。否則縱使終日坐對山水，也難以真正享有山林泉石之樂。通過靜坐息心之工夫，身處貶所的顧璘切實感受到了一種前所未有的寧靜和祥和，一種心靈的解脫和釋放，表現在人格心態上，則是一種由物我無間、渾淪一片之境界而來的自得自洽心態。在作於貶謫全州時期的《暮泛秀江》中，顧璘

〔註104〕顧璘：《顧華玉集》，《息園存稿詩》卷二，《夜雨歎》，文淵閣四庫全書本。

就表現出一種閒適自得之心態：

> 蓬舸依瀨轉，筦簞枕胘眠。急浪鳴舷過，危峰就幕懸。茭蒲時
> 礙楫，魚鱉不論錢。自喜幽襟洽，渾忘物役牽。〔註105〕

詩人乘著暮色泛舟秀江之上，「急浪鳴舷過，危峯就幕懸」一語雙關，它不僅
代表著詩人眼前之景和小舟中的切身體驗，更暗示著詩人生存環境之惡劣和
人生際遇之兇險。然而，在淒風苦雨、「急浪」「危峰」的險惡環境中，詩人感
受到的卻不是悲涼無助、委屈辛酸，反而以樂觀開朗的心態寫下了這首頗有
生活情趣的詩篇。「茭蒲時礙楫，魚鱉不論錢」不同於宋儒源於理性情感之理
趣，而是一種自然生趣，生機活潑、流動自然，展現了一幅獨特而美好的生
活畫卷。在此詩末尾，詩人發出「自喜幽襟洽，渾忘物役牽」之感慨，這種生
意盎然的審美情趣和悠然自得的生命情懷無疑來自詩人對自我生命價值的積
極思索和真實體悟，並形成了顧璘自得自洽的人格心態。在他同時期的其他
詩作中也有此種心態的鮮明展露，如：

> 新堂誅茆仍故墟，寒溪度郭鳴階除。春風入簾語巢燕，朝日映
> 戶坐看書。酒熟時來長者轍，山深何厭塵中居。詩筒獨驅一黃犬，
> 塵壁宛掛雙銀魚。〔註106〕

> 獨遊秋山靜，偃蹇群松蒼。田家穀新熟，平郊散牛羊。野草搖
> 眾色，寒花淨孤芳。悠然忽終日，塵鞅聊相忘。〔註107〕

> 亭下澗水清，亭上高雲浮。魚鳥各有托，遂此巖居幽。慮澹已
> 忘遣，境空復何求。相期碧草色，共對蒼山秋。〔註108〕

在躬耕隴畝中體驗生活之趣、在山林泉麓間感受自然之美，這種簡單清雅、
悠然愜意的生活方式正來自於顧璘此際自在適意的真實心態。「悠然忽終日」
之「忽」字下得巧妙，簡直可與陶淵明「悠然見南山」一句相媲美。「忽」字
體現出一種因沉浸於心曠神怡、陶然忘憂的閒適生活而不覺時光之流逝，當
驚覺一日已過時那種錯愕和驚奇感。而在錯愕和驚奇之中，滲透著的是詩人

〔註105〕 顧璘：《顧華玉集》，《浮湘稿》卷一，《暮泛秀江》其五，文淵閣四庫全書本。
〔註106〕 顧璘：《顧華玉集》，《浮湘稿》卷一，《嚴太史惟中東堂》，文淵閣四庫全書
　　　　 本。
〔註107〕 顧璘：《顧華玉集》，《浮湘稿》卷二，《柳江諸詩——靜觀寺》，文淵閣四庫
　　　　 全書本。
〔註108〕 顧璘：《顧華玉集》，《浮湘稿》卷二，《柳江諸詩——熙熙亭》，文淵閣四庫
　　　　 全書本。

「慮澹物自輕，意愜理無違」的真切體驗及悠然自得、輕鬆愜意的生命情調。

在《靜樂說》中，顧璘將這種由靜達樂的自我體驗及對陽明心學動靜統一意旨之體會表述得更加清楚：

> 人之生也，有形有心，形不能不動，心固宜靜也。……吾苟欲其靜焉，則定以止之虛，以澄之大，以居之明，以通之使，其沖夷澹漠與天遊息，五官四支各順其令，好惡不凝於物，憂喜不棲於情，形靜固靜，形動亦靜，靜為內主，動無間入，至樂於我乎備，斯德全矣！若夫形骸之末，偶靜偶樂，猶金貝暫寓於室而遽去也，曷足以言有乎？吾又聞黃子有江墅，嘗往居焉，則不聞朝市聲，人故號之曰靜。不知此乃吾所謂動之地也！如吾之說，則黃子之靜雖朝市恒在焉。〔註109〕

在顧璘看來，人之生外有形體、內有心靈，形體總是處在動的狀態，而內心則應保持寧靜和澄明。而要保持一己內心之「靜」，做到不受思慮紛雜的困擾，則須「定以止之虛，以澄之大，以居之明，以通之使」，實際就是《大學》中「知止而後有定」之意。顧璘認為，只有確立了自己應達到的人生境界後才能使內心虛靈不昧、澄淨清明。「沖夷澹漠與天遊息，五官四支各順其令」指的正是在廓清私欲後內心對天理的服從和順應。顧璘通過靜息之工夫達到了一種「好惡不凝於物，憂喜不棲於情」的人生境界，換句話說，對陽明心學的參悟使顧璘不再執著於身外的得失榮辱，而是轉向了對自己內心世界的探索。顧璘傾心於陽明心學靜息之旨的直接原因是其希望通過靜之工夫來調整心態、端正思慮，而其終極目的則是獲得一種超越的人生境界。顧璘對陽明心學感悟良多，從這篇文章中可以看出，其因習靜之體驗和實踐達到了一種本體之樂、境界之樂。這種樂不存在於外物之中，而是自我內心的真切體驗，與個體人格境界息息相關，是一種恒久的心靈之樂。

在《傳習錄》中，陽明在答學生問中對動靜關係作出了明確地解釋：

> 九川問：「近年因厭泛濫之學，每要靜坐，求屏息念慮，非惟不能，愈覺擾擾，如何？」先生曰：「念如何可息，只是要正。」曰：「當自有無念時否？」先生曰：「實無無念時。」曰：「如此卻如何言靜？」曰：「靜未嘗不動，動未嘗不靜。戒謹恐懼即是念，何分動靜？」曰：「周子何以言『定之以中正仁義而主靜』？」曰：「無欲

〔註109〕顧璘：《顧華玉集》，《息園存稿文》卷七，《靜樂說》，文淵閣四庫全書本。

故靜，是『靜亦定，動亦定』的『定』字，主其本體也。戒懼之念，
是活潑潑地，此是天機不息處，所謂『維天之命，於穆不已。』一
息便是死，非本體之念即是私念。」〔註110〕

陽明認為，「靜未嘗不動，動未嘗不靜」，動靜統一而不可分，靜並不意味著
息心絕慮、空無一切，而是正心誠意、澄心靜慮，將紛繁複雜的思緒歸於清
明寧靜而非空靜如槁木死灰一般。「無欲故靜」指的也並不是對人合理欲求的
摒棄，而是對流於淫濫之私欲的廓除。在陽明看來，只有掃清私欲才能恢復
本體之定，「定者，心之本體，天理也。動靜，所遇之時也。」〔註111〕「心之
本體固無分於動靜也。」〔註112〕這種思想來自於程顥，「明道先生曰：『所謂
定者，動亦定，靜亦定，無將迎，無內外。苟以外物為外，牽己而從之，是以
己性為有內外也。』」〔註113〕也就是說，定是心之本體，無所謂動靜之分，
「循理之謂靜，從欲之謂動」，〔註114〕實則談得正是循天理去人慾以復本體
之工夫。對動靜關係的認識和理解體現了顧璘對陽明心學的深入研習。顧璘
所說「形靜固靜，形動亦靜，靜為內主，動無間入」正是對陽明動靜統一意旨
的透徹闡釋。

更為重要的是，相較於陽明門下諸多弟子因習靜而產生的「懸空靜守如
槁木死灰」、「喜靜厭動流入枯槁之病」等問題和病症，並非陽明弟子的顧璘
卻對心學靜之工夫頗有心得和體悟。在《靜樂說》中，他就反對友人於遠離
塵世的江墅求靜：「吾又聞黃子有江墅，嘗往居焉，則不聞朝市聲，人故號之
曰靜。不知此乃吾所謂動之地也！如吾之說，則黃子之靜雖朝市恒在焉。」
〔註115〕靜之宗旨是澄心靜慮、心志專一而不為私欲所障，心之靜與外在環境
無關，無論身處何地，只要心靈寧靜澄明，不斷省察克治，就能自復心體、窺
見本心。反之，如果專求於遠離世俗喧囂之地修習才能保持己心之靜，則此
靜必不是真靜。據《傳習錄》載「劉君亮要在山中靜坐。先生曰：『汝若以厭
外物之心去求之靜，是反養成一個驕惰之氣了。汝若不厭外物，復於靜處涵

〔註110〕王守仁：《王陽明全集》，卷一，《傳習錄》，一冊第168～169頁。
〔註111〕王守仁：《王陽明全集》，卷一，《傳習錄》，一冊第91頁。
〔註112〕王守仁：《王陽明全集》，卷一，《答陸原靜書》，一冊第141頁。
〔註113〕明呂柟輯：《二程子抄釋》，二程抄釋卷之九外篇，《答橫渠先生定性書第六》，
　　　　文淵閣四庫全書本。
〔註114〕王守仁：《王陽明全集》，卷二，《答倫彥式》，一冊第283頁。
〔註115〕顧璘：《顧璘詩文全集》，《息園存稿文》卷七，《靜樂說》，文淵閣四庫全書
　　　　本。

養，卻好。』」〔註116〕可見，陽明是反對排卻萬事、離群索居的，世外桃源也好、世俗鬧市也罷，關鍵是要凝神靜慮、保持心之寧靜和樂；如果以厭惡世俗之心去山中靜坐，結果自然會流於槁木死灰。陽明追求的是「應物而不累於物」，他要在實現儒家濟世成物人生抱負的同時獲取超越灑脫、不為物累的超逸境界，而並非佛老離群索居、不問世事的空無萬有。對於這一層意涵，顧璘理解得十分透徹，在《桃源書屋引》中，他再次闡釋了心之靜與境之靜的區別：

> 武侯曰：非寧靜無以致遠。言心靜非言境也。生知境之靜則心之靜不遠矣。嗚呼！境靜者兵莫戕，心靜者欲莫亂。然嗜欲之害甚於兵也。〔註117〕

顧璘指出，昔日孔明所說「非寧靜無以致遠」指的是心之靜而非境之靜。客觀環境之靜不過可以使人遠離兵戈之患；而主觀心靈之靜卻是掃除私欲障蔽的根本。私欲不掃除廓清就無法復見心性本體，顧璘認為，對於個體來說，最重要的是通過靜之工夫涵養心性，透過對自我生命的真切體驗和把握達到一種超然自得的人生境界。

　　由此可見，顧璘在謫宦之間對陽明心學頗有研習，而其傾心心學之原因則在於其切實深刻的思考：顧璘因忤逆權宦而被貶謫放逐，在自我生命受到威脅、人生理想遭遇失落的境遇下，如何在貶謫之地保持心靈的寧靜澄澈、如何解決仕隱矛盾、如何獲得愉悅自適的生活方式、如何實現自我生命價值等種種難題一一擺在顧璘面前，亟待解決。而此時此刻，無論是儒家的成聖立志之學、佛老的貴虛明空之說都無法徹底解決這些人生難題。而陽明心學較為完美地解決了士人社會價值與個體受用之間的矛盾和錯位，拓寬了士人的生存空間。心學提供給士人多元的人生選擇、超然的入世追求、灑脫的人格精神和自得的生命境界，而這些正是明中期個體意識逐漸覺醒之士人孜孜以求的。因此，顧璘在此期間轉向陽明心學就是自然而然的了。顧璘通過心學靜息之工夫進行道德實踐，在自我體驗的過程中感受心學「吾性自足」的聖人之道，進而在提升自己道德人格境界的同時，也收穫了一種個體真實的情感愉悅和生命自足。

〔註116〕王守仁：《王陽明全集》，卷二，《傳習錄》，一冊第182頁。
〔註117〕顧璘：《顧華玉集》，《息園存稿文》卷七，《桃源書屋引》，文淵閣四庫全書本。

三、居家時期的人格心態與文學思想

　　顧璘的文學思想在其一生之中發生過三次較大的轉變。他早年推崇六朝文學，詩作大多輕婉而有風調；加入復古陣營後積極倡導「文必秦漢，詩必盛唐」的文學理論；晚年則又向以六經道義之文為代表的儒家正統文學觀回歸，甚至表現出某種重質輕文的思想傾向，文學觀念漸趨保守。而從其具體的創作實踐來看，尤其是他居家時期的文學創作，充滿著詩意的生命情調與豐富的審美趣味。

　　嘉靖元年，顧璘由浙江左參政升任山西按察使，以病免歸，直至嘉靖九年方起為浙江布政使；嘉靖十一年，召為督察院右副都御史，顧璘不赴，因上疏乞終養而忤旨，落職以布政使致仕；嘉靖十六年方起為湖廣巡撫。可見，嘉靖元年至嘉靖九年以及嘉靖十一年至嘉靖十六年這兩個時間段，顧璘一直賦閒在家，從而有機會遊覽山水勝地、嘯傲林泉山麓。從人格心態上來說，此時期他完美地將陽明心學重視主觀心靈和個體受用的哲學追求與自己的切身體驗相結合，從而達到並收穫了一種超然萬物、真實灑脫的人格境界和生命情懷。

　　《山中集》四卷收錄了顧氏此期大部分的文學創作，但因四庫館臣在抄寫中誤將丘雲霄《止山集·山中集》後六卷文之部分誤收入顧璘《山中集》中，致使許多現代學者因誤用材料而導致對顧璘此階段的相關研究變得晦暗不明。〔註118〕本文即立足於顧璘《山中集》四卷的真實版本，力圖還原並澄清此階段顧璘在陽明心學影響下人格心態和文學思想之全貌。

　　前面已經分析過，因對陽明心學靜息之旨的學習和體悟，顧璘的人格心態已由悲憤哀怨轉為自得自洽。但這種轉換並不是一蹴而就的，也不是某種神秘的心理體驗，而是在不斷的研習和體悟中逐漸形成的。在山中靜居的十數年時光裏，顧璘得以遠離世俗紛擾、官場黑暗，終於有了親近鷗鷺、徜徉山水的機會，也終於有了可以安頓身心的栖息之地。在這樣充滿詩意的人生境遇中，其人生價值觀日益向著注重個體真實受用、關注自我內心的真實情感和內在需要一面傾斜，因此其人格心態便順理成章地完成了由憂懼憤懣向自得自適的完整過渡。

〔註118〕關於文淵閣四庫全書對顧璘《山中集》後六卷之收誤，已有相關論文進行考證辨析。其中暨南大學 2010 年王媛的碩士論文《顧璘詩文研究》對此收誤問題作了詳細考辨，筆者認為已足以澄清《山中集》之收誤問題，姑不詳綴。

　　在隱居山中之時，顧璘創作了數量眾多的閒適詩，展現了其清雅悠然的隱居生活及怡然自足的生命情調，姑舉數例以見一斑：

　　　　楊子疲執戟，龐公息岩阿。所志既匪同，仕隱乃殊科。寒余究墳素，弱冠掛賢羅。一往四十年，功鮮憂患多。揭來返初服，城郭困經過。睠茲空山曲，聞寂患微痾。喬松周四崖，嘉穀被前坡。鳴禽戲叢筱，遊魚泳清波。塵氛一以遠，形神稍相和。況有舊田廬，偃仰可婆娑。蔬食苟無恙，永言憩煙蘿。〔註119〕

　　　　太湖之石紫崔嵬，溪上茅齋對爾開。指點庭心分泰華，依稀岩背宿風雷。雙飛鵲鬥穿晴樹，百轉蟲書印古苔。明月不知吾懶散，夜深來照讀書臺。〔註120〕

　　　　十年無夢到東周，坦腹高眠杜若洲。狂吐肺腸投甕盎，老持骸骨付菟裘。當樓月上山回畫，接畛風鳴麥弄秋。笑坐胡床歌散調，不須吹笛也風流。〔註121〕

　　　　高人定性謝韋弦，可怪臨書尚作顛。白髮交遊多後輩，青山行樂有前緣。忘機盡散談棋社，好事仍抄種樹篇。塵海風波終日異，醉鄉泉石自年年。〔註122〕

不必再一一列舉，顧璘此時煙霞寄傲、閒適悠然的人生志向和生命狀態已溢諸行墨之外。第一首《初至山中》是其剛剛以病免官歸家後所作。幾十年的宦海浮沉換來的並不是文治武功的太平盛世，而是一聲「功鮮憂患多」的深沉歎息。因此，當在仕隱之間掙扎徘徊了將近40年的顧璘面對著四崖喬松、滿眼嘉樹、鳴禽遊魚皆自得其樂的景象時，其心情的愉悅放鬆可想而知。在這種恬靜適意的生存方式中，顧氏久病之軀亦得以稍稍舒展；而「永言憩煙蘿」的人生志願亦絕非一時興起之言，而是他多年隱忍掙扎於官場之中而嚮往真實自由生命方式的肺腑之言。第二首詩中「明月不知吾懶散，夜深來照讀書臺」二句充分體現了其閒適自得、悠然灑脫的生命情懷。月至中天、清輝普照，正是文人士子捧讀詩書的大好時光，然而詩人的讀書臺前卻空無一人，原因竟是「明月不知吾懶散」，賦予明月以人之知覺和情態，清新俏皮地

〔註119〕顧璘：《顧華玉集》，《山中集》卷一，《初至山中》，四庫全書本。
〔註120〕顧璘：《顧華玉集》，《閒居四首》其一，四庫全書本。
〔註121〕顧璘：《顧華玉集》，《山莊即事和周子庚》，四庫全書本。
〔註122〕顧璘：《顧華玉集》，《山中集》卷三，《和趙克用自壽》，四庫全書本。

傳達出詩人閒逸安樂的真實心態及無可無不可的人生境界。

應該說，從爾虞我詐的黑暗官場到超逸自然的山中生活，顧璘感受到的是無比的輕鬆和愜意。這種輕鬆愜意的生命情調不同於康海、王九思的放浪形骸、寄情伎樂；不同於李夢陽的狂傲憤激、淒怨悲涼；也不同於呂楠、王廷相等人專意於義理辨析與哲學思辨的精深與理性。在仕途失意之後，當傳統儒學規定的政治理想因無法實現而導致士人尋不到精神上的出路後，陽明心學的崛起便具有了重大而實際的效驗和作用。顧璘在失意之餘選擇寄情山水本就是中國傳統文人士大夫的切實選擇，並不是什麼新奇之舉。而其非同尋常之意義乃在於，顧氏以復古派中堅身份，一個企圖以文干政、實現文治理想的文學家和政治家身份，在人生遭遇磨難和摧折之際，其所選擇的解決方式或者說人生歸宿仍是哲學的而非文學的。顧璘對陽明心學之接受從主觀上來說是為了安頓自我心靈，繼續尋找人生價值。而從客觀層面來看，這種學習吸收又使得其人格心態日益向著注重自我受用一面延展傾斜。或者說，陽明心學恰好道出了在士人心中存在已久的真實想法，只是這種注重一己舒適愉悅的真實心境往往制衡於道德律令和傳統規範，不能任心率性地自由表達出來。因此，當陽明心學以兼顧成己成物人生理想與自由自適人生境界的姿態橫空出世時，士人們紛紛轉向便足以理解。因為它不僅有效地解決了明中葉士人們遇到的種種人生難題、改善了士人的精神生存狀況，而且與士人心底隱秘的心理期待和真實想法相互映合，使其得以嶄新的面貌和舒適自由、情志宛洽的人格姿態挺立於世間，這或許是以顧璘為首的文人士大夫們轉向陽明心學的深層原因。

受陽明心學影響，顧璘在隱居山中時期的文學思想相較於其謫宦全州及倡導文學復古之時，亦有了較為明顯的發展及演變。從總體上來說，《山中集》呈現出一種空靈清淡、自然流暢的文學審美風貌。這種審美風貌不同於復古派所倡導的格高調逸、鏗訇盛大之理想體貌，其根源乃是顧璘在陽明心學影響下人格心態的轉變。也就是說，陽明心學使得顧璘的人生價值觀發生了一定程度上的蛻變，即由原先注重外在事功的進取精神轉為強調主觀心靈和內心世界的真實需要，注重個體心性修養及人生感悟，從而實現由心到物而不是由物而心的深層轉換。這種人生價值和生命取向的轉關作用於顧氏的文學思想，便使其形成了不同於以往的文學體貌。且看顧璘作於此一時期的詩歌，大都具有無心而自然、清新超逸的審美格調，而在這種文學風貌的背後，則是其澄澈清靈、無累於物的超越心境：

　　夜雨臥山齋，山空百泉響。飛嵐度虛檻，孤燈燄幽幌。餘花愁盡落，細草忻初長。春夢莽纏綿，獨繞丘原上。〔註123〕

　　愛爾山中靜，猶憎蟬噪繁。松杉氣無暑，賓主坐忘言。翰墨陶真性，瓜蔬點薄餐。悠然泉石味，難向貴人論。〔註124〕

　　濯髮蓮花水，清風滿面吹。松高迎日早，僧老下床遲。施食鳥頻至，翻經鶴靜窺。物情渾不遠，幽興自相宜。〔註125〕

可以看出，顧璘依舊在用陽明心學「靜」之工夫來調節身心，不過對「靜息」的切身體驗並未使其流入虛無枯寂，而是始終保持著對自然萬物的熱愛和欣喜之情。上引第一首詩典型地體現了顧璘此期空靈清淡的文學風格，這種詩風很容易讓人聯想起王維的詩。但二者有所不同的是，顧璘是以超越通達之心境去體貼萬物之生意，體現出應物而不累於物的超然境界；而王維則是以超脫靜寂之情懷來觀照萬物，表達的是一種幽靜清冷的審美意境。換句話說，二者的根本差異乃在於哲學體系和終極旨歸的不同。陽明心學所欲達到的是應物而不累於物的道德情感和超越境界，它並不是要摒棄世俗，而是要在世俗社會的種種壓力和磨難下坦然處之。而王維吸收的佛教思想則是要在離塵絕世的生活狀態下實現自我個體之超越。心學的情感方式是積極的、昂揚的；而佛教的情感方式則顯得較為消極和低沉。因此，顧璘在詩中反覆吟詠的山泉林麓並非是其枯寂淡泊的心境寫照，恰恰相反，夜雨、清泉、飛嵐、細草、松杉等外在景物恰與其輕鬆閒逸的悠然心境和恬淡愜意的生命情調交相融匯。這種情感境界類似萬物一體的生命情懷，但又不全然如此。萬物一體之根源乃在於天人合一的思維方式。天人合一境界是中國傳統文化中極其重要的一個本質性命題，這裡不擬深入討論。需要指出的是，陽明心學實現的與物無忤之狀態和境界側重的是心境的空靈和澄靜，是虛心含納百川之虛、敏銳感受萬物之靈的主觀心性。從顧璘的詩歌中我們也可以明顯感受到這一點，「施食鳥頻至，翻經鶴靜窺」多麼自然和諧的一幕啊！在這裡，鳥不懼人、鶴不畏物，體現的正是人與物兩不相妨、互不傷害的和諧情境。而產生這一幕的根本原因乃是詩人以仁愛為本、萬物一體的人生情懷。這正是陽明曾反

〔註123〕顧璘：《顧華玉集》，《山中集》卷一，《夜雨》，四庫全書本。

〔註124〕顧璘：《顧華玉集》，《山中集》卷二，《同魯南祝禧寺結夏八首》其四，四庫全書本。

〔註125〕顧璘：《顧華玉集》，《山中集》卷二，《永興寺結夏》，四庫全書本。

覆強調過的「聖人之心以天地萬物為一體」的聖者境界。這種境界首先作用
於顧氏的人格心態，進而影響到其文學思想，「物情渾不遠，幽興自相宜」描
述的正是客觀外物與主觀心靈的統一與融合，而在這種渾然交融之中，又時
時彰顯出詩人那超然豁達、自得自洽的人格境界。

在詞這種體裁中，顧璘將這種注重自我身心體驗和人生受用的生命追求
表達得更為具體和明確：

> 慨山人老矣，逃澗谷，息朋遊。盡細竹成園，寒松夾塢，自占
> 岩幽。天與清風皓月，從受用，不費一錢酬。管領匡床石枕，安排
> 野調村謳。　　餘生莫更賦行休，眼前頭，清閒滋味，無何境界，
> 盡已悠悠。莫笑先生太赼，些個物相伴度春秋。濁酒新烹，郭索閒
> 窗，靜聽鈞輈。〔註126〕

> 彩棚燈障，千花簇影搖紅燭，更闌客醉且淹留，月影在，闌干
> 曲。　　滿座錦衣花襆，雅吟追逐，不須檀板共金釵，如此樂，今
> 生足。〔註127〕

> 逍遙老子怕閒愁，冒雨蕩孤舟。煙開柳岸，風生桃浪，人渡蘭
> 洲。　　青山萬點分濃淡，雲氣學波流。倚窗無事，吟殘飛燕，數
> 遍眠鷗。〔註128〕

詩歌向來被古代的文人士大夫視為中國文學之正統。這種正統性不僅體現為
詩三百作為中國文學之源頭所具有的崇高價值和地位，更重要的是，詩具有
致君堯舜、濟世成物的政治功能。這種政治性不能簡單理解為工具性，而是
一種深深刻入傳統文人骨子裏的思維方式和言說方式。也就是說，詩作為一
種文體不單單是文學之表現，更是政治思維和話語表達的重要途徑。而詞自
誕生之日起，就伴隨著文人宣洩自我、娛情悅性的情感表達而成為個體性、
技藝性很強的一種抒情文體。因此，儘管詞作為文之末技大有難登大雅之堂
的困窘，但文人們往往樂於在這種體裁中表達一些難於在正統文學中表現的
真實情感和複雜心態。

如果說顧璘在詩中尚有一絲拘束和謹慎，未能完全將其轉向陽明心學後

〔註126〕顧璘：《顧華玉集》，《山中集》卷四，《木蘭花（答介溪禮書二首）》其二，
　　　　　四庫全書本。
〔註127〕顧璘：《顧華玉集》，《玉連環（和石亭賞燈）》。
〔註128〕顧璘：《顧華玉集》，《憑几集》卷四，《眼兒媚（舟雨）》。

真實的生命旨趣表達出來的話，在詞之體裁中，這種精神追求和人生境界則得到了淋漓盡致的完整表現。在細竹成園、寒松夾塢之美景中徜徉，詩人感受到的是「天與清風皓月，從受用，不費一錢酬」的舒適和愉悅。從懷機知慮、得失形勞的雕籠鳳閣中走出，由對世俗榮辱之關注轉向對自我真實受用的體認，在山水自然中盡情恣意地享受悠然泉石之樂，這是顧璘此期詞作表現的重要內容。清雅閒逸的人格心態成就的是顧璘悠然豁達、恬淡適意的精神境界和快適自我的生活方式。與山林泉麓為伴也好，於「滿座錦衣花襆」中雅吟追逐也好，他再也不需任何外在的價值標準作為評定自我生命的真實依託，一切都在自我體驗和性靈發抒中得到了完滿地回應和表達。因此，其「不須檀板共金釵，如此樂，今生足」便不是一種為了排遣憂憤的自我寬慰，也沒有因強調及時行樂而流於消極放任，而是吾性自足的快然自適。此種人生之樂不帶有任何委曲求全的勉強色彩或放縱自恣的張狂情狀，同曾點之樂倒有幾分相似，它雖狂而不流於癲，它是個性的張揚和性靈的釋放，同時還具備一種美的質素。且看顧璘描繪的那「濁酒新烹，郭索閒窗，靜聽鉤輈」的生活情狀，那「倚窗無事，吟殘飛燕，數遍眠鷗」的生命狀態，你能說這背後沒有絲毫發現美、欣賞美、表現美之意圖？沒有些許詩人的審美情趣在內嗎？應該說，此種詩意的人生情調體現的正是詩人那閒適自然的生命旨趣和瀟灑超然的精神境界，而將哲學理化之境界表達得如此清雅脫俗，則又非具備文學審美情趣不可。二者於陽明那裡即得到了有效地融合和統一（儘管陽明本人可能並不願承認這點），顧璘在詞中則對這種審美境界進行了具體的描繪和展露。

四、《答顧東橋書》與顧璘晚年對陽明心學之複雜態度

相對於貶謫全州時期，晚年顧璘對陽明心學之態度顯得頗為矛盾和複雜。從表面上來看，顧璘對心學相關命題和理論持有懷疑和否定的態度，這從陽明作於嘉靖四年的《答顧東橋書》〔註129〕中即可看出，主要體現在他對陽明心學幾個核心問題的認識上。一是對陽明心學之本質的認識：

> 來書云：「但恐立說太高，用功太捷，後生師傳，影響謬誤，未
> 免墜於佛氏明心見性、定慧頓悟之機，無怪聞者見疑。」
> 區區「格致誠正」之說，是就學者本心日用事為間，體究踐履，

〔註129〕《顧華玉集》中並未收錄顧璘向陽明問學之書信，故此只能以陽明《答顧東橋書》中顧璘的相關言論對其哲學思想作一揣測。

實地用功，是多少次第、多少積累在，正與空虛頓悟之說相反。聞
者本無求為聖人之志，又未嘗講究其詳，遂以見疑，亦無足怪。若
吾子之高明，自當一語之下便了然矣！乃亦謂立說太高，用功太捷，
何邪？〔註130〕

顧璘針對陽明心學之核心——「良知」所體現出的「虛靈明覺」特色，認為其
學說的一大弊端就在於「立說太高，用功太捷」從而缺乏切實踐履之工夫。這
種弊端導致的結果就是使聖人之學流於空無虛幻。實際上，自陽明心學誕生之
日起，就不斷有學者指責其為「陽明禪」，如陳建在《學蔀通辨》中就曾說：
「陽明一生講學，只是尊信達摩、慧能，只是欲合三教為一，無他伎倆。」〔註
131〕融合三教為己所用確實是陽明心學的獨到之處，但若說陽明一生「只是尊
信達摩、慧能」則是對陽明心學的曲解。儘管陽明從佛禪處所獲甚多，但從「良
知」之本質來看，陽明心學仍是儒而非禪。陽明對佛禪之吸收最典型地體現於
其對超越灑脫之人生境界的尋求。但這種追求之結果並非外人倫、遺事物，相
反，它正是要在這種輕鬆適意的生命姿態中完成一個儒者濟世成物的基本責
任和人生理想。陽明實際上是以儒為本、以禪為用，他要達到的並非逃避現實、
絕塵棄世的出世理想，而是以一顆超越世俗、不計利害之心去實現儒家修、齊、
治、平之道。而從工夫論層面而言，正如陽明所說「就學者本心日用事為間，
體究踐履，實地用功」，講究的正是傳統儒家在日常小事中進行自我體認、實
際踐履之工夫，與禪宗追求「頓悟」之法有著根本的不同。顧璘以入禪責難陽
明，實際上體現了其對陽明心學本質之認識尚不正確和透徹。

　　二是對心學「知行合一」之說的懷疑：

　　　　來書云：「所喻知行並進，不宜分別前後，即《中庸》尊德性而
道問學之功交養互發、內外本末一以貫之之道。然工夫次第不能無
先後之差，如知食乃食，知湯乃飲，知衣乃衣，知路乃行，未有不
見是物，先有是事。此亦毫釐倏忽之間，非謂有等今日知之而明日
乃行也。」〔註132〕

〔註130〕王陽明：《王陽明全集》，卷一，《答顧東橋書》，線裝書局，2012年版，一冊
　　　　第119頁。
〔註131〕陳建：《學蔀通辨》，續編卷下，明嘉靖刻本。
〔註132〕王守仁：《王陽明全集》，卷一，《答顧東橋書》，線裝書局，2012年版，一冊
　　　　第119～121頁。

既云:「交養互發、內外本末一以貫之」,則知行並進之說無復可疑矣。又云「工夫次第不能不無先後之差」,無乃自相矛盾已乎?「知食乃食」等說,此尤明白易見,但吾子為近聞障蔽,自不察耳。夫人必有欲食之心然後知食:欲食之心即是意,即是行之始矣。食味之美惡必待入口而後知,豈有不待入口而已先知食味之美惡者邪?必有欲行之心然後知路:欲行之心即是意;即是行之始矣。路歧之險夷必待身親履歷而後知,豈有不待身親履歷而已先知路歧之險夷者邪?「知湯乃飲」,「知衣乃服」,以此例之,皆無可疑。若如吾子之喻,是乃所謂不見是物而先有是事者矣。吾子又謂「此亦毫釐倏忽之間,非謂截然有等今日知之而明日乃行也」,是亦察之尚有未精。然就如吾子之說,則知行之為合一併進,亦自斷無可疑矣。〔註133〕

來書云:「真知即所以為行,不行不足謂之知,此為學者吃緊立教,俾務躬行則可。若真謂行即是知,恐其專求本心,遂遺物理,必有暗而不達之處。抑豈聖門知行並進之成法哉?」〔註134〕

知之真切篤實處,即是行;行之明覺精察處,即是知,知行工夫本不可離。只為後世學者分作兩截用功,失卻知行本體,故有合一併進之說。……「專求本心,遂遺物理」,此蓋失其本心者也。夫物理不外於吾心,外吾心而求物理,無物理矣;遺物理而求吾心,吾心又何物邪?……晦庵謂:「人之所以為學者,心與理而已。」心雖主乎一身,而實管乎天下之理,理雖散在萬事,而實不外乎一人之心。是其一分一合之間,而未免已啟學者心理為二之弊。此後世所以有專求本心,遂遺物理之患,正由不知心即理耳。夫外心以求物理,是以有暗而不達之處;此告子「義外」之說,孟子所以謂之不知義也。心,一而已。以其全體惻怛而言謂之仁,以其得宜而言謂之義,以其條理而言謂之理;不可外心以求仁,不可外心以求義,獨可外心以求理乎?外心以求理,此知行之所以二也。求理於吾心,此聖門知行合一之教,吾子又何疑乎?〔註135〕

〔註133〕王守仁:《王陽明全集》,卷一,《答顧東橋書》,一冊第119～121頁。
〔註134〕王守仁:《王陽明全集》,卷一,《答顧東橋書》,一冊第119～121頁。
〔註135〕王守仁:《王陽明全集》,卷一,《答顧東橋書》,一冊第119～121頁。

在顧璘看來，知與行須講究工夫次第，須有個先後輕重之分。實際上體現的是朱子「知先行後」的工夫進路。應該說，對知行問題的思考和解決是理學與心學本質差異之所在。黃勉齋在《宋元學案》中將朱子的為學次第概括為「其為學，大抵窮理以致其知，反躬以踐其實，而以居敬為主」〔註136〕，也就是說，在朱子那裡，知與行是截然分開的，致知之後才能力行，這就是朱子反覆強調的為學次第和邏輯安排。而在陽明那裡，知行是合而為一的，「《大學》指個真知行與人看，說『如好好色，如惡惡臭』。見好色屬知，好好色屬行，只見那好色時已自好了，不是見了後又立個心去好；聞惡臭屬知，惡惡臭屬行，只聞那惡臭時已自惡了，不是聞了後別立個心去惡。」〔註137〕實則是將道德認知與道德踐履打成一片，融為一個整體。「良知」作為陽明心學核心，其不僅包括道德認知、道德意志及道德情感，更是一種道德踐行。顧璘對陽明心學「知行合一」之說表示懷疑，最根本的乃在於他仍是以朱子「知先行後」的為學理路進行思考，遂有對陽明心學「專求本心，遂遺物理」之疑問。其實，此點陽明本人已經解釋得很清楚：「夫物理不外於吾心，外吾心而求物理，無物理矣；遺物理而求吾心，吾心又何物邪？」「此後世所以有專求本心，遂遺物理之患，正由不知心即理耳。」陽明認為心即理，物理不外於吾心而存在，不需要從外在的萬事萬物中通過格物致知來修養自我心性，理就存在於心靈之中，通過不斷的自我體驗和意志踐履就可以完成這一目標。從根本上說，朱子是認識論的，通過認識而達到明理之目的；陽明則是意志論者，他要將良知發揮到極致以達到一種聖人境界。顧璘對陽明心學「知行」問題的懷疑，體現出其在為學次第和思維方式上，仍是以朱子理學為標的的。

三是不滿陽明以「心即理」的良知之說來否定朱子「格物致知」、「即物窮理」的為學進路：

> 來書云：「所釋《大學》古本，謂致其本體之知，此固孟子盡心之旨。朱子亦以虛靈知覺為此心之量。然盡心由於知性，致知在於格物。」
>
> 來書云：「聞語學者乃謂即物窮理之說，亦是玩物喪志，又取其厭繁就約，涵養本原數說，標示學者，指為晚年定論，此亦恐非。」
>
> 來書云：「教人以致知明德，而戒其即物窮理，誠使昏暗之士深

〔註136〕黃宗羲：《宋元學案》，卷四十八，清道光刻本。
〔註137〕王守仁：《王陽明全集》，卷一，《傳習錄》，一冊第77頁。

居端坐，不聞教告，遂能至於知致而德明乎？縱令靜而有覺，稍悟本性，則亦定慧無用之見，果能知古今，達事變，而致用於天下國家之實否乎？其曰『知者意之體，物者意之用，格物如格君心之非』之『格』，語雖超悟獨得，不蹈陳見，抑恐於道未相吻合。」

來書云：「謂《大學》格物之說專求本心，猶可牽合；至於《六經》《四書》所載多聞多見，前言往行，好古敏求，博學審問，溫故知新，博學詳說，好問好察，是皆明白求於事為之際，資於論說之間者，用功節目固不容紊矣。」〔註138〕

從顧璘致陽明之信中可以看出，顧璘對陽明自信良知以修身致用之方法表現出一定程度上的懷疑和擔憂。根本原因即在於作為一個深受程朱理學「格物窮理」思維方式和方法論影響的傳統文人，顧氏一直以朱子格物窮理之說作為其為學的根本原則和指導方法，當面對打破了程朱理學一統天下之局面的陽明心學時，其自然會產生諸多困惑和疑問。陽明心學與朱子理學的最大不同就在於二者對「知」的不同理解。「格物致知」是理學最重要的特徵。朱子講格物致知，這個「知」指的是知識和認知，具有極強的理性特徵；而在陽明那裡，「良知」是一個兼容並包的概念和範疇，它統合了道德認知、道德意志、道德情感以及道德踐履。實際上，陽明是將朱子強調的存在於外部事事物物中之天理轉化為內在於本心之良知。陽明強調的知行合一，是說真正的知必須通過行來體現，而真正的知是一種發自內心的追求。陽明認為，朱子「格物窮理」之說「以吾心求理於事事物物之中」實際上是析心與理而為二的做法，「若鄙人所謂致知格物者，致吾心之良知於事事物物也。吾心之良知，即所謂天理也。」良知即天理，這就是心與理一。知行合一而並進，是因為良知本就具有認知力和執行力，二者合而為一，不可截然斬斷。

綜上所述，從陽明《答顧東橋書》來看，顧璘對陽明心學「知行合一」、「致良知」等核心範疇存在著種種懷疑和曲解。不僅如此，顧璘在與他人往來之書信中亦多次或直白或婉轉地表達了對陽明心學之質疑。在《與王汝重》中，顧璘說：

遍來教學者輒談性命，不務躬行，亦是大病。或曰驗天理，或求良知，乃省身體道之密功，非教人入德之始事也。《論語》曰：子以四教，文、行、忠、信。又曰：性與天道不可得而聞。則聖人教

〔註138〕上引均出自王陽明《答顧東橋書》，《王陽明全集》，線裝書局，2012年版。

人以踐履為實地，而不以玄虛為空談。今人務名而不務實，故倡此
論。姑自《論語》《大學》中求之，當自有得。若厭卑近而務高遠，
反近於偽，終不可入道矣。〔註139〕

可見，儘管陽明已於《答顧東橋書》中回答並解釋了顧璘對心學的種種質疑
和責難，但他卻始終沒有改變自己對陽明心學之態度。在顧氏看來，驗天理
也好、求良知也罷，側重的都是「省身體道」之工夫，而非以道德倫理之事教
人入門。雖然在文章中顧璘並沒有明確反對陽明心學，但如果聯繫陽明《答
顧東橋書》中顧氏信中之語，則此處「以玄虛為空談」便似有指責陽明心學
之意。顧璘晚年服膺的是以儒家傳統經典文獻（六經）為圭臬的道統文化。
他雖然對陽明心學多有涉獵和吸收，但並未從根本上認同其為聖人之學。也
就是說，顧璘始終對陽明心學將道德意志和道德踐履融為一體的良知境界深
表懷疑。而當時整個社會風向卻是由程朱理學向陽明心學傾斜和轉移，對此，
其強調應將聖人之道回溯至先秦經典《論語》《大學》中去，當自有得。「若厭
卑近而務高遠，反近於偽，終不可入道矣。」實則是以傳統儒家人文經典的
正統性來回應新興陽明心學的虛浮之風。陽明心學是否真有空談浮偽之弊尚
有待討論，但顧璘從教學明道的角度出發，認為為學須尊先聖之途軌，這種
做法實際上是不承認陽明心學的聖學地位。

　　在《贈呂涇野先生序》中，可以更為直觀地看出顧璘以傳統儒家經典為
求道立教標準的正統心態：

今天下之師三，曰：文辭；曰：經義；曰：道學。文辭者，選
辭煉文，擬量作者，鈫國家之章采，誠不可缺。然其務華失實，不
底於大義。使人蕩而忘本，君子所懼也；經義者，抱六藝之遺，尋
繹衍說，涉獵支膚，不為無助。然破裂聖真，假筌蹄以干利祿，一
切不求之身，徒美口耳而已；道學者，談性命之微，別天人之分，
雖未必實有諸已，然指示門戶，分析幽眇，庶幾究大道之實際。及
其敝也，立異尚新，不遵先聖之途軌，騈執玄論，瀆諸孱孺，失區
別之教，悖善誘之法，使人躐意高遠，廢下學而希上達。視前二端
取利差大，其害亦隨以甚。孔子孰先傳焉？孰後倦焉？又曰：中人
以下，不可以語上也。豈有所隱於小子乎？等固若是也。是道也，
可以自成，不可以教人。璘嘗曰：夫聖賢之言或以教學取諸切已，

《論語》所記是已；或以明道究厥始終，《中庸》所述是已。弟子者猶未知孝悌，而遽語以天命之原、篤恭之極，得無長其偽妄也乎！故一貫之教非曾子、子貢不敢舉以告之，懼罔夫三千之徒也。璘為是憂焉久矣！〔註140〕

顧璘將學分為文辭、經義、道學三部分，即他關注的是文章創作，經義講習與道學思辨。而陽明心學則講一以貫之的良知之學。從知識層面而言，陽明心學的確有其不足，但從聖賢之學知行合一的層面來看，良知乃是為聖之學，其對知識與經義的講解與辨析並不側重。陽明心學注重自我的實際體驗，重視的是聖學的實踐性品格，而非對客觀知識的孜孜探求。心學的良知範疇將道德知識、道德意志與道德踐履合而為一、融為一個完整的整體，其呈現就是一種聖人境界。

陽明心學提出知行合一說的現實目的是為了挽救當時日益衰薄的社會風氣，重塑士人心態。作為一種聖賢之學，陽明關注的是如何使士人在黑暗腐敗的社會現實中堅持一個儒者擔負天下的濟世之志，同時又不放棄個體生命的真實受用，保持自我內心的寧靜超然。這是心學的終極目標。而顧璘的關注焦點則是對六經聖人之學的知識性探究與道學理性之思辨，這顯然與陽明心學的宗旨有著一定差異。

在顧璘看來，道學家「談性命之微，別天人之分」雖然確實有「指示門戶，分析幽眇」之功效，但其弊在於「立異尚新，不遵先聖之途軌」「使人躐意高遠，廢下學而希上達」，從總體上來說，弊大於利。正確的做法則是以《論語》《中庸》等儒家經典為旨歸，學習其中的聖賢之言與明道之教，成就聖人人格、達到聖者境界。實際上，這裡還體現出顧璘對陽明「人皆可以為堯舜」心學思想的質疑和否定。陽明認為，良知為心之本體，「良知良能，愚夫愚婦與聖人同」〔註141〕聖人可學而至，人人皆可成聖。但顧璘卻明確指出「弟子者猶未知孝悌，而遽語以天命之原、篤恭之極，得無長其偽妄也乎！」實際上是對為學方式及次第的重視和強調。顧氏認為，學者為學當以孝悌為本，循序漸進；而教者則應根據學者的不同情況因材施教，不可直接以「一貫之道」教之，否則勢必會導致其流入困惑和迷惘，長其虛偽妄誕之心。

其實，陽明心學亦有著自己獨特的教學方式，致良知與陽明晚年所提四

〔註140〕顧璘：《顧華玉集》，《息園存稿文》卷一，《贈呂涇野先生序》，四庫全書本。
〔註141〕王守仁：《王陽明全集》，卷一，《答顧東橋書》，一冊第127頁。

句教正是心學的兩種教學方法。在陽明看來，「利根之人直從本源上悟入」，一悟本體，即是工夫；而中人則須落實為善去惡之工夫，方可入於道。顧璘的指責和擔憂雖非空穴來風，但從本質上來說，其仍然對陽明心學存有一定程度上的誤解。

嘉靖十七年，時年已六十三歲的顧璘在《跋王陽明與路北村書卷》中仍然對陽明當年講學中「知行合一」之說深表懷疑：

> 陽明嘗與余講學，力主行即是知之說，其言具載其《傳習錄》。余以為偶出奇論耳。今觀《與北村書》取子路何必讀書，然後為學之言，乃知其學亦不必專信孔氏也。此其獨往之勇，何必馳險寇虜降王類邪？〔註142〕

在顧璘那裡，陽明心學始終只是一種「偶出奇論」之學，而非聖賢之學。原因即在於陽明心學對傳統儒學的改造和生發超越了儒學之軌則。顧璘認為其是「獨往之勇」而非聖賢所具之智慧，實則表明了顧璘對陽明心學所持之複雜態度。一方面，他並不承認陽明心學為儒學正統之地位；另一方面，又從其中吸收於己有益的部分，從而從容自得的收穫自適之樂，達到一種超越逍遙的精神境界。也就是說，陽明心學對於顧璘而言，更多的是一種性命自得之哲學，而非成聖立教之聖學。與鄭善夫、黃省曾等復古派成員不同的是，顧璘並非對陽明心學種種觀念和理論全盤吸收的忠實信徒，而是選擇其中於己有用的部分進行學習和消化（如對靜息之旨的體悟），從而達到一種超然自適的人格境界。

另一方面，從人格心態和價值取向的角度而言，顧璘晚年從陽明心學處可謂獲益良多，其對個體生命價值的重視、對自由閒適生活的追求、對自我內心情感的關注，無不體現出陽明心學獨有的特色。具體到其文學創作中亦是如此，如：

> 落日清川裏，輕風已自涼。秋懷生白舫，山翠撲胡床。問路疑天上，停杯待月光。何人橫鐵笛，吹過斗牛傍。〔註143〕
> 時物易代謝，名園偏較遲。松杉無改色，花卉遞生姿。託興雙

〔註142〕顧璘：《顧華玉集》，《憑几集續編》卷二，《跋王陽明與路北村書卷》，四庫全書本。

〔註143〕顧璘：《顧華玉集》，《息園存稿詩》卷八，《八月十三夜與文濟時范質甫城西泛舟達秦淮三首》其一，四庫全書本。

樽酒，澄心一鏡池。請看新種竹，取次發孫枝。〔註144〕

　　一春長病酒，小啜向寒塘。掬得梅花影，添留齒頰香。填胸無俗物，吐論發餘芳。悟取清冷味，何須列鼎嘗。〔註145〕

　　麥壠搖新葉，梅塘泛落花。前村天欲雨，雲裏見人家。〔註146〕

這些詩歌無不體現出清新自然的審美風格和悠然自得的生命情調，置之於性靈派文學創作中亦毫不遜色。且不論其文學成就如何，單就這些詩歌創作所體現的顧璘此際人格心態和生命追求而言，你能說其中沒有半分陽明心學的影子嗎？那落日清川、寒塘花影之美景，詩人娓娓道來，如在目前，清新雅致又別無一絲煙火氣，更沒有理學詩專談性理的枯燥乏味。試想，如若沒有一顆懂得發現美、欣賞美之心靈，詩人又如何展示其優游山林、嘯傲人生的興致呢？在這些讀來令人悠然神往、滿口生香的文學創作中，你看到的並非高談道德性命之聖賢，而是恬靜超然、沖淡平和的詩人。因此，儘管顧璘並未將陽明心學視作與儒家同等地位的聖賢之學，儘管其對陽明心學種種學說及理論持有謹慎保守之態度，但若從陽明心學對其人格心態之改造、對其精神境界之提升來看，顧璘從陽明心學處可謂受益良多。在貶謫全州時期，在他人生最艱難困苦的階段，當儒家經典教義無法解決其出處進退之矛盾、無法安頓其心靈時，當其感情和靈魂無處寄託和傾訴時，陽明心學的出現，便具有至關重要的作用和意義。對於顧璘來說，對陽明心學的接受和認同解決了他人生中出現的一個又一個重大難題，從此以後，他不必再為出處進退而猶疑和矛盾，在二者之間仍有一片獨立自由的天空供其任意翱翔。這恐怕就是陽明心學為以顧璘為代表的士人所提供的最大實惠吧！

第三節　鄭善夫──濟世與自適並重的價值追求

一、初遇心學與鄭善夫仕隱之際的人生選擇

　　在以前七子為代表的復古派文人中，鄭善夫亦是一位由文學轉向心學的典型人物，他的轉變無論是對復古派本身抑或陽明心學，都有著異乎尋常的

〔註144〕顧璘：《顧華玉集》，《息園存稿詩》，《張參戎園十首》其一，四庫全書本。
〔註145〕顧璘：《顧華玉集》，《息園存稿詩》，《張參戎園十首》其六，四庫全書本。
〔註146〕顧璘：《顧華玉集》，《息園存稿詩》，卷十四，《春日郊行三首》其二，四庫全書本。

意義與價值。鄭善夫，字繼之，號少谷，福建閩縣人。弘治十八年進士及第，遂與復古派何景明、李夢陽等人相與唱和詩文，共同倡導「文必先秦兩漢，詩必漢魏盛唐」的文學主張。同李、何等復古派領袖一樣，鄭善夫亦寄希望於通過詩文復古之方式來實踐致君堯舜的政治訴求與人生理想。儘管在進士及第後善夫便因病乞歸，後又因父母先後去世而在家守制不能入仕為官（直到正德六年方任戶部主事），但其在此一階段仍然對文學復古「復古文以復古道」之方式充滿了信心與熱忱，並積極地用自己的創作實踐對這一理論加以印證。

復古派士人普遍具有正直不屈、仗義執言的品格與氣節。弘治朝相對清明的政治環境以及孝宗寬厚溫和的性格又為他們的豪傑人格提供了較為適宜的存在空間。儘管武宗甫一登基便任用劉瑾、谷大用等一干宵小奸佞之徒，並對朝中正義直言的一眾大臣（尤以復古派眾人為代表）多加貶謫與迫害，但復古派成員並未因此而改弦易轍，而是在與逆瑾的政治鬥爭中始終保持著高昂的鬥志與旺盛的精神。

儘管鄭善夫在劉瑾弄權的數年間並未出仕而與其發生任何糾葛和衝突，但善夫並非如避世隱居者那樣對世事充耳不聞，而是仍時時刻刻關注著朝政狀況與國家憂患。如正德三年，據《明實錄》載「戶部尚書韓文先以伏闕事忤諸權倖，坐免。至是追稽任內遺失文冊罪，與先任侍郎張縉俱罰米文千石，輸大同倉，縉半之輸宣府倉。」〔註 147〕針對此事，善夫作《朔州行》一首為之感歎：

> 朔州城頭凝黑雲，朔州城下邊人魂。健兒悍驕好殺戮，少壯戰死今無存。悲風南下吹觱篥，馬逸飲血太白窟。不見鐃歌入塞門，但見人骨白崒嵂。近來衣冠苦出粟，豈說千朝養精卒。班生介子不應募，願弄悲笳令歸去。〔註 148〕

善夫感於時事而作此詩，足見其對朝政時局的關心並不因未在宦途而有所減少。在復古派文人群體中，鄭善夫同李夢陽一樣，都對杜詩極力推崇並加以模仿創作。究其根本，則在於杜詩中所展現的喪亂實際與詩人憂國憂民、民胞物與的人生情懷與崇高境界。鄭善夫學杜不僅是在體貌風格之上，王世貞評其「得杜之骨」可謂的評。可以說，在整個明中期文壇，還沒有哪一個詩人

〔註 147〕《明武宗實錄》，卷四十一，中央研究院歷史語言研究所校印，第 965 頁。

〔註 148〕鄭善夫：《少谷集》，卷三，《朔州行》，文淵閣四庫全書本。

像鄭善夫這樣在詩歌中吟詠時事、寄託感慨，其「位卑未敢忘憂國」的高尚品格正是通過其學杜來表達出來的。儘管復古派中人大多都有詠懷時事、寄慨遙深之作，尤其是李夢陽，對杜詩的強調與模仿更是出於一種意識自覺。但若從體杜精神與學杜成就而言，則鄭善夫無疑是首屈一指的。事實上，也正是因為鄭善夫對朝政時局艱危患難、天下百姓民生疾苦的同情與關懷，其始終堅守著一個儒者擔負天下之任的崇高品格，從內在精神上而言，其不僅與杜甫憂國憂民的仁愛精神一脈相承，同時又與陽明心學強調儒者濟世責任的一面內在相通。這也成為善夫後來順理成章地轉向陽明心學的根本原因之一。

正德六年，鄭善夫被朝廷任命為戶部主事，榷稅滸墅。然而，任未滿兩年，善夫便以養病為由而請告歸家。關於此次告歸，除養病之由外，據《明史》所記「時劉瑾雖誅，嬖幸用事。善夫憤之，乃告歸，築草堂金鰲峰下，為遲清亭，讀書其中，曰：『俟天下之清也。』」〔註149〕可見，善夫之乞歸主要原因不在於身體是否有病，恐怕更多的仍是對朝政荒蕪、嬖幸用事之憤慨。此時善夫並非沒有以一己之力報效朝廷的志向，但武宗荒唐、不理國事，先後又有劉瑾、錢寧等佞倖奸宦禍害朝政國家，復古派正直之士紛遭荼毒迫害，在這種局面之下，繼續出仕為官不僅難以實現致君堯舜、濟世救民的人生理想，反而會有傾覆自身之危險。其實，善夫正義直言、不畏權貴的豪強性格已使其遭致不少流言與誹謗，正如其在《與萬吏部》中所言：「走在京師時，薄德讞行，謗聲在人……自登籍以來，德不加修，一行作吏，善名不外傳，而流言已滿人耳。」〔註150〕似乎尚有避禍以自保之意。在作於正德六年的《歲晏行》一詩中，善夫表達出了一種初入仕途的驚懼心態：

> 終風薄旅衣，遊子行天涯。天涯行不息，歲晏有遠悲。出入盜
> 賊間，進退昧所之。休駕入彭城，身在猶驚疑……中原且多難，伊
> 人復生離。握手寫肝膽，我舟行且維。感此綈袍恩，有心終酬知。
> 但恐喪亂後，會晤無定時。努力將奈何，惟有長相思。〔註151〕

在這首詩中，詩人表達出對中原喪亂的迷惘與憂懼。前路仕途如此，復古派眾人因觸逆劉瑾而遭致禍患之經歷尚在眼前，儘管劉瑾等八虎已除，但奸小讒佞

〔註149〕張廷玉等撰：《明史》，卷二百八十六，列傳第一百七十四，文苑二，第7356頁。
〔註150〕鄭善夫：《少谷集》，卷十九，《與萬吏部》，文淵閣四庫全書本。
〔註151〕鄭善夫：《少谷集》，卷二，《歲晏行》，文淵閣四庫全書本。

之徒大有人在，朝政之荒蕪、社會之喪亂又怎能不讓善夫為之擔心憂慮呢？其實，善夫此時告歸最重要的並非是對家國天下政治責任的忘卻與擺脫，更非如佛老般對待萬事萬物的虛無寂滅之姿態，而是一種看透世事之後的沉著冷靜。善夫「俟天下之清也」的藏時待用，或許更與其此時初遇陽明心學有關。

正德七年，善夫尚在蘇州任戶部主事時，得遇辭官隱居之黃綰，二人相與論學，善夫從黃綰處初步瞭解了心學的相關理論，獲益頗多。黃綰《少谷子傳》云「少谷子為戶部主事，督稅吳江之滸墅。予過而遇之，握手與予語，竟日而別。別猶眷戀曰：『吾亦自此遯矣，子不為我棄，其將訪予於天台雁蕩間乎。』」〔註152〕由此可見，善夫通過與黃綰之交流，已初步確立了其對道之追求與志向。正德八年，善夫於常州得遇陽明，與之共同論學，遂逐漸由對文學復古的愛好轉向對心性之學的探討：

> 走童子時即好為文辭，每讀《大人》《上林》諸賦，愛其窮高極眇，鏗金戛玉，奮然希剿其餘聲。晚過王伯安於毗陵，相語數日，始計之心曰：雕蟲篆刻，壯夫不為也。乃始改念，捆摭群書而求其鍵。于今三年矣，蒼蠅紅紫，未之有別者也。〔註153〕

善夫對文學的熱情與愛好在與陽明之交流與探討中最終化為一句「雕蟲篆刻，壯夫不為也」，則其時善夫確有將人生重心轉移之傾向。不過，若以為此時之善夫已完全放棄詩文創作抑或對文學之愛好，則又是不切實際的。應該說，與黃綰及陽明（此時還有徐愛）的先後接觸，尤其是與陽明的相會，使得善夫對人生之終極意義與生命價值，對儒者之人生設計與政治理想以及以何種姿態實踐一個儒者的濟世責任，都開始有了重新的思考。他確已感受到文學無益於自我身心的內在修養，尤其是對道之體悟與踐履，如果過多的將有限的人生精力用於籤弄精神之文藝創作上，就會妨礙對道的研習與體悟。然而，且不說文學本來就是士人在失意之餘吟詠性情、抒發感慨之方式，而文道合一從而黼黻盛世更是士人們孜孜以求的終極目標。鄭善夫之所以曾一度參與到復古派文學群體中與之共同唱和，便是因其文學追求與政治理想內在相連。而在與陽明接觸後，受到心學影響的鄭善夫自然便把追求聖人之道視為人生根本與終極目標。在理學（心學）家眼中，文學同任何技藝一樣，均為外在於

〔註152〕鄭善夫：《少谷集》，卷二十三，附錄上，黃綰《少谷子傳》，文淵閣四庫全書本。
〔註153〕鄭善夫：《少谷集》，卷十七，《答姚元肖吏部》，文淵閣四庫全書本。

身心之物，無關理道宏旨。而將有限之精神與生命耽誤於研討詩文技藝之上，更是一種得不償失之舉。可是，對於此時的鄭善夫來說，儘管他亦已明確了追求聖人之道的人生志向，也從一定程度上改變了當初對文學復古之期望，但其對文學功能、文學價值的認知，從其始終堅持以文學創作來展現時代畫卷與抒發自我性情來看，善夫又確有不同於一般理學家之處。

應該說，善夫此時與陽明之會晤，更大程度上影響了其仕隱之間的人生選擇。正德八年，善夫在與陽明論學之後不久便告歸乞還。你能說這其中沒有陽明心學對其出處之際人生抉擇的影響嗎？更何況，善夫此時歸家並非棄絕塵俗而遺世獨立，而是暫時隱忍以保全自我，從而為將來更好的出仕做準備。與陽明心學之接觸使得善夫確立了追求聖人之道的人生志向，但這種追求絕非不顧一切的捨生取義，因為朝廷已不容許直言切諫之臣的存在，那麼退處山泉林麓從而保身修道，不失為一種安全而實惠的人生選擇。但這種隱退並非佛禪視一切為寂滅空幻式的決絕冷漠，而是以一顆輕鬆平和之心來藏時待用，從本質上說，這種行為仍是儒家精神品格的典型體現。這也正是鄭善夫毫不費力地由文學復古轉向陽明心學之原因，因為二者本就有著內在精神與文化品格上的某種一致，而當復古運動受到壓迫與摧殘之時，當黼黻盛世的政治理想與致君堯舜的美好藍圖因皇帝昏庸與奸宦當道而受阻以致無法實現時，士人們的人生價值觀受到了前所未有的挑戰與質疑，而陽明心學為士人所提供的廣闊生存空間與精神指向無疑起到了撥雲見日之功效。

從正德八年至正德十三年，鄭善夫獲得了近五年閒適恬淡的隱居生活。然而，在家閒居的這段時光，善夫並未真正忘情世事，而是以一種更為客觀理性的態度對其時社會的種種亂象進行了反思與批駁。如正德十一年，在《答戴仲鶡》一書中，善夫在表達完「蠻夷瘴海，困頓鞠窮，隨其所之而安之」的通達人生觀外，對正德朝士人沽名釣譽之士風進行了深刻地剖析與批判：

> 前代以直言得譴者，他日公論一定，每起為美官，而天下人士亦以此多而侈之。近世士大夫亦每傚之，以矯美名於一時。及其貶竄邊則，皆慰之曰：是何傷哉！固仕宦之第一籌也。是豈臣子者之所以事君，與士君子之所以立心哉！〔註154〕

善夫指出，正德朝存在著大量的言官以直言進諫獲罪譴謫現象，言官之職責

〔註154〕鄭善夫：《少谷集》，卷十七，《答戴仲鶡》，文淵閣四庫全書本。

本就在匡正君王過失，若因君主昏庸、小人當道而遭致禍患，那也是迫不得已之結果罷了。從出發點而言，士人應以履行儒者匡扶天下、濟世救民之責任為根本。然而，與復古派等正義之士不同的是，這些言官「以矯美名於一時」為根本目的，更有甚者則將因罪獲譴、貶謫流放視為實現千古流芳、名揚萬世的現實途徑。可見其時士風士德之淪喪與敗壞，沽名釣譽、希寵邀名種種不一而足。

在《上周公儀方伯》中，鄭善夫以沉痛的口吻再次表達了對此種局勢的憤恨與惋惜：

> 出處一事，未敢輕擬。功名古人所熱中者。方今後生輩各執其巧，其或出位亢言，身遭貶竄，則曰：讀書之能事畢矣。不死則希越常格，不幸而死亦收忠義之名。學勇退者則揭日月而行，以取捷徑，沉冥數載，反如烈火之攻中。惡在其養之高也。古之人立身事君而顧如是哉！善夫最傷不能自檢勑，不能事人，病日加益復，不能事事，乃自廢以歸。深恐坐此譏誚，故一切不敢通故人書。兀兀至今日，處荒村，對樵夫佃子語，古士恥之。今雖窮阨，然心實無所要也。必不得已，則當以仕易耕。〔註155〕

善夫認為，士人熱衷功名本無可厚非，然今日之士卻不以為國效力、盡忠職守為本分與責任，反而各執其巧、以取捷徑從而邀名後世，德之虧損一至於此！在此，亦可見善夫對出處之際的小心與謹慎。其「深恐坐此譏誚」的小心翼翼與「今雖窮阨，然心實無所要也」的清白高潔，正與其時貪競射利的社會風氣形成鮮明對比。其「霜毛麗藻質，豈受泥水污」〔註156〕的高潔人格又怎能甘心沉淪濁世呢？他追求的則是「終當返真性，去去翔天衢」的精神自由與理想境界。其實，作為善夫好友的孫一元就曾贈詩勸其早日辭官歸隱，其中有「野人勸汝蚤歸去，塵埃骯髒難為儔。朝廷孽蘗未除盡，早晚尚有巴蜀憂」〔註157〕之語，亦可看出當時士人渴望遠離塵埃污濁、保持個體高潔之心態。

正德一朝雖僅十六年，但對社會風氣與士人心態之影響卻是異常巨大的。

〔註155〕鄭善夫：《少谷集》，卷十七，《上周公儀方伯》，文淵閣四庫全書本。
〔註156〕鄭善夫：《少谷集》，卷一下，《夏日閒庭見鶴》，文淵閣四庫全書本。
〔註157〕鄭善夫：《少谷集》，卷二十五附錄下，孫一元《酒酣歌贈鄭繼之地官》，文淵閣四庫全書本。

若說明王朝自正德時起便日益衰落雖有過激之嫌，但正德朝卻無疑為明朝士風敗壞的開端。應該說，鄭善夫對其時時代風俗與士林風氣有著較為清醒的認識，他的詩文創作中有許多都是感歎社會風氣墮落與士人道德敗壞的，除上引二書外，在作於正德七年的《周太僕遇寇事記》中，善夫對平日身居高位、亢言炎炎，關鍵時刻卻貪生怕死、棄城逃生之輩給予了激烈的批判與嘲諷：

> 國家養士百餘年，縻以好爵，裕以重祿。章縫之流，平居長節，亢言炎炎。一旦倉卒，棄城逃生，甚有鬻陳賈敵以僥其身者。吾見其人矣！介胄之士，食恩累世，積威蓄銳以竢用於一朝。乃聞風而靡，猶拏弱者忘意於膏粱，卒見鼪鼠反怖而遁也。否則幸禍以徼功，養虆以邀賞，視芝民命，猶棄草菅。然彼何心也哉！〔註158〕

由此可見，正德朝士風敗壞已經到了無以復加的地步。當此之時，包括王陽明、鄭善夫、顧璘等人在內的大批正直士人都或多或少的受到朝廷的摧殘，儘管他們仍然懷抱著復興盛世的政治理想與人生期待，但正德朝之現實已使他們曾經高昂振奮的生命激情轉為深沉低徊的理性思考。擺在士人面前的，不再是鮮花似錦的仕宦之路，而是如何更好地保全自我生命的問題，如何在濁世之中實現自我的人生理想與終極目標，同時又不放棄現實的愉悅與享受。應該說，陽明心學較好地解決了這一困擾士人心靈的永恆難題。

陽明心學的產生與興盛，並不是一個孤立特異的現象或結果，此與明中期士人自我意識的覺醒與增長，與正德一朝日益敗壞的士風與民風，都有著千絲萬縷的關聯。在此情勢下，士人轉向陽明心學便不是一種標新立異，而是融入一種新的潮流與趨勢的結果，因為不論傳統的儒家思想抑或詩文理論都無法從根本上解決此際困擾士人的難題，因此，轉向陽明心學便是順理成章的事實了。

而具體到個人身上，又有不同的表現。鄭善夫正德七年得遇黃綰，即對心學產生了濃厚的興趣；正德八年與王陽明相遇於常州，相語數日，隨即轉向心學。同年善夫以養病為由上書辭官。前面已經分析過，善夫此次辭官歸家與傾心心學有著一定的關係。在閒居的幾年間，善夫並未忘懷國事，但國家艱危、朝政不振，雖有陽明心學的理論修養進行自我慰藉，但出處之際仍多有困惑。而其隱居於家的真實狀況，也並非日日享受嘯傲山林之樂與寄情

〔註158〕鄭善夫：《少谷集》，卷十，《周太僕遇寇事記》，文淵閣四庫全書本。

詩酒之趣，而是「避地親朋棄，憂時夢寐牽」〔註159〕的無聊悲愁。正德十年，善夫在《與近夫》一書中表達了這種「行藏尚未能決」的矛盾心態：

> 自逆瑾首禍，讒幸盈廷，其法毛政網雖稍革去，而飾奸文佞者固未盡除也……以身任天下之事，非吾輩其誰？萬萬為天下自重。走行藏尚未能自決。今雖杜門，不能盡棄人事，為虛名所累。逐日酬應，轉見勞苦。世情尚同，勢復不敢自異而逸也。兄以我無朝參簿書之役為得受用歟？年來索居，愈益落莫。意欲圖一出，暫避旦夕饑餒。顧癖性終不可改，口復不能容惡。在散地雖每怫人，或亦無大禍。若隨群逐隊，能免於意料不及耶？今時雖未太平，然朝有賢人，亦非有大不可者。必若畢志漁樵，則有處分矣。顧今名在宦籍，兄弟妻子所仰給而存者，實未終忘意進取也。〔註160〕

善夫坦言，儘管劉瑾等首惡元兇已除，但社會風氣並未恢復，飾奸文佞者比比皆是。但是作為一個儒者，「以身任天下之事」不正是其立身行道的終極目標嗎？再加上善夫自幼家貧，又須奉養妻子弟妹，出仕為官亦可解飢寒交迫之疾苦。然而，善夫「顧癖性終不可改，口復不能容惡。在散地雖每怫人，或亦無大禍。若隨群逐隊，能免於意料不及耶？」則道出了其隱於內心深處的擔憂與畏懼。復古派眾人慘遭荼毒之禍猶在眼前，怎能叫善夫不心懷憂慮呢？可以說，此時期困擾善夫的問題正是於出處進退之間如何從容選擇、坦然面對。也就是說，儘管正德八年他已有轉向心學的跡象，但其尚未能完全融會貫通。從接觸到轉向，從認識到理解，實難一蹴而就，而是隨著陽明心學的發展與成熟，善夫的心學素養也得以提升、發展。

正德十二年，善夫帶病入黃岩訪黃綰，與之「劇談堯舜以來所傳之道，六經、百家、禮樂、刑政、天文、地理之源流，及二氏之所同異，極於天地之間無一不究。」〔註161〕關於此次論道之事，顧璘《別鄭繼之序》中也有記載：

> 晉安鄭子養痾武夷之下，杖策裹糧，東觀於海，返於天台，訪應、黃氏二子者，語焉莫逆於心。相與講道於委羽之陽，浹月而後出。將至郡，餘往逆之郊。見其容充充然，若富子歲飽膏腴而發其

〔註159〕鄭善夫：《少谷集》，卷四，《汩汩》，文淵閣四庫全書本。

〔註160〕鄭善夫：《少谷集》，卷十七，《與近夫》，文淵閣四庫全書本。

〔註161〕鄭善夫：《少谷集》，卷二十三附錄上，黃綰《少谷子傳》，文淵閣四庫全書本。

澤；其氣淵淵然，若大人處密勿既致理而燕閒其居也。歎曰：異哉
諸君！其浸漬窅奧而嘗其深者乎？其晤言有融亦既亡其積礙者
乎？夫何其表之若是殊也。遂止之幘峰精舍，與之談天地萬物之理，
及古今天下事是非成敗，人物臧否屈伸之變，莫不犁焉的焉，漫焉
會焉，雖予之心亦莫逆於三子者之心。〔註162〕

從上引兩段記述來看，正德十二年時，鄭善夫的心學修養較之數年之前有了
較為明顯的提升。這只要從顧璘對其容色氣質的描述即可看出，若非善夫心
學修養達到一定程度，則其體格氣貌必不會如此從容平和，淵微充然。這裡
還有一點值得注意，黃綰本為陽明弟子，善夫與之共談萬事萬物之理亦無可
厚非。而顧璘則與善夫同為復古派成員，他們之間莫逆於心的，反而不再是
文學之事而是天地萬物之理與臧否屈伸之變，由此可見，復古派部分成員轉
向陽明心學已經成為一個不容置辯的事實。

二、從道教養生到陽明心學之轉變

面對姦佞當權、朝政敗壞的現實，善夫感到了前所未有的迷茫與痛苦，他
曾經寄希望於文學復古運動，試圖以之來參與政治、興復盛世。然而，在與權
宦佞臣的政治鬥爭中，復古派文人卻紛紛遭遇流放貶謫之罪，從此遠離了政治
中心。儘管復古運動對當時及後世的文學思想產生了巨大影響，但從其初衷而
言，則顯然已產生了不小的偏移。善夫身處衰頹之世，昔日高亢昂揚的政治激
情早已隨著社會風俗敗壞而消磨殆盡。他既無力改變社會現實，則隱居以見志
亦不失為一種穩妥安全的選擇。其實，在轉向陽明心學之前，善夫曾對道教養
生沖舉之說發生過濃厚的興趣。黃卓越曾經在《明永樂至嘉靖初詩文觀研究》
中明確指出正嘉間道家思想在士大夫中的影響是異常巨大的，或可成為一股
思想潮流而直接影響到晚明士風。這其中自然包括早年即對道教養生之術產
生興趣的陽明在內。此外，復古派文人中徐禎卿、鄭善夫、孫一元、吾謹、黃
省曾等人亦都曾不同程度的接受、研習過道教秘術。可見，在傳統儒學之外，
道家思想在士人群體中似乎因更為貼合士人內在心靈而受到更多關注。

鄭善夫早歲曾對道教修仙長生之秘術表示出欣喜、贊羨之情：

客有羅浮君，羽衣行翩翩。長揖謝世事，煉性三十春。沆瀣不
滿口，貌如藐姑神。問道廣成子，空同高嶙峋。掛瓢倚樹枝，振烏

〔註162〕顧璘：《息園存稿文》，卷三，《別鄭繼之序》，文淵閣四庫全書本。

天風門。褐來弔延陵，晤言東海濱。示我紫尸術，挺身入層雲。誓將結瑤華，引手長相親。〔註163〕

東海有一士，被服雲錦裳。饑餐炎洲霞，渴吸瑤池漿。鶴馭何翩翩，九垓一相羊。朝發崑罠野，夕憩沈默鄉。睠言與汗漫，抗臂窮洪荒。九州雖云大，視之如室堂。紛紛尺蠖徒，看彼鴻鵠翔。〔註164〕

素癖厭人事，況乃居市廛。毅然捨此去，飄颻御風煙。夜泊桐江雲，放歌漁父篇。朝登富春山，釣臺兩高懸。如雲迫遲暮，頓覺忘憂煎。行復經武夷，真詮落吾緣。引手向紫霞，高招控鶴仙。沆瀣亦可飽，安能逐鷗鳶。局局禹跡裏，衷情向誰宣。〔註165〕

道逢五行仙，姣好若冰雪。璘璘白鶴車，翩翩逐雲月。導我探魚腸，乃得餐玉訣。入山採黃芽，和之以璃屑。服食引奇齡，秘訣不敢泄。〔註166〕

山中黃精熟，作意向山人。製法隨蒸曝，靈根集鬼神。腹心吾尚病，服食爾能純。有客乘雲氣，三尸不累身。〔註167〕

黃卓越將這種文人遁入道教的原因作了較好的總結與歸納，即與正德朝之亂政、社會思想的多元化及個體生命意識的覺醒有關。〔註168〕而從鄭善夫這些描寫求仙服食之術的詩歌來看，他之所以習仙問道還有一層渴盼精神自由、嚮往遠離塵世紛擾從而自我獨立的緣由。而這層原因也成為其後來順理成章地轉向陽明心學的內在因由之一。同徐禎卿一樣，時代（濁世亂政）與個人（敏感多病）的雙重壓迫使其對道教長生飛仙之說充滿興趣，他們渴望從生死大關中擺脫出來，並在精神上獲得絕對的充實與自由。從一定程度上來說，道教的沖舉秘法因其神聖與神秘感使得這些文人獲得了一種精神滿足，服用五金八石等也確曾在初始使他們自覺身輕體健、精神煥發。然而，這種所謂的秘藥非但不能沖舉飛昇以成文人們的精神幻想，服用過多反而導致腹心之

〔註163〕鄭善夫：《少谷集》，卷一下，《甘泉子》，文淵閣四庫全書本。
〔註164〕鄭善夫：《少谷集》，卷一下，《東海有一士》，文淵閣四庫全書本。
〔註165〕鄭善夫：《少谷集》，卷一下，《發越州》，文淵閣四庫全書本。
〔註166〕鄭善夫：《少谷集》，卷二，《我昔遠行邁》，文淵閣四庫全書本。
〔註167〕鄭善夫：《少谷集》，卷四，《山中對孫太初食黃精》，文淵閣四庫全書本。
〔註168〕黃卓越：《明永樂至嘉靖初詩文觀研究》，北京師範大學出版社，2001年版，第232～233頁。

災。正如鄭善夫在上朝廷的《乞歸疏》中所言：

> 比年以來感患瘡瘍，累事醫治，益以猖熾。向者謬以驅闢百邪，
> 為須金石之藥。不擬沉積五內，反成心腹之災。抵今三月，雜症交
> 攻，形神喪沮，精氣虛竭。〔註169〕

由此可見，道教所謂的服食沖舉之術並未從根本上解決善夫對人生的種種困惑，尤其在擺脫死亡恐懼一事上，反而加重了其病情。（後來善夫過早離世，恐亦與曾服食五金八石之類藥物有關。）況且，道家描述的沖舉飛昇之浪漫情景，儘管對於此際被病痛折磨的鄭善夫有著異常巨大的吸引力，但卻失之虛無縹緲。隨著認識的加深，他亦逐漸對道教乘龍昇天之說產生了懷疑：

> 採銅鑄寶鼎，煉作九還丹。服食壽長生，長生千萬年。白日
> 跨飛龍，宸遊上九天。如何鼎湖路，一去無時還。君子貴返終，
> 仙術諒非難。方士費論說，彼心詎能安。秦皇與漢武，黃土高巉
> 屼。〔註170〕

> 解束悟服食，營慮結山水。比聞三峰秀，齎歡一來此。同雲布
> 坤維，六花漫不止。升危滯遐蹤，寓目毀高志。真源不可往，罔蜮
> 兼泥滓。居凡殊所厭，還丹亦難恃。太虛本宅無，彭殤同已矣。安
> 得莊生達，相與析玄理。〔註171〕

善夫認為，與其嚮往服食長生，不如同莊子一樣達觀安然、解析玄理，於此參究生命本質，從而擺脫死亡困惑。然而，深受儒學傳統影響的鄭善夫勢必不能如此輕易忘懷致君堯舜的政治理想，更重要的是，當朝廷與社會已不容許正直敢言之士的存在時，其人生價值又將如何體現？歸隱以自保當然可以保證人生的安穩，但在這種迫不得已的選擇之下是否仍有真正的快樂與享受？這些問題老莊當然亦有自己的理論對其加以解釋，但是，對於鄭善夫來說，消極避世並不能成為解決問題之方法，或者說，作為一個擁有正義力量的豪傑之士，他需要的並不是取消或逃避，而是積極勇敢地面對與解決。在轉向陽明心學之前，鄭善夫曾經歷過一段思想上的迷惘與精神上的困頓：

> 年來獨處荒蕪，日對蒭畔，固已忘意仕進。竊欲於天文、地理、
> 禮樂、仙釋、百氏、稗官、小說諸書翻閱一番，冀得其糟粕，以為

〔註169〕鄭善夫：《少谷集》，卷十四，《乞歸疏》，文淵閣四庫全書本。
〔註170〕鄭善夫：《少谷集》，卷一下，《飛龍引》，文淵閣四庫全書本。
〔註171〕鄭善夫：《少谷集》，卷一下，《大雪行三莭山中》，文淵閣四庫全書本。

不如是不成通儒。不意碌碌歲年，病冗相迸，一不得其門。今雖少
蘇息，然神思恍惚，漸覺不復能記憶耳。〔註172〕

善夫閒居之餘，儘管不復以仕進為念，但仍無法令自己的內心獲得充實與愉
悅。所以，他寄希望於天文、地理、稗官、小說之屬，「以為不如是不成通儒」。
然而，實際效果卻令善夫大失所望，其非但沒有因之獲得自我滿足與超然安
適之境界，反而大有病冗相迸、神思恍惚之態。可見，在轉向陽明心學之前，
為了解決困惑纏擾自己的人生難題，善夫是作了一番嘗試的。

正德八年，在接觸陽明心學後，善夫的思想與境界遂產生了相應的變化，
試看其作於此際的《役役》：

役役不自息，旦夕白髮新。眾非紛往來，誰能超世塵？早年失
所依，迷誤三十春。讀書不聞道，空負見在身。伯夷北之海，宣父
西問津。行藏各有以，予將希其倫。青袍豈心事，白雲終我鄰。罷
官亦何難，去去完吾真。〔註173〕

在這首詩中，善夫表達出一種聞道後的喜悅與平和。「青袍豈心事，白雲終我
鄰。罷官亦何難，去去完吾真」更是體現出一種得聞聖賢之道後的輕鬆與閒
適。可以看出，善夫通過對陽明心學之體悟與研習，其人格精神與生命境界
均上升到了一個新的層次，他不再執著、糾結於仕隱之際的人生選擇，而是
以一顆超然悠遠之心涵容一切，以青山白雲為友為鄰，在清幽淡遠的生活氛
圍中實現自己本真的生命價值。在轉向陽明心學後，他創作了大量閒逸自適、
清雅蕭然的文學作品，這與陽明心學對其人格心態的影響密不可分：

輶車入城府，不染市道塵。買山水部巷，石壁爭嶙峋。嘉果
自四時，橘柚及棗榛。樹木更筱蓧，梅竹逾精神。茆亭覆石上，
風月為主賓。芸軒矮且陋，著書掩柴門。襘襪非我朋，心知遠見
親。神閒多暇日，棋局見本真。雖居赤縣會，每結青山雲。鱗鱗
十萬家，刀錐忘夕昕。茲山豈遐遠，煙容自津津。四郊願寧謐，
永作草茅臣。〔註174〕

東南有一士，名節貞自完。葆光歸田園，散髮懶不冠。白魚入
羞饌，取色慈母顏。幽居藏市廛，白日以閉關。客從遠方至，情話

〔註172〕鄭善夫：《少谷集》，卷十九，《與姚元肖吏部》，文淵閣四庫全書本。
〔註173〕鄭善夫：《少谷集》，卷二，《役役》，文淵閣四庫全書本。
〔註174〕鄭善夫：《少谷集》，卷一下，《少谷山雜興》，文淵閣四庫全書本。

憂絕端。酒酣命僮僕，取琴為之彈。希聲入窈眇，忽下雙紫鸞。睠言履昭曠，相期逾歲寒。〔註175〕

　　方干樂道處，小墅野梅開。對客翻高調，飛花片片來。蘿雲蒙臥榻，隴日照行杯。不耐王孫思，春深未卻回。〔註176〕

在這些清雅幽然、獨特別致的詩歌創作中，你感受不到一絲煙火酸腐之氣，而是詩人自得自適之情懷與超越悠然之境界。在與自然萬物相親相近、無拘無礙的接觸與感受中，善夫得到了前所未有的自適與安然。遠離了世俗宦場與紛擾事端，一切都是那麼真實自然，再也沒有什麼憂懼與羈絆，最重要的是，善夫通過陽明心學獲得了一種真切的自我體驗與超越的生命境界。這種精神寄託吸收了佛道二家超越理論的精髓，但又並未流於寂滅與空幻，而是以一種博大寬廣、深沉厚重之胸懷來涵容天地萬物，以證之本心的方式進行自我體悟，最終便能獲得一種充實滿足的心靈安頓與超拔世俗的生命境界。在《悠然亭序》一文中，他將這種悠然自適之意表達得更為理論化、直觀化：

　　嘗觀之世人：遁世泉石者則有廢棄不平之況，窮年宦海者則有舟楫失墮之恐。二者窮達纍之，纍則無適也……昔陶元亮不欲為五斗折腰，憐故園松菊，飄然長往。彼蓋不以窮達累其真而得其生者，故採菊而見南山，適也。堪無窮達之累者乎？無累則無物，無物則無我，無我則無弗適矣。是故萬色與目會，萬聲與耳會，萬氣與神會，萬變與形會，而心適也。〔註177〕

鄭善夫指出，世人遁世泉石卻常常有廢棄不平之況，而窮年宦海則有舟楫失墮之恐，無論身處何地，都不能獲得真正的輕鬆與快樂。究其根由，則在於窮達累心之故。因此，善夫追求一種應物而不累於物之境界，只有無累於物，才能獲得心靈的適意與精神的灑脫。而這種「心適」觀念顯然是在陽明心學影響下形成的。

　　嘉靖二年，善夫有《上陽明先生》，向陽明表達了入其門下為弟子的心願：

　　善夫蒙天不棄，癸酉歲得假毘陵之謁，猥承至教。奈以天質凡下，無有其地，因循歲年，幸再私淑諸人，稍知向道。是雖未及先

〔註175〕鄭善夫：《少谷集》，卷二，《遊建州陶園和淵明擬古八首》其五，文淵閣四庫全書本。
〔註176〕鄭善夫：《少谷集》，卷五，《贈方梅墅》，文淵閣四庫全書本。
〔註177〕鄭善夫：《少谷集》，卷九，《悠然亭序》，文淵閣四庫全書本。

生之門，然竊念先生之恩，信與生我者同死不忘也！第恨立志不堅，時作時報。比來業不加修，病不加少，恐一旦即死，與草木同朽，不及終志門下，不無負無涯之憾矣。去秋擬出門，再沮於大病，至今未復。區區摳趨寸忱，未有一日放下也。子莘往敬布下意，萬異不棄絕於門下。不勝幸甚。〔註178〕

在此信中，善夫向陽明明確表示了心學對自己實有再生之德的恩惠，因此極其渴盼能夠進入陽明門下進行學習與修煉，只是前此因病未能及時前往拜謁，而此念並「未有一日放下也」。如此反覆申述，自然應視為善夫晚年之迫切心願。不料，善夫因病勢沉重，於嘉靖二年即逝世，其入門心願亦未能達成。不過，後人均將其視為閩中王門的重要代表，則善夫雖生前並未及門行弟子禮，然其為陽明弟子之事實，亦成公論。據黃綰《與鄭繼之書》所記，「近至越會陽明，所論格致之說，明白的實，於道方有下手，真聖學密傳也。坐間每論執事資稟難得，陽明喜動於色，甚有衣缽相託之意。」〔註179〕足見陽明不僅早已認可善夫心學弟子之身份，並甚有衣缽相傳之意，這在王門弟子中亦屬罕見。因此，鄭善夫實可謂未入王門的陽明傳人。

三、濟世與自適並重：鄭善夫對陽明心學之踐履

正德十三年，善夫在無奈之下被迫起復，官禮部主事。儘管其早年以病乞歸即有遠離是非之地，從而避禍以自保之意，但其憂國憂民、正直無私的儒者情懷又使其對武宗的種種荒唐行為頗為不滿，並作了許多詩作來諷刺武宗。據《明史》載：

（武宗）自稱總督軍務威武大將軍總兵官。庚子，輸帑銀一百萬兩於宣府。冬十月癸卯，駐蹕順聖川。甲辰，小王子犯陽和，掠應州。丁未，親督諸軍御之，戰五日。辛亥，寇引去，駐蹕大同。〔註180〕

十三年春正月辛丑朔，帝在宣府。丙午，至自宣府，命群臣具彩帳、羊酒郊迎，御帳殿受賀。……辛亥，還宮。辛酉，復如宣府。……乙酉，至自昌平。秋七月己亥，錄應州功，敘蔭升賞者五萬餘人。

〔註178〕鄭善夫：《少谷集》，卷二十，《上陽明先生》，文淵閣四庫全書本。
〔註179〕張宏敏：《黃綰生平學術編年》，黃綰《與鄭繼之書》，浙江大學出版社，2013年版，第107頁。
〔註180〕張廷玉等撰：《明史》，本紀第十六，第209頁。

丙午，復如宣府。八月乙酉，如大同。九月庚子，次偏頭關。癸丑，敕曰：「總督軍務威武大將軍總兵官朱壽親統六師，肅清邊境，特加封鎮國公，歲支祿米五千石。吏部如敕奉行。」甲寅，封江彬為平虜伯，許泰為安邊伯。〔註181〕

武宗自由散漫、奢靡荒唐，行事不顧朝政、不守王綱，只圖一己快樂與享受，這種個性與行為對正德朝的朝政與風氣造成了無法彌補的損害。善夫有感於此，創作了大量諷刺武宗出遊巡幸、荒廢國事之作。

正德十四年三月，武宗「自稱『總督軍務威武大將軍太師鎮國公朱壽』，制下南巡。上欲登岱宗，歷徐、揚至南京，臨蘇、浙，浮江、漢，祠武當，遍觀中原。時寧王宸濠久畜異謀。」〔註182〕此議一出，群臣紛紛上疏切諫。鄭善夫亦上《諫東巡疏》，詞甚剴切：

> 有以威武大將軍鎮國公前往太山獻香者，竊念此事雖夐蔑草野，苟有一念愛君，蓋有蒙死而言其必不可矣……陛下遠不見曹欽，不見劉瑾乎？瑾固陛下狎昵之臣也。陛下託以心膂，委以機務，時豈不以瑾為盡忠社稷，且日在左右，而一旦叛逆乃爾。況今乘輿遠出，內無儲君，外有勁敵。而驕貴弄臣專典禁兵，萬一變作，陛下誰保以無虞也！陛下獨不聞英廟之事乎？前車之覆，後車之戒。臣不敢斷其必無也……臣聞堯舜惟恭默無為而萬世言治，不聞其擅一將之長。今不師堯舜則亦已矣，亦不聞有先帝乎？先帝敬天勤民，親賢遠色，察佞倖、絕游畋，亦惟自正其心以為天下本，實未嘗有所作為下親將相之事也。然而文武效用，身不勞而天下治。此陛下與左右所習知者。陛下夜氣清明之時，獨不一思先帝之所為乎？臣竊以治亂之機實在陛下一心，心一正則百邪皆廢。陛下試一轉移靜求：先帝何故身不勞而反治？今何故身獨勞而反亂？則一切荒淫悖謬之事，將自追悔不暇……臣本草茅，久無仕進之志。痛惟先帝祝天求才，不忍以無用自棄。抱此悃誠，久欲獻之陛下。明知職非言路，寧觸忌諱以死。誠惜陛下之英明，而不忍視天下之日敝也。隱死上聞，候命闕下。〔註183〕

〔註181〕張廷玉等撰：《明史》，本紀第十六，第210頁。
〔註182〕谷應泰：《明史紀事本末》，卷四十九，中華書局，1977年版，第726頁。
〔註183〕鄭善夫：《少谷集》，卷十四，《諫東巡疏》，文淵閣四庫全書本。

鄭善夫明確指出武宗於正德初年寵信宦官劉瑾等人，後又發現其實為國之叛逆，此實為縱肆己意、察人不明之結果。而今乘輿遠出，「內無儲君，外有勁敵」，亦實乃不明不智之舉。善夫又言弘治朝之時，孝宗勤懇恭敬，不將一己之享樂凌駕於國家朝政之上，所以「文武效用，身不勞而天下治」；更直指武宗所行皆為「荒淫悖謬之事」言辭極為鋒利剴切。時吏部尚書陸完有言「主上聞直諫，輒引刀為刎狀」。雖有恫嚇群臣以阻其上疏進言之意圖，但從武宗一貫對仗義執言之大臣的不滿姿態與處置結果而言，此語亦並未有過多誇張不實。果然，眾人諫疏一上，「上大怒，召江彬示之。以彬言下黃鞏、陸震、夏良勝、萬潮、陳九川、徐鏊錦衣獄。命舒芬、張衍慶、姜龍、孫鳳、陸俸等百有七人，跪午門外五日。林大輅、周敘、余廷瓚等二十餘人，俱下獄。」〔註184〕而鄭善夫亦遭到廷杖的嚴厲處罰。其實，善夫在上疏之前並非不知武宗對待諫臣之態度以及可能出現的結局，但其仍義無反顧地上疏諫言，這種知其不可而為之之舉，體現了善夫一以貫之的儒者精神。在《東巡懷草跋》中，他說：

> 此本余伏闕罰跪時所草，置懷中，謂倪本端、方思道曰：「余死
> 則為出之。」時死者十一人，而余最柴瘠，幸不即死。今存此草，
> 每靜夜一披，追惟往事，未嘗不潸然痛哭也。〔註185〕

可見，善夫實是抱了必死之決心上疏切諫的。那麼，這又如何與之前那個優游閒適、安然淡泊的鄭善夫聯繫起來呢？到底哪一個才是其本真面目與人生理想？其實，二者之間並不矛盾。原因即在於陽明心學之兩面性或雙重性。應該說，鄭善夫較好地闡釋了陽明心學這種既不放棄儒者濟世責任，同時又要達到一種內心空明、超越灑然之狀態與境界。這點在陽明本人身上即得到了最好的印證。陽明之道德、功業成就圓滿，而其亦確實通過心學獲得了聖者「用之則行捨即休」的達觀境界。善夫秉承陽明心學良知學說，在歸隱之時即以追求生命愉悅、人生快樂為目標；而在朝廷需要之時，則又毅然擔負起一個儒者的濟世責任，不為一己享樂而逃避現實。

　　然而，儘管善夫早已做好被災蒙禍的準備，但當因諫而罹禍之事真實發生後，對其肉體與心靈的摧殘和打擊仍是異常巨大的：

> 近日之禍，悔不用兄之言。豈亦近名之弊遂至此乎？初事始於
> 朱守中之宅，同志者四五人，意欲九卿率僚屬伏闕庭，求為必成之

〔註184〕谷應泰：《明史紀事本末》，卷四十九，中華書局，1977年版，第727頁。
〔註185〕鄭善夫：《少谷集》，卷十六，《東巡懷草跋》，文淵閣四庫全書本。

計。不料事既不諧，勢不能中止。其禍遂慘烈至於此。時記得臨祖
一言：繼之若出，只做得鬱亮之事業。倘今日與十一子同死，不過
是泡沫同澌矣……歸志甚銳，自今以往，更無復功名係戀。深居守
義，孟氏所謂其子弟從之則孝悌忠信，顧亦何適而不可哉！顯仁親
事尚爾優游，古人介於石不終日，言恐肟豫則有悔也。〔註186〕

可見，經此廷杖之事以後，善夫再無仕進之念。正德十五年，他一連向朝廷
上了三封乞歸疏，請求朝廷批准其辭官歸家養病，這裡試引其中一封於下：

　　念臣生長南方，稟受脆薄。兼以自幼學問乖張，不能以志帥氣
也。七情交攻，多方受病。向雖乞歸調治，又以優游光景自廢。瞑
眩之藥，實未曾拔去病根……臣念一介寒士，一旦倨然與五品大夫
同列，計臣之德，實不能稱其位萬一。況今為寒邪所侵，頭風肺氣，
喘息不安。職業既荒，慚悚無地。臣今思耳目鼻口、四肢百骸無非
病痛，寖及腹心。殊非旦夕可治也。必須畜數年之艾，靜處山林，
安守歲月，齋居洗念，庶幾可望其瘳矣。此實臣激切之言，非有所
假借焉者也。〔註187〕

善夫向朝廷上疏乞歸之原因主要有二：其一在於其身體之病癒發嚴重，又因
用藥失誤，致使「形神喪沮，精氣虛竭」，因此需要歸家靜養；其二則如其所
說恐德行不符，不稱其位。此外，善夫恐朝廷不能盡信其言，在疏之末尾還
反覆強調「此實臣激切之言，非有所假借焉者也。」則其小心謹慎之態可想
而知。其實，善夫此次乞歸當然確有病情反覆並加重之因，但更多的則是對
朝政的徹底失望。正德八年，其因病乞歸之時，即有不滿朝政濁亂、士風敗
壞之原因。閒居數年之後，儘管其在無奈之下應詔赴朝，但他始終不能忘懷
的，仍是一個儒者積極用世、勇於擔負的正義感與使命感。所以，當他見到
武宗視朝政為兒戲的荒唐行為時，仍要上疏諫言以期加以挽回與補救。然而，
事與願違，正如善夫在《與思道》中所言「前此僕僕道途，旅進旅退，於君親
未補毫分，而身心所失奚止尋丈」〔註188〕，則其仕宦經歷之苦痛，自不待言。
因此，從諫東巡遭廷杖之事後，鄭善夫基本上已無仕進之念，而其晚年則將
更多精神心力放在了如何獲取聖人之道的途徑與方式上。

〔註186〕鄭善夫：《少谷集》，卷十六，《東巡懷草跋》，文淵閣四庫全書本。
〔註187〕鄭善夫：《少谷集》，卷十四，《乞歸疏》，文淵閣四庫全書本。
〔註188〕鄭善夫：《少谷集》，卷二十，《與思道》，文淵閣四庫全書本。

　　嘉靖元年，善夫本擬赴越訪陽明，相與論道，但因其病勢加重未果。在作於此年的《答朱守中侍御》中，善夫與之談及了自己對心學的體驗與心得：

> 計兄是行，必得會陽明，必大有所得。致知之說大好，數年同志所講明、所用力，豈外得此物……善夫比歸，惟杜門溫習舊得。靜中時時紬繹，始覺得此心大是難捉縛的物，方見古人下死工夫處。孔門由賜而下人物未可輕議也。陽明先生立此大功業，今又遭值聖明，善夫日聽其大行不加意思，以為法程未由，侍履門下，心欲如也。〔註189〕

由此可知，善夫對陽明心學的種種理論與工夫均有會心之處。在對陽明心學「知行合一」之發展階段的理解上，他曾云「古之君子知之則言，言之則行。聖人之心顧亦何嘗忘天下哉！」〔註190〕此語應是深得陽明心學之精要的。其實，陽明之所以對善夫青眼有加，甚至有衣鉢相託之意，並非無因。徐禎卿、顧璘、黃省曾、董澐等人轉向心學後均以追求個體適意之超越境界為人生根本，而不再以朝政國事為念。當然，以陽明心學教法而言，狂者自從狂處成就之，狷者自從狷處成就之，亦無可厚非。可是，陽明心學之宗旨是既不放棄儒者濟世救民的責任與擔當，又要實現自我舒展、自我適意的超越境界，而非只強調其中任何一面。後世常譏陽明心學為禪學，恐怕正是看到心學在發展流變中士人過度重視與強調其超越、解脫之「虛」的一面，而忽視了其「實」之一面。因此，鄭善夫應是陽明弟子中較為完滿地詮釋了心學精義之人。這可從兩個層面得以證實：其一，終其一生，善夫始終未曾放棄一個儒者關注社會、經世致用的思想與責任，即便在其晚年因諫東巡遭廷杖而乞還歸家後，仍時時關心朝政國事：

> 我輩既退處山谷不當言，但當進德修業，振作後進之士，以培植元氣。元氣厚則天運自回。此言似迂，然究竟是如此，不然空憂何益。〔註191〕

> 今上聖明，要在親賢士、養德性、經筵進講，亦不在多言，只把《大學》《中庸》誠意誠身上著實開說，務在躬行。要見二帝、三王盛德大業，皆由此進。日養夕息，自然充拓光大。聖德一固，凡

〔註189〕鄭善夫：《少谷集》，卷二十，《答朱守中侍御》，文淵閣四庫全書本。
〔註190〕鄭善夫：《少谷集》，卷十二，《敬齋鄭先生墓表》，文淵閣四庫全書本。
〔註191〕鄭善夫：《少谷集》，卷十八，《答應南州》，文淵閣四庫全書本。

百機務自此中推出，決無悖謬矣。凡人氣質不大相遠，今世學術不明，槩用其氣質，變小人為君子，變君子為小人，只是個風之化。公看劉瑾時，多少才儁皆受變一番，孝廟朝亦即是此人才，非天又別生一番人也，此豈不是風之化。〔註192〕

善夫儘管身雖退隱，心卻仍繫國家朝政，未有一刻忘懷。他指出，當今之世社會風俗敗壞首先在於學術不明、道德淪喪，要想實現盛德大業的宏偉目標與政治理想，只有進德修業、培植元氣，使社會風化得以清明振作。這些寫給友人的書信均作於其晚年退隱時期，可見，善夫儘管晚年有求為太平遺逸之願望，但其始終不能放下的，仍是堅持儒者經世致用、濟世救民的責任與擔負。而這與晚年尚為國事奔走的陽明先生又是何其相似！

其二，則是善夫對佛老之學的態度。前面曾經指出，他曾有一段習仙慕道之經歷。但隨著其對道教飛昇沖舉之術的認知與辨識，他已不再將其視為安頓自我生命之根本。而對佛教萬世輪迴之說，善夫同樣對之進行了批判與辨識：

佛氏上乘，亦合吾道，但其作用殊耳。是故佛老之禍，非佛老之罪也。佛老之學，雖賢知君子往往有好而習之者，惟程朱不然。豈非世道之有邪有正，猶天道之有陽必有陰乎？就二教較之，佛害猶大。輪迴之說，雖萬世不能解眾生之惑耳。〔註193〕

善夫指出，佛氏上乘之說與儒學精義亦有相合處，只是作用不同罷了。而佛老所啟無窮之禍，並非因其學說理論本身，而是文人士大夫企圖以之來化解自身對生死之困惑，實現心靈解脫與安頓。從此一意義上來說，則佛氏萬世輪迴不滅之說，虛無空幻，不僅不能解眾生之惑，反而會引其走向虛無縹緲。比如就靜坐修煉之工夫而言，善夫云「靜坐養元神，元是吾儒底事。世儒槩辟為仙釋，卻去作下半截工夫。虛勞一生，卻無個著落。識者又欲假仙釋靜養來立腳，而後去反到吾儒上，豈是道理。」〔註194〕可見，在善夫看來，從修煉工夫到終極關懷，儒家之學與仙釋之學有著根本的不同，士人絕不可試圖以仙釋虛無解脫之學來解決自己的人生問題，而應切實踐履體驗，以心性之學為根本，方可得悟聖人之道。

〔註192〕鄭善夫：《少谷集》，卷二十，《三與平崖》，文淵閣四庫全書本。
〔註193〕鄭善夫：《少谷集》，卷十五，《佛老辨》，文淵閣四庫全書本。
〔註194〕鄭善夫：《少谷集》，卷二十二，《經世要談》，文淵閣四庫全書本。

　　總的來說，終其一生，鄭善夫始終堅守著一個儒者的責任和品格，儘管朝政腐敗、社會黑暗，現實已不可能讓其實踐興復盛世的政治理想，但善夫從未放棄人生的理念與原則。在接受陽明心學後，他由以往的悲憤痛苦轉向了追求自我適意的人生境界，其心靈獲得了真正的輕鬆與釋然。可以說，在復古派士人群體轉向陽明心學之過程中，鄭善夫是其中將心學基本精神理解與發揮得最好的一個。他並未因追求自我人生的舒適與愉悅而走向放蕩與偏激，反而時時刻刻關注著國家與朝政，其自適與濟世並重的價值追求與陽明心學的基本精神與終極理念是一致的。

　　另外，需在此處稍作說明的是陽明心學對鄭善夫文學創作的影響。鄭善夫在轉向陽明心學後，人生價值觀發生了重大轉變，而價值觀重心的轉移亦使得其文學功能觀由黼黻盛世、致君堯舜的政教功能轉變為自愉自適的審美適意功能。這實際上也體現了其文學創作目的的轉變。鄭善夫由早年對復古文學的愛好逐漸轉向對自我心性涵養的研習，文學創作亦由早年追求復古的鏗訇盛大、高揚蹈厲向著清新平實、通脫簡易之方向發展。試看鄭氏下面的幾首詩歌：

> 閉門打乖坐，鵲噪庭下槐。種竹成琅玕，天風颯然來。〔註195〕
> 曉起披雲氣，攤書青澗阿。六經無一字，秖道配江河。〔註196〕
> 讀易苦解事，閱世涕橫臆。如何中天日，未見群陰息。〔註197〕
> 茸彼南陽廬，瀟灑玩世事。平生梁甫篇，吟對滄浪水。〔註198〕
> 道傍冬青樹，人好樹亦好。豈不纏風雷，青青自持保。〔註199〕

這些詩歌創作用語平實、境界自然高妙，展現了詩人豁達通融的人生情懷與生命境界。從經世致用的儒家傳統文學觀念中擺脫出來，用文學創作來滿足自我情感表達與發抒的需要，是鄭善夫轉向陽明心學後文學思想的重大創變。

〔註195〕鄭善夫：《少谷集》，卷八，《閉門四首》，清文淵閣四庫全書補配文津閣四庫全書本。

〔註196〕鄭善夫：《少谷集》，卷八，《閉門四首》，清文淵閣四庫全書補配文津閣四庫全書本。

〔註197〕鄭善夫：《少谷集》，卷八，《閉門四首》，清文淵閣四庫全書補配文津閣四庫全書本。

〔註198〕鄭善夫：《少谷集》，卷八，《閉門四首》，清文淵閣四庫全書補配文津閣四庫全書本。

〔註199〕鄭善夫：《少谷集》，卷八，《冬青樹》，清文淵閣四庫全書補配文津閣四庫全書本。

當然，這並不意味著其對早年復古文學思想的全盤否定，而是在價值觀產生變化後，鄭氏對文學的看法亦相應改變。

在陽明心學那裡，自我人生價值的實現不再拘囿於入仕為官一途，只要自信本心之良知，即可獲得一種超越的生命境界。以無可無不可的人生態度來面對紛紜複雜、詭譎多變的世俗社會，堅持一個儒者以天下為己任的仁者精神，保持自我本心的寧靜平和，同時又不放棄真實愉悅的生命享受，這是陽明心學的根本宗旨。鄭善夫文學思想的變化以及文學創作的前後差異，實際上導源於其對個體價值的重視。注重自我內心的真實情感與生命體驗，反映到文學思想中，即是文學功能觀向自愉自適之方向轉變。透過心學之指引，詩人可以在文學創作的過程中，充分享受審美的精神愉悅與超越世俗的安然之樂。

然而，鄭善夫在接受陽明心學後文學思想的變化又呈現出一種頗為複雜的過程與矛盾狀態。即其一面在與友人的書信論文中反覆表達「詩文一事，亦是世間一大玩物」「詞章實是玩器，最能沉溺人」，並極力勸勉友人勿以詩文為念；而另一方面，鄭善夫又不能全然忘懷並放棄文學創作所帶給他的精神享受與生命愉悅。其實，陽明心學所追求的超然自適的生命情懷與人生境界同文學的審美境界內在相通。它們都重視對自我內心真實情感的自由發抒與呈露，在對個體生命質量與精神價值之關注上，二者有著一致之處。鄭善夫的矛盾在於，他沒有能夠看到文學與心學二者之間具體的內在關聯，而僅僅將文視作妨礙心性涵養與道德體認的感性存在，這就使得他一直處在一種精神矛盾之中而無法獲得真正的心靈愉悅，從而也未能更好地推進心學與文學二者之間的融合會通。這不僅是鄭善夫一人的侷限，同時也是復古派士人群體的侷限，更是整個時代的侷限。

第四節　黃省曾——由心學轉向復古的獨特實踐 〔註200〕

一、黃省曾傾心心學的原因——兼論黃省曾與王陽明心學思想之異同

左東嶺在《王學與中晚明士人心態》中說：「陽明先生建立心學的本意，便是要糾正士人不能真誠追求聖學而一味趨同於流俗的風氣，並通過改變士

〔註200〕 本節文字出自筆者碩士學位論文。吳瓊：《出入於心學與復古之間——黃省曾文學思想研究》，首都師範大學 2013 年碩士學位論文。

風而進一步改造政治。」〔註201〕因此，陽明心學之本旨乃在於通過學術的途徑來改變士人心態，拯救疲軟渙解的士風，士風若能得到重振，則自然政治清明、百姓和樂。

在接觸心學之前，黃省曾其實就已經在思考士風敗壞的問題了，只不過此前他沒有能夠找出合適的解決方法。正德十四年（1519），黃省曾因為連年鄉試都未曾得中，遂萌發了周遊五嶽的念頭。臨行之前，他向自己的好友蔡羽徵文，想讓其代為寫序。沒想到亦是科考連年不中的蔡羽卻沒有黃省曾縱情山水之中的自適心態，反而勸其以功業為重：

> 續聞當遊五嶽，委僕續行，為年雖盛，僕未敢贊成也。方今當局名公與百司之吏，日夜焦焦然用求人於大科，鄉里之望，屬之吾子。……況君臣之義，無所逃於天地。事親以榮，人子第一義，伏惟俯徇芻蕘，努力高驅，若模寫行色，讚揚高趣，僕固能言而未屑也。〔註202〕

可見，蔡羽的人生設計仍是儒家傳統對士人的要求和規定，即事君以忠、事親以榮的入世標準。然而，敏銳多思的黃省曾卻深切地認識到了現實政治的各種弊端，他選擇於山水自然之間遨遊，並非是逃世避世的人生選擇，而是一種折衷緩解之劑。他在《答蔡羽書》中解釋了自己為何必遊之五嶽的真實原因：

> 所以欲遊五嶽者，非貪蘿薜而惡珪紳；癖泉丘而卑軒廟；耽寂寞而少經綸也。蓋以皇天建闕，繡英聘傑，獵聖羅賢，而立之於位者，凡以為民也。今之仕者，為民乎？為身乎？其事可得而見也。童習乎章句，壯鶩於鄙文，曰：吾以是青紫也，吾以是田宅也，吾以是金府也、玉聚也。蕩乎海內，其風如一；而為民者，代之鮮矣。苟有一二者出於其間，則必皎皎諤諤而大拂乎上下；縣官有雷霆之誅；宰相有魑魅之謫；僚貫有萋菲之謗。而豈能朝暮容乎？小子雖有命祿而顯也，亦安能同於波流之士？必將巍揭而孤立也。巍揭則災被，孤立則禍來，蒼生未濟，而身已危矣。危身則敗孝而傷親，保位則頹忠而慢主。傷親者無仁，慢主者無義。此之謂廢民。小子所以長思細慮，而必之乎五嶽也。〔註203〕

〔註201〕左東嶺：《王學與中晚明士人心態》，人民文學出版社，2000年版，第695頁。
〔註202〕蔡羽：《林屋集》，明嘉靖刻本。
〔註203〕黃省曾：《五嶽山人集》，卷三十，《答蔡羽書》，明嘉靖刻本。

黃省曾指出，自己欲遊五嶽，並不是那種厭世棄世而耽於山水中者，而是因為士風澆薄的社會現狀。今之士子讀書問學，並不是抱著為生民立命的人生理想，而是為了一己榮華，他們蠅營狗苟，在位卻不謀其政，媚上欺下，對正直無私之臣僚反而大肆攻擊。因此，即便於此時中舉為官，亦將受到這些貪官污吏的污蔑和中傷，正是「蒼生未濟，而身已危矣」。黃省曾不願做這樣的廢民，暫時的明哲保身是為了將來以更好的姿態崛起。因此才要登遊五嶽，以待來賢。

正德十六年（1521），陽明寄給黃省曾《修道說》，省曾為之作注，二人之交往自此始。

> 辛巳之歲，承惠《修道說》石本，披而讀之，若排雲霧而睹青天，始知聖賢之意，若是其簡且易也！自是誦而思、思而誦，亦若銖有所進，寸有所得。遂不揣下陋，而妄為之注。將躬贄於夫子之門而正誘是求也。〔註204〕

雖然黃省曾一生以山水為伴，不以舉業為重，但觀其《五嶽山人集》，他是有志成為聖賢的。只不過，在污濁的社會現實中，其尚沒有找到既可安身立命，又能實現聖賢志向的現實途徑罷了。而黃省曾在閱讀了陽明《修道說》之後，對其心學思想是極為服膺和嚮往的，心學讓他有「排雲霧而覩青天」之感，他也開始瞭解聖賢的真正涵義，並積極的表示自己要拜在陽明門下進行學習。嘉靖元年（1522），陽明父親病卒，黃省曾原想過去致弔，順便與陽明會面，但迫於鄉試在即，未能實現此行。嘉靖二年（1523）春，其因有校書之事未完成，因此寫信給陽明，表示自己此事一了，就當親自拜謁，投身於其門下，並將自己所校釋之《格物說》和《修道注》一併寄給了陽明。在此封信中，黃省曾首次將聖賢之道與良知學說聯繫起來：

> 伏讀來諭，省曾歎舉世之沉迷，而悲聖賢之道難信於天下也！蓋淺者昧刻者忌，而疑間之言作焉。然君子之學求其是而已矣。吾之說苟是，則獨立不懼眾非。不顧信於己，不必信於人，知以天不必知以人。嗟乎！嬰之訕、子西之疑、叔孫之毀、仲尼且不免，況今日哉？堯、舜、禹、湯、文、武、周公、孔子之道，韓愈謂軻之死不得其傳。吾夫子良知之說直接孟軻氏，方將脫數千年之聲瞶，與日月並曜於穹宇，雖有言焉，亦何損於一毫！〔註205〕

〔註204〕黃省曾：《五嶽山人集》，卷三十一，《答新建伯大司馬王公書》，明嘉靖刻本。
〔註205〕黃省曾：《五嶽山人集》，卷三十一，《答新建伯大司馬王公書》，明嘉靖刻本。

他在這封信中再次談到了「舉世沉迷」而使聖賢之道難申的社會現實，在這種情況下，許多人對陽明心學是有非議的，甚至出現了詆毀和攻擊心學的現象。而黃省曾卻在此際站出來，在信中維護心學良知學說，並指出良知的本質正在己心之靈明，「不顧信於己，不必信於人」，自信而已。他還舉出歷史上許多偉人的事例，意在表明古人也不能避免遭讒言重傷陷害的事實，而陽明之良知學說直接承自孟子，與天地日月同輝光，雖然遭到小小的質疑和詆毀，但是卻根本不能動搖良知靈明之本體。由此可見，黃省曾對陽明心學是有著深刻的體認的，將陽明心學與聖賢之道聯繫起來敘述，可謂深刻體悟了陽明心學的本質及終極目標。

嘉靖元年，明世宗朱厚熜登上明帝國的最高政治寶座。隨之而來的，並不是正德時期一切荒唐腐朽的結束，而是象徵著殘酷權力之爭的大禮議事件。朝野上下鬧成了一鍋粥。當此時，黃省曾之「歎舉世之沉迷，而悲聖賢之道難信於天下」，無疑有著極其深刻的歷史背景。但是，他逐漸認識到，傳統儒家的聖賢之道已經解決不了此時的實際問題，而心學正以嶄新之姿態勃發於此際。或者說，陽明開創的心學正是為了解決士人內在和外在的雙重矛盾而出現的，它比傳統儒學的一成不變更能迎合和適應此時的種種現實局面、學術思潮及士人敏感的心靈。陽明「致良知」之說，正如黃省曾所領悟的，「獨立不懼眾非，不顧信於己，不必信於人，知以天不必知以人」，如此，才能與日月同輝光。可見，其對陽明心學，並不是盲目推崇跟風，而是有著自己深刻的體悟。

此信寄給陽明後不久，黃省曾就得到了回信。信中除了對其「屢承書惠，兼示述作」之高情表示感激外，有意思的是，陽明似對其愛好校釋著述之事頗有微詞：

> 誦習經史，本亦學問之事，不可廢者。而忘本逐末，明道尚有「玩物喪志」之戒，若立言垂訓，尤非學者所宜汲汲矣。所示《格物說》《修道注》，誠荷不鄙之盛，切深慚悚，然非淺劣之所敢望於足下者也。且其為說，亦於鄙見微有未盡。何時合併當悉其義，願且勿以示人。孔子云：「五十以學《易》，可以無大過矣。」充足下之才志，當一日千里，何所不可到？而不勝駿逸之氣，急於馳驟奔放，抵突若此，將恐自蹶其足，非任重致遠之道也。古本之釋，不得已也。然不敢多

為辭說，正恐葛藤纏繞，則枝幹反為蒙翳耳。〔註206〕

這段文字透露了兩條信息：第一，陽明認為，黃省曾對自己的心學尚有未通透處，而執著於文，恐怕是其中一個較大的原因。黃省曾的詩，辭采華美、綺縟流麗；文，繁複古澀，雕刻整飭。他是以六朝文學為學習仿傚的對象的，尤其是對謝靈運，更是推崇備至，稱其為「千年以來，未有其匹也」〔註207〕。此外，他愛好刻書收藏，經常為一些古本作注和各種校釋工作，更是不爭的事實。因此，陽明委婉地批評他，不要把全部心力放在對文之偏好上，「恐自蹶其足，非任重致遠之道也」。又說自己所作校注工作是不得已而為之，「然不敢多為辭說，正恐葛藤纏繞，則枝幹反為蒙翳耳。」這是委婉地勸告黃省曾不要將全部心力放在著述刊刻等文藝活動上。第二，陽明對黃省曾是十分看重的，認為其如果能夠澄心靜神，一心研習心學的話，進境「當一日千里」。可見，黃省曾雖然於心學「微有未盡」，卻無疑得到了陽明在一定程度上的認可。因此，在傾向心學後，在研習心學的幾年中，黃省曾把更多的心力投入到了對人生價值和生命意義的研究探討中。

嘉靖三年（1524），黃省曾終於如願以償地來到了陽明的稽山書院，在此跟隨陽明研習心學。據其《臨終自傳》所云，其「執贄道席，晨參講堂，暮斂精室，神澄筆紀」〔註208〕，早起問學，晚間體悟，於陽明心學實有獨得之秘。他又從不外露，內斂沉靜，以至很多跟他一起學習的人都不知道他於心學實有所得，「山人雖寶獲王氏之玄珠，未嘗少有露耀，與人辯詆。懷珍衡門，聊以永日。故一時同遊之士，不知山人有此飽得，或僅目為文人。知我者其惟？鄒子守益、歐陽子德、王子艮、王子畿乎！為道不在求知，嘗允天則足娛其心而已。」〔註209〕可見，黃省曾是真切地領悟了良知說的本質，但求自信而已；而真正瞭解黃省曾心學修養的正是陽明最得意的幾個門生。在研習心學後，他對「道」的認識也更加豐富深入，道之內涵不僅應包括傳統儒家所要求的經世濟民之責任，更重要的在於，心學還提供給士人一個關注個體心靈、審視自我生命形態的機會和條件，這種超越的境界就在於黃省曾所言之「嘗允天則足娛其心」的愉悅快適。

〔註206〕王守仁：《王陽明全集》，卷二，《與黃勉之》，一冊第292頁。
〔註207〕黃省曾：《五嶽山人集》，卷二十一，《小序》，明嘉靖刻本。
〔註208〕黃省曾：《五嶽山人集》，卷三十八，《臨終自傳》，明嘉靖刻本。
〔註209〕黃省曾：《五嶽山人集》，卷三十八，《臨終自傳》，明嘉靖刻本。

　　因此，黃省曾傾心心學的另一大原因也便可得而知了。與王陽明一樣，黃省曾也有立志成聖的願望，但屢考不中的現實以及腐朽不堪的士林風氣迫使他由入仕轉而向山水自然中尋求心靈的慰藉。生活在吳中地區的文人往往在仕途受阻之後便歸家讀書，在與山水之親近中獲取個體心靈的滿足和生命意義的延伸。這是吳中文化傳統中固有的一部分，而這種趨於隱逸的文化傳統不僅仍然解決不了現實中存在的種種難題，反而更易使文人們沉醉在世俗的享樂生活之中，從而走向狂傲和放任。而年僅30餘歲的黃省曾顯然並不想像唐寅一樣放曠自我，他有著自我的人生追求，正如其在給李夢陽信中所云：

> 曩時常謂丈夫生世，進不得振耀王庭，揚摧治體，恢展經濟，
> 發揮聖謨，即當裹糧躊躇，周遊五嶽，窮覽六合，舒豁襟抱，選長
> 林盧大壑，撰造一家之言，以垂託不朽。〔註210〕

黃省曾追求的是一種進退有據，得失恒常的生活。而在當時的氛圍下，其因科考不成而周遊五嶽的想法卻依然得不到理論上的支撐，就連許多好友也不能理解。（蔡羽得到省曾欲遊五嶽之信後就作了回覆，勸其要以忠孝為念）因此，這時吳中文化傳統所能提供給士人的人生選擇就太單了，隱逸山林固然是一條實惠的人生道路，可閒居山林又何能成就聖賢之志？退而求其次的選擇到底是否正確？人生在世的真正意義和個體生命的真實價值又在哪裏呢？因此，黃省曾迫切需要一種新的學說和理論來幫他走出思想困境。在接觸陽明心學後，其不僅加深了對聖賢之意的理解，更獲得了一種精神上的超越和自我解脫。陽明在龍場悟道之時，首先想要解決的並不是士人群體的生存問題，而恰恰是一己之困境。因此，心學雖然作為一種學說和體系的終極目標仍在於改造政治、重塑盛世，但卻是通過以內化外的方式，把敏銳的觸角伸向士人心底的每一個角落，出則可以經營天下、守亦可以嘯傲王侯，它既是實用的，又是超越的。因為它本是求自我內心的超越，只要心底有良知在，那麼無論處於什麼樣的境遇，都可以處變不驚，而自得其樂。正如左東嶺所說：「由於人生世途的險惡，故而要放棄人生的擔荷。既然自我不能向外伸展以建立功業，便只好收斂內轉以悅己適志。」〔註211〕黃省曾也必是體悟了陽明心學重視自我、自得自適的內在品格和超然境界後才進而感歎道：「為道不在求知，嘗允天則，足娛其心而已！」

〔註210〕黃省曾：《五嶽山人集》，卷三十，《寄北郡憲副李公夢陽書》，明嘉靖刻本。
〔註211〕左東嶺：《王學與中晚明士人心態》，人民文學出版社，2000年版，第83頁。

黃省曾在稽山書院學習一段時間歸家後,他以古本《大學》數條求教於陽明。可惜此信《五嶽山人集》中不載,只能以陽明之回信來推測一二:

> 來書云:「陰陽之氣,訴合和暢而生萬物。物之有生,皆得此和暢之氣。故人之生理,本自和暢,本無不樂。觀之鳶飛魚躍,鳥鳴獸舞,草木欣欣向榮,皆同此樂。但為客氣物慾攪此和暢之氣,始有間斷不樂。孔子曰『學而時習之』,便立個無間斷工夫,悦則樂之萌矣。朋來則學成,而吾性本體之樂復矣。故曰『不亦樂乎』。在人雖不我知,吾無一毫慍怒以間斷吾性之樂,聖人恐學者樂之有息也,故又言此。所謂『不怨』『不尤』,與夫『樂在其中』『不改其樂』,皆是樂無間斷否」云云。〔註212〕

此條是與陽明探討關於「本體之樂」的心學問題。黃省曾認為,心與物之交融,人與自然合一所獲得的審美體驗和人生境界正是「樂」之真諦。「鳶飛魚躍,鳥鳴獸舞,草木欣欣向榮」正是天地萬物和暢順意的表現,展現了一種活潑熱烈的生命力和流暢和諧的韻律美。個體介於天地之間,又能與萬物並生同樂,獲得一種超然自適的人生態度,便能體會到良知之樂。陽明在回信中也說:「樂是心之本體……良知即是樂之本體。」〔註213〕明確將「樂」與「良知」聯繫起來,肯定了良知具有求樂的思想傾向和功能。黃省曾又指出了此「樂」若被客氣物慾攪亂遮蔽,那本體之樂便有間斷了。在此,黃省曾用《論語・學而》篇來與陽明探討本體之樂的問題,雖然多有自己的體悟,但是並沒有完全理解「樂是心之本體」這一不隨波逐流,而自憑本心的哲學內涵。陽明回覆云:「本體之欣合和暢,本來如是,初未嘗有所增也。就使無朋來而天下莫我知焉,亦未嘗有所減也。時習之要,只是謹獨。謹獨即是致良知。」〔註214〕指出天下本無外事可縈繞於心,即使沒有至交好友到來,沒有喜愛的書可讀,於本心良知亦無妨礙。這就是樂無間斷的意思。而之所以要「學而時習之」來復此樂,就是要學會致良知。陽明在解釋完這個問題後,又勸告省曾「不宜便有所執著」〔註215〕,其實就是委婉地告誡他不要處處以書本上的話來附會良知之說。

〔註212〕王守仁:《王陽明全集》,卷二,《與黃勉之》,一冊第 293 頁。
〔註213〕王守仁:《王陽明全集》,卷二,《與黃勉之》,一冊第 293 頁。
〔註214〕王守仁:《王陽明全集》,卷二,《與黃勉之》,一冊第 293 頁。
〔註215〕王守仁:《王陽明全集》,卷二,《與黃勉之》,一冊第 293 頁。

來書云：「韓昌黎『博愛之謂仁』一句，看來大段不錯，不知宋儒何故非之？以為愛自是情，仁自是性，豈可以愛為仁？愚意則曰：性即未發之情，情即已發之性，仁即未發之愛，愛即已發之仁。如何喚愛作仁不得？言愛則仁在其中矣。孟子曰：『惻隱之心，仁也。』周子曰：『愛曰仁。』昌黎此言，與孟、周之旨無甚差別。不可以其文人而忽之也」云云。〔註216〕

黃省曾在此節中表達了自己對「仁」、「愛」、「性」、「情」的理解，他認為，「性即未發之情，情即已發之性，仁即未發之愛，愛即已發之仁。」並肯定了韓愈所說的「博愛之謂仁」，從廣義的層面上將性和情聯繫起來；他還將孟子和周子所云之「仁」與「愛」放在一起，其實是將這四個概念一併打入到了良知的內涵當中。不過，陽明並不贊同黃省曾的說法：「然愛之本體固可謂之仁，但亦有愛得是與不是者，須愛得是方是愛之本體，方可謂之仁。若只知博愛而不論是與不是，亦便有差處。」〔註217〕這便是說，愛之本體是仁，但是這本體須有辨別善惡是非的能力，愛的是才是仁，一味博愛而不知是非羞惡，便不是本然之良知。此處可徵引一條陽明講良知的語錄：

吾平生講學，只是致良知三字。仁，人心也，良知之誠愛惻怛處，便是仁，無誠愛惻怛之心，亦無良知可致矣。〔註218〕

在陽明看來，仁就是人心，但並不是完全之良知，若能達到良知內涵所要求的誠愛惻怛，便是仁，否則就不是致良知。陽明還認為，「博愛」之「博」字不如「公」字更能闡發「仁」的本義。因為「博愛」本身就是一個泛概念，它不包含是非標準和價值準則，這樣的愛就顯得沒有立場和價值。此外，在這個問題的結尾，陽明還含蓄地批評了省曾訓釋字義、尋章摘句的習慣：「大抵訓釋字義，亦只是得其大概，若其精微奧蘊，在人思而自得，非言語所能喻。後人多有溺文著相，專在字眼上穿求，卻是心從法華轉也。」明確指出，讀書考證、訓詁注疏，要在得其精髓，為我所用，不必死摳字眼，分毫不讓，更不能牽強附會、溺文著相。妙在心領神會，經過自己的思考體悟後獲得，而不是專意於書本，斤斤計較於個別字眼。

來書云：「《大學》云：『如好好色，如惡惡臭。』所謂惡之云者，

〔註216〕王守仁：《王陽明全集》，卷二，《與黃勉之》，一冊第 294 頁。
〔註217〕王守仁：《王陽明全集》，卷二，《與黃勉之》，一冊第 294 頁。
〔註218〕王守仁：《王陽明全集》，卷五，《寄正憲男手墨二卷》，四冊第 92 頁。

凡見惡臭，無處不惡，固無妨礙。至於好色，無處不好，則將凡美色之經於目也，亦盡好之乎？《大學》之訓，當是借流俗好惡之常情，以喻聖賢好善惡惡之誠耳。抑將好色亦為聖賢之所同，好經於目，雖知其姣，而思則無邪，未嘗少累其心體否乎？《詩》云：『有女如雲』，未嘗不知其姣也，其姣也，『匪我思存』，言匪我見存，則思無邪而不累其心體矣。如見軒冕金玉，亦知其為軒冕金玉也，但無歆羨希覬之心，則可矣。如此看，不知通否」云云。〔註219〕

不必再一一舉例羅列即可看出，黃省曾是很執著於對古本文字的訓釋和考索的，或者說，他是從一個學者的角度將《論語》《大學》與心學種種理論相互驗證的。而從王陽明的回信中也可看出，黃省曾對陽明心學的確已經形成了一定的認識，他也的確在以自己理解的陽明心學來指導自己的人生實踐，但是有些卻未盡陽明本意，這從陽明對其委婉的批評中即可看出：「昔人多有為一字一句所牽蔽，遂致錯解聖經者，正是此症候耳，不可不察也。」〔註220〕可見，陽明認為，黃省曾雖然於心學有所得，但卻過於執著於字面意思，專摳字眼，還沒有達到真正的良知境界；而從陽明回信中所引黃省曾原話，可看出其哲學思想對文學思想的滲透和影響。黃省曾對「樂是心之本體」有著自己的理解：「陰陽之氣，訴合和暢而生萬物。物之有生，皆得此和暢之氣。故人之生理，本自和暢，本無不樂。觀之鳶飛魚躍，鳥鳴獸舞，草木欣欣向榮，皆同此樂。」〔註221〕此點與陽明心學一致。對其文學思想的影響則在於，黃省曾酷愛山水之遊，對自然景物也充滿了感情，他筆下的山水自然、人情物態，豐富飽滿，重視主觀性靈的文學思想自然跟他受心學良知求樂思想的影響有關。

在關於良知問題的討論上，黃省曾也有自己的見解。而對這一問題的深入探討，必然影響到其文學思想的發展。

先來看一下陽明對「良知」的定義：

蓋良知只是一個天理，自然明覺發現處，只是一個真誠惻怛，便是它本體。〔註222〕

心者，身之主也。而心之虛靈明覺，即所謂本然良知也。〔註223〕

〔註219〕王守仁：《王陽明全集》，卷二，《與黃勉之》，一冊第 294 頁。
〔註220〕王守仁：《王陽明全集》，卷二，《與黃勉之》，一冊第 294 頁。
〔註221〕王守仁：《王陽明全集》，卷二，《與黃勉之》，一冊第 293 頁。
〔註222〕王守仁：《王陽明全集》，卷一，《答聶文蔚》二，一冊第 161 頁。
〔註223〕王守仁：《王陽明全集》，卷六，《年譜》，五冊第 70 頁。

陽明認為，「良知」與朱子所談之「理」不同，它是心之明覺，心體本然之原，因此可以從自身求得。在陽明看來，「良知即是道」，道不再是高不可攀的聖賢境界，常人只要去除物慾之蔽累，循著良知發用的途徑，一樣可以體悟道、獲得道。

那麼，黃省曾是否徹底領悟了「良知」真義呢？他在給陽明的信中提到了自己對良知的理解：

> 以良知之教涵泳之，覺其徹動徹靜，徹晝徹夜，徹古徹今，徹生徹死，無非此物。不假纖毫思索，不得纖毫助長，亭亭當當，靈靈明明，觸而應，感而通，無所不照，無所不覺，無所不達，千聖同途，萬賢合轍。無他如神，此即為神；無他希天，此即為天；無他順帝，此即為帝。本無不中，本無不公。終日酬酢，不見其有動；終日閒居，不見其有靜。真乾坤之靈體，吾人之妙用也。〔註224〕

他在此條中闡明了自己對良知的理解，指出了良知的內涵、屬性、特徵和功能。「戒慎恐懼」和「惻隱羞惡」並不是良知本身，而是作為良知的條件出現的，良知是心之本體，具有辨別是非善惡的能力；他還將良知與天地、鬼神、聖帝相提並論，是符合陽明對良知的解釋的：

> 先生曰：「良知是造化的精靈，這些精靈，生天生地，成鬼成帝，皆從此出，真是與物無對。人若復得他完完全全，無少虧欠，自不覺手舞足蹈，不知天地間更有何樂可代。」〔註225〕

以「良知」為神、為天、為帝，從自身內在的心性出發，動靜自如，打通乾坤上下，全在一念之本心。黃省曾對良知之體悟可謂深矣！因此，陽明才在回信中說：「此節論得已甚分曉。」〔註226〕

此外，《陳曉問性》一篇亦是黃省曾受陽明心學影響後所作，其中種種觀點皆與陽明所論相同：

> 陳曉問曰：「性可以善惡名乎？」曰：「不可。性猶命也，道也。謂之命也，命即其名矣，不可以善惡言命也；謂之性也，性即其名矣，不可以善惡言性也；謂之道也，道即其名矣，不可以善惡言道也。道也者，不可須臾離也，可離非道也。」

〔註224〕王守仁：《王陽明全集》，卷二，《與黃勉之》，一冊第 292～293 頁。
〔註225〕王守仁：《王陽明全集》，卷一，《傳習錄》，一冊第 184 頁。
〔註226〕王守仁：《王陽明全集》，卷二，《與黃勉之》，一冊第 293 頁。

　　　曰：「然則性無善惡乎？」曰：「有善惡者，性之用也，豈特善
　惡而已矣。善之用，有萬殊焉，惡之用，有萬殊焉，皆性之用也，
　而不可以名性也。」〔註227〕

這與陽明「性之本體，原是無善、無惡的，發用上也原是可以為善、可以為不善的，其流弊也原是一定善、一定惡的」〔註228〕一脈相承。因為性本是虛靈明覺之本體，是無善無惡的，而良知（此處所言之性）卻具有知善知惡的能力，可以用之為善，用之於惡，但其哲學本體卻只是一個虛靈明覺，此點黃省曾理解得大致不差。

　　不過，黃省曾所接受和理解的心學思想與陽明本身的心學思想之間並不完全相同，還是有一定距離的。據《明儒學案》載，其「失陽明之旨甚矣」。〔註229〕這又是什麼原因呢？筆者認為，黃宗羲的總體看法是正確的，黃省曾並不是亦步亦趨地循著陽明開創的心學體系前行，而主要吸收對其有用的部分，他服膺陽明的心學理論，但重點在於為我所用。

　　這種差異主要體現在二者不同的人生追求上。應該說，黃省曾早年是有著積極進取的人生志向的，他也同深受儒家倫理教化的傳統士人一樣渴望建功立業。然而，在屢次科考不中的事實和貪饕阿逢的士風下，黃省曾便渴望尋求一種可以快適己志的生活方式來擺脫時代氛圍所造成的精神壓力。陽明心學恰逢此時走進了他的生命之中，原來退居鄉里讀書著述、遍覽山川親近自然，一樣可以實現個體生命的價值與意義，一樣可以獲得自我的不朽，而於山水之中所獲得的超然情懷又可運之於文學創作之中，對黃省曾來說，可謂一舉兩得。因此，晚年的黃省曾益發「絕戀區中，結友方外」，〔註230〕不聞俗務而專意遊山玩水。不僅如此，他的這種思想還影響到了其子黃姬水的人

〔註227〕黃省曾：《五嶽山人集》，卷二十三，《陳曉問性》，明嘉靖刻本。
〔註228〕王守仁：《王陽明全集》，卷一，《傳習錄》，一冊第195頁。
〔註229〕《明儒學案》卷二五，《南中王門學案》一〈孝廉黃五嶽先生省曾〉：「《傳習
　　　　後錄》有先生所記數十條，當是採之《問道錄》中，往往失陽明之意。然無
　　　　如儀、秦一條云：「蘇秦、張儀之智也，是聖人之資，後世事業文章，許多
　　　　豪傑名家，只是學得儀、秦故智。儀、秦學術，善揣摸人情，無一些不中人
　　　　肯綮，故其說不能窮。儀、秦亦是窺見得良知妙用處，但用之於不善耳。」
　　　　夫良知為未發之中，本體澄然，而無人偽之雜，其妙用亦是感應之自然，皆
　　　　天機也。儀、秦打入情識窠臼，一往不返，純以人偽為事，無論用之於不善，
　　　　即用之於善，亦是襲取於外，生機槁滅，非良知也。安得謂其末異而本同哉？
　　　　以情識為良知，其失陽明之旨甚矣。」
〔註230〕皇甫汸：《皇甫司勳集》，卷三十六，《五嶽黃山人集序》，文淵閣四庫全書本。

生選擇。嘉靖元年，在一次偶然的機會下，黃省曾讓門下弟子試各言其志向，當時年僅 14 歲的黃姬水也在一旁，黃省曾便也讓兒子說說自己的志向，據黃姬水後來回憶，「予方髫幼，父試之曰：『亦言汝志。』余即應曰：『棲丘蹈畝，採藥飲泉。』父因指予笑曰：『此真山人兒也。』」〔註231〕可見，黃省曾深受吳中自古以來的隱逸傳統影響，並將之與陽明心學強調個體的求樂自適和超越境界聯繫起來，其人生追求實已向著縱情山水、在山水自然之中尋求審美情趣和人生至樂的方向發展。

而陽明對隱逸的閒居生活也極為嚮往，長年在宦海浮沉中奔忙，在眾多宵小之徒的排擠傾軋當中度日，自信本心良知的陽明先生當也有心思疲憊之時吧？更何況，陽明本就富有豐富的情感體驗和審美心境，在山水田園之中徜徉，無疑更讓其感受到生命真諦。「但得青山隨鹿豕，未論黃閣畫麒麟」，〔註232〕就是陽明渴望歸隱田園、與山水自然相親相近的證明，而只要能夠獲得這種適意順己的生活狀態和自得自適的人生價值，即使不能在朝為官、獲取功名富貴又如何？然而，儘管陽明本心嚮往這超越官場世俗的生活，儘管他內心已經具備了所有隱居丘林的條件，但是不僅現實不容許陽明這樣做，而棄世絕俗的人生選擇也並非其本意。從本質上來說，陽明還是一個儒者。正如左東嶺所說：「儒者則應物而不累於物，既入世而能不累於俗。在陽明先生眼中，這才是真正的超越，才是真正的虛明，它猶如日月一樣，普照萬物而又不被萬物所障。從理論上講，這是陽明為學的真實動機，也是其主要價值取向。」〔註233〕無論是對文學之愛好還是對山水的鍾情，陽明始終都持有一種「無可無不可」的態度，他並不像黃省曾那樣執著而專一，他追求的是一種「用之則行捨即休」的人生境界。而他也並不完全認同那種遁世絕俗的隱居方式，儘管心學提供給士人多重的人生選擇和更為寬闊的生存空間，而陽明還是認為士人首先應入世應物，並進一步改造現實政治、重振士人風氣；即使身處鄉間，亦須講學論道、培養人才，而黃氏顯然並無如此抱負，他更為關注的則是如何實現個體生命的精神愉悅。

因此，可以說，黃省曾雖然吸取了心學思想，但是其人生選擇和生命追求顯然與陽明不同，心學提供給黃省曾的更多在於確認了個體生命的真實意

〔註231〕黃姬水：《黃淳父先生全集》，卷十七，《適適稿序》，四庫全書存目叢書本。
〔註232〕周汝登輯：《王門宗旨》，卷七，《別余繚子紳》，明萬曆刻本。
〔註233〕左東嶺：《王學與中晚明士人心態》，人民文學出版社，2000 年版，第 205 頁。

義和重視主觀自我的價值標準，在於獲知了聖賢之道也可於讀書著述中尋求，而並不需要汲汲於污濁混亂的朝堂之上。於是，他便心安理得地享受心學所提供的精神境界和現實實惠。這恐怕是黃省曾吸收的心學思想與陽明本人的最大不同。〔註234〕

二、陽明心學對黃省曾人格心態之影響

黃省曾傾心於陽明心學對其任心自適的人格心態之形成有著極大影響。前面說過，儒家提供給士人的，是一種功利主義的外向型選擇，士人自可用儒家種種理論進行修身而自我提升，但其最終旨歸是為了服務朝廷百姓；宋明理學，尤其是朱子哲學，儘管也強調經世致用，但更多的是講求通過理來提升個人的道德修養，完善人格境界，用外在的理來指導人生實踐。而陽明心學與二者不同之處在於，它有兩個層面的內涵，一是要堅持儒者救世濟民的傳統責任，二又要保持自己內心的虛明靈覺，不受外物沾染，獲得良知的超越境界。因此，陽明心學便為包括黃省曾在內的諸多士人提供了更為廣闊的人生天地，他們即使不能通過科舉躋身仕途、振耀王庭，仍然能夠獲得生命的豐足、自我的快適，仍然能夠實現不朽的人生情結。因此，在接觸陽明心學後，黃省曾的人格心態無疑更向著任真自適一面傾斜。

在《白鳩篇》中，黃省曾刻畫了一隻清白高潔、獨立超然的白鳩：

> 白鳩翩翩，飛集君前。匪樂君土，實懷君賢。振我素羽，撫我霜毫。為爾呈瑞，麟儔鳳曹。白鳩一歸，百鳥皆隨。孔翠爭翔，鴻鵠群飛。周旋不去，臺榭生輝。回弄靈沼，遊繞昆池。白鳩致詞，主人聽之：君恩不終，我當別離。捨爾彤墀，返我蓬壺。自有青鳥，均舞同歌。君無白鳩，形單影孤。波翻海揚，天雲自徂。〔註235〕

這首四言詩可分為兩個層次。第一層解釋了白鳩從遠方飛來輔佐明君的原因：「匪樂君土，實懷君賢」，君主對白鳩以禮相待，言聽計從，白鳩便得以展現自己的才幹，竭力輔佐明君，共同建構和樂盛世；第二層是描寫白鳩歸去後眾鳥的表現，以及白鳩對君主的致詞。詩中沒有明寫白鳩為何要離去，但從君主並沒有挽留白鳩的情況來看，顯然是其受到了宵小的蠱惑，才疏遠了白

〔註234〕以上文字出自筆者碩士學位論文。吳瓊：《出入於心學與復古之間——黃省曾文學思想研究》，首都師範大學 2013 年碩士學位論文。

〔註235〕黃省曾：《五嶽山人集》，卷五，《白鳩篇》，明嘉靖刻本。

鳩。值得思考的是，黃省曾詩中的白鳩並沒有竭力與群小抗爭，也沒有以死相諫，而是真誠、冷靜地向君主致詞告別，訴說自己別離的原因，是因為君主的仁義和厚愛不能長久，所以自己才要離開。但白鳩的離開卻沒有一絲一毫的委屈和不甘，它返回蓬壺，一樣能過上自己嚮往的超然生活。而君主離開白鳩後，卻只能形單影隻的生活，再沒有賢良之人陪伴左右。詩中的白鳩顯然是黃省曾的化身，他用擬人的手法塑造了一個品質高潔、不與眾人同流合污的超然形象，這個形象是獨立的、有尊嚴的，它與君主是平等的關係，而不再像侍妾那樣小心翼翼，失寵後便悲哀和絕望。它離開君主後，反而預言君主今後將過上孤獨淒涼的生活，這便突破了傳統儒家「君要臣死，臣不得不死」的等級邏輯。可以說，黃省曾正是吸收了陽明心學「用之則行捨即休」的良知境界，才能如此義無反顧地追求個體生命的自適和愉悅。

「無可無不可」的超越境界使黃省曾終於能夠從履考中的現實中解脫出來，原來著書立說以成一家之言一樣可以獲得人生的意義、實現生命的價值，甚至可以獲得不朽的名聲。出處進退之間不必再受更多的委屈和折磨，適時獲取實惠的人生樂趣才是最重要的。因此，在《座右銘》中，黃省曾重新對自己的人生下了定義：「虛靜養天齡，宣節與候通。恬淡而卓守，砥厲戒圝同。出也澤九方，處則樂而終。」〔註236〕這出處進退皆能自得其樂的人生理想便是直接受到陽明心學影響的結果。

黃省曾一生酷愛遨遊山水，每到一地賞景，必賦詩以助興。心學良知境界作用於外在的山水，便使黃省曾形成了對生生萬物的真切體驗、豐富了對自然山水的審美感受，同時也使這種自適之樂不再僅限於對客觀景物的欣賞，更使其內心之情境得以充實飽滿。因此，黃省曾才反覆申述自己必周遊五嶽的原因：

> 小子所以長思緬慮而必之乎五嶽也。五嶽之地，僕豈徒之？蓋將撰造一家之言，登諸竹簡，藏諸名山，以付於來哲耳。不亦俊偉光世也哉！……夫五嶽小子必遊，遊且必以聖賢之道發之於文，以成一家之言。歸於故鄉，仍親農作於南海，以竊附乎向長、梁鴻之末，則僕之志願畢矣。〔註237〕

成就一家之言同興復盛世一樣，都可以實現俊偉光世的人生理想，而將聖賢之道發之於文，又是黃省曾一生所追求的最高目標，因此，省曾從心學處受

〔註236〕黃省曾：《五嶽山人集》，卷四，《座右銘》，明嘉靖刻本。
〔註237〕黃省曾：《五嶽山人集》，卷三十，《答蔡羽書》，明嘉靖刻本。

惠可謂多矣！吳中的隱逸傳統在這裡又可以與心學的自得境界相聯，徜徉山川、躬耕隴畝不再僅是消極避世的自全之法，而是實現人生理想後實實在在的欣然快適。

在黃省曾的文學創作中，他多次提及這種「瀟灑」、「灑然」、「宴然」的心境：

> 山人種竹當清軒，攀弄修篁心灑然。春搖紅日醉芳醑，夜掃明河橫素弦。泠風蕭颯聽來好，翠影嬋娟對可憐。平生製得玄洲曲，借爾吹簫秦女邊。〔註238〕

> 落日惠山生紫煙，參差龍剎俯江天。清觴碧草金岩上，瀟灑春空揮五弦。〔註239〕

> 珠璧窮暮天，賦詩吾自憐。孤獨淒在眼，歲除無一錢。顏色凋青鏡，賤貧心宴然。室人莫交謫，聽我鳴清絃。〔註240〕

在前兩首詩中，黃省曾將良知的超越境界與自然山水相結合，形成了一種意態風流、飄逸瀟灑的生命情狀。那攀弄修竹、製曲吹簫的生活情趣，那落日紫煙、碧草金岩的美好畫卷，沒有透徹領悟良知境界之人是無法安然享受此種人生之樂的。而第三首詩則展現了省曾生活的另外一面。除夕之夜，家家戶戶張燈結綵、熱舞歡歌，而此時的黃省曾卻因為家無餘錢而處在困頓之中。這一冷一熱的對比更突出了詩人生活的淒苦。然而，此詩的情感基調卻不是立足於這孤獨淒冷的氛圍之中，而是在頸聯實現了一個轉折，「賤貧心宴然」說出的正是省曾富貴貧窮都不能動於心的人格境界。詩人此言不光是自寬自慰，還要撫慰自己的家人，讓他們在清雅的琴音中共同感受這種毀譽富貴不縈於懷的超然境界。

應該說，陽明心學對黃省曾人格心態的影響是十分巨大的。當其成聖志向受阻，無法實現儒家入世人生理想時，吳中根深蒂固的隱逸傳統便佔了上風。他也像唐寅、祝允明等人一樣，追求世俗的享樂生活，但卻絕不風流放蕩。因為其始終還在關心著世運和文壇動向，他在接受陽明心學後，更是把重心放在了著述問學等事上，因為這一樣可以實現成聖的志向和不朽的理想。因此，他

〔註238〕黃省曾：《五嶽山人集》，卷十六，《對竹軒下》，明嘉靖刻本。

〔註239〕黃省曾：《五嶽山人集》，卷十八，《月夜偕高令公次登惠山飲第二泉》，明嘉靖刻本。

〔註240〕黃省曾：《五嶽山人集》，卷六，《除夕》，明嘉靖刻本。

的任真自適中更多的是古君子之風，這與完全耽溺於物質享受中者是不同的。

黃省曾人格心態中之憂世與自適的兩面，都是頗為真實的。這種真實性體現為兩個方面。一方面，其憂世與自適的人格心態與古往今來之士人有著趨同性。因為士人們大都以「達則兼濟天下，窮則獨善其身」的行世法則和生存標準來要求自己。故此，當社會有道之時，這些懷抱著濟世理想的士人就會踴躍投身到現實政治中去，成就一番功業；當社會無道之日，則選擇退隱山林，以山水自然為友，過起一種局外人的生活來。這其實是傳統士人以儒為骨骼、釋道為血肉之生存選擇的客觀再現。另一方面，黃省曾人格心態與這些士人又有著某種差異性。這種差異性表現在，他始終是以一種積極努力的態度來處世的，他的種種人生選擇，無論是傾心陽明心學，還是趨於文學復古，都是一種經過深思熟慮後的清醒抉擇。他從不人云亦云，而是經常站在一個新的高度上去看待社會，審視人生。他的憂世與自適心態，不是被迫接受，而是主動選擇，二者貫穿於他一生的行為方式之中，不斷指導著他的人生實踐，從而也深刻地體現在其文學思想和文學創作中。

文學對黃省曾來說最重要的意義就是感性的體驗文學的審美本質，透過文學來感知、獲得一種審美的境界。這種審美心境的獲得又與陽明的良知說有著千絲萬縷的關聯。心學雖然是一種哲學，但其往往能夠落實到個體真實的生命體驗，其凸顯出的豐富的情感經驗和超越的審美心境正是聯結哲學和文學的紐帶。黃省曾本就酷愛遨遊山水、欣怡雲月，接觸心學後，良知內涵之「虛明靈覺」和「真誠惻怛」作用於其追求山水的人生志向之間，便形成了對主觀性靈的強調和重視；對個體生命境界和人生意義的思考和探索，使其能夠更好地認識世界、感受鳶飛魚躍的生之意義。因此，黃省曾為自己書齋起名「自得」，實是強調一種自然、宇宙、個體三位一體，生生不息的生命境界和一種能夠獲得審美情趣的人生體驗。〔註241〕

三、趨於復古的原因與內涵及黃、李所論復古之差異性

黃省曾與復古派之交往，其實在其傾心於陽明心學之時就已開始。嘉靖二年（1523），何景明門人戴冠來吳中任郡守，他知道黃省曾精於刊刻，因此致書欲請其刊刻《何大復集》：

〔註241〕以上文字出自筆者 2014 年發表於《文藝評論》的文章。吳瓊：《論陽明心學對黃省曾人格心態和文學思想的影響》，文藝評論，2014 年第 6 期。

　　嗚呼！先生逝矣！惟茲遺文數卷，乃先生不朽所繫，先生雖嘗
手自編纂，然亦屢更續入，卒無定集，僅僅搜此，或整或亂，僕欲
強為詮次，然猥淺失學，不堪任此。仰惟五嶽國士足下，鳳翔吳中，
以文章發名四海，僕家食時即聞。我河豫人家稱戶頌，知有五嶽山
人也……大復集詩文錄稿凡幾十幾卷，通此馳上，煩足下即為編次，
不日郡中雕梓行之也。〔註242〕

從信中可見，戴冠對黃省曾是極為服膺推崇的，他把刊刻何景明文集之任交
託給黃省曾，也足見對其為人和能力的信任。而從黃省曾的回信看，他對《何
大復集》的編纂詮次，確實顯示了其不同於一般書商和刊刻者的能力，尤其
是對文學各種體裁的辨析和歸類，是極為精當的。

　　是年，戴冠接受朝廷新的任命而去山東任職，黃省曾未及與其面辭，意
購小舟而追送之。於此可見，二者交誼感情之深厚，非同一般。戴冠走後，復
古派又一重要人物胡纘宗於此年任職吳郡太守。胡纘宗閑暇時經常來黃省曾
的明水草堂做客，對黃省曾十分推重，二人亦嘗有詩唱和。嘉靖六年（1527）
秋，黃省曾至金陵，嘗與顧璘交遊，與其月夜詩酒遊秦淮，十分暢快。由此可
知，黃省曾在直接與李夢陽交往之前，已經與復古派的幾位重要人物有過相
互交流切磋的經歷，黃省曾也於他們身上，逐漸體會到文學復古的意義和魅
力。在此時期，他自己的文學思想也已逐漸成熟起來。

　　嘉靖七年（1528），黃省曾託程誥帶書給李夢陽，述其仰慕之意，信中並
附寄了自己的部分詩作，請李夢陽品評指導。如果說，黃省曾之前與戴冠、
胡纘宗等人的接觸還尚屬被動，此次寄與李夢陽的書信，表明其已開始主動
傾向於復古派。這封書信較長，鑒於篇幅，不便全文徵引，但其可分為兩個
方面。其一是省曾在此信中從兩個層面解釋了自己何以會傾心於復古的原因：

　　省曾伏跡南海，企懷高風久矣。念自總髮以來，好窺覽古墳，
竊希心於述作之途，緣此道喪，絕邈闃學，士大夫皆安習庸近，迷
沿瞽襲，上者深餡詭結，下者縱發放吐，此駿驥所以空群，而和玉
所以希貴也。悲夫悲夫，不復古文安復古道哉！聖代鴻澤流沛，人
文大彰，故河精嶽秀，鳳彩星華，乃鍾萃於先生。由是巴曲塞宇而
白雪孤揚；鄙音彌國而黃鐘特奏；至勇不搖，大智不惑，靈珠早握，

〔註242〕黃省曾：《五嶽山人集》，卷三十，《吳郡太守戴公冠書》，明嘉靖刻本。

天池獨運。主張風雅，深詣堂室。凡正德以後，天下操觚之士咸聞
風翕然而新變，實乃先生倡興之力。回瀾障傾，何其雄也……倡興
之力昭昭乎，布諸耳目者不可紀矣。〔註243〕

黃省曾自幼就愛好古文辭，「八歲而能文，十歲而通經。」〔註244〕從小就有
著良好的古文修養。在吳中閒居時，他時時刻刻都在密切關注著當時文壇的
動向和變化。雖然有感於文壇自臺閣體盛行後出現的大量歌功頌德、缺乏真
情實感的文學創作和士人群體日趨頹靡不振的風氣，但是他並沒有找到一種
合適的解決方式。而當李夢陽等人扛起文學復古這面大旗，力圖振興自臺閣
體後逐漸形成的「安習庸近，迷沿瞽襲」的文壇局面後，其才深感夢陽為自
己找到了方向和出路：「悲夫悲夫，不復古文安復古道哉！」前面說過，在
黃省曾心目中，文學不僅僅是怡情養性的人生愛好，它更與現實社會有著緊
密的關聯。通過文學的變化和發展，可以窺知士人的心理狀態、社會風氣的
種種動向等。而黃省曾自幼便飽讀詩書，古代輝煌盛世所帶來的富足安樂又
無不與當時的文學發展密切相關，「一代有一代之文學」，現實政治決定著文
學總體的發展走勢，而文學也可以引領和作用於現實社會，使其向著人文大
彰、安樂祥和的方向邁進。省曾所言之「古道」，實則是以古代的理想社會
為圖景，士人們秉持著傳統儒家倫理教化所要求的種種準則培養自己的人格
和性情，以此來實現黼黻盛世的政治理想。黃省曾贊同前七子復古文以復古
道的方式，也是針對當時世運衰敗、士人庸凡而不思進取的社會現實的結果。
而以李夢陽為首的前七子無疑為當時文壇吹進了一股新鮮的空氣，這種興復
古文的「倡興之力」在黃省曾看來可謂挽狂瀾於既倒，天下熱衷文學的士人
紛紛轉向復古派，革新了文壇一時淺薄庸俗之風，使得文學仍舊可以朝著正
道前進。

　　在這裡，黃省曾除了對復古派選擇復古文以復古道的方式表示支持外，尤
其對李夢陽的領導力和領袖氣質表達了欽佩之情。的確，先不論復古派在「格
調說」影響下文學創作的種種模擬之弊，單是李夢陽在弘正時期敢於挑戰強
權，不畏艱險，並用一己文學之力力挽搖搖欲墜的文壇，這一行動本身就已值
得肯定和欽敬，其功德和成就又與陽明開創心學之功何異？正如李贄所說：
「如空同先生與陽明先生同世同生，一為道德，一為文章。千萬世後，兩先生

〔註243〕黃省曾：《五嶽山人集》，卷三十，《寄北郡憲副李公夢陽書》，明嘉靖刻本。
〔註244〕黃省曾：《五嶽山人集》，卷三十，《答蔡羽書》，明嘉靖刻本。

精光具在，何必更兼談道德耶？」〔註245〕因此，才華橫溢、向不服人的黃省曾才對李夢陽如此推重。

其次，黃省曾對李夢陽的文學創作成就極為認可。這也可從此信中找到依據：

> 獨見我公，天授靈哲，大詠小作，擬情賦事，一切合轍。江西以後，逾妙而化，如玄造範物，鴻鈞播氣，種種殊別，新新無已。而脈理骨力周不底極。豈世之徒尚風容色澤、流連光景之作者可得而測公之藩垣哉？布賤索處，無由多得珍撰。每於士紳家借錄諷詠，洋洋乎！古賦騷選、樂府，古詩漢魏，而覽眺諸篇逼類康樂，近體歌行少陵、太白，古文奇氣俊度，跌盪激昂，不異司馬子長。又間似秦漢名流。嗚呼，盛矣！盛矣！昔李杜詩聖，而文格未光；韓柳文藪，而詩道不粹。豈惟聰識之難兼哉？日月幾何，力固有不逮矣。何我公凝稟之全而述作之備也！往匠可凌，後哲難繼。明興以來一人而已！〔註246〕

黃省曾對文學的偏愛，既有感性體驗，又有理性認知。文學的本質首先在於它的審美性，即是否具備緣情綺靡、文質彬彬的藝術特質。因此黃省曾對文學創作是十分重視的。在此段文字中，他首先肯定了李夢陽的文學創作諸體兼備、風格多樣，無論賦、樂府、古體詩還是近體歌行，李夢陽都能做到逾妙萬化，不僅符合各種詩體自身所規定的內在準則，而且無體不工，能夠寫出自己的風格和特色。這是從體貌上對夢陽文學創作的肯定。此外，黃省曾認為，李夢陽的詩和文都達到了相當高的水平，比起李杜擅詩、韓柳工文的單一，李夢陽可謂是全才。稱其為「明興以來，一人而已」，這話不免過分，但是李夢陽的詩文創作在當時確實可算一流水平。當然，文學理論與文學創作有時並不完全一致，黃省曾在此顯然也是只強調和稱許了夢陽的文學創作，對其辛苦建構的「格調說」則隻字不提，想來內心也是不敢苟同的。

此外，黃省曾還向李夢陽闡述了自己的人生志向，並將自己對文學的認識和理解向夢陽進行討教，以期得到理解和支持，增加自己的自信。他特意在信中提及了自己與何景明關於六朝文學的不同意見，並請夢陽給予指導：

> 今有號稱海內名流而乃為論曰：文靡於隋，其法亡於退之；詩

〔註245〕李贄：《焚書》，卷五，《讀史》，明刻本。
〔註246〕黃省曾：《五嶽山人集》，卷三十，《寄北郡憲副李公夢陽書》，明嘉靖刻本。

溺於陶，其法亡於靈運⋯⋯省曾亦焉知是非，但於心有所不安，憫

憫高賢受誣，恐紛亂來者視聽，聊一請質耳。我公其詳教之。〔註247〕

信中所云海內名流指的是前七子另一重要代表人物何景明。此段是省曾與何景明關於六朝文學之不同看法，省曾不滿何景明對以謝靈運為代表的六朝文學之評價，因此特意在此信中表明了自己尊尚六朝的文學思想，希望得到夢陽的指導。黃省曾在稱賞夢陽的文學創作時說他：「覽眺諸篇逼類康樂」〔註248〕「祖轍求源，法同於康樂」〔註249〕便是從其文學創作的事實中尋得了支持六朝文學的證據。所以，在黃省曾心目中，李夢陽也是六朝文學的愛好者，最起碼他不會像何景明一樣對六朝文學進行指責和批評。此外，他還在此信中附寄了自己的部分詩作，希望得到夢陽的品評和指導，這些詩作毫無疑問也都是以模仿謝靈運的六朝文風為主的文學作品。

　　由此，黃省曾趨於以李夢陽為代表的復古派之原因便可得而知了。一方面，黃省曾對李夢陽復古文以復古道的方式表示贊同，對其倡興之力大加稱許，因為李夢陽以復古的方式整頓了當時文壇上浮薄纖弱的習氣，使得文人士子重新獲得了對文學的信心、對古道的信念，這在當時無疑起到了振聾發聵的作用。不過，復古派崛起於弘治末年，此時黃省曾才剛出生，在其幼年之時，復古派已形成自己的文學主張，為當時文壇吹進了一股新鮮的空氣。而當嘉靖七年（1528），黃省曾作書於李夢陽述其傾慕之意時，復古派已成強弩之末，派中許多成員相繼棄文入道，放棄了早年的文學理想。就連李夢陽自己，人生幾經波折，心態也由早年的慷慨激昂轉為中年的悲憤沉鬱再變為晚年的失望灰涼。如此，其文學思想就不可能維持原狀了。另外，嘉靖年間，復古派的種種詩法理論已顯得有些僵化呆板，文學創作也多流於規規模擬、毫無新意。黃省曾轉向文學復古，實在是想給復古派注入一絲新的生機，希望以一種新鮮的文學思想使之重新煥發活潑旺盛的生命力。然而，此時文學復古運動已不復昔日之盛，復古派成員風流雲散，正是所謂一人之力而難以回天。況且黃省曾本不是復古派中成員，其創作思想又與復古派相異，就更加讓人難以信服。另一方面，黃省曾從文學創作的角度肯定了李夢陽的文學成就，可見，其趨於復古的目的最重要的還是與李夢陽相互切磋詩藝，研習相關的文學問題。

〔註247〕黃省曾：《五嶽山人集》，卷三十，《寄北郡憲副李公夢陽書》，明嘉靖刻本。

〔註248〕黃省曾：《五嶽山人集》，卷三十，《寄北郡憲副李公夢陽書》，明嘉靖刻本。

〔註249〕黃省曾：《五嶽山人集》，卷二十六，《李先生文集序》，明嘉靖刻本。

是年冬天，李夢陽將自己的文集寄給黃省曾，希望省曾能為其校梓刊刻，並請省曾為其作序：

> 僕則謂此舉，非謀之五嶽不可。會自邑（程諾字，筆者注）下吳，因遂以余稿付之。詩文凡五十九卷，若分嘉靖二集為三捲入之，則六十二卷矣。然序文不能不望於五嶽，蓋海內知己於古為難，況今乎？況今乎？惟君亮之矣。〔註250〕

李夢陽也是十分認可黃省曾校刊水平，因此才放心地將自己全部手稿交給他，李夢陽還託黃省曾為其文集作序，並引其為知己，可見二人之交情。嘉靖八年（1529）夏秋之交時，李夢陽來書詢問黃省曾刊刻其文集之事，黃省曾隨後作了回覆。是年夏天，李夢陽忽然染病，駕舟南下之時停泊於京口附近，本想與黃省曾見一面，不巧恰遇其外出，遂不得見。七月，黃省曾與李夢陽在京口楊一清家裏相見，相與論文賦詩，二人還一起同遊了金山寺。不料，第二年除夕，李夢陽就病卒了。

黃省曾與李夢陽之交往前後不過一年。從時間上看，李夢陽對黃省曾文學思想的影響當不會太大，況且此時黃省曾已屆不惑之齡，其文學思想已經自成一家。但這種影響是潛移默化的，並最終通過文學創作滲透進了黃省曾的部分文學思想中。此外，李夢陽屢次引黃省曾為知己：「四海之內，有斯知己，肉骨道義，死生以之，僕何幸而得之哉！」〔註251〕就連李夢陽之子李枝都曾說李黃二人之知己情誼為「一死一生，乃見交情。今信之矣。」〔註252〕黃省曾推崇李夢陽，是在李之晚年，也即夢陽因宸濠之亂受牽連入獄後的事情。此時，對李夢陽來說，政治理想和人生理想都處在人生最低谷，當年那種從者如雲、聲勢浩大之場面，如今都如過眼雲煙般地逝去。正所謂共富貴易，同患難難，晚年的李夢陽，身邊已經沒有太多朋友的陪伴，更何況宸濠之亂不久即被牽連進廣信獄，許多人為了避禍，自然對其更加疏遠。此時黃省曾的出現，以及對李夢陽的推崇和尊敬，無疑如雪中送炭般和暖溫厚。李夢陽引黃省曾為知己，就是順理成章不可爭辯的事實了。是年除夕，李夢陽病卒。黃省曾有《哭李公獻吉》四首，其中有「日月音容古，江山涕淚新。天涯有知己，沾袂惜麒麟。」

〔註250〕李夢陽：《空同集》，附錄二，《致黃勉之尺牘》，萬曆三十年鄧雲霄刻本。
〔註251〕李夢陽：《空同集》，附錄二，《致黃勉之尺牘》，萬曆三十年鄧雲霄刻本。
〔註252〕李夢陽：《空同集》，附錄二，李枝《答黃五嶽書》其二，萬曆三十年鄧雲霄刻本。

「骨肉恩俱切，神樓散不傳。竟歸淹伏枕，吾斷玉琴弦」〔註253〕之句，再次印證了二者生死肉骨的知己情誼。可見，李、黃二人如此知心知己般的關係，並非像錢謙益所云「北面稱弟子，再拜奉書」〔註254〕。何況，李夢陽是主動將自己的文集託付給黃省曾為之刊刻的，也並非一般意義上的傳道授業，二者實不存在師徒門第關係。

　　儘管黃省曾屢次在書信中表示出對李夢陽的敬仰之情，也明確贊同復古派興復古文的方式，但是二者之間依舊存有諸多差異。李夢陽始終高揚「格調說」的大旗，要求文人們在對古代優秀作品尺寸模仿的情況下恢復復興盛世的政治信心，儘管復古派選擇文學作為興復理想盛世的方式，而不再僅將其視為小技，但是他們的最終目的還是為了現實政治而服務。因此，「格調說」和「真情說」這對看似統一和諧的命題就顯得有些支離破碎了。儘管復古派在一定程度上挽救了世運衰落下文壇的不振之風，但是其根本的文學思想是存在著矛盾和裂痕的。復古派諸人大多自命為文人，他們雖然也有興復政治的激情和理想，但亦是封建士大夫所普遍具有的儒者心態。他們對當時文壇有著獨特而卓越的貢獻，對文學的根本性質和價值形態有著獨到的見解。但是，他們並沒有形成統一的綱領和系統的理論，發展到後來，竟變成對古詩文的規規模擬。而在遭受挫折後，復古派中的許多成員，有的棄文入道，有的精光內斂，有的晚景悲涼，鞴韡盛世的政治理想只不過成為青年時期的一種文人激情而已。復古文以復古道的方式，漸漸被陽明心學的輝光所覆蓋，直到後七子崛起文壇才再次扛起了這面大旗。

　　嚴格來說，黃省曾並不能算是復古派中成員，他只不過是與該派中許多重要人物有著密切的交往和聯繫而已。因此，許多文學史或研究著作將其視為追隨李夢陽的復古成員之一，就是不妥當的了。其實，黃省曾本身的文學思想與李夢陽也有著十分重大的差別。黃省曾與徐禎卿不同，他在接觸前七子的文學思想後並沒有發生明顯的轉變，應該說，吳中傳統的文學思想對他的影響更為根深蒂固一些。而在接觸陽明心學後，黃省曾也不曾有棄文入道的打算，而心學提供給他的生存空間和對自然山水豐富的感受力、鑒賞力，無疑又加深了他對文學的熱愛。因此，黃省曾文學思想中最重要的一個層面

〔註253〕黃省曾：《五嶽山人集》，卷十四，《哭李公獻吉》四首，明嘉靖刻本。
〔註254〕錢謙益：《列朝詩集小傳》，丙集，「黃舉人省曾」條，上海古籍出版社，2009年版。

就是重視主觀性靈的抒發。他在與李夢陽論詩時也多次說起「詩歌之道，天動神解，本於情流，弗由人造」〔註255〕等強調情感真實的文學思想。而且，黃省曾在給李夢陽的信中只口不談「格調說」，更沒有以弟子事之的意思，可見他對李夢陽所倡之「格調說」並不認同，原因即是黃省曾站在一個冷靜、客觀的角度看到了「格調說」所帶來的弊端，這種詩學理論並沒有真正認識到文學的本質，更談不上徹底解決文壇出現的種種問題了。正如左東嶺所說：「在李夢陽等人那裡，強調抒發真性情與堅守漢唐格調始終成為一對難以調和的矛盾，這不僅使其詩歌創作成為極力模仿古人的苦差事，而且格調最終也遮蔽了性情，從而使作者與讀者雙方都很難找到愉悅性情的感覺。」〔註256〕黃省曾正是認識到了這點，才對「格調說」隻字不提的。

此外，在對復古路徑的選擇上，二者也存在著諸多差異。「格調說」的內涵之一便是「文必先秦兩漢，詩必漢魏盛唐」，從中可以看出，李夢陽追求的是一種格高調遠的創作模式，要求文學創作符合盛世氣象，具有高華雄贍的風骨和精髓；而黃省曾則更看重文學「緣情」之本質及「綺靡」之技巧，因此十分推崇以謝靈運為代表的六朝文風，尤其是六朝文學精彩華豔、敷發殆盡的創作風格，更深得黃省曾喜愛。另外，黃省曾是仔細品讀過李夢陽詩作的，他發現夢陽實際創作中所體現出來的風格多樣、各體兼備的特點以及所取得的性靈搖曳、文質彬彬的文學效果並非「格調說」所能牢籠住的。儘管李夢陽始終對六朝文學不置一詞，甚至一直採取一種似褒實貶的態度，但是黃省曾卻認為夢陽在實際創作中對謝靈運等六朝代表作家的文風是有所借助的。除了創作中所體現出的「覽眺諸篇逼類康樂」〔註257〕外，在復古之法則和源頭上，省曾認為夢陽也是吸收六朝文學之精華：「祖轍求源，法同於康樂」〔註258〕。由此，李夢陽對六朝文學的態度就值得斟酌了，他在《刻陸謝詩序》中云：「子亦知謝康樂之詩乎？是六朝之冠也。然其始本於陸平原，陸謝二子又並祖曹子建。故鍾嶸曰：曹劉殆文章之聖，陸謝為體貳之才。夫五言者，不祖漢則祖魏，固也。」〔註259〕一方面承認謝詩是六朝之冠，但是又將謝詩源頭上

〔註255〕黃省曾：《五嶽山人集》，卷三十，《寄北郡憲副李公夢陽書》，明嘉靖刻本。
〔註256〕左東嶺：《良知說與王陽明的詩學觀念》，文學遺產，2010年第4期。
〔註257〕黃省曾：《五嶽山人集》，卷三十，《寄北郡憲副李公夢陽書》，明嘉靖刻本。
〔註258〕黃省曾：《五嶽山人集》，卷二十六，《李先生文集序》，明嘉靖刻本。
〔註259〕李夢陽：《空同集》，卷五十，《刻陸謝詩序》，文淵閣四庫全書補配文津閣四庫全書本。

溯到陸機、曹植，這其實是將其所認定的好詩全部歸之於漢魏的優秀傳統了。其餘復古派成員也都對六朝文學持有複雜微妙的態度，而黃省曾並不贊同復古諸人對待六朝文學心口不一的做法，在當時，只有黃省曾始終不變地保持著對六朝文學的特殊愛好，其對六朝文學之研習，不管效果如何，倒是對吳中文化傳統的一種堅持和延續。直到嘉靖初期，以楊慎、薛蕙為代表的六朝派崛起於文壇，才使這一注重藻麗的六朝文風得以發揚。

此處還可稍及一些陽明心學與復古運動對文壇所起到的不同作用。陽明一生視文為小技，其良知說和實際創作卻體現出一種求樂自適的詩學觀念，這種詩學觀念深深影響了其後文人的文學創作，並成為晚明「性靈說」的先聲；而復古派雖以文學為理論武器和政治工具，卻因過於強調格調和法度為人詬病，在一定程度上也阻礙了文學自身的發展。可見，理論和實際總是有著或合或分的距離，陽明心學與復古運動，亦有著主觀願望和客觀效果的背離，這恐怕連陽明和復古諸將們都始料未及了。〔註260〕

小結

本章以具有代表性的復古派成員徐禎卿、顧璘、鄭善夫、黃省曾四人為例，具體闡釋並論述心學影響下復古派人生價值取向之重鑄。徐禎卿是第一個由復古轉向心學的復古派士人。在人生理想失落後，他通過轉向陽明心學之實踐，重新獲得了安頓自我生命的價值力量。他的轉向對後人有著鮮明的啟示與借鑒意義；顧璘在貶謫之地通過心學靜息之旨獲得了一種愉悅自適的生活方式與人生境界，但其晚年又對心學抱持著頗為複雜的態度，通過自我的思考體悟，他逐漸實踐了對文學與心學的雙重揚棄；鄭善夫通過自我的人生實踐，詮釋了陽明心學既不放棄儒者濟世責任，同時又保持超越悠然生命境界的雙重宗旨；而黃省曾則由心學轉向復古，在吸收心學良知的種種理論以擴展自我的人生境界後，他又嚮往文學復古「復古文以復古道」的方式來振興文學、革除時弊。明中期朝代轉折引發士人心態的突變，傳統的價值規範與外在的皇家威權已無法解決困惑士人的生命難題，更無法為其挺立自我人格提供精神支撐。可以說，陽明心學重鑄了他們的人格心態與生命價值取向。這是明

〔註260〕以上文字出自筆者碩士學位論文。吳瓊：《出入於心學與復古之間——黃省曾文學思想研究》，首都師範大學2013年碩士學位論文。

中期陽明心學發展的時代要求與必然結果。復古派部分士人轉向陽明心學，這其中既有對傳統規範與價值標準的突破，又有對理性精神的復歸。總的來說，在心學影響下，復古派士人逐漸向著追求自我心靈表達、注重個體生命精神一面傾斜。然而，這也導致了一種內省化傾向，即士人積極用世的進取精神漸趨失落，從而導致激昂奔放之風骨的逐漸缺失。

第四章　陽明心學與復古派後期文學思想的演變

　　陽明心學對復古派文學思想的複雜影響主要體現為部分文人晚年棄文從道之選擇及其對文學創作的矛盾態度。而在陽明心學影響下，復古派後期文學思想發生了一定程度的轉變。如顧璘向文質彬彬之古典審美理想的復歸；鄭善夫從對體制格調之重視轉向追求適情自得的文學思想；黃省曾對主觀性靈文學觀的強調等均與陽明心學有著千絲萬縷的關聯。可以說，陽明心學正是明中後期性靈文學思想的詩學源頭與哲學基礎。復古與性靈這兩大詩學線索正是在陽明心學那裡首次得到了交融會通。

第一節　陽明心學對復古派文學思想的複雜影響

一、道學與文學的複雜關聯與內在衝突

　　陽明心學作為理學系統內部的分流，其與程朱理學在為學宗旨及道德修養之目標上並無區別。儘管心學同文學存在著交融會通的實際關聯，但二者的終極關懷並不相同，這就意味著二者之間在相互溝通、相互交融的過程中仍存在著內在的緊張衝突。

　　關於道學與文學之關係，以往的研究重在闡述理學家以道德心性為本而有意忽略或貶低文學的功能與價值，從而使文在與道之爭衡中，陷入了一種相對被動的局面。這裡實際上涉及到一個問題，即理學的盛行是否是文學衰落的原因？這個問題十分複雜，從理學家對待文學的表面態度來看，他們均

在一定程度上表現出明顯的排斥文學、否定文學獨立價值及審美本質的要求和願望。如程頤在談到理與文之關係時，曾有言：

> 理者，實也，本也；文者，華也，末也。理文若二，而一道也。
>
> 文過則奢，實過則儉。奢自文至，儉自實生，形影之類也。〔註1〕

理為實為本，文為華為末，而二者又共同統一於道。表面看來，程頤此論尚未出文道合一之旨，實際上，所謂「文過則奢，實過則儉。奢自文至，儉自實生」的潛在話語則是寧儉而勿奢的。程頤用形與影來描述理與文之關係，似乎有強調形影不可離的意味，實則卻正體現出他以文為理之附庸的文學思想。

在文道關係命題上，程頤最著名的論述莫過於「作文害道」：

> 問：「作文害道否？」
>
> 曰：「害也。凡為文，不專意則不工，若專意則志局於此，又安能與天地同其大也？《書》云：『玩物喪志』，為文亦玩物也。」〔註2〕

「作文害道」之語一出，倒使得程頤率先背上了理學家排斥及否定文學存在價值與獨立特性的千古惡名。其實，對程頤此論的理解不宜膠柱鼓瑟，理學家論文自有以道為前提和旨歸的理性精神在內，但其對文之態度卻並非一概排斥，他反對的其實是沉溺於雕蟲篆刻、玩物喪志的人生態度，而非以文來統合心志、涵養性情的實際效驗。一言以蔽之，程頤反對的是為文而文，而非為道而文。

> 曰：「古者學為文否？」
>
> 曰：「人見《六經》，便以為聖人亦作文，不知聖人亦攄發胸中所蘊，自成文耳。所謂有德者必有言也。」〔註3〕

程頤認為，文是聖人進行自我發抒與情感表達的有效言說方式，從創作過程上來說，聖人並非為文而文，其所作之文是對久蘊胸中浩然之氣的流露傾吐及清遠高逸人格境界的外在呈現。聖人之文是理學家人格風範的典型體現，是從胸臆間自然流出而不假雕飾之作，聖人作文之目的並非是對文學技藝、規律的簡單探討，而是對道德心性的闡發與弘揚。程頤「有德者必有言」之論實則體現出理學道德性情對文學主體精神的統攝與涵容。不過，若以工具論來理解和概括理學家對文道關係的一貫看法，則是把複雜的問題簡單化了。在理學家那

〔註1〕程顥、程頤：《二程遺書》，卷十一，《師訓》，文淵閣四庫全書本。

〔註2〕程顥、程頤：《二程遺書》，卷十八，文淵閣四庫全書本。

〔註3〕程顥、程頤：《二程遺書》，卷十八，文淵閣四庫全書本。

裡，文的確有作為闡發義理、弘揚德性工具的作用，但從深層的文化心理來看，問題又不如此簡單。從孔子倡導「文質彬彬」的文藝思想開始，文道關係經歷了反覆曲折的演變歷程，並成為歷代文學家、思想家在探討文之本質與價值時繞不開的一個命題。其實，不論是以文勝質還是因質立文，抑或有意調和二者而折衷的文道合一論，於道而言，文絕不僅僅是一個技藝的問題，它包涵著中國古人的群體文化自覺心理。在中國古人的文化思想構成中，文是一種富有生命力的精神存在，它與道天然自覺地交融在一起。從古人的政教理想而言，儒家風詩傳統傳達出的文治觀念便與士人修齊治平的政治理想和人生目標緊密相連。在此基礎上，文之演進便與道之發展相互生發、疊加，並始終與士人的生存狀況、政治理想扭結在一起。文的政教性使其得以在文治體制中與道緊密結合。作為道之體現與承載，文因而成為士人實現社會理想、政治理想及人生理想的絕佳方式。從此一層面而言，文之功能被實用化、客觀化了，它成為了一種代表智慧與權力的思維方式與價值形態。

　　對宋明理學家而言，如何通過窮究天理而涵養心性、成就道德自我才是其人生要義與終極旨歸。他們並非不欲作文，朱熹一生就創作頗豐，如：《四書章句集注》《周易本義》《易學啟蒙》等學術研究類著作，此外尚有篇幅不少的流連山水、吟詠情性的詩歌創作。試舉幾例如下：

　　　郊園卉木麗，林塘煙水清。閒棲眾累遠，覽物共關情。憩樹鳥啼幽，緣原草舒榮。悟悅心自遣，誰云非達生。〔註4〕

　　　端居惜春晚，庭樹綠已深。重門掩晝靜，高館正陰沉。披衣步前除，悟物懷貞心，澹泊方自適，好鳥鳴高林。〔註5〕

　　　愁陰一夜轉和風，曉看花枝露彩濃。覓句休教長閉戶，出門聊得試扶筇。物華始信如詩好，春色方知似酒濃。多謝鄰翁笑相迓，為言晴暖更過從。〔註6〕

　　　江皋晴日麗芳華，翠竹踈踈映白沙。路轉忽逢沽酒客，眼明惟見滿園花。望中景助詩人趣，物外春歸釋子家。向晚卻尋芳草徑，夕陽流水繞村斜。〔註7〕

〔註4〕朱熹：《晦庵集》，卷一，《春日即事》，四部叢刊景明嘉靖本。
〔註5〕朱熹：《晦庵集》，卷一，《試院即事》，四部叢刊景明嘉靖本。
〔註6〕朱熹：《晦庵集》，卷三、《又和秀野二首》其一，四部叢刊景明嘉靖本。
〔註7〕朱熹：《晦庵集》，卷三、《又和秀野二首》其二，四部叢刊景明嘉靖本。

　　循澗關芳園，結亭對西壁。澄潭俯幽鑒，空翠仰寒滴。主人心事遠，妙寄塵壤隔。豈為功名期，而忘此泉石。〔註8〕

　　手種籬間樹，枝繁不忍刪。新亭最佳處，勝日共歡顏。景晏春紅淺，雨餘寒翠潛。光風回巧笑，桃李任漫山。〔註9〕

　　誤落塵中熙序驚，歸來猶幸此身輕。便將舊友尋山去，更喜新詩取意成。暖翠乍看渾欲滴，寒流重　不勝清。個中有趣無人會，琴罷尊空月四更。〔註10〕

朱熹以上詩作體現出一種清麗自然、空靈逸秀的審美風格，哪裏還有半分專談性命理道之道學家的影子？在這些詩歌中，朱子卸下了理道性命的重擔，完成了由理學家向詩學家的角色轉換，從而在與山水林泉的心靈契合中，實現了自我心性之超越。在物我無間、渾淪自如的超然境界中，朱子獨得的「個中之趣」便是一種超功利的審美情趣，是主體情志與山水自然冥合無間的自得之趣。那江皋晴日、翠竹疎疎、夕陽流水的美妙景致無不與朱子胸中之情一一相合，從而激發了詩人抒發性情的創作渴望，在不自覺間展露出一種唯屬詩人的生命活力與審美境界。

　　《朱子語類》中云：「作詩間以數句適懷亦不妨，但不用多作，蓋便是溺爾。當其不應事時，平淡自攝，豈不勝如思量詩句。至其真味發溢，又卻與尋常好吟者不同。」〔註11〕可見，朱子並不像程頤那樣將詠發性靈的文學創作視為「閒言語」，他並不反對以詩述懷、以文暢情，但不能因此而沉溺其中而忽略對道德天理的終極追求。實際上，從文學功能層面來講，朱子較為含蓄地肯定了「詩以道性情」的功能與本質，而這種「搖盪性靈」之情則必須符合風詩的雅正傳統，以涵詠性情之正與理學家光風霽月的人格氣象為目的；而從文學技巧層面而言，朱子反對字雕句琢、繁複新巧之風，而強調「平淡自攝」之「真味」。以理學家內斂、含蓄、靜默的人格性情統攝文學風格與文學技巧，自然對平淡內斂的文學風範分外重視了。而這種平淡不唯文學風格之平淡，更是士人寬厚自然、淡泊簡遠之人格風範與精神境界的體現。韓經太在《理學文化與文學思潮》中說：「朱熹之論文論詩，乃合理學性情涵養之理

〔註8〕朱熹：《晦庵集》，卷六，《周氏溪園三首》其一，四部叢刊景明嘉靖本。
〔註9〕朱熹：《晦庵集》，《周氏溪園三首》其三，四部叢刊景明嘉靖本。
〔註10〕朱熹：《晦庵集》，卷八，《遊密庵分韻賦詩得清字》，四部叢刊景明嘉靖本。
〔註11〕黎靖德：《朱子語類》，中華書局，1994年版，第3333頁。

與文學風格塑造之理而言之，以創作態度為中介，而使主觀意志結構與主體審美意態合一。」〔註12〕從此一角度來說，理學家並非完全排斥、否定文的存在價值，他們反對的是一種為文而文的創作態度及耽溺於文學技巧而忽視道德心性之培育的行為。朱熹曾說：

> 詩者，志之所之。在心為志，發言為詩，然則詩豈復有工拙哉！
> 亦視其志之所向者高下如何耳。是以古之君子德足以求，其志必出
> 於高明純一之地，其於詩固不學而能之。〔註13〕

朱熹將詩與志聯繫起來，認為志之高下是決定詩歌優劣的決定因素，而非外在的修飾技巧。在以德統言的思維方式中，道德涵養、人品氣象之高低直接決定了文學成就的大小，「有德者必有言」則成了不證自明的真理。不過，理學家並非完全反對詩文創作，他們早已關注到詩歌具有發抒性情、愉悅自我的功能效用，只是他們需要文為道服務，而非在道德心性之追求外另闢蹊徑（這就意味著理學家們並不想使文獲得相對獨立的合法地位與存在價值）。宋儒以文學作為經世傳道之媒介與載體，將詩人之心與文人之情統合納入哲人之思中，這樣一來，文學張揚個性、宣洩情感、自我適意的一面便被悄然取消了，取而代之的則是文以明道、體道、適道之現實效用。

　　上述闡釋主要是從宋儒對待文之複雜態度這一層面而言的。一方面，他們認為溺於作文有害於對終極天理的體認，而文中泛濫之情感又妨礙中正平和的心性修養，因此，便有了理學家否定情感存在，不承認文學作品興發志意、吟詠性情之文學功能，認為詩文小技甚至主張廢棄詩文創作的觀念產生。誠然，理學「格物致知」的認識論本身即帶有一種知識化的理性特徵，它將唐人奔放勁健之豪情轉化為平淡簡遠之逸情，將感性的文學創作納入到理性的哲學體系中來，將心物一體的文學創作模式與情景交融的審美意境變為涵詠性情之正、體認道德天理的成聖方式，確實在一定程度上削弱了文學獨立存在的價值與意義。

　　其實，若平心而論，宋儒並非不承認文學愉情悅性、快適自我之功能與價值，上引朱子所作之詩，便體現出其在與山水自然的溝通與融合過程中激發了其文學創作之衝動，其刻意隱藏的詩意與情感一齊奔湧而出、不可遏止。不過，朱子認為此類詩歌不宜多習多作，適當的抒發自我適意之情尚可，但

〔註12〕韓經太：《理學文化與文學思潮》，中華書局，1997年版，第122頁。
〔註13〕朱熹：《晦庵集》，卷三十九，《答楊宋卿》，四部叢刊景明嘉靖本。

既不能因之縱情放肆，亦不宜沉溺於文辭技藝而忽視對道德義理之體認。實際上，理學家追求的是一種光風霽月、灑落透脫的人格情懷與生命境界，按照宋儒的傳統思路，這種品格氣象是通過讀書、窮理、致知的體道路徑而實現的，具有典型的知識化、理性化特徵。而文學之所以歷千古而不衰的根本原因則是，文學存在的價值與意義並非依賴於道體之永恆，而是在感性認知與直覺靈感的作用下，個體所獲得的一種具有美感特質的生命體驗與超越透脫、通達高遠的人格境界。這種人格境界和生命力量與文學獨有的審美質素水乳交融，在文學所提供的生存場域中，主體真實之情感不再受限於道學束縛，往往如脫韁野馬，愈益朝著任情自適之方向傾斜；而文學能夠使士人獲得一種愉悅自得的心靈滿足，比起理學以限制人情物慾來實現天人合一之境界而言，文學提供給士人一種充滿著詩意與美感的生存空間與人生體驗，在這種舒適、愜意的文化環境下，文學的根本意義與獨特價值得到了有效的詮釋與凸顯。儘管隨著時代發展與歷史遷變，文與道之關係愈益緊密複雜，但文學自身的審美本質與獨特價值始終以一種集體無意識感沉澱於歷代士林群體之心靈中。

從總體上來說，道學家的終極追求是聖人之道的實現與心性涵養的培育，不論是「文以載道」還是「文以明道」，文學始終處於一種相對被動的地位。隨著理學思想的不斷強化，士人文學創作中對美的觀照與情的抒發日益減少，文學逐漸淪為文人墨客逞才使技、彰顯個性才情的手段，而與聖人之道的實現與完成漸行漸遠。

然而，在實際的發展過程中，為了維護聖人之道的正統性與神聖性，理學家又往往拒絕承認文學的合法地位與獨立價值。在道學家眼中，文學的存在是天理之道的外在呈現與自然流露，正如朱熹所說「熹聞詩者，志之所之……是以古之君子，德足以求其志，必出於高明純一之地，其於詩固不學而能之。」〔註14〕有德者必有言的思維方式使得理學家們相信，文所表達的應是士人修道立教的誠意敬畏之心以及對自然萬物生生不已的關懷與熱愛。而文學的審美品格與情感表現功能則被理學家斥逐在外。

儘管他們已經意識到文學對於士人精神與心靈之不可替代的重大作用，但從士人群體的精神結構而言，理學家只認可性命之道的主宰地位與功能，文則被置於一個可有可無的地位。也就是說，道學家關注的重心與焦點是聖人之道的實現，而非個體性情的表達或文學技藝的高低、文學作品的優劣。

〔註14〕朱熹：《晦庵集》，卷三十九，《答楊宋卿》，四部叢刊景明嘉靖本。

「有德者必有言」的思維模式使人們相信，內在的道德涵養才是判定文學創作水平高低的決定因素。理學家追求的是一種道德與文章和諧統一的理想境界，他們重視的是文學所體現的心性修養境界，而非審美超越境界。

在理學家看來，文道合一是一個不言自明的真理，彷彿文學與道學的思維方式天然是一致的。其實，前面已經指出過，道學家並非全然不解文學充滿美感的形式技巧與風格特徵，只是他們不願承認文學在安頓士人個體性命、實現心靈超越方面不可取代的功能而已。因為一旦認同文學這一特殊功能後，道的地位就會受到挑戰和質疑，神聖而權威的天理就會被奪去光環，淪為平庸。從根本上而言，道學與文學之間天然存在著一種內在的緊張與衝突。文質彬彬是儒家理想中的審美典範與人生境界，而在歷史實際的發展過程中，二者之間卻實難達到這種平衡、和諧的理想範式。因此，在不同的歷史階段中，文與道之關係便呈現出並不一致的發展態勢，宋明理學家主要側重於從體用、本末關係的辨析上來規定道與文之關聯，在道統與文統的爭衡中，理學家（這裡也包括不少文學之士）顯然是以前者來規範後者的。

陽明心學作為理學內部的分支，其與程朱理學在為學的基本方向與根本宗旨上並無差異。儘管其與文學在諸多領域有著彼此交融的真實關聯，但仍然存在著一定的矛盾與衝突。從文學表現論而言，陽明倡導一種簡明切實、達意而止的表現形式，這與其整體的為學特點與教學方式是密不可分的。強調真實自然、簡明切實的表現形式對那種繁冗拖沓、緝裁巧密而無真情實感的文學創作是一種有效的糾偏，並有力地回應了明中期「虛文勝而實行衰」的現實局面。然而，創作法度的簡化卻也在一定程度上削弱了文學的整體表現力與形式美。

陽明心學的根本目的是通過振作士氣來拯救國家危難，從而興復盛世。它要通過振興學術的道路使聖人之學大明於天下，而非單純興復文學之途徑。儘管陽明本人的文學創作不乏真實的情感體驗與獨特的審美品格，但其關注重心顯然並不在文學技巧與文學風格，正如陽明在與黃省曾之書信中所言：

> 誦習經史，本亦學問之事，不可廢者。而忘本逐末，明道尚有「玩物喪志」之戒，若立言垂訓，尤非學者所宜汲汲矣。……古本之釋，不得已也。然不敢多為辭說，正恐葛藤纏繞，則枝幹反為蒙翳耳。〔註15〕

〔註15〕王守仁：《王陽明全集》，卷二，《與黃勉之》，一冊第292頁。

陽明認為，文學屬於學問的一種，不可偏廢。但若因此沉溺其中不可自拔，則又有玩物喪志之嫌。實際上，這仍屬於傳統的道本文末之論。

在作於正德六年的《送宗伯喬白岩序》中，陽明曾說：

> 道，大路也。外是，荊棘之蹊，鮮克達矣。是故專於道，斯謂之專；精於道，斯謂之精。專於弈而不專於道，其專溺也；精於文詞而不精於道，其精僻也。夫道廣矣大矣，文詞技能於是乎出。而以文詞技能為者，去道遠矣。是故非專則不能以精；非精則不能以明；非明則不能以誠。故曰「惟精惟一」。精，精也；專，一也。精則明矣，明則誠矣。是故明精之為也，誠一之基也。一，天下之大本也；精，天下之大用也。知天地之化育，而況於文詞技能之末乎？〔註16〕

可見，陽明以體認聖人之道為人生的最高目標與終極追求，專精於文詞技能而不務聖賢之學，則去道遠矣。同朱子「文從道中流出」之論一樣，陽明亦有「夫道廣矣大矣，文詞技能於是乎出」的理論，這就驗證了一個基本事實：在理學家眼中，道是一個無所不包、涵容一切的抽象存在體，任何具體的技能、技藝、文化都是從道體中生發、抽離出來的。士人為學的根本目的便在於對聖人之道的學習、體認、踐履，從而參贊天地化育，達到天人合一的理想境界。從這個層面來說，文與道之地位存在著高下懸殊的根本區別。道學視域中的「文質彬彬」不過是以道的絕對統治地位來強求文之依從的客氣說法而已。在這種局面下，以文人身份轉向心學的士人同樣面臨著一個複雜而為難的問題：對聖學之追求與對文學之熱愛，二者究竟如何統一，又何去何從？士人是否真的可以完全放棄文學創作實踐而專心研習道學，抑或在二者既有衝突又有融合的實際關聯中尋求自我的突破與超越。這就是復古派士人在轉向陽明心學後面對的一系列問題。

二、棄文從道之選擇及士人的矛盾心態

在陽明心學影響下，復古派部分士人出現了悔文、輕文的思想傾向與理論表述，這與道學與文學之間的複雜關係與內在衝突密不可分。學界普遍將這一現象概括為棄文從道。〔註17〕其實，棄文從道這一說法儘管可以代表當

〔註16〕王守仁：《王陽明全集》，卷二，《送宗伯喬白岩序》，一冊第324頁。
〔註17〕黃卓越先生在《明永樂至嘉靖初詩文觀研究》一書中專列一章闡述了「前七

時士人的整體選擇，但卻有待商榷。明中期士人為了尋找個體生命的現實出路，紛紛轉向陽明心學，渴望從中獲取心靈的解脫與超越。對心性之學的關注與研習使得以往以文學為人生中心的士人群體發生了思想上的轉向。

　　曾為復古運動成員的鄭善夫在轉向陽明心學後就明確表示出盡去辭章之態度。

　　正德十三年，善夫被朝廷任命為禮部主事，結束了五年的閒居生活。在與黃綰、應良等人盤桓數月後，善夫方啟程北上。對於此次復官，善夫並未表現出特別的興奮與熱情，據黃綰所言「少谷子又與予期曰：吾為父母贈典未獲有此行，行當不遠，再訪子於茲山以共老焉。」〔註 18〕可見，善夫此時已不再把出仕為官視為人生頭等大事，之所以選擇出仕，不過是為父母贈典及養家糊口罷了。其實，善夫再度為官是甚違其本意的，在家居之時，即有親朋好友屢次勸其出仕，但善夫不能忘懷的，是社會風氣之敗壞、士人道德之淪喪，處尚能持一己氣節自安自適，出則只能因此招致禍患、連累家人，更不用說實現政治理想與人生抱負了。在《與陳職方德英》中，善夫即向其坦露了自己的心聲：

　　　　小弟最為沉滯，然每以死者自況，中甚安之。近築一畝草房於
　　　　小華之陰，杜門自屏，惟與貧賤時一二知己者往還。糲飯藜羹，甚
　　　　覺適便。伏睹起廢數事，已絕北轅之想耳。近來親故稍以早出為勸，
　　　　未敢便論達觀。譬如尚是一不第秀才，亦安往以辭貧賤哉？其況愈
　　　　下，則其心愈安也。〔註 19〕

可以說，儘管閒居生活給善夫的家庭增加了經濟負擔，但在草堂之中自耕自飲，雖無紅燭富貴之樂，卻有超然適意之得。而「其況愈下，則其心愈安也」一語更是道出了其時士人的真實心態。士人所學莫不以富貴登科、匡扶社稷為人生目標，而時移世易，當朝政衰敗、道德淪喪之世，退處鄉間以圖全身自保已屬難得，更遑論黼黻盛世的宏大理想呢？然而，對於鄭善夫來說，這

子後期思想轉換與理學思潮」之間的關係，並考證了前七子成員轉向理學之事實。其中，「有明確轉變意向並投身理學者」有徐禎卿、鄭善夫、孫一元、吾謹、何景明、王廷相、薛蕙、顧璘、黃省曾九人。因本文重在探討前七子與陽明心學之關係，故復古派成員轉向程朱理學及道學者不在求證闡述之列，僅略作涉及。

〔註 18〕鄭善夫：《少谷集》，卷二十三附錄上，黃綰《少谷子傳》，文淵閣四庫全書本。
〔註 19〕鄭善夫：《少谷集》，卷十七，《與陳職方德英》，文淵閣四庫全書本。

一點輕鬆自適的安穩生活已是奢求。在家居數年後，他不得不因生計問題而再度出仕，則其無奈悲憤之心情，可想而知：

> 比來作意出山相從，兼以謀食。不圖天譴不德，室人與次子相繼棄捐，辛酸崩迫不自禁。當命之蹇剝乃一至於此也！且聞起廢事例，甚與志意相違。讀書仗氣節，處今世之道，稍不至於凍餒切身，有甘心自絕，與猿狄同侶而弗悔者。顧無田無桑，十口所仰賴以衣與哺。恟恟然必須一出，而其途乃如此，且奈何哉！〔註20〕

無奈之下，善夫唯有出仕以養家。而從此年起，鄭善夫在心學影響下逐漸將人生重心放在求學問道之上，一改其早年對文學的激情與興趣，表現出明顯的棄文從道意向：

> 走自別來坐孤悶，無一日好懷。到杭幸遇周用賓、孫太初，作天目赤城之遊。日料理山水事，頗覺心源澄徹，復與黃宗賢、應元忠參究聖學，又是一大痛快。回思二十年所下工夫，皆是一場罔兩。自今以往，視世間一切真如密蛚與空花也。〔註21〕

> 聞作古文會固是美事，第作意為此亦害心，且不能不招物議耳。〔註22〕

> 詞章上一意為之，最害事。大根本上立得住腳，於詞章何妨？〔註23〕

在與友人的書信中，善夫亦嘗勸其不要沉溺於文學之中，「文字類較減損於往昔否？此固天地間不可無者，然分心太多，自損道念。吾兄何等力量，必不學山雞照影也。」〔註24〕「恐他日有以詞章誘之者，相信不篤，一為所移，實非善夫所望也。」〔註25〕如此看來，則善夫晚年頗有程頤、朱子等理學家風範。若從性理之學的角度而言，於個體生命最為重要的則是道德倫理與自我心性修養。陽明心學強調良知之學，實則是將程朱理學外在客觀之天理轉化為自我內心之良知。作為性理之學，二者的根本目標是一致的。如何實現個體自我的充實與完善，如何實現聖人之道的人生理想，這就需要不斷地進

〔註20〕鄭善夫：《少谷集》，卷十七，《與德緒》，文淵閣四庫全書本。
〔註21〕鄭善夫：《少谷集》，卷十七，《答城中諸友》，文淵閣四庫全書本。
〔註22〕鄭善夫：《少谷集》，卷十七，《與城中諸友》，文淵閣四庫全書本。
〔註23〕鄭善夫：《少谷集》，卷十八，《與林克相》，文淵閣四庫全書本。
〔註24〕鄭善夫：《少谷集》，卷十八，《與伯固》，文淵閣四庫全書本。
〔註25〕鄭善夫：《少谷集》，卷十八，《與朱白浦》，文淵閣四庫全書本。

行自我體驗與實際踐履。在這一求為聖學的過程中，任何外在的技藝都被視為無益於身心性命的小事而遭到摒棄。除了程頤以石破天驚之語道出「作文害道」外，朱熹、王陽明等理學大師亦對文學之事頗有微詞。就連曾為詩人的鄭善夫在轉向陽明心學後亦有「近復覺得一切技能非徒無益，卻是累性亂真之本」〔註26〕這樣充滿道學氣味之語。原因無他，概文學最能引逗士人情思興趣，若將心思精力分散在詞章之學上，勢必會影響其對聖學之研習。

　　值得注意的是，善夫早年以復古派成員身份聞名於世，晚歲雖因研習心學而有棄文從道之意向與選擇，但其轉變顯然不像理學家那樣自然而然。而是充滿了違背性靈的矛盾與無奈：

　　　　居京師終為紛華所縛，幸與朱守中輩日相切磋，尚有碌碌不見
　　　長進。日來作用，僅求得放心下落，又輒為文藝引去。歲月因循，
　　　奈何！〔註27〕

　　　　善夫譾劣，少不聞至教。沉涸文字，伏匿空虛者殆十許年。中
　　　賴朋友相麗，稍因此中有末見。然志不堅忍，依違汨沒又將十許年，
　　　今發已種種矣！〔註28〕

儘管鄭善夫在轉向心學後時刻以成聖之志向與目標要求自己，但少時對詩文的愛好並未能全然捨棄，反而仍念念不忘於懷，並時常情不自禁地進行文學創作。此處切不可懷疑善夫立志向道之決心與毅力，否則其不會因放不下文學之事而感歎愧悔。鄭善夫好友吾謹〔註29〕也曾經歷過一段由文學向道學的轉變過程。然而，同善夫一樣，吾謹對詩文之愛好亦未完全因轉向道學而捨棄，摒棄根骨中的文學情結，反而使其時時感到痛苦與折磨：

　　　　僕少嗜作文，若症瘕在中，不可卒化。自知道以來，始不甚置
　　　心於此。然時一出之，猶逸不可制，正坐餘習未竟掃耳。莊周曰：
　　　由天地之道觀惠施之能，是猶一蚊一虻之勞也。每誦斯言，未嘗不

〔註26〕鄭善夫：《少谷集》，卷十八，《寄顧未齋諭德陸江東司業》，文淵閣四庫全書本。
〔註27〕鄭善夫：《少谷集》，卷十八，《答黃石龍》，文淵閣四庫全書本。
〔註28〕鄭善夫：《少谷集》，卷二十，《答魏子才》，文淵閣四庫全書本。
〔註29〕吾謹，字惟可，浙江開化人。生卒年不詳，正德十二年登進士第，與李夢陽、何景明、鄭善夫等人為友，前期似曾參與過復古派文學運動，後逐漸以詩文無益於身心性命而轉向養生求道。關於吾謹生平與李夢陽之辯論、轉向道學之原因與契機等詳見魏強《吾謹生平三事考略》及馮小祿、張歡《吾謹文學思想考論》二文。

> 黯然自傷。日望友朋以是規我，而寒溪獨以是稱我。無乃寒溪亦病
> 症瘕之深者耶？今便欲吾捨此，與世絕交際，亦是難事。要當日損
> 之，以息天君役役之苦耳。〔註30〕

「自知道以來，始不甚置心於此。然時一出之，猶逸不可制」，吾謹可謂一語
道出了復古派文人轉向道學之後的切身感受。這「時一出之，猶逸不可制」
若在朱子那裡，則又是一番存天理滅人慾之說教了。「今便欲吾捨此，與世絕
交際，亦是難事」則表達出以吾謹、鄭善夫為代表的文學之士在轉向道學後
難以完全忘懷並捨棄文學創作之艱難。所謂「要當日損之，以息天君役役之
苦耳」則不過是一句自我寬慰之語罷了。中國古代文人對文學愛逾性命，縱
使其已有轉向道學之實踐，讓他說一句詩文小技，無益身心十分簡單，但若
讓其完全放棄文學創作、放棄詩文所帶來的審美愉悅與生命情趣，則顯然是
不切實際的。或者說，對於一個詩人來說，文學早在不經意間浸入其心靈深
處，文學不僅是他們人生失意之時的精神港灣，更是其充實自我生命的心靈
寄託。他們無法全然對來自內心的真實需要置之不理。因此，士人在理學與
文學之間猶疑徘徊，似乎二者之間天然就有一道不可逾越的鴻溝。

此外，顧璘晚年亦表現出明顯的重道輕文的價值取向。其文學思想由早
年崇尚詩文復古、追求格調聲律轉向晚年追求平淡簡易、不假雕飾，體現出
在心學影響下士人人格心態與文學思想的轉變。當然，這種以倫理道德、心
性涵養為終極目標的文學追求有其優越性，它糾正了彌漫於士林群體中萎靡
不振、為文而文的不良風氣；然而，以德統言的思維模式弱化了文學應有的
情感表現與審美品格，並間接導致了復古運動的破產。儘管顧氏似乎並未傳
達出轉向道學後文學價值失落之痛苦與矛盾，但其始終未曾全然捨棄充滿靈
感與生機、真情與美感的文學創作，只不過顧璘以文質彬彬、本末相維之思
路將二者以較為和諧、單純之方式統合起來了。

應該說，文詞無益是復古派士人發生思想轉向後較為一致的內心體悟。
文盛實衰的現實局面使得士人們相信，只有那些有切於身心性命與道德天理
的人生之道，才是個體人生的終極關懷與精神歸宿。因此，以道學家身份來
反對文學家身份，便在一定程度上弱化了文學的情感本質與審美功能。這種
由文向道的轉換，從個體角度來說，士人選擇能夠有效解決自我人生困惑與

〔註30〕黃宗羲：《明文海》，卷一百五十六，書十，吾謹《與方寒溪書》，清涵芬樓鈔
本。

生死迷茫之道；而從時代角度而言，則是因「虛文盛而實行衰」所導致的社會風氣的萎靡與衰敗，士人們不得不對這一現實局面有所反思，並作出理論上的回應與反擊。

復古派的理想是通過興復古文來恢復漢唐盛世、革新時政，以儒家文治理念實踐致君堯舜的政治理想。然而，隨著復古派人生價值的失落，這種新的價值標準也隨之失去了存在意義，並且再也不能為其提供支撐自我生命的力量。於是，原先將生命價值與存在意義寄託於文學之上的復古士人便紛紛改弦易轍，轉而從心學處重新獲取生命活動的力量。這一行為本身帶來了兩個結果：一是復古理念的弱化。復興古學之路徑在實際的發展過程中不能成為個體生存的精神嚮導與人生價值的評判標準，同時對於社會風氣的萎靡與衰敗亦無能為力，對復古的反思與批判成為嘉靖初時代發展的主題。一是心學思潮的發展成熟極大地拓展了人們的精神空間，而復古派部分士人後期轉向陽明心學之實踐又為心學本身的文藝思想增加了新鮮內容。

而復古派文人（在發生思想轉向後）之所以在高揚理性精神與道德教化的同時又情不自禁地沉浸、陶醉於文藝創作之中而無法自拔，根本的原因則在於文學對個體生命價值的彰顯與表達，對自我真實情感的抒發與展露，早已成為他們人生當中不可或缺的必需品。文學不僅是陶冶自我性情的工具與載體，更是其寄託生命精神與存在自性、彰顯人生價值與生命意義乃至實現心靈安頓與超越的最佳方式。可以說，對中國古代的傳統士人而言，文的存在與發展不僅僅是一個藝術門類的問題，文學與個體生命存在、人生價值實現等內容密切相關。無論困厄還是顯達，士人們都在通過文學表達內心本真的情感體驗與生命意義，並渴望以此超越人生的苦難與偶然，獲得一種瞬間永恆的心靈體悟。從此一層面來說，他們當然可以表達對聖人之道的無上崇仰與對文學創作的摒棄及排斥態度，但從自我內心的真實需要而言，這又顯然是其不願接受亦無法接受的客觀實際。

他們的掙扎與矛盾恰正凸顯出陽明心學在發展初期尚未徹底擺脫程朱理學的思想束縛，尚未形成那種衝飆狂擊、震耀一世的狂者力量，在發抒個性自由、張揚自我情性方面尚存在消極保守的一面。可見，陽明心學對明代士人思想觀念的解放呈現出一種過程性的發展階段，並非一蹴而就。這也使得復古派士人的文學思想呈現出一種複雜而明顯的過渡色彩。

三、復古文學思想與性靈文學思想的複雜互動關係

　　這裡需要說明的是，復古派文人在經歷了文學復古後轉向理學或心學，其文學思想之變化並非是對「以道統文」觀念的簡單復歸。宋儒在文學創作中對主觀情感的淡化與漠視，體現出一種具有認識價值的理性態度。在宋代理學家那裡，盛大高昂、激動人心的情感世界被內化為一種平和淡泊的人格風範與人生境界。對聖人之道的追求壓抑了文學創作的衝動，在道德世界日臻完滿的同時，缺乏行動實踐能力的缺陷亦暴露無遺。到了七子派那裡，他們對情感的抒發張揚、對詩性精神的重新倡導，已經打破了宋型文化中那種平淡老成的文學風範。也就是說，儘管復古派晚年在轉向心學後審美態度發生了一定的轉變，但卻並不能簡單地歸結為對理性精神的復歸。

　　在復古派那裡，「道」的內涵與程朱理學所論並不相同，而文也絕不僅僅是為道服務的工具。彰顯文的獨立價值與審美特性，是復古派對明前期文道關係作出的思考與調整，具有一種明顯的調適文道的價值取向。

　　李夢陽在《遵道錄序》中云：

> 　夫道自道者也，有所為皆非也。故附往以標身者，務名者也；立名以致來者，媒利者也；毀同以爭衡者，好異者也。是故君子之於道也，修之身已矣，不敢名焉。人或名之，則辭曰：愚罔攸知也，不敢利焉；人或利之，則辭曰：菲罔攸受也，不敢異焉。人或異之，則辭曰：與人同凡。此遵道者也，何也？道者，吾之自事也。本與人同，吾奚異？本無所利，吾奚利？本非為名，吾又奚名？故曰：君子貴真，真者，無所為而為者也。無所為而為，故即其至為淺深，均不失道，所謂知者見之而為知，仁者見之而為仁者也。是故名也愧之，利也避之，異也懼之，凡此者恐伐真以賊道也。〔註31〕

在空同看來，道是「吾之自事」，實際上吸收了程朱理學關注內在性命修養的「道」之內涵。但空同不僅言「道」，更講「真」。他認為「君子貴真，真者，無所為而為者也。」很明顯，他反對打著「道」之旗號行虛偽之事的假道學，更反對表面尊道重道而實際只為求取名利的「道之賊」。而「真」的價值便在於「名也愧之，利也避之，異也懼之」，從而達到「無所為而為」的境界。

　　應該說，復古派重視文道關係，提出「文質彬彬」的審美理想，強調文

〔註31〕李夢陽：《空同集》，卷五十一序，《遵道錄序》，清文淵閣四庫全書本。

作為生命活動的重要意義，這對當時臺閣體和性理詩盛行的文壇狀況起到了積極的引導與改革作用；更為重要的，則是復古派對文道關係的突破，體現出重道求真的價值取向。在復古派那裡，文道統一不再是文對道的絕對隸屬與服從，「道」亦並非只是對外部社會的觀照，而是因士人個體意識的覺醒與陽明心學的影響，從而表現出注重主體精神、順性自然的新境界。

王廷相曾云：「今之士者，專尚彌文，罔崇實學，求之倫理，昧於躬行；稽諸聖謨，疏於體驗。古之儒術，一切盡廢，文士之藻，遠邁大同。已愧於經明行修之科，安望有內聖外王之業？」王氏有感於明中期文壇「虛文盛而實學衰」的現實局面，主張通過對實學的研習，實踐內聖外王的道德理想。值得注意的是，王廷相對「體驗」的重視，體現出文道關係的某種新變化。道之「體驗」，不僅是一種道德體驗，同時亦是一種個體人生的情感體驗與審美體驗。所謂「道」，並非是抽象的客觀理道，而是內化於心的心靈體悟，是「感於天機，萬物皆入於我之會」的生命境界。可見，在復古派那裡，「文道統一」、「文質彬彬」的文學審美理想並非單純向理道的復歸，而是從實用主義的立場轉向創作主體內在心靈真實自然的向度。這是在文道關係層面，復古派與陽明心學的內在相通之處。

通過陽明心學之啟悟，復古派士人以超越、從容的聖者境界來審視複雜的人生境遇，並以通達、透脫的審美眼光觀照自然萬物，在人與物相互交融的情感世界中完成自我價值的實現。他們以超然達觀的人生態度來彌補激烈高昂、憤激悲慨的情感衝動與人生創傷，並努力調和文道之間的內在衝突，儘管這種嘗試並不完美，並未對文壇產生多大的影響，但這種努力仍可視為對自我與傳統的挑戰及突破。起碼在一定程度上打破了宋儒「理得辭順」的文學思想，以心學精神實踐了人性覺醒與精神自覺。

明中期士人的價值觀念、思維方式、文學思想的轉變是在復古文學的遷變與陽明心學影響下性靈文學的發生這一基礎上進行的。

陽明心學是性靈文學思想產生的哲學基礎。陽明曾為復古運動早期的代表成員，復古派重情求真的文學思想亦影響到陽明心學重視主觀精神與自我內心真情實感的哲學思路。二者在文學情感論、文學表現論以及文學境界論等層面均存在著交融會通的複雜關聯。在時代的擠壓下，復古派的人生理想逐漸覆滅。復古文學思想也因深陷「格調」與「真情」的矛盾而走向因襲模擬之路。在這種局面下，性靈文學思想的萌芽就在復古文學與陽

明心學之間的交融互動中產生了。

　　明中期的性靈文學脫胎於復古文學與陽明心學的交融會通，但早期的性靈文學因其處在混沌朦朧的探索初期，未能提出有意義的文學理論命題，如李贄「童心說」、袁宏道關於「趣」的理論等。應該說，性靈文學萌芽於復古文學思想與陽明心學的交融互動，形成的是一種文學觀念形態，而非成熟系統的文學理論，這是毋庸置疑的。

　　性靈文學與復古文學代表著兩種不同的文學立場。復古文學重視詩歌本身的審美特徵與表達技巧，渴望以此來恢復古代風詩的真實傳統；性靈文學則從創作主體自身出發，重視主觀精神的表達，要求突破文學創作的限制，表現真實自由的情感與性靈。二者的共同點在於對文學自我存在價值的肯定。

　　另一方面，復古文學與性靈文學之間始終存在著一種難以調和的矛盾，即價值觀與審美觀的錯位。復古派在經歷了正德朝的政治磨難後，紛紛轉向陽明心學，並從中汲取思想資源與價值支撐。從這一層面而言，復古派對心學安頓自我生命的方式是認可的。但是，他們對心學影響下出現的性靈美學風貌則難以接受，尤其是在理論上不能接受。

　　陽明心學認為，判斷事物價值的標準在於自我內心之良知。因此，判定文學價值的標準同樣也是個體自我的心靈創造，而非聖人之言與經典格調。復古文學思想中儘管也有重視情感的內容，但卻在倡導真情說的同時，企圖以格調來規範性情、改變性情，這就顯得頗不現實。復古派往往根據格調的需要來選擇情感，認為文學創作所表達的情感應符合「格高調逸」的審美要求，符合盛大高昂的美學風貌，這就造成審美格調的單一性與情感表達的多樣性之間相互矛盾、背離的客觀事實。王世懋曾云：「求性求情，切莫理會格調」。因為對格調的過度強調勢必會影響並限制情感的正常表達，使本該源於本心的文學創作逐漸流於僵化、呆滯。

　　復古文學在理論上對表現私人化情感的文學創作持排斥態度，他們更為關注的是社會化的情感表達而非個體私人的情感宣洩。然而，他們在創作中卻已經不自覺地打破了這一條框，如李夢陽、徐禎卿等人數量眾多的抒情之作，基本上都是對自我真實情感的積極表達。這也是復古文學與性靈文學的內在相通之處。但是，復古文學與性靈文學在審美價值的判定上，卻存在著謹守格調與表現自我的差異，這反映出二者在價值觀與審美觀上的矛盾錯位。

　　復古派的審美理想是恢復漢魏盛唐時期高古宛亮的時代格調，以文質彬彬

的審美標準來改造文壇風氣。因此，儘管陣營內部成員之間文學風格互有差異，但在真情與格調的理論命題，以及學古的目標上，則較為一致。復古文學的理想狀態是達到社會理想與審美理想的統一，而在這一過程中，卻極易忽視對創作主體自身不同情感需求的釋放與滿足。心學影響下的性靈文學則立足於個體生命的價值取向，它可以消解一切的外在限制，打破體制與格調的束縛，積極張揚自我個性。從創作心理來說，性靈文學的創作直接發源於個體的真實心靈與情感體驗，創作時又不受任何外在事物的拘執，不設立效法的對象與判斷優劣美醜的客觀標準，一任本心真實的自我流露。但復古文學卻絕對不能接受此種沒有規矩法度的狀態，在復古派那裡，沒有典型化、規範化的格調要求就不可能形成一個時代獨有的文學風貌，更不可能實現改造社會的目的。於是，復古文學越是堅持格調，便越是只能尺寸模仿，因為他們不可能在現實生活中尋找到相同的審美範式；而脫離了實際生活與時代風貌的單純擬古之作，便會迅速走向沒落與消亡。屠隆曾針對復古派暴露出的這一弊端批評道：「摹辭擬法，拘而不化，獨觀其一則古色蒼然，總而讀之則千篇一律也。」〔註32〕對於復古派而言，這是理論與實踐、規範與創變的錯位，更是理想與時代的錯位。

　　性靈文學重視的是自我情感的發抒與自由性靈的表達，要求突破倫理教化對創作思維的束縛，最終走向率性而行的生命境界。表現在文學思想中，則呈現為一種虛化的審美特徵。這種虛化的審美品格在晚明文學中得到了長足的發展。另一方面，復古文學的衰落似乎預兆著剛健風骨的缺失，文學創作題材由民生疾苦、社會現實逐漸向著表現個體生活、自由性靈的方向傾斜。這是晚明文學的基本特徵之一。

　　復古文學與性靈文學於明中期的首次交融，是在陽明心學的促動下完成的。性靈文學將文學創作視作生命活動極為重要的組成部分，通過文學來表達自我內心的真實情感，追求自由性靈的發抒與快適己意的人生價值。然而，性靈文學在早期不自覺的發展階段中，因陽明心學自身發展尚未達到後來成熟的理論形態，再加上復古文學對古典文學體制的尊重與推崇，注定了性靈文學思想在萌芽時期必然帶有深刻而明顯的過渡性時代特性。就文學表現的情感特徵而言，復古派士人那種傳統的文人化道德情感尚未能全部轉換為個體化的自然情感。他們仍然在道學與文學、遵循傳統、闡發道德與彰顯性靈、表達自我之間猶疑徘徊。但毫無疑問的是，復古文學的遷變與性靈文學的萌

〔註32〕屠隆：《由拳集》，卷二十三，文論，明萬曆刻本。

生共同構成了明中期文學發展的時代景觀。儘管它們之間仍然存有一些無法調和的客觀矛盾，但在實際的發展演變過程中，二者卻又存在著相互溝通、交相融匯的互動關係，並為其後中晚明文學的發展提供了理論與實踐經驗。

第二節　陽明心學與復古派後期文學思想之轉向

一、向文質彬彬之審美理想的復歸

嘉靖十六年至二十四年，是顧璘人生的最後階段，也是其文學思想轉變的完成期。嘉靖十六年，已經 62 歲的顧璘被朝廷任命為湖廣巡撫。對於此時的顧璘來說，文治武功、太平盛世的人生理想不過是青年時期鬥志昂揚的歷史記憶而已。且不說顧氏對朝政的真實狀況早已了然於胸從而已無出仕之念，更不提其在陽明心學影響下形成的追求自得自適的人格心態，單是在隱居山中數年之後，又以 62 歲之高齡遠赴湖廣任職，在人生晚年還要背井離鄉，又怎能不為之憂愁煩惱呢？這從顧璘此時詩作中即可看出其複雜難言之心情：

> 荒林昨夜試新霜，曉起桑榆一半黃。行子不知身是客，白頭猶自別家鄉。〔註33〕

> 老來重作宦遊身，車馬空岩起路塵。日出寒雲猶戀岫，地偏幽鳥不疑人。行藏已被青山笑，稅斂空悲白屋貧。安得簡書無一事，壤歌相伴蔦天民。〔註34〕

> 休官獨向山中住，久厭疏狂學孟公。盤薄解衣時作畫，跏趺臨水亦談空。松蘿野興宜明月，海嶽文光貫彩虹。愧我離君走塵土，高情徒寄夢魂中。〔註35〕

第一首《曉發有感》通過對夜間新霜、桑榆半黃的景物描繪，點染出行人不勝秋寒之感。在這秋寒蕭殺之際，本應於家中安享老親在堂、兒女繞膝之天倫之樂的詩人，卻被迫踏上征程，遠赴他鄉。「行子不知身是客，白頭猶自別家鄉」二句讓人產生一種劌目怵心之感。詩人年事已高，鬢髮皆蒼，卻仍要遠離家鄉親人；路途奔波之際，恍惚間竟忘了自己本是羈旅異鄉之人。這又是何等深沉難言之情感！寄慨深沉、意境淒苦，可謂不言愁而愁自見。後二

〔註33〕顧璘：《顧華玉集》，《憑几集》卷一，《曉發有感》，四庫全書本。
〔註34〕顧璘：《顧華玉集》，《瀏陽山中》，四庫全書本。
〔註35〕顧璘：《顧華玉集》，《憑几集》卷二，《石亭寄詩和答》，四庫全書本。

首詩歌則典型地體現了詩人林泉之志、煙霞之侶的人生追求。而當這種松蘿野興的出世理想被迫讓位於塵囂韁鎖的入世需要時，「行藏兩孤負，身世轉蹉跎」〔註36〕則是對顧璘此時感受的最好概括。可見，顧璘此際真實的人生需要並不是致君行道，而是雅意林泉、縱情山水的生活方式。在自然山水的滋潤澆灌下，顧璘才可以徹底擺脫名韁利鎖的現實羈絆，獲得真正的舒適和愉悅，從而實現精神上的解脫和超越。

在陽明心學影響下，顧璘逐漸形成了一種道與身並尊並用、相輔相成的人生理想，而其實質則是對自我人格和主體心靈的關注和強調：

> 人唯不尊其身，故不知吾之高，斯終下矣。知尊其身者，非仁不廣愛，非義不立方，非禮不飭躬，非智不發慮，非信不固節，夫然後卓然為萬夫之望。蓋以吾自高乃能高吾於物也……君子之求道也，患不盡於物，故抑而下諸庶民；其待身也，患不貴於道，故舉而配諸天地。惟下下則盡其道，惟高高則尊其身。下下高高並用而相成者也，公何讓乎哉？公自為士以至登公卿，莫不以古人自期。待故隨宜所成，輒出物表，以其樹功之顯，故必進，進諸岩廊之上，則士大夫宗之為領袖；以其執節之峻，故必退，退諸丘壑之下，則蒼生望之為霖雨。非公自高其身而能巍巍若是乎哉？〔註37〕

在正統理學思想中，道具有崇高無上之地位及不可置疑的價值意義。因此，對外在之道的追求便順理成章地成為士人們的畢生志向和終極歸宿。朱子「格物窮理」之說正是要求士人們在對一事一物進行窮究極致的過程中，體驗終極之理的存在和意義。在顧璘看來，尊身是實現仁、義、禮、智、信的前提，尊身與尊道同樣重要。而道與身並尊並用而相成不僅是對儒家成己成物之終極追求的強調和詮釋，更為重要的，則是對個體生命價值和自我人格獨立的關注和重視。也就是說，尊身是尊道的前提條件，身居廊廟之上也好、退於丘壑之下也罷，無論處於何種人生境遇，只有自高其身，堅持自我人格之挺立，才能實現成己成物的目標。

顧璘的尊身之說與陽明高徒王艮的「尊身論」雖然在保持主體心性精神及個體生命價值方面有一致之處，但王艮更為側重的是保身全生，是對個體生命存在形式之關注；而顧璘尊身說的重點則在自我人格之挺立，要求在個

〔註36〕顧璘：《顧華玉集》，《憑几集》卷二，《雨度車輪嶺二首》其二，四庫全書本。
〔註37〕顧璘：《顧華玉集》，《憑几集》卷五，《高吾詩集序》，四庫全書本。

體的主觀心性上下工夫。其所遵從的學術理路正是陽明心學正統一脈，即更為關注個體人格之獨立和主觀心性之靈明。（當然其中亦有對個體生命物質存在之關注，但其重心則在精神境界層面）

　　陽明心學強調個體人格的挺立及自我真實的人生受用，而它之所以沒有流於禪道，最為關鍵的則是其終極旨歸始終圍繞著儒家成己成物而展開。也就是說，一方面，陽明心學並未放棄傳統儒家濟世成物的人生志向，另一方面，其強調的是一種超越灑脫的生命情懷及獨立挺拔的人格境界。在此基礎上，陽明心學並不排斥真實自然的情感需求及抒情主體的審美特質。顧璘在自己晚年的文學創作中，較好地詮釋了陽明心學的這種獨特本質。儘管晚年起復並非顧璘所願，但有理由認為，他在陽明心學影響下，人格心態已變得平和淡然，足已面對任何人生難題及複雜紛紜的世俗關係。同時他也並未完全放棄儒者濟世之責任，在此時期所作之詩中可以發現，顧璘時時亦有「身將許國那堪老，性慣耕田豈厭貧。寄向鍾山猿鶴道，暫時相遠莫相嗔」[註38]之語。也就是說，儘管顧氏孜孜以求的是山林安逸自適之樂，他也並非不知朝廷官場波譎雲詭的複雜險惡，但當國家朝廷需要時，他仍然會挺身而出，仍然不忘一個儒者之初衷——亦如當年的陽明先生。在《再次答高吾》一詩中，顧璘將這種出處進退之間不負本心之志表述得更加清晰明朗：

　　　　麟閣終當畫，鷗波此暫盟。冥鴻霄漢志，野鶴水雲情。按劍心
　　長遠，傳經草漸成。丈夫隨出處，終不負平生。[註39]

這首詩體現出的不是一種文人式的酸腐，不是出世隱逸的悲天憫人、冷眼旁觀抑或疏狂放浪，更不是在出與處之間人格心態的矛盾掙扎。顧璘追求的是「丈夫隨出處，終不負平生」的價值取向。只要此心不改，堅守自我心性，那麼無論是千軍萬馬之中，還是山泉林麓之間，都能達到一種平靜淡泊、超然自適的生命情懷和人生境界。因此，「冥鴻霄漢志，野鶴水雲情」在這裡並不是一種簡單的對立關係，而是達到了和諧相融，在交相融合中實現了彼此和諧無間的狀態。也就是說，在陽明心學影響下，顧璘最大的收穫不僅在於可以自由適意地安享雅意林泉、耕山釣水之樂，而且達到了一種達觀超越的人生境界，從而能夠以超然之心態笑看風雲變幻，於出處進退之間真正實現了「應物而不累於物」的精神自由與聖者境界。

〔註38〕顧璘：《顧華玉集》，《憑几集》卷一，《解嘲》，四庫全書本。
〔註39〕顧璘：《顧華玉集》，《憑几集》卷三，《再次答高吾》，四庫全書本。

　　有學者認為，顧璘晚年的文學思想呈現出一種保守主義的理學進路。這種觀點大致不錯，然而尚須進一步的辨析。在約作於嘉靖十七年至十八年的《與後渠書》中，顧璘曾云：

　　　　璘惟信手拈出，取適情達意而已。甚愛薛君采，苟以舊作名家，今一切為淺語，何其達邪？此亦外物不足以博一生也。〔註40〕

從創作方法上來看，顧璘晚年的文學思想呈現出一種信手而出、隨意自然的特點，而其追求的文學效果則是適情達意四字。在《鄒平王畫竹為羅子文賦》中，顧璘亦有「寫竹貴神不貴色，畫師俗筆難為力。古來能事自天成，蕭郎文老何由得」〔註41〕之語。可以看出，相比於顧氏早年追求文學復古的思想，強調因襲模擬之創作方式，此時文學思想有了較為明顯的轉變。從總體傾向上來說，顧璘晚年追求的是一種具有樸質渾熟、自然天成之妙的文學造詣。體現在創作方法上，則要求信手拈來、著筆成春，正如司空圖在《詩品·自然》中所說「俯拾即是，不取諸鄰，俱道適往，著手成春」〔註42〕，顧璘強調的正是這種藝術境界。值得注意的是，顧氏強調的信手而出並非率意信口、不加思索之作，過於隨意任性必然會導致大量平庸拙劣的作品出現。顧璘認為，文學創作中信筆所之、俯拾即是之前提恰恰是創作主體深思熟慮的結果。在《題王元章梅竹卷次祝鳴和》一詩中，顧璘說：

　　　　畫家妙品古亦稀，高人每號無聲詩。淺夫拈筆率信意，豈解盤薄凝深思。聊希形似即滿意，難與神化論等次。〔註43〕

在顧璘看來，文學創作必須經歷一個「盤薄凝深思」的過程。只有在頭腦中反覆思考和琢磨，形成一個完整的創作思路時才可以動筆。不經思考、隨意為之之作必然導致「聊希形似即滿意」的結果，難以達到神化無跡、自然天成的審美境界。其實，這也體現了顧璘晚年對復古運動尺寸模擬之弊端的反思和審視。

　　顧璘於晚年提倡「信手拈出」的創作方式（其前提則是深思熟慮的思維過程），彰顯的是文學創做法度的簡化及文學審美功能的弱化。對於文學本體

〔註40〕顧璘：《顧華玉集》，《憑几集》卷五，《與後渠書》，四庫全書本。

〔註41〕顧璘：《顧華玉集》，《息園存稿詩》卷六，《鄒平王畫竹為羅子文賦》，四庫全書本。

〔註42〕司空圖：《二十四詩品》，清同治藝苑捃華本。

〔註43〕顧璘：《顧華玉集》，《息園存稿詩》卷七，《題王元章梅竹卷次祝鳴和》，四庫全書本。

而言，有著較為複雜的作用和影響。從積極層面來說，文學創作法度的簡化直接影響了晚明文人的文學思想。儘管顧璘並非開風氣之先的人物，其文學思想和文學創作也並未於晚明文壇引起何等共鳴，然其所提倡的適情達意的創作方式對於晚明文壇有著一定的導向作用。晚明以三袁為首的公安派主張「獨抒性靈，不拘格套」，反對因襲模擬的復古文風，而崇尚自然率真、信心信口的創作方法。在創作法度由繁趨簡的轉換過程中，體現出文學思想由關注外部形式到注重抒發主體性靈之過渡。而從消極層面來看，追求適情達意之表達方式和效果實際上是通過簡化文學審美形式來換取文之實用性和功能性，弱化了文學的審美特質。這從顧璘晚年對六朝文風的批判中即可看出：

> 是故君子之為文，達於既盈，斂於既愽，去其杳滓，存其神明，刊其枝葉，立其本根，斯文之大也。故讀之者可感，傳之者可法，毋徒取繁縟而已矣。繁縟者，飾也。六經之文不飾。〔註44〕

> 文序詮古人之文，死者自當心服。璘精神衰耗，衹見此道非用力可盡，所謂得之於心應之於手，雖陳言，然至理實不出此。譬之聖人之道，動容周旋中禮者，安有點檢其間，必至耳順從心，乃神化之域也。作者其始病於有意，其終病於有跡。自曹丕立意為宗，一言啟六代雕鏤無窮之禍。孟子曰：始作俑者，其無後乎？五經四子姑勿論，歷代文人吾所深服者，屈原、莊生、荀況、賈誼、太史公，其人皆直吐胸次，無所鑽研粉藻於筆墨蹊徑。故文詞明直，意味深永，可續諸經傳……可怪宋謝氏一出，倡為刻畫，鑿死混沌，即他日西崑之義山，學者靡然從之，而末流遂至陳隋之靡麗，古風盡滅，可為痛哭。〔註45〕

在顧璘看來，以謝靈運為代表的六朝文風過於重視雕鏤刻畫等外在形式，而忽視了文詞的內容和意味。他推崇六經之文，其中一個重要的原因即是「六經之文不飾」。這裡實際上涉及到一個非常複雜的文學命題——文道關係。顧璘此處所說之道為正統觀念中的聖人之道，追求成聖之道本就是宋明理學的核心命題，顧璘晚年由對文之關注轉向對道之探求，符合宋明理學的一貫思路，並沒有什麼創新之處。而其所說的「存其神明」「立其本根」就是從道這

〔註44〕顧璘：《顧華玉集》，《息園存稿文》卷三，《贈沅州學正舒道微序》，四庫全書本。

〔註45〕顧璘：《顧華玉集》，《憑几集續編》卷二，《寄後渠》，四庫全書本。

一層面出發的，顧氏之所以反對繁縟雕刻之文，原因之一即是如果過於重視文的外部形式和美感特性，浪費時間和精力於文之審美特性上，勢必會影響對道之體悟和研習。

在《啟濬川公》中，顧璘說：「大抵藝文苟涉其界，不須深求，亦占精力。若君采近來著作，盡去從前脂澤，似為得之。空同、後渠之詩文，璘嫌其老而益工。」〔註46〕在顧氏看來，詩文藝術作為士人興趣愛好而偶而為之尚且佔用精力，更不用說對其審美本質和藝術特色進行深入研習了。他欣賞薛蕙晚年轉向道學後「盡去從前脂澤」的創作，而不喜李夢陽、崔銑等人的「老而益工」。實際上，顧璘追求的是一種似王安石晚年之平淡的老境美，反映到文學思想上，則是對不假雕飾、清新平易之風的強調。這種文學思想的根源，乃在於顧璘晚年對道德學問的尊崇。從其晚年的價值取向來看，文學只能算作「藝」之範疇，而非性命之學。儘管其仍堅持文學創作，且的確創作出不少優秀的詩文篇章，但究其根本，自復古派風流雲散後，顧氏復古文以復古道之思想早已銷蝕瓦解。文，不過成為其抒發性情、表現自我之形式。儘管在接觸陽明心學後，顧氏的文學思想呈現出舒展個性、表彰性靈之風貌，然究其實，仍是以犧牲文學個性和價值來成全道體的至高無上性。

顧璘認為，當今風俗之大患正在於士人均以文辭為重，而忽視對道德之體認和踐履：

> 今天下之俗患在於少誠實，修文詞而忽德行，喜遊談而廢道業，貴浮華而賤樸淳。士修於家率如此，故其出身致用，見勢則附，見利則眩，見憂患禍害則惴惴。然以恐而無所不至，波蕩草靡，不復知有善人君子之事。國家率受其禍，此則無恒之過也。〔註47〕

> 兩漢以後乃有對策設科之制，所取於士者，策、文、書、判、詩、賦、經義，大率言語類也。嗚呼！士果可以言語盡哉！其入仕也以內外為輕重，以遠近為散要，以繁簡為清濁，士大夫之心日逐逐於得喪榮辱之間且猶不可繼，何暇議德行之淺深乎？此人材所以不逮古昔，後來者日寥寥也。〔註48〕

〔註46〕顧璘：《顧華玉集》，《憑几集續編》卷二，《啟濬川公》，四庫全書本。
〔註47〕顧璘：《顧華玉集》，《息園存稿文》卷三，《送藍本和掌教送昌序》，四庫全書本。
〔註48〕顧璘：《顧華玉集》，《送蔣汝正入京序》，四庫全書本。

顧璘指出，造成當今天下風俗敗壞、士風萎靡不振的原因之一正在於「修文詞而忽德行，喜遊談而廢道業，貴浮華而賤樸淳」。士人大都奢靡浮華、喜好雕琢文辭而忽視聖人之道，以至於士風疲軟、頹靡不振，於朝堂之上則趨炎附勢、如蟻附膻，不敢道君主之過，「國家率受其禍」。因此，當務之急便是以道教人，重建士人的道統心態。在推尊道統的過程中，顧璘否定了文學的作用，認為士人對文學之愛好是阻礙其成就聖人之道的關鍵，客觀上拉大了文與道的距離。這種觀念體現了顧璘晚年文學思想中保守的一面，同時也壓抑了對文之審美特性和抒情本質的追求，在強調文以明道之實用性和功能性的同時，削弱了文學的審美功能。因此，他倡導的「得之於心應之於手」的創作方式儘管在一定程度上引導著文學向真實自然、不假雕飾之自然天成、渾化無跡方向發展。但從消極意義上而言，犧牲文的審美特性和情感本質以應合聖人之道，將文之地位下移為道之附庸，則多少顯得有些酸腐和迂執。

然而，顧璘晚年追求的並不全然是以道之神聖性來否認文學存在價值，而恰恰是一種文質得中、本末相維的文學思想：

> 詩之為道，貴於文質得中。過質則野，過文則靡，無氣弗壯，無才弗華，無情弗蘊。杜宗雅頌而實其實，其蔽也樸，韓昌黎以及陳後山諸君是也；李尚國風而虛其虛，其蔽也浮，溫庭筠以及馬子才諸君是也；王、岑諸公依稀風雅，而以魏晉為歸，沖夷有餘韻矣。其蔽也易而俚，王建、白樂天以及梅聖俞諸君是也。嗚呼！諸君並名世之才，而學詩之蔽猶至於此！詩可易言乎哉？〔註49〕

這篇《與陳鶴論詩》集中體現了顧璘晚年的文學觀。他晚年將儒家經典文獻六經視為文學圭臬，將合於六經之旨而「義理圓融，切於制用」〔註50〕作為評判文學優劣之標準，體現出傳統儒家保守主義的立場和思路。顧璘早年的文學創作頗有六朝靡麗輕綺之風，王世貞曾在《藝苑卮言》中評價其詩歌：「如春原盡花，荼蘼不少」〔註51〕又云：「顧華玉才華在朱鄭之上，特以其調少下耳。如『君王自信圖中貌，靜女虛迎夢裏車』，又『古寺頻來僧盡老，重陽欲近蟹爭肥』，無論體裁，俱雋婉有味。」〔註52〕可見華玉早年創作風格特

〔註49〕顧璘：《顧華玉集》，《息園存稿文》卷九，《與陳鶴論詩》，四庫全書本。
〔註50〕顧璘：《顧華玉集》，《息園存稿文》卷八，《復許函谷通政》，四庫全書本。
〔註51〕王世貞：《藝苑卮言》，歷代詩話續編本，中華書局，第 1034 頁。
〔註52〕王世貞：《藝苑卮言》，歷代詩話續編本，第 1051 頁。

徵。在成為復古派重要成員後，顧璘一改以往對六朝文學之偏好，轉而從格高調逸的角度推崇盛唐詩風。而當復古運動弊端愈益凸顯之時，顧璘便主張從傳統儒家經典中汲取思想資源，力圖恢復政教文學的正統性地位。面對心學對士人傳統人生價值的衝擊與解構，以及明中期文壇流行的不良文風，他希望能夠將明中期的文學思想重新納入到主流意識形態話語中來。其選擇的方式則是對文道統一、文質彬彬這一審美理想的正名與復歸。這實際上是一種對文化傳統重建的渴望，即不僅恢復聖人之道，更要恢復傳統的聖人之文。這種努力似乎在後來的唐宋派那裡得到了一定程度的發揚。

顧璘對儒家傳統文論思想的認可，實際上反映出對儒家之道的回歸。儘管文學獨立價值遭到了一定程度的質疑和破壞，但實際上其並未完全抹殺文學存在的意義。他晚年對文學的態度呈現出一種較為複雜矛盾的姿態。一方面，顧璘認為「蓋義理乃其精微，文辭特糟粕耳」〔註53〕，直接將文學視為無益於身心之外物；另一方面，他又強調文質得中、文質彬彬，實則是將自己的政治理想、社會理想與人文審美理想結合在一起了。在顧璘看來，優秀的文學作品須氣、才、情兼備，三者缺一不可。杜甫、韓愈及陳師道等人的詩歌創作太過質實，缺乏靈動飄逸之才情；李白、溫庭筠等人的創作稍嫌虛浮，欠缺厚重典實之風範；岑參、王建、白居易等人的創作則略顯直白俚俗，雖沖夷平淡卻缺乏溫麗沉實之氣格。顧璘較為公允地指出了上述名家文學風格及其弊端所在，從中也可見出顧氏本人對文學審美風格之好尚：他追求的是一種雅正平實、清新溫麗而又靈動飄逸、自然天成的審美風格，而其主導文學思想則是文質彬彬、本末相維。

其實，從顧璘一生筆耕不輟的事實及其創作的大量具有山水審美意識而別有情趣的文學作品來看，其對文學始終抱有濃鬱興趣。只不過，當以文輔世之理想破滅後，文學並未成為其解決人生難題之途徑，而對陽明心學的涉入與研習使得顧璘的人生目標和價值取向發生了一定程度的轉變。對他來說，成為聖人之徒才是人生的終極目標和精神歸宿。因此，對道德的體驗和踐履成為顧璘晚年的志願和追求。《王履吉集序》一文充分體現了其以德統才的文學觀：

　　人皆曰：履吉之才不可再得也！余獨曰：履吉之德不可再得也！蓋傷人國焉。其兄太常履約氏刻其詩餘，得而論曰：古體五言

〔註53〕王世貞：《藝苑卮言》，歷代詩話續編本，第1051頁。

沉鬱有色，可憤可樂，蓋類曹植、鮑照；七言跌宕瀏麗，號幽吹而
靄春雲，蓋類杜甫、岑參；近體亦步驟杜、岑而自擅神情，殆與盛
唐諸家相雄長，可謂詩人也已。特非其致也！所取於履吉者非以
此。〔註54〕

王寵（1494～1533），字履仁，後改為履吉，號雅宜山人，吳縣人。他是明代
頗有名望的書法家、文學家，著有《雅宜山人集》。王寵一生八次參加科舉考
試都未曾得中，後棄去，轉而在詩、書、畫中尋求生命價值與意義，取得了很
高的成就，頗為世人推重。其詩歌正如顧璘所說「五言沉鬱有色」「七言跌宕
瀏麗」，詩學盛唐諸家，文則效法司馬遷、班固，文學思想與復古派頗為接近。
與眾人不同的是，顧璘所看重於王寵的，並非其不世出之文學才華，而是其
道德人格。顧璘認為，詩人之身份並不能作為履吉的價值認同，履吉所達到
的是一種有德者之境界，這種境界與其文學成就無關，它體現了個體真正的
人生價值和終極歸宿。

　　顧璘晚年文學思想轉變的原因之一，當是其對哲學的涉入與研究。應該
說，無論是程朱理學還是陽明心學，作為一種關注人的存在和價值問題的哲
學體系，其焦點和重心必然在本體論、存在論、價值論等哲學範疇層面。儘
管陽明心學不排除情感的存在，在境界論層面達到並實現了超越情感而又容
納情感之目標，但從其總體傾向來看，仍是以正統觀念中的成己成物為人生
的終極目標，從而視一切身外之物為小技末藝。因此，文學被視為無用之技
便在情理之中了。哲學因其極具理性化之特徵而被奉為解決人生問題的不二
法門，對哲學的研討和修習不僅成為士人在人生失意之時調整自我心態之方
式，更是士人實現其成聖志向的基本途徑。其實文學未必不能充當宣洩自我、
抒發情感之工具，未必不能實現與政治理想和人生志向的完美結合，但從哲
學的角度來看，文學對士人成聖成賢之道德屬性和人格境界沒有絲毫助益，
反而佔用了士人研習、反思的精力和時間。所以，自程頤說出「作文害道」之
語後，儘管理學家和心學家各自都有著不同的文學理念和創作實踐（陽明本
人的文學創作還體現出秀逸出塵的審美風貌，置之整個明代文壇亦毫不遜
色），但在文道關係這一層面上，其實基本上並未脫離程頤之論。這就是哲學
在消極層面上對文學之影響。

〔註54〕顧璘：《顧華玉集》，《憑几集續編》卷二，《王履吉集序》，四庫全書本。

二、從體制格調到適情自得

　　鄭善夫因家境貧寒，只好入仕以為生計。應該說，在看清正德一朝的真實狀況後，善夫對朝政官場早已厭倦，在《與張青田》中，善夫即真實地道出了自己這一心理：

　　　　在京師一月甚無賴，即欲得一歸。病亦無時少脫。今雖未即決，時事如此，復欲為家人葷圖衣糧以濟寒餒，而憂皇輿束如此，計亦拙耳。人生貴適意，大抵只在一歸也。〔註55〕

「人生貴適意」正是善夫此際最大的生命追求與價值所在。他要實現真實而不虛偽、適意而不做作的人生，入仕則為「純臣」、出世則為「純人」：

　　　　夫既祿而身不違，性之至者也；既逸而心不遺，情之至者也。
　　　　至性者道之會，至情者義之樞，夫然後知純臣與純子也。〔註56〕

「既祿而身不違」「既逸而心不遺」正是陽明心學兼顧濟世之志與自適之情的具體表現。鄭善夫的這種人生追求典型地體現在其所作自傳之中：

　　　　少谷子，南鄙野人。性極拙，且懶。少居貧，不識榮利。以親故竊食公家，持論迂闊，不切時務，不能更故態，不得於今之人。好古書，不能讀。讀亦不能析疑義。年及三十，而一無所成。分必為棄物。近復得丘壑痼疾，藥不能療。行將解脫束縛，著道履短衣，登岱宗、望東海、歷江淮、浮震澤、訪石橋、窮會稽、雁宕諸山，而後歸廬於武夷。與所謂少谷者，閉關息焉，守其玄而葆其真云。〔註57〕

這篇自傳可以明顯地看到陶淵明《五柳先生傳》的影子，表現了善夫真實的生命志趣、對真性情的追求，以及對個體生命、自我情感價值的肯定與張揚。他要在泉石丘壑之中感受生命的真諦與自然的美好，在切實的人生體驗當中獲得真實的情感愉悅與豐富的審美情趣。

　　鄭善夫在轉向陽明心學後，開始追求一種「心適」的生命境界：

　　　　嘗觀之世人：遁世泉石者，則有廢棄不平之況；窮年宦海者，則有舟楫失墮之恐。二者窮達纍之，纍則無適也……昔陶元亮不欲為五斗折腰，憐故園松菊，飄然長往，彼蓋不以窮達累其真，而得

〔註55〕顧璘：《顧華玉集》，《憑几集續編》，卷十九，《與張青田》，四庫全書本。
〔註56〕顧璘：《顧華玉集》，卷九，《秀嶺草堂六詠序》，四庫全書本。
〔註57〕顧璘：《顧華玉集》，卷十二，《少谷子傳》，四庫全書本。

其生者。故採菊而見南山，適也。堪無窮達之累者乎？無累則無物，
無物則無我，無我則無弗適矣。是故萬色與目會；萬聲與耳會；萬
氣與神會；萬變與形會，而心適也。〔註58〕

在善夫看來，所謂「心適」，就是一種應物而不累於物的人生態度與精神境界。
正是在陽明心學良知學說的啟發和點撥下，善夫才能在複雜紛紜、變幻萬端
的世俗社會中，獲得這種「心適」境界，從而更好地滿足自我生命真實的情
感體驗與精神需求。

在追求自我適意生命價值的同時，心學與文學的交融會通又使得善夫開
始重新思考道之追求與文之審美之間的關係問題。這突出的表現在由對體制
格調的強調轉向追求適情自得的文學觀。在善夫那裡，道不再是客觀的、冷
冰冰的天理，而是融入、包含了主觀精神與內在自我的情感世界。隨著善夫
對陽明心學之體悟與理解，其文學思想亦產生了變化。棄文從道只是其思想
轉折之端始，從創作方式上來說，善夫晚年倡導一種得之於心、應之於手式
的創作，而非搜腸刮肚、鏤心苦思地進行美飾與雕琢：

詩文一事，亦是世間一大玩物。今看古人文字之極好者，未免
歎賞忻慕，欲執鞭而從之。此實是一欲關，極易移人，中人資質到
此自不覺其遷就也。就如覽執事製作，平生執著，頓已坐馳，其如
何，其如何？昔人云：立言而朽，君子不由，固也。嘗竊觀古聖賢
立言，皆自其充然自得處發之。故曰：有德者必有言。不似今人雕
心苦思，如劉勰、李賀之倫，未免害心。〔註59〕

數年來病轉加，日惟坐一室，自攝其身。書不多讀，文字之類
亦未嘗作意為之，偶有感觸，適情而已。〔註60〕

由此可知，善夫晚年主張的實則是一種「有德者必有言」的思維方式。乍看
起來，似乎又回到了傳統儒家以道德倫理統攝文學創作的功利教化式的文藝
思想，但其實善夫此論是在新的時代背景下提出的，並與陽明心學的理論特
質相結合，從而倡導一種真實自然、不事雕琢的文學思想。這種文學思想並
非善夫所獨有，顧璘晚年也曾有過類似的表述，在《憑几集》自序中，他說：

山川映發於目，時序變易於前，情感事觸，悲喜百狀，率口占

〔註58〕鄭善夫：《少谷集》，卷九，《悠然亭序》，文淵閣四庫全書本。
〔註59〕鄭善夫：《少谷集》，卷十八，《答林克相侍御》，文淵閣四庫全書本。
〔註60〕鄭善夫：《少谷集》，卷十八，《答曾東石太守》，文淵閣四庫全書本。

為詩詞，將以寓懷消日，不求體調，所謂猶賢乎已者也。〔註61〕

此處透露出一個十分重要的信息：顧璘、鄭善夫等人早年都曾以復古派成員身份參與過復古運動，並就文學復古理論的傳播和推廣起到了重要的作用。然而，逮及晚歲，他們的文學思想隨著陽明心學的深入與展開而產生了相應的變化。那就是，他們不再追求詩文的體格聲調，不再斤斤於模仿古人，而是嚮往一種真切自然、發自本心的文學樣式，而非苦心鏤思只求字工句琢的詩文體貌。正如深受陽明心學影響的唐順之，他就曾有「率意信口，不調不格」之語，這種倡導信口而出、不假雕飾的文學思想與以往窮極工巧、字模句仿的文學思想恰恰形成了鮮明的對比。儘管他們在提出之時可能只是出於一種維護道體純正地位的考慮，甚至通過有意貶低文學地位與價值來迎合道之正統與合理，然而，從客觀效果而言，鄭善夫、顧璘等人卻在不自覺之中引領了一股新生的文學思潮，而這一新生思潮正是晚明不拘格套、任情適性文學思想的先導。

善夫在轉向心學之前，亦是復古派中的重要成員。然而，當復古派政治理想失落之後，他便轉向陽明心學從中獲取心靈超越的精神資源。而復古派文學思想中格調與真情的矛盾愈益突出，主體思維與智慧的表達訴求無法在體制格調的束縛下得以全部實現，如何更為自由自然地表達自我的真性情，成為善夫此際最為關注的文學命題。在與山水自然的親和交融中，文道之間的自然貫通不再體現為文以明道、文以載道的社會功用，而是更多地表現出對自我生命價值與意義的思考，與此同時，追求內心的自得與超然，通過文學創作這一愉悅心志的過程，表達自我內心的真實感受，並提升主體自我的精神境界：

> 大石在陽山之西四五里，嶽危峻拔，特出眾巘，跨者為梁，臥者為幾，峻而立者為丈人，登之者非攀援弗克。下有流泉，風雨則其聲淙淙然。泉石之交有松數株，盤屈偃蹇，若虯龍然。旁皆橡竹棋木，鬱不可數。中有庵，曰：雲泉。或曰：以其石之潤，而雲澤而泉也。或曰：以泉流雲也。吳中山皆土少石，有亦不能奇，惟陽最多，惟雲泉最奇。故曰：大石。今年春，予有事滸墅。滸墅距石邇，而未能即往也。三月朔，崑山令方豪氏過予。予方病肺，得豪則甚歡。言大石，則又甚歡。時且雨，遂泛舟聯句，抵石，又得王

〔註61〕范邦甸等：《天一閣書目》，卷四之一，集部，清嘉慶文選樓刻本。

龍臣，益歡。且出肴酒，酌梅花下，復聯句。至夜分時，群動闃寂，但聞所謂淙淙然者，脫然有遊仙之想。又於枕上各賦詩，合若干首。明日晴，乃策竹上絕頂，盼太湖及洞庭諸峰，鑴姓名歲月於石而後返。〔註62〕

　　自大石歸，方子與未竟。余病且間，復登虎丘，日入戒行，月入告至。時暮雲未歸，夜月不生，山川之境，陵谷之態，闇闇然，若韜其靈秀而不售也。乃挾奚奴，曳輕裾，秉燭前導，列為火城，轉於中亭，踞千人石，藉草而坐，取憨泉而飲。尋至劍池，取闔閭神道，不獲；又以燈，取石崖上古今人陳跡；又緣法堂入千頃雲閣，取壁間韻賦詩。詩成，僧大泉具清齋白飯，對嚼而歸。世之高興者，有如吾二人哉！〔註63〕

從鄭善夫這兩篇遊記來看，遊記文體本身的實用功能明顯弱化，也不甚重視情景交融的意境營造，而表現出創作主體意識的增強。這兩篇遊記表現的並非山水自然本身的物態美，而是詩人在與自然之親和中獲得的審美享受與精神愉悅。這就突破了單純擬古、描摹的文學思想，在對世俗瑣事與生活煩惱的消解中，彰顯出一種性靈化、生活化的審美情趣。這正是鄭善夫「心適」觀在文學領域的反映，在追求並抒發其輕鬆適意的生命情態中，表現出山水審美意識的增強及個體意識的覺醒。

　　鄭善夫在轉向陽明心學後儘管大有棄文從道之意，但其仍創作出了有異於以往那些雄健質勁風格的文學作品，實踐了其晚年所倡適情達意、信心信口的文學思想：

　　懶椿一樹與松長，麗蕣秋掀紅翠香。愛爾未知誰更懶，松間好看臥雲房。〔註64〕

　　山藤花開紅映衣，看山藉草遲遲歸。錦石無人溪水下，隔花刺船鸂鷘飛。〔註65〕

　　志士樂岩棲，岩前幽鳥啼。長風吹瀑布，飛過白龍溪。抵道桃花發，花源處處迷。〔註66〕

〔註62〕鄭善夫：《少谷集》，卷十，《春雨遊大石記》，文淵閣四庫全書本。
〔註63〕鄭善夫：《少谷集》，卷十，《夜遊虎丘記》，文淵閣四庫全書本。
〔註64〕鄭善夫：《少谷集》，卷九，《山行見懶椿》，文淵閣四庫全書本。
〔註65〕鄭善夫：《少谷集》，卷八，《看花》，文淵閣四庫全書本。
〔註66〕鄭善夫：《少谷集》，卷二，《龍溪》，文淵閣四庫全書本。

在這些清新俊逸的小詩中，你已找不到那個曾經素以雄豪勁健、石骨崚嶒之文學風格著稱的鄭善夫。當然，個體作家文學風格的多樣化自不待言，杜甫就有沉鬱頓挫與蕭散自然的兩面。重要的是，鄭善夫詩中透發出一種真實自然、自得自適的生命情調與人格境界，而在這種清逸閒適的情調之下，更能體悟出一種非道德教化、超世俗功利的審美情趣與詩意境界。總的來說，鄭善夫詩歌創作中這類清雅閒逸、充滿靈感與審美情趣的作品並不算很多，其仍以鏗訇盛大的高昂格調為其詩學的理想體貌。但這種充滿靈機與生意的創作卻是在陽明心學影響下產生的，具有十分重要的意義。這類詩歌創作與一般山林隱逸之詩不同，它既不是單純的對景物進行描摹刻畫，亦不是簡單的透物明理，而是以抒發自我性靈為目標，詩人在與自然萬物的交融與會通中，表達出一種真切體驗與審美感受。陽明心學與程朱理學重要的一點區別即在於心學強調內在的自我體驗，而非對外在客觀天理的把握。因此，善夫這些清雅小詩並未充斥任何理學家掉書袋的氣習，反而因透悟本心而顯得純粹真實。也就是說，陽明心學提供給士人的，並非只認天理道德而忽視內在自我的倫理之學，而是更加重視個體自我的心靈體驗與感受，在強調倫理道德、經世濟民的原則與目標下，並不以犧牲一己之受用與快樂為代價。從這一點而言，善夫詩中之境界就不難理解了：其與陶淵明詩中那「採菊東籬下，悠然見南山」的隱逸境界並不完全相同，畢竟淵明之悠然是一種離群出世的隱者情懷，而善夫在陽明心學影響下所成就之境界則是一種應物而不累於物、超越但不流於空無虛幻的感受。一言以蔽之，這種悠然簡遠、自得超越之境界與情趣仍是立足於儒家根骨與現實世界之上的，與佛老那種超脫現實、追尋彼岸的思想有著根本的不同。

應該說，鄭善夫並未做到突破傳統文學形態的束縛，他追求的適情自得文學思想仍充滿著猶疑與矛盾。不過，從其文學創作實踐中可以看出，明中期在陽明心學影響下，士人的文學思維方式逐漸開放。他們已不再侷限於對文學體制聲調的孜孜追求，不再執著於孜孜模擬的創作路徑，而是轉而關注主體自我的心靈世界與情感世界，力圖展現真實自然的自適情懷與超然境界。試看善夫下列諸詩：

> 白鶴嶺頭春惱人，暖風吹落小烏巾。紅英照眼相與媚，碧草會
> 心難重陳。稍喜小樓臨海岸，擬乘輕艓上河津。石樑南去煙波闊，
> 渤澥何時起釣綸。〔註67〕

〔註67〕鄭善夫：《少谷集》，卷七，《白鶴嶺》，文淵閣四庫全書本。

陽山西陂野水肥，東風冉冉吹芳菲。越姬蕩舟入遠浦，吳儂荷
鍤談落暉。茅屋桃花亂點點，樹枝黃鳥亂飛飛。蘇州病客憐汝切，
明朝杖藜春事違。〔註68〕

王子躬耕處，柴門碧樹園。雲松飛鸞鶴，風澗引波瀾。父老壺
觴得，兒童禮數寬。西坡水麥熟，麋鹿下安安。〔註69〕

道傍冬青樹，人好樹亦好。豈不纏風雷，青青自持保。〔註70〕

群山積莽蒼，莽蒼當座隅。萬木忻適所，境幽鬱以舒。細霧宿
陰洞，叢菜亭廣廬。東山抱遠志，栗里賦閒居。浮榮曷足慮，三徑
不可蕪。歲華日向晚，吾道乃晏如。〔註71〕

東南有一士，名節貞自完。葆光歸田園，散發懶不冠。白魚入
羞饌，取色慈母顏。幽居藏市廛，白日以閉關。客從遠方至，情話
憂絕端。酒酣命僮僕，取琴為之彈。希聲入窈眇，忽下雙紫鸞。睠
言履昭曠，相期逾歲寒。〔註72〕

善夫要在自然山水之間感受那「碧草會心」的難以言傳之妙，通過「玩世風
塵外，放身花鳥間」〔註73〕的生活方式體味人與自然親切交融的生命至樂，
從而實現自我人生的心靈安頓。這種生命境界體現在其具體的文學創作中，
則是在個體生命與自然萬物情境相生的審美觀照中，從容真實地表達自我內
心的真實情感與生命訴求。在轉向心學後，善夫開始更為關注感性自我的真
實需要，因此，從生活方式上，他便選擇了更為舒適輕鬆的隱居生活；其文
學創作思想亦由參與復古派時期重視體制格調轉變為追求適情自得的思想傾
向。這種轉變典型地體現在其詩學創作中政治事功與道德倫理色彩的淡化。
與深受儒家思想影響的傳統士人一樣，鄭善夫的人生目標與復古派士人一致。
他們都渴望借助文學的力量和影響改變士林風氣與社會現狀，重塑盛世之輝
煌。然而，在遭遇政治理想與人生理想的雙重失落後，善夫深深地認識到朝

〔註68〕鄭善夫：《少谷集》，卷七，《暮春遊望》，文淵閣四庫全書本。
〔註69〕鄭善夫：《少谷集》，卷四，《春日經白沙王氏莊》，文淵閣四庫全書本。
〔註70〕鄭善夫：《少谷集》，卷八，《冬青樹》，文淵閣四庫全書本。
〔註71〕鄭善夫：《少谷集》，卷二，《遊建州陶園和淵明擬古八首》其四，文淵閣四庫
全書本。
〔註72〕鄭善夫：《少谷集》，卷二，《遊建州陶園和淵明擬古八首》其五，文淵閣四庫
全書本。
〔註73〕鄭善夫：《少谷集》，卷五，《贈秀公》，文淵閣四庫全書本。

政的腐敗以及復古勢力衰落的現實，他轉而在陽明心學中獲得自我心靈的超越，實踐另一種不同的價值實現方式。在重新確立了「心適」的人生觀後，鄭善夫的文學理念隨之變遷，對創作方法也進行了新的思考與調整。儘管這種變化並未對當時文壇產生多大的作用和影響，但仍屬明代文學思想由復古向性靈過渡中不可或缺的重要環節。

三、對主觀性靈之文學觀念的強調〔註74〕

在陽明心學的影響下，黃省曾逐漸形成了一種重視主觀性靈的文學觀念。這種文學思想的形成，又與其接受心學所形成的人格心態有著密切的關聯。陽明心學作為一種哲學體系，它的出現是為了解決士人在明中期生存中遇到的種種困境，而陽明選擇的解決方式就是改造士人心態。可以說，陽明並沒有以解決任何實際的文學問題為主觀目的，儘管他對文學有著十分濃厚的興趣，但那也只是作為一種陪襯出現的。然而，心學對文學所造成的客觀影響卻是巨大而深遠的。

心學主張關注個體情感、個體生命價值，陽明拈出「良知」這個哲學概念，首先就是強調「良知不在心外」，它是心之本體，心之虛靈明覺。因此，對良知的強調實際就是要求遵循本心、從心靈出發觀照萬事萬物。反映在文學思想中，就是左東嶺所說的：「良知說對其（王陽明）詩學觀念的影響首先體現在心與物的關係上。」〔註75〕就黃省曾來說，他一生酷愛山水之遊，心學首先就通過山水自然進入到他的內心，使其進入到一種虛明靈覺的主觀境界中，由對外在景物單純的欣賞而轉入到審視自己內心的情感、體悟生命的真諦。他筆下的山水自然、人情物態，豐富飽滿，他不再把自然當成純粹的承載客體，而是注重人與自然冥合無間的情感體驗，「水尋滄海去，雲抱碧山來」；〔註76〕「日含山氣落，雲抱水容移」；〔註77〕「芳草無心迷客徑，桃花著意帶流川」〔註78〕等詩將雲、日、水、芳草、桃花等自然物象擬人化，使之具有濃濃的人情味和情感意識。在虛明靈覺的良知境界中，一切都是真誠自然的，主觀心

〔註74〕本部分文字出自筆者2014年發表於《文藝評論》的文章。吳瓊：《論陽明心學對黃省曾人格心態和文學思想的影響》，文藝評論，2014年第6期。
〔註75〕左東嶺：《良知說與王陽明的詩學觀念》，文學遺產，2010年第4期。
〔註76〕黃省曾：《五嶽山人集》，卷十七，《二泉》，明嘉靖刻本。
〔註77〕黃省曾：《五嶽山人集》，卷十一《南星草堂雜興》，明嘉靖刻本。
〔註78〕黃省曾：《五嶽山人集》，卷十六《集陸郡伯園》，明嘉靖刻本。

靈的灑落和豁達成就了一種真實適意的人生態度，而這種心境又利於培養對文學的審美情趣，感受藝術的真和美。

　　黃省曾注重主體心靈與客觀物象之間的融合，而又要時時突出那一念靈明，強調主觀性靈作用於客體時所達成的文學效果。個體在觀照自然萬象時，感受到的是生生不息的生之體驗，內心回歸到一種原初的狀態之中，沒有任何偽飾和狡詐。因之，人的內心體驗和情感世界也便躍動鮮活起來，這是建立在心與物統合的哲學基礎之上的文學觀念。正因物之真切無偽，主觀心靈要想達成虛靈明覺之狀態，便亦只有真實地反映、還原客體世界，從而便形成了一種重視主觀性靈的文學觀念，反映在文學創作中，便是一種真實自然的價值形態。

　　在黃省曾看來，詩與文的本質相同，首先都是以闡發性情志趣為旨歸的：

　　　　詩者，神解也，天動也，性玄也。本於情流，弗由人造。故虞書顯為言志，泗夏標之嗟歎，蓋重詞復語不出，初源疊韻，盈篇悉形，一慮觀之，三百自可了。如古人構唱，直寫厥衷，如春蕙秋蓉，生色堪把，意態各暢，無事雕模；若末世風頹，橫添私刻，矜蟲鬥鶴，遞相述師，如圖繪翦錦，飾畫雖妍，割強先露，故實雖富，根荄愈衰，千葩萬蕊不如一榮之真也。〔註79〕

　　　　夫文者，所以發闡性靈、敘詔倫則、形寫人紀、彰泄天化，物感而言生，聲諧而節會，乃玄黃之英華，而神理之自然。譬彼霞輝星彩，匪繪而煥，龍章鳳色，不繡而奇，豈出造為？精機妙吐而已。〔註80〕

黃省曾把詩定義為「神解」、「天動」、「性玄」，是從詩歌本身的自然屬性出發的；而文所具有的「發闡性靈、敘詔倫則、形寫人紀、彰泄天化」之功能，也是從重視文學審美功能的角度對其進行界定的。在黃省曾看來，詩和文一樣，都是用來表現個體主觀性情的，它們從自我心底的最深處發源，從而是最真實的；要求直抒胸臆，不假雕飾，自然而然地噴薄而出，因而又是最自然的。這實際包含兩個方面的問題：一是文學本質的真實，因此強調創作時的情感基調就應是真實自然、發自本心的；二是表現方法應真實自然，即文中所云霞輝星彩、龍章鳳色，都不是因為刻意雕飾而彰顯的，而是自然而然的，容

〔註79〕黃省曾：《五嶽山人集》，卷二十五，《詩言龍鳳集序》，明嘉靖刻本。
〔註80〕黃省曾：《五嶽山人集》，卷二十六，《李先生文集序》，明嘉靖刻本。

不得半分虛假偽飾。文學需要形式技巧，但是這種技巧性的修飾不能妨礙文學本質的真誠，否則便不如沒有。黃省曾在對比古今後發出感慨：「千葩萬蕊不如一榮之真也！」實際就是要求文學應以表現主觀真誠性靈為旨歸，強調一種重視主體性靈的文學思想。

黃省曾認為，像《詩經》那樣直寫厥衷的文學作品，用不著繁複的雕飾，就能將審美意境情貌無遺地展現出來。他還以自然物象春蕙秋蓉為例，說它們意態鮮妍，色澤穠麗是文學本質和審美意境的體現，而根本用不上刻意雕模。可見，在強調主體性靈文學觀念的同時，黃省曾反對雕刻偽飾，並認為，只要詩歌符合自然之真的標準，排偶雕刻等形式技巧都是細枝末節，不用過分在意。他在《寄北郡憲副李公夢陽書》中云：

> 所繫於詩者，當辯其真不真耳，俳不俳又烏足較哉！執是而言，
> 是貴形膚而略神髓者也。〔註81〕

可見，黃省曾論詩以是否出自性情之真為標準，排偶雕刻等外在形式，有或者無又何須計較？如果過於在意外在形式的話，就是「貴形膚而略神髓」，主次不分。

這似乎就與黃省曾推崇六朝精緻雕琢、流麗華豔的文學思想相矛盾了。其實不然，若仔細分析黃省曾在給李夢陽信中的話，就會瞭解，黃省曾說此話的目的是為了替以謝靈運為代表的六朝文風辯護，他並非真的認為文學形式技巧等因素不重要，而是為了反駁時人以「體語俱俳」來譴責謝靈運。換句話說，黃省曾認為，謝靈運等人的詩恰恰是反映了真實的情性，並自然地將之表現了出來，那麼，即使有繁複富麗的修飾，只要不影響情志的自由表達，就是無妨的。

黃省曾在陽明心學影響下形成的重視主觀性靈的文學思想，典型地體現在其創作理念的轉變上。黃省曾一生未仕，儘管其功名之心本不甚重，但作為深受儒家思想影響的文人士子，他又是一個堅定的道義承擔者。因此，他實際也面臨著進退出處之際價值選擇與人生理想之間的茫然與困惑。在轉向心學後，黃省曾開始更為關注個體自我的生命價值追求，價值觀的轉換也引發了其文學思想的相應變化。試看其下列詩作：

> 晉家上巳修褉筵，高會蘭亭曲水邊。流觴取醉惜紅日，四十一
> 公情快然。長湖高嶺各遊目，寄傲林丘成好篇。當時俯仰已陳跡，

〔註81〕黃省曾：《五嶽山人集》，卷三十，《寄北郡憲副李公夢陽書》，明嘉靖刻本。

一日瀟灑今千年。鏡湖五月開紫蓮，尋幽獨扣清風舷。泠泠萬籟吹
遠天，青山碧水爭蜿蜒。雲中飛蓋弄芳靄，柳下攜壺坐綠煙。行行
披草拂殘碣，寂寂看花懷昔賢。石橋東跨古流水，酌之聊以怡心顏。
歸來明月待蘭渚，照我知章酣醉眠。〔註82〕

　　紅燭山樓泛玉杯，清衿特為高人開。白雲似傍紫岩駐，明月解
入青林來。此夕歡留琥珀枕，平生愛覓金銀臺。酒酣拂塵不能已，
玄談各吐雲霞懷。〔註83〕

　　吳天門折攀花丘，問壑尋池可自由。秀島珠林曉齊出，鮮雲石
壁春爭流。彈琴竹徑過青鳥，洗甖桃波回白鷗。山公騎馬醉歸去，
煙霞爛漫誰當收。〔註84〕

　　日暮山如隱，春來鳥似狂。逍遙北窗下，寤寐即羲皇。〔註85〕

　　落日惠山生紫煙，參差龍剎俯江天。清觴碧草金岩上，瀟灑春
空揮五弦。〔註86〕

從上引詩歌中可以看出，黃省曾並不注重對自然景物的外在描摹，而是在詩
中積極表現自我的人格追求與精神境界。那紅燭玉杯、白雲紫岩、明月青林、
碧草金岩、青鳥白鷗等顏色鮮麗的自然物象被賦予了詩人的主觀性靈，在物
我交融的畫面營造中，呈現出一幅優美的自然山水畫卷。詩人一方面寄情山
水，表達對山水自然的熱愛；另一方面，山水自然亦是其人格特徵之外化，
詩人將藝術創作與人格精神、生命追求融合在一起，表現自我富有情趣的人
生體驗。這些詩作不著一絲俗世煙火氣，體現出一種超世而絕俗的人生追求
與精神境界。詩人要在清風明月之間，感悟生命的真諦與人生之至樂。不再
過分雕琢文詞，而是通過自由暢快、明白如話的語言方式來表現充滿詩情畫
意的生活圖景。這不僅是文學藝術的自得，更體現了人生境界的自得。

　　心學思想外化在黃省曾的文學創作中，則體現為對主觀性靈的凸顯，對
逍遙自適人生境界的追求與表現。黃省曾自己的創作實踐充分反映了他重視
主觀性靈的文學思想，如五律《春泛鏡湖》：

〔註82〕黃省曾：《五嶽山人集》，卷十一，《遊蘭亭覓王右軍畢四十君流觴處》，明嘉
　　　　靖刻本。
〔註83〕黃省曾：《五嶽山人集》，《山中夜集》，明嘉靖刻本。
〔註84〕黃省曾：《五嶽山人集》，《虎丘四首》其一，明嘉靖刻本。
〔註85〕黃省曾：《五嶽山人集》，《遣興》，明嘉靖刻本。
〔註86〕黃省曾：《五嶽山人集》，《月夜偕高令公次登惠山飲第二泉》，明嘉靖刻本。

　　　　佳麗搖新望，雲空鳥不稀。樹春花欲語，山暮日知歸。小棹浮
　群像，澄波映客衣。暝余還鏡裏，天月借清輝。〔註87〕

澄明靜朗、萬物復蘇的春天，詩人輕輕劃著一條小舟來到鏡湖，佳人的麗影
芳姿隨處可見。春天是萬物之始，佳人們該也有所期待吧！是不是在渴盼著
遠方的丈夫可以平安歸來共賞此景呢？抬頭望去，天空一片晴碧，雲彩疏疏
落落的，但是鳥兒卻不見少，想必是因了這晴好的天氣，鳥兒對晴空也有了
一份眷戀。湖邊的樹逢著春天，抽出了自己柔軟的枝芽；百花此際宛如一個
多情的少女，含苞待放，欲說還休。詩人流連美景，等到遠處的山先染上了
一層暮色，落日才輕輕提醒著詩人該回去了。小舟之上浮生百態，澄澈碧波
映照人衣，又是何等的悠閒自在！詩人終是該走了，如何來就如何去吧，怎
捨得帶走一枝一葉呢？就向天邊的明月借走一輪清輝，映照著歸家之路吧。
這首詩寫得清麗自然，不帶一絲煙火氣，可謂學謝而又超謝。詩人賦予自然
景物以人的情感和意識，使他們時時處處都能與詩人進行交流和溝通，這種
交流不再是單向的、被動的，而是雙向互動的，物亦有人之情感，春天來了，
它們也有想說話的衝動，也會如人一樣進行感知，有欣然、有喜悅，也會捨
不得詩人離去。此詩體現了黃省曾對山水自然之愛，以及其閒適自如的心態。
尤其值得留意的是，這首詩受陽明心學的影響頗深，詩中的景物都被賦予了
人的意志和感情，它們不再是純粹的客觀物象，而是融入了詩人主觀心性，
為其塗上了一抹心靈和情感的色彩。

　　又如，五律《南星草堂雜興》：

　　　　花瀉最澄溪，霞橫不斷陴。日含山氣落，雲抱水容移。遊蓋自
　茲遠，歸琴何太遲。修楊彌望夾，隨步領風吹。〔註88〕

首聯和頷聯共寫了花、霞、日、雲、山、水等景物，但又不是簡單地將它們平
直堆砌起來，而是賦予這些自然景物以人的意識和知覺，這又是心學重主觀
性靈文學觀念的體現。首聯中「瀉」、「橫」二字動態地將落花與晚霞各自特
點展示了出來。落花飄灑在澄溪之上，晚霞橫亙在山與山之間，日光隨著時
間的流逝，含著迷迷濛濛的山氣，緩緩下落；天邊的雲彩懷抱著清清冷冷的
水氣，隨風飄移。這一幕美景是詩人自己的主觀體驗，卻完整地通過山水雲
日傳達出了一種人之情態和感覺，人與自然冥合無間，達到了一種水乳交融、

〔註87〕黃省曾：《五嶽山人集》，卷十二，《春泛鏡湖》，明嘉靖刻本。
〔註88〕黃省曾：《五嶽山人集》，卷十一，《南星草堂雜興》，明嘉靖刻本。

難分彼此的狀態。頸聯和尾聯由景過渡到人，詩人處此勝景之間，只盼能攜
一具清琴，於山間微風漫步，靜享天人合一之妙。這首詩不僅表現了黃省曾
刻畫山水之功，更重要的是他傳達出的情感體驗與和樂境界。

　　這樣的例子在他的詩歌中還有很多。如：

　　　　涼日有佳興，花江攜小舟。邈然越來溪，遠映青山流。吳天盡
　　　　染紫霞色，五湖浩弄蒼煙秋。西施一日彩雲散，芙蓉千載餘荒丘。
　　　　繁華轉眼何足言，人生適意須當年。金樽攬取洞庭月，綠琴靜鼓高
　　　　山弦。從來一兩謝公屐，常在幽林大壑前。〔註89〕

　　　　短榻吟還可，幽居眺得兼。燕回花淡淡，蝶泛草纖纖。遲日難
　　　　過屋，輕雲不滿簾。所歡能到此，明月共須淹。〔註90〕

　　　　幾月山中住，清幽意不譁。衣裳成草木，談語半煙霞。屋壁生
　　　　雲氣，窗虛墮竹花。漁源倘探入，將謂避秦家。〔註91〕

　　　　海日生秦望，山雲湧少微。南湖浮畫舫，初著暮春衣。草色天
　　　　際合，桃花鏡裏飛。澄波三百里，新月共沿洄。〔註92〕

　　　　駘蕩溢蘭澤，流芳轉碧林。野含雲氣曖，江引日華深。紫洞蘇
　　　　門嘯，桃花五柳琴。春風吹玉宇，一賞豔陽心。〔註93〕

這些詩歌從經世致用的道德功能中解脫出來，注重表達自我生命的真實感受，
承載了更多的個體化需求。黃省曾通過對自然物象的審美觀照來表達自我內
心的真實性情，在草木煙霞、新月桃花、春風豔陽、高山幽林中自在徜徉，同
時自然景物與詩人的內在心境緊密契合，形成了一種富有生命力與審美情韻
的畫面。如上引《山陰與陳太守季昭同泛鏡湖覽秦望少微諸山月上歸》一詩
（第四首），首聯即從高遠處著筆，渲染描繪了秦望少微諸山在月色下的壯闊
遼遠。次聯則從詩人身處之畫舫寫起，點明了暮春天氣，同時由遠鏡頭的視
角切換到近景畫舫，給人一種想像的空間與畫面感。頸聯用動態的筆法勾畫
了一派情趣盎然的暮春圖景。儘管時值暮春，但青蔥的草色一直綿延至天際，
一望無涯；「桃花鏡裏飛」與李白《宿巫山下》「桃花飛綠水」之句有異曲同工

〔註89〕黃省曾：《五嶽山人集》，《石湖歌》，明嘉靖刻本。

〔註90〕黃省曾：《五嶽山人集》，卷十一，《榻上》，明嘉靖刻本。

〔註91〕黃省曾：《五嶽山人集》，《山居》，明嘉靖刻本。

〔註92〕黃省曾：《五嶽山人集》，《山陰與陳太守季昭同泛鏡湖覽秦望少微諸山月上
　　　　歸》，明嘉靖刻本。

〔註93〕黃省曾：《五嶽山人集》，《東臬草堂為倪令賦》，明嘉靖刻本。

之妙，不僅描畫出桃花在月下輕舞飛揚的自然之美，同時表達了詩人輕鬆喜悅的情感體驗與審美感受。尾聯描繪澄澈的碧波與初升的新月相互映照，在悠遠清麗的自然之境中，體現出一種逸出塵外的悠然之趣。生命易逝，青春易老。暮春之景，歷來較易引發文人歎春、惜春而傷春的感傷情調。但在黃省曾此詩中，卻感受不到淒涼哀怨的情感基調，而是充溢著詩人對真誠、自由之生命願景的嚮往與追求。詩人以情寫景，以景色的優美表達心境的輕鬆與愉悅，通過對詩歌創作意境的展現來傳達平和輕鬆的適意心境。

由此可見，黃省曾重視主觀性靈的文學觀是在陽明心學「良知」說影響下形成的。但黃省曾又對其作了一些自己的生發和改造，因為陽明心學首先是作為一種哲學體系出現的，它與文學之間畢竟還有著種種差距。尤其是陽明主觀上不願意過多涉及文學創作，並以詩文小技的觀念指導自己、影響別人。因此，「良知」說所能體現的詩學觀念是有限的，或者說是不自覺的。黃省曾則不然，他對陽明心學最大的體悟就在於將「良知」和「情識」聯繫起來，把良知所承載的生命境界、審美情趣、精神品格等用一種更為直觀、更為具象的詩學方式表達出來。這種文學觀滲透進黃省曾的詩歌創作中，就是對心與物、主體與客體的相互觀照，在山水自然中體驗真實情感，又用自然之情指引個體感受萬物生生之親和。

黃省曾在接受心學思想影響後，文學創作更加注重情的真實表達與生命境界的詩意呈現。黃省曾對主觀性靈文學觀念的強調，體現了明中期陽明心學影響下士人主體與審美意識的自覺。從創作內容上而言，則是對個體真實情感的表達、對審美主體的有意凸顯，對日常生活自適之情的展現以至對現實價值的超越。勉之這些表現個體人生的性靈詩歌，是一種自由的個性表達，體現了明中期性靈文學的時代特徵。然而，這些性靈詩作也有一定的弊端。因沉浸於自我個體受用的實際享受中，便與時代日漸疏離，從而缺乏對社會歷史的積極觀照，造成文學社會意義的缺失。另外，理論批評與創作實踐之間也時有矛盾背離的情況。這是性靈文學在產生之初不可迴避的問題，並在晚明性靈文學思想的發展過程中逐步凸顯。

黃省曾較陽明更像一個風流儒雅的文人墨客，而始終不是一個可以翻雲覆雨的政治家。黃省曾受心學良知境界影響而形成的重主觀性靈的文學思想是他畢生的追求和理想，他一直堅持在實踐中不斷摸索和前進。如果不能振耀王庭，那就去成就一家之言，在山水之樂中笑傲人生。這未必是心學的全部內容，但

卻是黃省曾人生的真諦。因此，他才更重視文學的審美本質、重視文學怡情悅性的功能，這些都是直接得益於心學所培育的良知境界。陽明也意識到了這一點，所以才會創作出那麼多富有畫面感和藝術美的空靈詩作。然而，陽明的文學思想是不夠自覺的，從哲學的良知境界到文學的審美本質這顯然需要一個糅合和發展的過程，缺乏明確的理論思想和創作實踐是不可能完美地完成這一轉換的。因此，黃省曾強調在文學創作中重視主觀性靈，便不只是一種學習和吸收，更是一種轉化和完成。這恐怕便是黃省曾文學思想的重要意義所在。〔註94〕

四、詩學與生命方式的融合

其實，嘉靖初期還有一位非常典型的以詩人身份轉向陽明心學的士人——董澐。董澐（1457～1533），字復宗，別號夢石，海寧人。少壯好詩，以能詩聞於世。據黃綰《夢石翁傳》載：「初學為詩，不解隨俗營生業，獨好吟詠，遇時序之更、風物之變、古蹟奇踪、幽岑遠壑及夫人情物態之可歡、可哀、可駭、可愕、可慨、可憂，一於詩以寓之。家徒四壁，一毫不入於心……遇佳晨，輒攜親知，蕩舟江湖，拖屐雲山，凌危履險，吟嘯忘返，放浪於形骸之外。」〔註95〕可見，董澐對詩之喜好並非以悅性陶情為目的的偶一為之或淺嘗輒止，而是將其與一己的人生追求與生命境界緊密聯繫在一起，因此終其一生亦不廢吟詠。嘉靖三年，時年已六十七歲的董澐於會稽山聞陽明先生講學，往聽之，深感陽明「良知」學說為聖賢之學，遂以高齡拜入陽明門下，自號從吾道人。後又有志於佛氏空無之學，又號白塔山人。

董澐是明中期浙西地區的著名詩人。他早年酷嗜詩文，曾與其鄉里能詩者組織詩社，旦夕吟詠其間，「以為是天下之至樂」。〔註96〕據《夢石翁傳》載：「時名能詩者，吳下沉周、關西孫一元、閩中鄭善夫，皆與遊，往來賡唱。」〔註97〕可見董澐曾與復古派中人來往甚密。就其一生行藏來看，他並非嚴格意義上的復古派成員，其現存文集並未有與復古派的具體論學文字；從董澐

〔註94〕以上文字出自筆者2014年發表於《文藝評論》的文章。吳瓊：《論陽明心學對黃省曾人格心態和文學思想的影響》，文藝評論，2014年第6期。

〔註95〕黃綰：《石龍集》，卷二十二，《夢石翁傳》，明嘉靖刻本。

〔註96〕徐愛、錢德洪、董澐著，錢明編校整理：《徐愛、錢德洪、董澐集》，《董澐傳》，鳳凰出版社，2007年版，《董蘿石公傳》，第468頁。

〔註97〕徐愛、錢德洪、董澐著，錢明編校整理：《徐愛、錢德洪、董澐集》，《夢石翁傳》，第470頁。

現存詩歌創作而言，亦與復古派倡導的清新剛健的風格不同。他更為關注的顯然是通過詩歌抒發自我心靈的體驗與感悟，並從中獲得生命的真正意義。但其一生專攻詩文，渴望通過詩歌來實踐自我人生的價值理想，則與復古派文學思想有著異曲同工之處。

　　後人多以董澐為學三變來概括其生命軌跡，即始於詩、悟於心而歸於空。其實，若嚴格來說，其為學只有兩變，即從詩學向心學的價值轉換。董澐晚歲對佛禪學說產生興趣，歸根結底是因為陽明心學所追求的超然自適的生命境界與佛老之學有著內在一致性。從個體關注這一角度來說，陽明心學之所以能夠成為明中後期的哲學基礎，最重要的一個原因即是對個體人生價值與自我受用的關注。這同作為為己之學的佛禪哲學終極目標內在相通。因此，董澐晚年對佛學之研習並非出於對佛禪空無解脫旨歸的認可與追求，而恰恰是因其與陽明心學良知境界有著相符相合之處。董澐《求心錄》云：「吾所謂無，即濂溪無極之無，非末世邪禪之所謂無也。」〔註98〕由此可知，董澐所談之「無」正是濂溪所謂無極化生天地萬物的宇宙論、本體論層面之「無」，這種「無」實際上具有仁者生生之意，「萬物生生而變化無窮」，與佛禪寂靈之空有著本質上的區別。董澐對「虛」、「空」之闡釋從另一側面驗證了其晚年並未由心學轉入佛禪的事實：「虛者道之原也，萬有所自出之地也……自今以往，吾將從事於斯。」〔註99〕「顏子屢空，聖人空空，妙乎哉！」〔註100〕實際上，董澐是將良知虛靈的特徵與性質同聖人超然世俗之境界聯繫在一起了。董澐所言之「虛」「空」是一種「無可無不可」的聖人境界，聖人之空並非棄絕塵寰、斬斷所有世俗情感與倫理關係，而是空一心以達萬變、應物而不累於物的超越境界。

　　之所以要對董澐晚年是否轉向佛禪之學進行詳細辨析，是為了更好地理解其由詩學向心學的價值轉換。董澐一生嗜詩成癖，詩歌不僅是其抒發憂鬱、排遣自我的工具，更是其得以實現人生價值、獲取生命意義的重要方式。董澐可以從詩歌創作中體會到那難以言傳之樂，這種樂伴隨著萬物之生意，在與自然山水的完美結合中，產生出一種愉悅情性、陶寫性靈的功能與效果。

〔註98〕徐愛、錢德洪、董澐著，錢明編校整理：《徐愛、錢德洪、董澐集》，《董澐傳》，第 251 頁。

〔註99〕徐愛、錢德洪、董澐著，錢明編校整理：《徐愛、錢德洪、董澐集》，第 251 頁。

〔註100〕徐愛、錢德洪、董澐著，錢明編校整理：《徐愛、錢德洪、董澐集》，第 254 頁。

然而，若僅有詩文之樂浮於表面而缺少聖賢之學作為根基，便會缺乏一種博大、寬廣的視野與胸懷，從人格氣象與精神境界來說，極易流於放浪疏狂、憤激狹隘。試看董澐下列詩歌創作：

> 春去花尤豔，樓高客未歸。江喧新水漲，林暗野雲飛。道路百年短，音書兩鬢稀。誰憐梅雨後，人瘦鷓鴣肥。〔註101〕

> 浪跡托江灣，東風慘客顏。一樽流水遠，兩鬢落花斑。日暮簾空待，雛饑燕未還。深宵擁薄絮，燭盡夢成鏗。〔註102〕

> 碧草隨堤遠，楊花逐水來。群鴉飛復喚，孤客坐生哀。書到翻愁看，歸期莫漫催。杜鵑爾徒苦，那得教春回。〔註103〕

這三首詩現已難以確證具體的創作時間，但從其內容與表達的感情來看，似可歸為董澐早年之作。三首同為表達傷春之情，詩人因自然物象的變化更替引起內心情感波動，情思頗為細膩真切。從詩中的情感內涵來說，既有因羈旅異地、不知歸期而產生的思鄉之情，亦有對人生苦短、青春易逝之哀愁。詩中所體現的境界是一種文人式的哀感頑艷，情思纖細纏綿、意境含蓄低徊。雖然詩歌的題材旨向是對人生存在價值之思考，但卻表現出一種孱弱、感傷的人格特質，明顯缺乏獨立、挺拔的人格精神與力量。也就是說，在轉向陽明心學之前，董澐儘管堅持不懈地用詩歌來詮釋自我對生命的獨特思考，但這種思考尚未達到獨立、深刻的哲理高度。其文學之樂仍是個體感性抒發的快感，並未達到空明無礙、澄寧超然的聖者境界。而當其接觸到心學良知真諦時，其往昔對詩學之愛好便獲得了一種獨立的價值依託與哲學根據，二者在境界層面上彼此溝通，從而有了互相言說之可能。據陽明《從吾道人記》載：

> 嘉靖甲申春，蘿石來遊會稽，聞陽明子方與其徒講學山中，以杖肩其瓢笠詩卷來訪……退，謂陽明子之徒何生秦曰：「吾見世之儒者支離瑣屑，修飾邊幅，為偶人之狀；其下者貪饕爭奪於富貴利欲

〔註101〕 徐愛、錢德洪、董澐著，錢明編校整理：《徐愛、錢德洪、董澐集》，《湖海集》，《春去》，第291頁。

〔註102〕 徐愛、錢德洪、董澐著，錢明編校整理：《徐愛、錢德洪、董澐集》，《吳園傷春》其一，第296頁。

〔註103〕 徐愛、錢德洪、董澐著，錢明編校整理：《徐愛、錢德洪、董澐集》，《吳園傷春》其三，第296頁。

　　之場；而嘗不屑其所為，以為世豈真有所謂聖賢之學乎，直假道於
　　是以求濟其私耳！故遂篤志於詩，而放浪於山水。今吾聞夫子良知
　　之說，而忽若大寐之得醒，然後知吾向之所為，日夜弊精勞力者，
　　其與世之營營利祿之徒，特清濁之分，而其間不能以寸也。幸哉！
　　吾非至於夫子之門，則幾於虛此生矣。吾將北面夫子而終身焉，得
　　無既老而有所不可乎？」〔註104〕

董澐在這裡解釋了自己年少時何以篤志於詩之原因：一是不願與世俗貪饕之
人為伍；二是不信世間真有聖賢之學。而其篤志於詩、放浪形骸的行為則體現
了其任真自適的人格特徵。心學良知中包含一個非常重要的範疇：誠。「誠」
強調的是真誠惻怛，是實現良知超然自得境界的有效方式。「誠」之主體精神
與超越境界同董澐內心對真實無妄之品格的認可內在相通，故陽明心學同「直
假道於是以求濟其私」的行為有著根本區別。董澐在接觸心學良知之說後，對
從前篤志於詩的行為方式似有悔悟之態，以為詩學實踐同世俗營營利祿之徒
並沒有本質不同。其實，董澐由詩學向心學的價值轉換並非是對前者的完全捨
棄，而是從關注自我生命價值這一角度尋找到了二者的聯結點。他以六十八歲
之高齡轉向陽明心學，應該說，他尋找的並不是如何在艱難險阻中挺立自我人
格的方法，也不是如何在險惡際遇中堅持並奉行儒者人生理想的問題，他更為
重視的，顯然是陽明心學關注自我生命、實現心靈安頓這一層面的意義。

　　在《自喻》中，董澐曾說：「只此良知能自致，孔顏樂地可同歸」。〔註105〕
可見，他認為只要能夠達到心學的良知境界，便可以獲得以孔子、顏回為代
表的儒家聖賢之樂。聖賢之樂與常人之樂的區別在於，聖賢之樂不重事物本
身，而具有內在超越性，這種超然物外的自得之樂，正是心學良知之要義。
董澐不顧世俗毀譽，終其一生不廢吟詠，文學成為其實現人生價值、獲取真
實受用的有效方式，然而卻始終缺乏一種強大的心理支撐與存在的價值依據。
因此，在接觸陽明心學後，他將表達自我心靈體悟的詩學方式同心學良知超
越境界結合在一起，從而獲得了淡泊閒適、悠然自得的生命情懷：

　　　　子陵臺下放歌頻，山聽遊魚不畏人。黃篾樓中酣白墮，青山影

〔註104〕徐愛、錢德洪、董澐著，錢明編校整理：《徐愛、錢德洪、董澐集》，王守仁
　　　　　《從吾道人記》，第 276 頁。
〔註105〕徐愛、錢德洪、董澐著，錢明編校整理：《徐愛、錢德洪、董澐集》，《從吾
　　　　　道人詩稿》，《自喻》，第 362 頁。

　　裏岸烏巾。一春花鳥應愁我，隨處漁樵可作鄰。明日城中接人事，
不妨言笑任吾真。〔註106〕

　　　白鵰梧竹秋雲淨，翡翠蘭苕小雨餘。老我忘機幽興在，角巾藜
杖夕陽初。〔註107〕

　　　真境靜而淡，得來吾已翁。百季鳥忽度，萬事花終空。好夢宦
途上，達人杯酒中。白鷗先自得，睡熟釣絲風。〔註108〕

　　　流水一灣復一灣，可歌可濯可漁竿。青山不涉人間事，影落澄
江更好看。〔註109〕

這些詩歌無不體現出一種物我兩惬、悠然自得之樂，董澐這種透脫超逸的創
作風度與人格特徵直接來源於心學的良知境界。可以說，對陽明心學之研習
使其獲得了一種無入而不自得的人生境界，這種真切自得、超然灑脫的情懷
來自於自我內心真實的心靈感悟與審美體驗。自然萬物以其靈動活潑之生機
啟迪了主體自我意識的覺醒，詩學與心學在共同的心理機制作用下，便會形
成一種充滿真與美的詩意境界。

　　董澐的大部分詩作都以表達自我真實的審美體驗與人生情懷為創作目
的，文學創作對他而言不僅僅是娛情悅性的表達方式，更是其展現自我生命
價值的重要載體與精神寄託。可以說，文學創作給了董澐一種詩意的快樂。
然而，這種感性快樂卻只能給董澐帶來精神的慰藉，卻不能提供價值的支撐。
而陽明心學對其人生價值觀的改造與影響則為董澐悠然閒適的行為方式尋找
到了學理上的依託與價值上的確認，並使其從單純的文藝之樂轉向生命自得
的超越之樂。據《董澐傳》言：「子谷，賢而孝，謂父老矣，出軛長跪，請留。
澐笑曰：『爾之愛我以姑息，我方友天下之善士，與古聖賢為徒，天地且逆旅，
奚必一畝之宮而後舍我耶？』」〔註110〕從中可見，董澐確從陽明心學中獲得

〔註106〕徐愛、錢德洪、董澐著，錢明編校整理：《徐愛、錢德洪、董澐集》，《泊釣
　　　　臺下》，第 352 頁。
〔註107〕徐愛、錢德洪、董澐著，錢明編校整理：《徐愛、錢德洪、董澐集》，《漫興》，
　　　　第 333 頁。
〔註108〕徐愛、錢德洪、董澐著，錢明編校整理：《徐愛、錢德洪、董澐集》，《真境》，
　　　　第 334 頁。
〔註109〕徐愛、錢德洪、董澐著，錢明編校整理：《徐愛、錢德洪、董澐集》，《春興》
　　　　其二，第 326 頁。
〔註110〕徐愛、錢德洪、董澐著，錢明編校整理：《徐愛、錢德洪、董澐集》，《董澐
　　　　傳》，第 478 頁。

了自我人生的真正意義與無入而不自得的超越境界。

其實，董澐一生吟詠不輟，在轉向陽明心學後，其亦未曾完全捨棄對文學之愛好，而是找到了一種詩學與心學交相融匯的方式，從而將詩學與其生命方式統一融合在一起。他在接觸陽明心學良知學說後，通過近 10 年（董澐68 歲轉向陽明心學，77 歲逝世）的自我體悟與親身實踐，達到並獲得了一種自我充實、自我滿足的內心體驗與超然自得、真實自由的情感世界與精神境界。其在絕筆《自決》中云：

我非污世中者儔，偶來七十七春秋。自知此去無污染，一道天泉月自流。〔註111〕

從中可以看出，通過對心學之研習，董澐不僅參透了生死問題，更重要的則是其心境之空明無礙。從執著於詩之不羈、縱情山水之放浪到沉潛於陽明心學良知學說，董澐將自我人生的現實關懷與終極關懷合為一體，在追求自我生命的適意與受用時，又以一顆超然虛靈之心涵容一切，使得對現實存在與生命質量的追求不至流於恣肆、輕浮。應該說，董澐對陽明心學的吸收與體悟更多地表現為對自我適意的生命價值之追求上。這當然並非陽明心學的全部宗旨，所以陽明才在《湖海集序》中說：「今觀蘿石詩，其於山川景物、草木鳥獸則多矣，言情之任則亦眾矣，當於忠君愛國間求之，則更上層樓矣。」〔註 112〕陽明心學的宗旨是「應物而不累於物」，一方面要求士人承擔儒者積極進取的濟世責任，另一方面則應保持自我生命的愉悅與適意。顯然，董澐所能接受的恰是陽明心學注重個體順適的一面。

董澐以心學良知空明萬物的超然境界為終極追求，陽明亦從關注個體真實受用這一角度引導董澐，二者在無形中達成了一種共識和默契。然而，若以為陽明心學只談個體真實受用與自我關懷而不及其他卻是一個不小的誤解。陽明心學以實現個體在社會中的人生價值為根本，企希以超然萬物之心靈觀照世俗人生，教導士人如何在紛紜複雜的政治空間與人生際遇中堅定儒者用世之志，保持己心之澄明。而具體到董澐身上，則體現了陽明心學教法的靈活處。董澐以 68 歲高齡轉向陽明心學，對於此時的董澐來說，致君堯舜、

〔註111〕徐愛、錢德洪、董澐著，錢明編校整理：《徐愛、錢德洪、董澐集》，《從吾道人詩稿》，《自決》，第 382 頁。

〔註112〕徐愛、錢德洪、董澐著，錢明編校整理：《徐愛、錢德洪、董澐集》，王陽明《湖海集序》，第 280 頁。

建功立業的儒家理想顯然已不可能實現，而如何在有限的人生裏提升生命質量、獲取實在受用才是其最為關心的問題。因此，陽明便以良知求「無」之境界的一面來引導董澐，而董澐亦以心學良知超然境界指導自我的人生實踐。一方面，董澐在桑榆晚景之際徹悟陽明心學，從主觀上來說，其由詩學向心學的價值轉換確實反映出他對早年篤志於詩的悔悟，但從客觀效果言，其所特有的文學修養反而更加成就了其良知的超越境界。應該說，董澐實現的是創作目的的某種轉變，即由以往單純的抒情言志轉向悅情樂志。當然，他之寄情於詩酒優游，其中未必沒有愉情悅性之樂，但這種樂卻是一種世俗之樂，他自己也認識到了這一點：「吾向之所為，日夜弊精勞力者，其與世之營營利祿之徒，特清濁之分，而其間不能以寸也。」也就是說，寄情詩酒與鑽營追逐儘管有著清、濁之分，但本質則是相同的。而陽明心學提供給董澐的，則是一種自由真實、超然灑脫之心態與智慧，以此種姿態從事文學創作，便會獲得一種虛靈澄靜的精神境界。從此一層面言，文學的性靈發抒因與心學的自我體悟交相融匯，便不至流於狂放恣肆；而心學對情感之涵容又使其並不以客觀義理為標準來規範文學，從而使文學的藝術與審美屬性得以自由舒展。

在董澐那裡，生命價值取向的矛盾並不突出。即是說，他的人生價值偏向於追求自我適意的一面，而對道德教化、事功倫理則不甚重視。這儘管不是陽明心學的全部內涵，但卻又是陽明內心最為真實的嚮往。陽明一生不僅有著顯赫的事功，實踐了傳統儒家的人生價值，同時還擁有超越的人生境界。然而，陽明又不能心安理得的享受退處山林隱居講學、逍遙適意舒展性靈的人生至樂。一旦朝廷需要，他便要立時放下個體自我的人生受用，繼續為國家百姓奔波勞碌。

一方面是儒者的社會責任，這給陽明帶來了無形而巨大的壓力，另一方面又要保證自我人生的舒適與愉悅，二者似乎總難達到一致和平衡的狀態。這在其晚年應召出征之時所作《復過釣臺》一詩中即可看出其心情之複雜：

> 憶昔過釣臺，驅馳正軍旅。十年今始來，復以兵戈起。空山煙霧深，往跡如夢裏。微雨林徑滑，肺病雙足胝。仰瞻臺上雲，俯濯臺下水。人生何碌碌？高尚當如此。瘡痍念同胞，至人匪為己。過門不遑入，憂勞豈得已！滔滔良自傷，果哉末難矣！〔註113〕

〔註113〕 王守仁：《王陽明全集》，《復過釣臺》，第三冊，第 128 頁。

以陽明的智慧與心胸，他不可能不懂得退隱山林、著書講學的現實實惠，但他卻不能夠卸下作為傳統儒士的濟世責任與道德情懷，這是其根骨當中無法逃避的社會責任，更是其一以貫之的人生理想。他不能全然拋棄傳統儒家的價值觀念，因此也就未能達到一種真正的自由與解脫。其「瘡痍念同胞，至人匪為己。過門不遑入，憂勞豈得已」的現實行為讓人肅然起敬，但與此同時，也給陽明的人生留下了「滔滔良自傷，果哉未難矣」的兩難與遺憾。

在表現個體性命自得的人生之樂的同時，另一方面，則是對社會現實的愈益疏離。這不僅典型地體現在董澐個人身上，同時也是整個明中後期士人價值觀念與意識形態轉變的結果。他們在尋求心靈安頓的過程中，儒者的濟世責任逐漸淡化，轉而更為關注個體真實的人生受用。

董澐由詩學轉向心學之時年已68，對於這樣一位與世無爭的老人來說，儒家經國濟世的傳統理想對他已無多大的實際意義。因此，陽明便根據其自我的人生需要，教他由外在事物（包括文學創作）轉向對內在心靈的關注，重視個體的生命價值，追求性靈的舒展與人生的享受。這也正體現了陽明心學「狂者便從狂處成就他，狷者便從狷處成就他」的獨特教學方式。

董澐對心學的接受與體認，正是從個體自我的自得與順適這一角度獲得了人生的感悟與啟發。一言以蔽之，他晚年透過心學良知的超越境界獲得了一種獨特的情感體驗與生命愉悅，這種超然世外而又不離於情之狀態正是聖賢境界的體現。正如陽明在《天泉樓夜坐和蘿石韻》中言「看君已得忘言意，不是當年只苦吟。」〔註114〕在陽明看來，一味作詩苦吟不能從根本上解決士人實際生存中產生的種種問題，只有究心聖學（心學），才能化解問題、取消問題，並通過自我體驗與切身實踐獲得超越悠然之心境。而陽明眼中的董澐顯然已經達到了良知超越境界，獲得了一種充實自由的精神滿足，這種充盈豐滿的生命自足與瀟然自由的精神狀態亦沉澱為董澐對自我人生價值的終極定位。

董澐在傾向陽明心學後，文學思想發生了相應的轉變。這突出地體現為在內容上毫無拘束地表達自我的真實性情與人生情懷，將文人高雅的人生情趣生活化、現實化。表達上一任語言的率意自然，並在一定程度上形成了對傳統詩文體制的突破與解構。試看其下列詩作：

> 幾日不見趙居士，今晨拭目來孤筇。東風莫道無色臭，吹得郊原綠又濃。

〔註114〕王守仁：《王陽明全集》，《天泉樓夜坐和蘿石韻》，第482頁。

趙居士即龐居士，家在無何廣莫中。滿地風光須究竟，萬千紅紫是真空。〔註115〕

水落釣石高，水長釣石低。上有把竿叟，笑看雲度溪。〔註116〕

老眼明無翳，秋山短杖邊。朱門千萬事，柳屋一炊煙。〔註117〕

絕句具有體制短小、含蘊豐富的體制特徵。絕句的創作具有凝練自然、語短情深的藝術特點，注重的是語言的含蓄蘊藉以及悠遠不盡之意境的營造，尤其是「言有盡而意無窮」的藝術審美效果。觀董澐的絕句創作，含蓄蘊藉之意境顯有淡化之趨勢，更多的則是日常生活的口語化，追求的是藝術形式的自由。在以求樂自適為核心的價值觀下，其文學思想不再注重傳統詩文的經典格調與體制特徵，而是轉為追求如何更為真實自然地表達自我的人生情懷。董澐的這種非功利性的文學追求以及獨特的審美情趣，是在陽明心學影響下形成的。應該說，董澐通過對心學的研習，消融了社會價值難以在現實中實現的焦慮感，重新在自我內心世界中獲得了一種超越的快樂。從對客觀外部世界的關注轉為對主觀內心情感的彰顯與表達，這是性靈文學思想發生的基礎與源頭。然而，對主體心靈的過度觀照勢必又會產生另一個問題，即對現實社會的漠然、對儒者責任的淡化，最終演變成社會實踐意義的缺失。

董澐堅持在詩歌創作中抒寫個體的生命體驗，表現出創作態度的某種轉變。試看其下列詩作：

揚帆湖水邊，風輕巨艦穩。天空雲任飛，境適心自遠。俄覺暮景來，萬頃煊照返。出作必入息，昔賢慎在晚。爰命停我橈，新月照平阪。〔註118〕

霜花能媚客，佳日不思鄉。短髮東籬下，長歌楚水傍。何須登絕巘，是處許清狂。樽酒意忘倦，前山有夕陽。〔註119〕

〔註115〕徐愛、錢德洪、董澐著，錢明編校整理：《徐愛、錢德洪、董澐集》，《趙居士春野》二首，第331頁。

〔註116〕徐愛、錢德洪、董澐著，錢明編校整理：《徐愛、錢德洪、董澐集》，《釣石》，第321頁。

〔註117〕徐愛、錢德洪、董澐著，錢明編校整理：《徐愛、錢德洪、董澐集》，《野興》，第322頁。

〔註118〕徐愛、錢德洪、董澐著，錢明編校整理：《徐愛、錢德洪、董澐集》，《晚泊》，第281頁。

〔註119〕徐愛、錢德洪、董澐著，錢明編校整理：《徐愛、錢德洪、董澐集》，《九日》，第292頁。

　　　　宿雨西山濕,輕帆出曉烱。潮生橋影蝕,柁轉水紋圓。鳩喚嚴
　　坳竹,魚遊荇底天。此時清欲絕,人境共悠然。〔註120〕

　　　　春寒教夢短,夜雨助江喧。襆被輕於葉,艙舟闊比軒。喜聞見
　　明月,坐起待朝暾。漁艇時相喚,雙鱗入早餐。〔註121〕

這些詩作雖然已無法確證具體的創作時間,但從其中體現出的輕鬆自由之狀態與自在閒適的心境來看,應視為董澐轉向陽明心學之後的創作成果。詩中那「天空雲任飛,境適心自遠」之狀態與陶淵明「採菊東籬下,悠然見南山」的生命境界頗為相近。董澐這種「人境共悠然」的閒適,既是個體自我的閒適,又屬自然萬物的閒適,體現出個體自我與自然萬物的共情。董澐的這種情趣與心境典型地體現在《東軒》一詩中。「東軒攤飯好,蜂蝶入床來。日暖簀花麗,風輕綺幕開。眠貪群慮息,懶在亂書堆。睡起庭陰寂,飛英滿碧苔。」詩人在東軒休養讀書,各種蜂蝶從外面紛紛飛到詩人的床榻之上。天朗氣清,花開正麗,微風溫柔地吹開了鮮豔的帷帳。此時此刻,詩人正懶懶地在亂書堆中小憩。這一睡將所有的世俗煩惱都拋在了腦後。等到詩人醒來之後,才陡然發現庭院已然沈寂,飄舞的落花鋪滿了鮮翠欲滴的苔蘚。這首詩中的「懶」和「亂」是理解詩人心態的關鍵。正因有了悠然恬淡的生命意趣,所以才能從容不迫、寵辱不驚,更為重要的,則是心態的輕鬆與自在。在這些詩作中,董澐並不是單純的對景物進行描摹,而是通過情與景會來展現一種平靜充實、悠然自得的生命境界。

　　在人生晚年,董澐追求的是一種「把酒談詩地幽絕,芙蓉鷗鷺滿柴關」〔註122〕的生命圖景。這種生活方式充滿了真情與樂趣,傳達出心靈的自由與精神的愉悅。董澐將陽明心學內化為自我的人生方式,通過與自然萬物的親切交融,在輕描淡寫之間抒發了曠達灑脫的生命情懷。觀董澐之詩,沒有深致之思,卻有真實之態。在他的詩歌創作中,看不到雕琢錘鍊的痕跡,脫離了復古派因循模擬之弊,而追求表達上的隨意自然。董澐注重在詩歌創作中抒寫個體的生命體驗,實則表現出創作目的由經世致用向表現自我、愉悅性

〔註120〕徐愛、錢德洪、董澐著,錢明編校整理:《徐愛、錢德洪、董澐集》,《清溪曉行》,第292頁。

〔註121〕徐愛、錢德洪、董澐著,錢明編校整理:《徐愛、錢德洪、董澐集》,《舟中喜晴》,第284頁。

〔註122〕徐愛、錢德洪、董澐著,錢明編校整理:《徐愛、錢德洪、董澐集》,《過紡溪訪墨山值漁莊自外歸併呈》,第349頁。

情的復歸。他的詩作中有時也蘊含著一定的人生哲理，辭采清拔，達到了景中有情、境中有理的審美效果；其對自由超越的生命境界之嚮往，反映在他的文學創作中，則是追求語言表達的平實自然。這種對主體心靈活動的詩學表達，表現出文學審美精神的日漸獨立與審美意識的自覺發展，但董澐卻並未將文學引向玩世諧謔，也並未完全轉入娛樂消遣。他只是在對世情的冷卻中堅定了自我舒適、自我愉悅的人生追求。「老翁無一事，白髮坐蒼苔」〔註123〕的真率自然，正是董澐的人格寫照。從其文學創作來看，董澐已通過對詩學與心學的整合，尋找到人生的真諦與生命價值意義所在。其以詩學與心學的結合完成並實現了自我生命的安頓，這種嘗試是對復古派文學思想的超越，但卻也在無形之中加速了文學「邊緣化」的進程。

小結

　　綜上所述，伴隨著陽明心學自身的發展成熟，其對復古派文學思想的影響也呈現出頗為複雜的態勢。一方面，在接受心學影響後，復古派文學思想漸趨多元；另一方面，文學復古又在一定程度上豐富、深化了陽明心學自身的理論內涵與創作思想。二者在融合中衝突，又在衝突中產生合力，共同導向多元共生、立體互動的文壇格局。這是復古文學與性靈文學在心學影響下的第一次辯證融合，進一步豐富了二者各自的文學思想與理論內涵。

〔註123〕徐愛、錢德洪、董澐著，錢明編校整理：《徐愛、錢德洪、董澐集》,《西野人家》，第 340 頁。

結語：陽明心學與復古派之關係

　　從弘治十二年陽明進士及第起直至嘉靖七年陽明逝世，陽明心學與以前七子為代表的復古派之間經歷了 20 餘年的發展演變，二者關係呈現為一種頗為複雜的兼容、互動態勢。

一、陽明心學對復古派士人心態之影響

　　復古運動興起於弘治年間，至嘉靖初漸趨消歇。在波譎雲詭的政治格局下，復古派士人普遍經歷了人生理想與政治理想的雙重失落。伴隨朝代轉折而來的皇權更替非但沒有使「中興」的政治局面更上一層樓，武宗的荒唐放蕩反而使士人的生存空間日趨狹窄逼仄。以李夢陽、何景明為代表的文學復古群體對此顯然沒有思想準備，在現實政治強烈而無情的摧折下，興復盛世的政治信仰與人生理念隨之失去了現實存在的土壤。盛世理想的幻滅與人生價值的失落使得李夢陽、康海等人走向了或憤激悲涼或頹廢放蕩之人生，在此種情勢下，對自我人生的審視成為明中期士人最為主要的生命關懷。

　　陽明心學產生的最大意義在於轉變了明代士人固有的傳統價值觀，豐富了士人的人生選擇與生命內涵。傳統士人獲取人生價值的有效途徑基本唯有入仕為官一途，而在朝政腐敗或仕途不順的情形下，出世隱遁似乎成了士人排解心頭鬱悶的唯一選擇。而真正能夠在自然山水之間獲得心靈寧靜與超越境界的士人，則更是少之又少。而陽明心學的產生則拓寬了士人的精神生存空間。在陽明心學那裡，判定個體人生價值之標準不在於外部環境與客觀權威，而在於自我內心良知。因此，無論客觀萬物如何變化，只要自足於心，就能夠從中獲得一種堅定不移的精神力量，並在與自然山水之親和中獲得審美體驗與自適之樂。這是一種真正的生命受用，這種受用與實惠並非出於世俗

世界的功利之樂,而是源於現實而又超越現實的真實自然而充滿情趣與美感的生命之樂。可以說,陽明心學轉變了明代士人的人生價值觀,並重塑了其人格心態。

然而,復古派對陽明心學的認可與接受,主要偏向於自我生命安頓與個體性情愉悅層面,在這一過程中,他們積極用世的進取精神則有所失落,從而導致激昂奔放之風骨的逐漸缺失。

從陽明心學的本質與內涵而言,這卻並不是其思想的核心與全部。這從陽明本人的行為選擇即可看出。他不是不懂歸隱田園、著書講學的現實實惠與自我適意的人生快樂,但是,當朝廷需要時,他又絕不會放棄一個儒者的濟世責任。陽明心學之宗旨在於,在堅守儒家傳統道德理想及濟世救民的人生責任時,又要保證自我心靈的真誠與愉悅,達到超然灑脫的生命境界。可是,就連陽明本人一生都未能完全彌合這二者之間的裂痕,而深受陽明心學影響的士人,在明中期朝政愈益腐敗、黑暗的社會現實下,再也無力革新政治、改造社會,便逐漸朝著追求個體人生受用與自我適意的個性化、自我化一面傾斜。

對自我人生受用與情感愉悅生命價值的追求,在一定程度上消解了復古派士人傳統儒家的道德理想與濟世救民的社會責任感。從他們本身創作來說,心態轉變進而影響到其文學思想。復古派文人在以往的創作中重視對社會現實的揭露、對統治階級昏庸腐朽現狀的批判,以及對底層百姓生活的真實抒寫,其中蘊含了崇高的社會責任感與對民生疾苦的同情關懷。然而,當他們遭遇政治理想與人生理想的雙重失落後,生命價值觀發生巨大轉變。他們關注的重心由社會政治、民生疾苦轉為個體自我的真實受用與情感表達,這當然是晚明性靈文學思想的源頭與先導,但卻因其內容與題材的狹隘而難以表達出豐富複雜的現實內涵。士人干預社會的觀念日益淡薄甚至冷漠,意味著儒家道德踐履精神的失落與缺失。

二、陽明心學與復古文學思想

明中期,復古運動文學思潮與陽明心學哲學思潮二者之間呈現出一種動態的複雜互動關係。二者既有交相融會的一面,又有著各自不同的發展軌跡。

明中期陽明心學對復古派士人文學思想的重大影響之一,在於引發其文學審美觀念的某種變革。正如廖可斌所說:「思想史上每一次對人自身本質認

識的重大突破，都將引起人們審美觀念、文學觀念的重新構建，引起文學的題材、主題、形式、藝術手法等因素的連鎖性變革。」〔註1〕從對文學影響層面而言，陽明心學對主觀精神的強調、對獨立人格的重視、對自我個性的張揚使得文學創作中心由傳統的感物模式向主觀性靈方向傾斜。創作主體的主觀心境成為文學創作的表現對象，文學功能亦由傳統的文以載道轉向愉悅自我。陽明心學對個體主觀情感之重視是心學與復古派相互交融之前提。而對「真」的追求是復古派與陽明心學共同的價值取向。但是，復古派所言之真情實感，更偏向於儒家倫理道德規範之內的情感，還包含一些民間化的世俗之情。陳文新稱之為「公式化的情感」，是比較準確的。而陽明心學更為重視個體生命的真實需求與自我性情的愉悅，這是一種真正的性靈文學思想源頭。不過，明中期「性靈」只是作為一種模糊的觀念體現在士人的文學創作中，尚未形成如晚明那樣豐富飽滿的理論系統。

而在文學思想實際的發展演變過程中，又存在著種種錯位與曲折。如陽明心學一方面突出主觀心靈對於文學創作的重要性，可是另一方面對道德心性的重視又與文學審美之間存在著難以逾越的距離。另外，陽明心學將文學創作源頭收歸於自我的內在精神與主體心靈，從而有意忽略古代經典的文學體制與審美規範。然而，對古代凝定下來的文學範式進行突破性的消解與顛覆，也在一定程度上破壞了文學自身的經典價值。這種思路深刻地影響了晚明文學思想的發展演變。晚明文人似乎有著沖決一切體制規範與牢籠束縛的強大勇氣，在極力張揚主體個性與生命自由的同時，傳統的古典審美理想也漸趨解體。對怪奇之美的彰顯，對自我個性、私人情感的強烈表達，都在一定程度上解構著傳統的文學體制與審美價值標準。

三、陽明心學與性靈文學思想

明代中後期，古典高雅的審美理想正在朝著私人化、個性化、世俗化方向發展。陽明心學重視主體心靈的真實體驗，要求在創作實踐中真實自然地抒發自我內心的真情實感與生命體悟，促進了性靈文學思想的形成，並為其發展奠定了堅實的理論基礎。而復古派士人文學觀念之轉變恰正代表性靈文

〔註 1〕廖可斌：《理學的二重性及其對文學影響的複雜性》，《文藝理論研究》，1993年 8 月。

學思想的萌芽。儘管在明中期性靈文學思想尚未形成晚明時期那種「獨抒性靈，不拘格套」之獨具突破與新變甚至帶有一些傳奇色彩的文學景觀，而帶有更多的保守色彩，但士人主體意識的覺醒是文學由復古向師心漸變之前提。從此以後，明代文壇之上不再是單一的復古格調論，而是復古與性靈兩大主線交相融會、並行不悖的格局風貌。而復古派士人群體在接受陽明心學過程中，自覺或不自覺地調整著自我的文學意識，儘管尚不成熟，卻成為其後唐順之、徐渭、李贄及公安三袁等中晚明文人文學思想之肇始。

在陽明心學影響下，復古派士人群體的個體意識愈益增強，凸顯了主觀心靈在創作中的重要性，並要求自然自由地抒發自我真實性情（這是對「格調」文學思想的超越與解構）；與此同時，由對文學形式、文學風格、文學技巧的講求漸變為一種簡明切實的文學思想。一方面，創做法度的簡化實則彰顯出文學日益向著不受拘束地表達自我性靈、快適自我方向發展之趨勢；另一方面則導致文學意識的漸趨弱化。因此，嘉靖中期，為了維護文學的獨立地位與審美價值，後七子又扛起復古派的旗幟，對文學的藝術技巧、文辭法度等重新進行充分探討。可見，性靈文學的發展並非一蹴而就，而是在與復古文學思想的糾纏過程中曲折前進。二者始終相互攝動、共同維持一種動態的互補與平衡關係。

文學思想由格調而性靈的轉變並非一蹴而就，在七子稍後的唐宋派那裡，這種不徹底的轉變及矛盾化特徵更為明顯。唐宋派的唐順之深受陽明心學影響，其「本色論」就是在心學影響下形成的文學思想。唐氏要求在文學創作中抒寫個體的「真精神」與創作主體的真實體驗，但又力圖從古典文學的審美範式中學習、借鑒優秀的思想資源。一方面，是對創作法度的高度重視，另一方面，則是要求表達自我真實性情、重視創作主體內在心靈的「本色論」，二者之間的內在矛盾始終難以得到有效的調和，蓋因二者本身即存在著天然不可彌縫的裂痕。（更何況唐順之「本色」理論中對主觀心靈的強調還有側重道德心性主義的一面，則可見性靈文學思想發展的反覆與曲折。）

在陽明心學影響下，士人主體意識愈益突出，重視主觀情感的表達與自我適意的人生追求，使得文學創作的主觀能動性得到強化。但是，明中期轉向陽明心學的士人，雖然已經開始轉向對個體生命價值的關注，但是，他們對傳統儒家倫理道德規範的突破又並不徹底。明中期深受陽明心學影響之士人，尚未能達到完全自由抒寫自我性靈的層面。他們總在尊體與破體之間左

衝右突，在復古與求真之間徘徊往復，這真實展現了文學發展的必然性和複雜性：由復古向性靈文學的過渡勢必是一個充滿曲折與矛盾的發展過程，而明中期接受陽明心學影響的復古派士人，則只能是這一過程尚處在朦朧狀態中的先行者。

從消極層面來講，陽明心學對文壇的衝擊在於明中期「棄文從道」思潮盛行，文學干預現實力量減弱後，對道德心性之探討遂成為一股強大的社會風氣。陽明心學作為宋明理學系統內部的分支，其關注的根本焦點仍是主體心性涵養之闡發與聖人境界的獲得。因此，在這種局面下，士人的人生目標是「成聖」，而文學創作則是「成聖」目標之時愉悅自我、陶冶性靈的精神載體。可以說，明中期文壇在陽明心學影響下，並未形成一種完整的性靈文學思潮，與晚明倡導無拘無束、自由自然的文學思想仍有一定距離。而明中期復古派與陽明心學之關係則充滿了過渡性色彩，其上承自李東陽等人對文學審美與情感抒發的強調，其下則啟發晚明文人「獨抒性靈、不拘格套」的自然審美觀。

綜上所述，陽明心學對文學思想之滲透並非線性發展的結果，而是一種充滿複雜錯位甚至相互矛盾之過程。伴隨著陽明心學自身的發展演變，心學與文學之關係也在這種複雜互動的動態過程中緩慢朝著晚明個性解放思潮與純文學自由發展之方向邁進。復古與性靈兩大詩學線索正是在明中期陽明心學那裡首次得到了交融會通，性靈文學思想之萌芽始自陽明心學，而復古文學思想亦在與陽明心學的衝突與融合中不斷調試、改變自身的文學主張，並最終與性靈文學一起，構成了明代文學思想的整體風貌。

主要參考文獻

一、古籍

1. 郭慶藩，莊子集釋，中華書局，1982。

2. 龍文彬，明會要，中華書局，1956。

3. 張廷玉，明史，中華書局，1974。

4. 谷應泰，明史紀事本末，中華書局，1977。

5. 夏燮，明通鑑，中華書局，1980。

6. 沈德符，萬曆野獲編，中華書局，1980。

7. 談遷，國榷，上海古籍出版社，1983。

8. 焦竑，國朝獻徵錄，明萬曆四十四年徐象橒曼山館刻本。

9. 沈德潛，明詩別裁集，中華書局，1975。

10. 錢謙益，列朝詩集小傳，上海古籍出版社，1983。

11. 黃宗羲，明儒學案，中華書局，1987。

12. 陳田，明詩紀事，上海古籍出版社，1993。

13. 黃宗羲，宋元學案，中華書局，1996。

14. 朱彝尊，靜志居詩話，人民文學出版社，2007。

15. 何景明，大復集，明嘉靖刻本。

16. 黃省曾，五嶽山人集，明嘉靖刻本。

17. 周汝登，王門宗旨，明萬曆刻本。

18. 屠隆，由拳集，明萬曆刻本。

19. 康海，對山集，明萬曆十年潘允哲刻本。

20. 袁宗道，白蘇齋類集，明刻本。

21. 薛瑄，敬軒文集，文淵閣四庫全書本。

22. 崔銑，洹詞，文淵閣四庫全書本。

23. 顧璘，顧華玉集，文淵閣四庫全書本。

24. 鄭善夫，少谷集，文淵閣四庫全書本。

25. 祝允明，懷星堂集，文淵閣四庫全書本。

26. 黃姬水，黃淳父先生全集，四庫全書存目叢書本。

27. 皇甫汸，皇甫司勳集，文淵閣四庫全書本。

28. 李夢陽，空同集，文淵閣四庫全書本。

29. 孫一元，太白山人漫稿，文淵閣四庫全書本。

30. 唐順之，荊川集，四部叢刊景明本。

31. 王慎中，遵巖集，文淵閣四庫全書本。

32. 胡應麟，詩藪，上海古籍出版社，1979。

33. 田汝成，西湖遊覽志餘，上海古籍出版社，1980。

34. 許學夷，詩源辨體，人民文學出版社，1987。

35. 王廷相，王廷相集，中華書局，1989。

36. 王世貞，藝苑卮言（歷代詩話續編），中華書局，2001。

37. 錢明編校整理，徐愛、錢德洪、董沄集，鳳凰出版社，2007。

38. 王畿，王畿集，吳震編校，鳳凰出版社，2007。

39. 徐禎卿著、范志新編年校注，徐禎卿全集編年校注，人民文學出版社，2009。

40. 束景南，陽明佚文輯考編年，上海古籍出版社，2012。

41. 王守仁，王陽明全集，線裝書局，2012。

二、現當代著作

1. 鄭振鐸，插圖本中國文學史，人民文學出版社，1957。

2. 侯外廬主編，中國思想通史，人民出版社，1980。

3. 馮友蘭，中國哲學史新編，人民出版社，1982。

4. 錢鍾書，談藝錄，中華書局，1984。

5. 李澤厚，中國古代思想史論，人民出版社，1985。

6. 張立文，宋明理學研究，中國人民大學出版社，1987。

7. 簡錦松，明代文學批評研究，學生書局，1989。

8. 馬積高，宋明理學與文學，湖南師範大學出版社，1989。

9. 羅宗強，玄學與魏晉士人心態，浙江人民出版社，1991。

10. 〔美〕牟復禮，〔英〕崔瑞德編，劍橋中國明代史，中國社會科學出版社，1992。

11. 蒙培元，中國哲學主體思維，人民出版社，1993。

12. 張少康、劉三富，中國文學理論批評發展史，北京大學出版社，1995。

13. 陳來，宋明理學，遼寧教育出版社，1995。

14. 陳書錄，明代詩文的演變，江蘇教育出版社，1996。

15. 羅宗強，魏晉南北朝文學思想史，中華書局，1996。

16. 蕭華榮，中國詩學思想史，華東師範大學出版社，1996。

17. 袁震宇、劉明今，中國文學批評通史·明代卷，上海古籍出版社，1996。

18. 王運熙、顧易生，中國文學批評通史（明代卷），上海古籍出版社，1996。

19. 韓經太，理學文化與文學思潮，中華書局，1997。

20. 黃卓越，佛教與晚明文學思潮，東方出版社，1997。

21. 左東嶺，李贄與晚明文學思想，天津人民出版社，1997。

22. 蒙培元，心靈超越與境界，人民出版社，1998。

23. 鄭振鐸，鄭振鐸全集，石家莊：花山文藝出版社，1998。

24. 牟宗三，心體與性體，上海古籍出版社，1999。

25. 許總，宋明理學與中國文學，百花洲文藝出版社，1999。

26. 周群，儒釋道與晚明文學思潮，上海書店出版社，2000。

27. 左東嶺，王學與中晚明士人心態，人民文學出版社，2000。

28. 陳來，朱子哲學研究，華東師範大學出版社，2000。

29. 陳文新，明代詩學，湖南人民出版社，2000。

30. 黃卓越，明永樂至嘉靖初詩文觀研究，北京師範大學出版社，2001。

31. 李春青，宋學與宋代文學觀念，北京師範大學出版社，2001。

32. 徐復觀，中國藝術精神，華東師範大學出版社，2001。

33. 左東嶺，明代心學與詩學，學苑出版社，2002。

34. 〔美〕包弼德著、劉寧譯：《斯文：唐宋思想的轉型》，江蘇人民出版社，2002。

35. 孟森，明史講義，上海古籍出版社，2002。

36. 宋克夫、韓曉，心學與文學論稿——明代嘉靖萬曆時期文學概觀，中國社會科學出版社，2002。

37. 余英時，士與中國文化，上海人民出版社，2003。

38. 蔣寅，古典詩學的現代詮釋，中華書局，2003。

39. 羅宗強，隋唐五代文學思想史，中華書局，2003。

40. 吳震，明代知識界講學活動繫年（1522～1602），學林出版社，2003。

41. 徐復觀，中國思想史論集，上海書店出版社，2004。

42. 徐復觀，中國思想史論集續編，上海書店出版社，2004。

43. 傅璇琮、蔣寅主編，中國古代文學通論，遼寧人民出版社，2005。

44. 黃卓越，明中後期文學思想研究，北京大學出版社，2005。

45. 張德建，明代山人文學研究，湖南人民出版社，2005。

46. 羅宗強，明代後期士人心態研究，南開大學出版社，2006。

47. 鄧新躍，明代前中期詩學辨體理論研究，上海古籍出版社，2007。

48. 廖可斌，明代文學復古運動研究，商務印書館，2008。

49. 郭紹虞，中國文學批評史，百花文藝出版社，2008。

50. 徐儒宗，江右王學通論，中國人民大學出版社，2009。

51. 余來明，嘉靖前期詩壇研究（1522～1550），武漢大學出版社，2009。

52. 錢穆，陽明學述要，九州出版社，2010。

53. 楊遇青，明嘉靖時期詩文思想研究，三秦出版社，2011。

54. 郭豔華，楊萬里文學思想研究，中國社會科學出版社，2012。

55. 陳來，有無之境——王陽明哲學的精神，北京大學出版社，2013。

56. 宋克夫，宋明理學與明代文學，中國社會科學出版社，2013。

三、學術論文

（一）碩博論文

1. 劉尊舉，唐宋派文學思想研究，2006 年首都師範大學博士學位論文。

2. 崔秀霞，徐禎卿詩學思想研究，2008 年北京語言大學博士學位論文。

3. 薛青濤，明詞與陽明心學，2011 年中國社會科學院博士學位論文。

4. 劉坡，李夢陽與明代詩壇研究，2012 年上海師範大學博士學位論文。

5. 馬曉虹，陽明心學與明中後期文學批評，2013 年東北師範大學博士學位論文。

6. 謝旭，王學與中晚明文學理論的關係研究——以七子派和公安派為個案，2013 年陝西師範大學博士學位論文。

7. 殷宴梅，短促的生命歌吟——徐禎卿理想人格追求及其意義，2002 年曲阜師範大學碩士學位論文。

8. 謝旭，七子派文學理論與陽明心學關係研究，2004 年陝西師範大學碩士學位論文。

9. 劉雁靈，徐禎卿詩學思想與吳中文化，2005 年首都師範大學碩士學位論文。

10. 琚英傑，鄭善夫與陽明心學，2009 年廈門大學碩士學位論文。

11. 莊丹，鄭善夫詩歌研究，2009 年漳州師範學院碩士學位論文。

12. 包筱璐，顧璘與明中葉文學思潮，2010 年復旦大學碩士學位論文。

13. 王勇，鄭善夫研究，010 年暨南大學碩士學位論文。

14. 張蔓莉，鄭善夫研究，2010 年福建師範大學碩士學問論文。

15. 向鵬，陽明心學與中晚明審美意識的變遷，2014 年四川師範大學碩士學位論文。

（二）期刊論文

1. 王忠閣，明代理學的演變與文學復古，信陽師範學院學報，1990 年第 1 期。

2. 馬美信，陽明心學與文學復古運動，復旦學報，1993 年第 6 期。

3. 董國炎，明代理學與文學思想，山西大學學報，1995 年第 3 期。

4. 廖可斌，唐宋派與陽明心學，文學遺產，1996 年第 3 期。

5. 左東嶺，從良知到性靈——明代性靈文學思想的演變》，南開學報，1999 年第 6 期。

6. 童雯霞，明代理學與明代文學批評，中山大學研究生學刊，2001 年第 2 期。

7. 熊禮匯，略論王陽明對明代散文流派演變之影響——從王陽明的狂狷意識、散文理論和創作特色談起，武漢大學學報，2001 年第 2 期。

8. 史小軍，明代七子派文學復古運動與儒學復興，人文雜誌，2001 年第 3 期。

9. 孫學堂，嘉靖前期承前啟後的文學思想，殷都學刊，2001 年第 3 期。

10. 孫學堂，論明代文學復古的思想意義——兼與心學思潮比較，中國詩歌研究 2002 年第一輯。

11. 陳文新，明代詩學的邏輯進程與主要理論問題，文學評論，2002 年第 3 期。

12. 孫學堂，論明七子的文化人格，蘭州大學學報，2003 年第 1 期。

13. 左東嶺，二十世紀以來心學與明代文學思想關係研究述評，文學評論，2003 年第 3 期。

14. 黃卓越，明正嘉間山人文學及社會旨趣的變遷，文學評論，2003 年第 5 期。

15. 錢明，王陽明與明代文人的交誼，中華文化論壇，2004 年第 1 期。

16. 周瀟，明中葉「前七子」文學復古運動與陽明心學之關係，上海師範大學學報，2004 年第 4 期。

17. 左東嶺，明代詩歌的總體格局與審美風格的演變，中國詩歌研究第四輯，2006 年。

18. 盛敏，李夢陽與陽明心學，商丘師範學院學報，2006 年第 4 期。

19. 王承丹，陽明心學興起與復古文學遷變，廈門大學學報，2007 年第 1 期。

20. 蔡一鵬，弘、正士人與道教——以詩人鄭善夫為例，浙江社會科學，2007 年第 5 期。

21. 莊丹，試論陽明心學對鄭善夫文學觀的內在影響，宜賓學院學報，2008 年第 5 期。

22. 崔秀霞，徐禎卿仕宦時期的「學凡三變」，德州學院學報，2009 年第 3 期。

23. 馮小祿、張歡，吾謹文學思想考論，貴州師範大學學報，2010 年第 2 期。

24. 李婷婷，論王陽明文學觀，西南農業大學學報，2010 年第 3 期。

25. 左東嶺，良知說與王陽明的詩學觀念，文學遺產，2010 年第 4 期。

26. 謝旭，陽明心學對七子派文學理論的解構，人文雜誌，2011 年第 6 期。

27. 文藝，論陽明心學中的「有無觀」對其文學創作的影響，西南農業大學學報，2011 年第 8 期。

28. 王明建，明代復古派詩論的言情觀，文學評論，2012 年第 5 期。

29. 左東嶺，龍場悟道與王陽明詩歌體貌的轉變，文學評論，2013 年第 2 期。

30. 馬曉虹，陽明心學與明中後期審美範疇的確立，東北師大學報，2013 年第 4 期。

31. 馬曉虹，陽明心學與明中後期文學審美觀念的變革，蘭州學刊，2013 年第 6 期。

32. 張德建，明代文學感物論的歷史變遷，中州學刊，2013 年第 6 期。

33. 陳文新，明代文學與明代的政治、經濟、文化生態，文藝研究，2013 年第 10 期。

後　記

　　林花謝了春紅，太匆匆。2017 年，我博士畢業，離開了熟悉的校園，結束了近二十年的校園學習生活。轉眼間，我進入工作崗位也已五年。在這幾年中，我求學道路上最理解、最支持我的父親，也已永遠離我而去。每每思之，深感人事無常。

　　我對古典文學的熱愛其實是從金庸、古龍的武俠世界中興起的。那時就對書中涉及到的古代文化、歷史典故以及人物軼事充滿了好奇和興趣。後來開始讀四大名著、唐詩宋詞，本科階段選擇了「《三國演義》中的神異敘事」作為研究論題，才算正式步入了古典文學的研究領域。

　　我的博士論文能夠順利出版，首先要特別感謝我的導師左東嶺教授。生而有幸，能夠有七年的時光跟隨老師讀書、學習。老師正如《論語》中所說那樣：「溫而厲，威而不猛，恭而安」。老師治學嚴謹、一絲不苟，指導學生更是盡心盡力。因事務繁忙，老師常常於逢年過節之際閱讀學生論文，並提出很多寶貴的修改意見。在老師的眾多學生中，我資質平庸，又時有懶惰散漫之習，但是老師從沒放棄過我。碩士畢業時，我申請碩博連讀，打算繼續攻讀博士學位。說實話，我並沒有想到自己能夠申請成功，因為碩士論文寫得並不算好，雖然有很多自己的想法，但是落實到論文中，卻遠沒有達到老師的要求。等到直博名單公布後，我激動得一夜沒睡。我知道這是老師給了我又一次繼續學習、提升自己的機會。我的博士論文是對碩士階段研究內容的深化、拓展，與其他博士慢工出細活的寫作方式不同，我幾乎是一氣呵成地完成了寫作，並提前一年就將初稿交給了老師。論文中存在著許多問題，老師都一一指出、悉心指導，並囑咐我利用剩下的一年時間好好打磨文字。然而，

我卻沒能體會老師的苦心，論文跟老師當初的期待和設想尚存在不小的距離，每每面對老師，我都不禁生出惶恐、慚愧之情。能有幸忝列左老師門下，是我求學階段最大的幸運。在此，我真誠地感謝老師這些年對我的諄諄教誨！

我還要感謝參加我開題、答辯的趙敏俐老師、傅剛老師、傅道彬老師、杜曉勤老師、王秀臣老師、李炳海老師、馬自力老師、吳相洲老師，各位老師治學嚴謹細緻、從不同角度給我的論文提出了許多寶貴的修改意見，高屋建瓴、切中要害，令我獲益頗深。

看著厚厚的一本博士畢業論文，除了遺憾之外，還有一份沉甸甸的感動。讀博的個中甘苦，「不足為外人道也」。這並非知識分子的清高，而是源於外界對博士生活的誤解。身邊很多人都認為文科博士平時就是閱讀小說、詩歌，寫寫文章，還頗有些小資情調，卻不知讀書也是件苦差事。在浩如煙海的文獻典籍中爬疏，縱然確有遨遊書海的樂趣，卻也並非全是欣悅。尤其面對複雜的研究對象，承擔著如此龐雜繁難的研究任務，我的博士四年確實沒有一刻是徹底放鬆過的。但是，我卻從來沒有後悔選擇讀博這條道路，這份獨特的人生經歷與體會已經內化為我生命的一部分，並在我的世界中獲得了永恆的意義。

陽明先生曾言：「用之則行捨即休，此身浩蕩浮虛舟」。境界之高，令人仰慕。讀書何為？我想很重要的一點就是從中獲取一種超越的人格境界，不被世俗牽纏、不因外物悲喜，最終達到「隨處風波只宴然」的生命狀態。我願以一片真心看雲霞相依、賞桃落櫻開，在紛雜的世俗生活中永遠保持詩意的性情與不竭的靈感。

2021 年 11 月 10 日